Erratum de la page 343 à insérer dans M… sciences humaines
de Laurent Muc…

Collection « Recherches »

La collection « Recherches » à La Découverte

Un nouvel espace pour les sciences humaines et sociales

Depuis le début des années quatre-vingt, on a assisté à un redéploiement considérable de la recherche en sciences humaines et sociales : la remise en cause des grands systèmes théoriques qui dominaient jusqu'alors a conduit à un éclatement des recherches en de multiples champs disciplinaires indépendants, mais elle a aussi permis d'ouvrir de nouveaux chantiers théoriques. Aujourd'hui, ces travaux commencent à porter leurs fruits : des paradigmes novateurs s'élaborent, des liens inédits sont établis entre les disciplines, des débats passionnants se font jour.

Mais ce renouvellement en profondeur reste encore dans une large mesure peu visible, car il emprunte des voies dont le production éditoriale traditionnelle rend difficilement compte. L'ambition de la collection « Recherches » est précisément d'accueillir les résultats de cette « recherche de pointe » en sciences humaines et sociales : grâce à une sélection éditoriale rigoureuse (qui s'appuie notamment sur l'expérience acquise par les directeurs de collection de La Découverte), elle publie des ouvrages de toutes disciplines, en privilégiant les travaux trans- et multidisciplinaires. Il s'agit principalement de livres collectifs résultant de programmes à long terme, car cette approche est incontestablement la mieux à même de rendre compte de la recherche vivante. Mais on y trouve aussi des ouvrages d'auteurs (thèses remaniées, essais théoriques, traductions), pour se faire l'écho de certains travaux singuliers.

Les thèmes traités par les livres de la collection « Recherches » sont résolument variés, empiriques aussi bien que théoriques. Enfin, certains de ces titres sont publiés dans le cadre d'accords particuliers avec des organismes de recherche : c'est le cas notamment de la « Bibliothèque » du Mouvement anti-utilitariste dans les sciences sociales (M.A.U.S.S.).

L'éditeur

Laurent Mucchielli

Mythes et histoire des sciences humaines

LA DÉCOUVERTE
9 *bis*, rue Abel-Hovelacque
PARIS XIIIe
2004

DU MÊME AUTEUR

Histoire de la criminologie française (sous la dir.), L'Harmattan, Paris, 1994.

La Sociologie et sa méthode. Les Règles de Durkheim un siècle après (sous la dir. avec M. Borlandi), L'Harmattan, Paris, 1995.

La Découverte du social. Naissance de la sociologie en France (1870-1914), La Découverte, Paris, 1998.

Le Cas Spencer. Religion, science et politique (avec D. Becquemont), Presses Universitaires de France, Paris, 1998.

La Société française en tendances (avec le groupe L. Dirn), Presses Universitaires de France, Paris, 1998.

Familles et délinquances : un bilan des recherches, CNAF-CESDIP, Paris, Guyancourt, 2000.

Violences et insécurité. Fantasmes et réalités dans le débat français, La Découverte, Paris, 2001 ; 2e éd. augmentée 2002.

Crime et sécurité : l'état des savoirs (sous la dir. avec Ph. Robert), La Découverte, Paris, 2002.

ISBN 2-7071-4205-0

Si vous désirez être tenu régulièrement informé de nos parutions, il vous suffit d'envoyer vos nom et adresse aux Éditions La Découverte, 9 *bis*, rue Abel-Hovelacque, 75013 Paris. Vous recevrez gratuitement notre bulletin trimestriel ***À La Découverte***. Vous pouvez également retrouver l'ensemble de notre catalogue et nous contacter sur notre site **www.editionsladecouverte.fr**.

Introduction

MYTHE, HISTOIRE ET MÉMOIRE

Les mythes sont des récits exemplaires, des évocations de faits passés présentés comme réels et sacrés, qui établissent les modèles ou les normes pour la communauté des vivants[1]. Les histoires visent plus simplement à rassembler les informations disponibles sur telles périodes passées et à les organiser selon les problématiques qui animent l'historien.

En théorie, cette distinction est claire. En pratique, elle l'est moins. Les historiens eux-mêmes n'ont pas résisté à la construction mythique de leur propre histoire disciplinaire[2]. Pourquoi donc certaines histoires de sciences humaines confinent-elles encore parfois aux mythes ? Plusieurs éléments peuvent être mobilisés, au risque de soulever quelques idées critiques sur le fonctionnement actuel de ces sciences. Il faut sans doute introduire pour cela un troisième concept, entre Mythe et Histoire, celui de Mémoire.

Rappelons d'abord que la mémoire a ses enjeux. Mémoire rime avec pouvoir, par l'intermédiaire du prestige. Ce prestige, c'est celui qui découle du fait de se présenter comme allant dans le « bon sens de l'histoire ». Faire partie de l'avant-garde, *a fortiori* prétendre que cette avant-garde a été longtemps incomprise (et que les autres doivent donc en quelque sorte continuer de s'excuser pour leur sottise passée), donne une légitimité très forte, donc un pouvoir. À force de la fréquenter, l'on s'aperçoit que ce phénomène est très répandu dans la communauté intellectuelle, au point que l'on est plus surpris d'entendre des auteurs réputés se présenter eux-mêmes comme des « marginaux dans le système », presque un peu rebelles à les entendre, lors même qu'ils occupent depuis longtemps des positions académiques bien assurées voire dominantes. J'ai parlé des historiens mais la même chose vaut chez les sociologues, et certainement dans les autres disciplines (psychologie, science économique, philosophie, etc.) que je connais moins.

Tandis que l'histoire est un processus de connaissance qui assume son statut nécessairement provisoire et dépassable, la mémoire est quelque chose de figé, du moins à un instant *t*. C'est que, comme l'a longuement

1. M. ELIADE, *Mythes, rêves et mystères*, Gallimard, Paris, 1957, p. 13-14 et 21-22.

2. *Cf.* le chapitre 4 de ce livre.

analysé Maurice Halbwachs, la mémoire est, pour les groupes sociaux comme pour les individus, une organisation du passé destinée à donner du sens à l'état de choses du présent[3]. Déconstruire des mythes, ce n'est donc pas seulement leur opposer l'enquête historique, c'est aussi interroger la construction de la mémoire, mettre à jour les raisons présentes d'une certaine reconstruction du passé. Les cinq chapitres qui composent la première partie de ce livre s'y emploieront, s'agissant de la sociologie, de l'histoire et de la psychologie sociale.

HISTOIRE, MÉMOIRE ET PÉDAGOGIE DISCIPLINAIRES

Si l'historien se heurte à des mémoires disciplinaires qui lui paraissent au moins en partie inexactes, c'est qu'il se heurte aussi à un certain ordre pédagogique, qui a lui-même ses raisons pratiques. Ces raisons, signalées en conclusion d'un précédent travail[4], semblent de plus en plus fortes, en particulier en sociologie. Certaines présentations de l'histoire de cette discipline sont *commodes* pour les enseignants et les auteurs de manuels destinés à la filière économique et sociale du lycée ainsi qu'au premier cycle universitaire. Ainsi en est-il de la présentation de la sociologie comme discipline issue de deux grands courants philosophiques et nationaux : l'un allemand, l'autre français[5]. Depuis plusieurs décennies, nombre d'enseignants présentent la sociologie à des générations d'étudiants à travers l'opposition entre Émile Durkheim et Max Weber. « Expliquer » et « comprendre » seraient les maîtres mots faisant pénétrer deux univers intellectuels tout à fait différents et, pour certains (ceux qui s'affilient à des « écoles »), concurrents. Quelques auteurs en sont même venus à imaginer une rivalité historique réelle entre Durkheim et Weber, ce qui est une pure invention. Pourtant, dans l'enseignement ordinaire de la sociologie à l'université, ce stéréotype a parfois des conséquences pédagogiques et intellectuelles majeures. Il conforte souvent dans une façon très scolaire d'enseigner quelques aspects théoriques de l'œuvre de ces grandes figures de l'histoire de la sociologie, au détriment de l'examen de leur travail empirique. Ainsi oppose-t-on les considérations théoriques et épistémologiques de Durkheim dans *Les Règles de la méthode sociologique*, et de Weber dans *Les Essais sur la théorie de la science*. L'on y trouve, de fait, des différences importantes. Mais comment se fait-il que cet examen ne soit pas vérifié dans ses conséquences supposées sur les recherches empiriques de ces deux auteurs ? Si l'on comparait non plus simplement leurs

---

3. Un tour d'horizon des travaux d'Halbwachs dans : J.-Ch. MARCEL, L. MUCCHIELLI, « Un fondement du lien social : la mémoire collective selon Maurice Halbwachs », *Technologies, idéologies, pratiques. Revue d'anthropologie des connaissances*, 1999, vol. 13, n° 2, p. 63-88.

4. L. MUCCHIELLI, *La Découverte du social. Naissance de la sociologie en France (1870-1914)*, La Découverte, Paris, 1998, p. 525-526.

5. *Cf.* le chapitre 3 de ce livre.

ouvrages théoriques abstraits mais *Le Suicide* et *Les Formes élémentaires de la vie religieuse* de Durkheim, avec *L'Éthique protestante et l'esprit du capitalisme* et les travaux de sociologie religieuse de Weber, l'on y mettrait véritablement à l'épreuve les idées théoriques et, à mon sens, on y découvrirait des convergences étonnantes et intéressantes. L'exercice serait certes plus difficile et plus coûteux en temps de préparation, mais ne garantirait-il pas pour finir une formation intellectuellement plus riche à ceux à qui il est adressé ?

LA PART DES HOMMES

Sans atteindre le niveau de sacralisation d'auteurs comme Freud ou Lacan pour les groupes psychanalytiques qui s'en réclament (ou de Wittgenstein et de Heidegger, par exemple, chez certains philosophes), les « grands auteurs » sont donc devenus, avec la massification à l'université, le fond commun de l'enseignement de la sociologie. Or cette façon de présenter la science comme l'œuvre de quelques grands esprits supérieurs aux autres – qui correspond à certaines pratiques individualistes et de recherche de distinction dans le milieu académique – est à nouveau contestable tant sur le plan historique que sur le plan pédagogique.

Sur le plan historique, le « fondateur » est toujours présenté comme quelqu'un qui fut supérieur à ses contemporains, « en avance » sur son temps, voire même « incompris » à son époque. Cette façon de regarder l'histoire m'a toujours étonné tant il est aisé de saisir la contradiction. Par définition, une idée qui a un grand succès est une idée qui est compréhensible et qui est également, sinon attendue ou pressentie, du moins compatible voire conforme aux attentes des contemporains[6]. L'histoire des découvertes de vaccins, de formules mathématiques, chimiques, etc., le montre tous les jours : c'est une course, une concurrence, entre des savants qui savent tous ce qu'ils cherchent, *grosso modo* avec les mêmes outils, et qui expérimentent jusqu'à ce qu'ils trouvent la bonne formulation. Untel a réussi un peu plus vite que tel autre et c'est sans doute son nom que l'histoire retiendra, mais fut-il pour autant si différent de ses concurrents ?

Dans les sciences humaines, le processus est plus complexe (car la matière est moins simple) mais la caricature non moins redoutable. Combien de fois peut-on lire, y compris sous la plume d'universitaires, que Sig-

6. Si ces hommes n'étaient pas de leur temps, s'ils ne parlaient pas le langage de leurs contemporains, s'ils ne partageaient pas au moins en partie la vision du monde de leur époque, ils ne pourraient pas être entendus, ils ne seraient même pas *audibles*. En réalité, les travaux véritablement déviants (non conformistes) dans leur époque sont rares et tiennent sans doute aux biographies très singulières de leurs auteurs. Un exemple dans : L. MUCCHIELLI, « Alexandre Vexliard (1911-1997) : un pionnier de la recherche sur les processus de désocialisation », *in* A. VEXLIARD, *Le Clochard*, 1955 (réédition : Desclée de Brouwer, Paris, 1998, p. 7-70).

mund Freud fut le génial découvreur de l'inconscient, qui apporta la lumière dans une époque sombre, et qui demeura d'ailleurs largement incompris en son temps ? Cette version de l'histoire est presque comique tant elle est erronée. L'interrogation sur les mécanismes inconscients déterminant le psychisme et le comportement est omniprésente à la fin du XIXe siècle. En réalité, dans tous les colloques, les congrès et les salons bourgeois, l'on ne parlait véritablement que de cela à l'époque. Dans ses premiers travaux, Freud a du reste utilisé à peu près toutes les ressources déjà connues à son époque pour tenter de s'imposer comme un découvreur (ses recherches empiriques sur les drogues et sur l'hypnose, ses recherches théoriques sur le rôle de la sexualité et sur les fondements neurologiques du fonctionnement psychique). Finalement, c'est dans l'introspection (auto-analyse) et en particulier dans ses propres rêves qu'il va trouver des hypothèses heuristiques[7].

Il ne s'agit donc pas de dissoudre totalement les individus dans leur époque ni de leur contester toute spécificité. La part des hommes (leurs questionnements personnels voire intimes, leur engagement voire leur acharnement au travail, leur créativité conceptuelle, leur capacités sociales, entrepreneuriales) doit être reconnue. Mais elle doit être dès lors recherchée comme telle et non déduite de constructions disciplinaires *a posteriori*. La biographie a sa place, à condition de s'intéresser aux hommes pour ce qu'ils furent et non pour ce à quoi ils nous servent aujourd'hui. Le dernier chapitre de ce livre veut en témoigner, en revenant longuement sur l'homme singulier que fut Émile Durkheim. Pour autant, cette part doit être contrebalancée par l'examen des raisons sociales du succès de tel ou tel auteur. Dans le cas de Durkheim, la réussite finale de l'homme est indissociable de la formation d'une équipe[8] et de l'engagement dans un contexte intellectuel et politique marqué par la montée du socialisme et par l'affaire Dreyfus[9].

Enfin, l'argument du génial précurseur « en avance sur son temps » est d'autant plus suspect qu'il est réversible au sens où il fonctionne aussi bien pour expliquer le devenir posthume positif ou négatif des auteurs : consécration pour les uns, oubli relatif pour les autres. Le cas de Gabriel Tarde est exemplaire de ce processus[10]. Voici en effet un auteur que l'on ne cesse de prétendre « redécouvrir » et de vouloir « réhabiliter », sans jamais étudier sérieusement ni sa réception par ses contemporains, ni les raisons historiques de l'infériorité de son statut dans la mémoire disciplinaire actuelle. Or l'étude historique permet de comprendre pourquoi, après avoir

7. Encore que, même cela, on le sait aujourd'hui, n'était pas entièrement original dans le milieu médical germanophone.

8. Chapitre 1.

9. Chapitre 6.

10. Chapitre 2.

eu son heure de gloire (au point de dominer nettement son rival Durkheim sur le plan académique), l'œuvre de Tarde n'a pas eu de réelle postérité sociologique.

L'APPROCHE HISTORIENNE DE L'HISTOIRE DES SCIENCES HUMAINES

Le point de vue qui oriente ce livre, comme les précédents travaux sur l'histoire des sciences humaines, peut être qualifié d'historiciste[11]. Il consiste essentiellement à dire que si l'on veut comprendre la signification d'un texte, il faut le replacer dans son contexte de production. D'où la nécessité pour le sociologue s'intéressant à l'histoire de sa discipline, de se muer en historien. Pour le dire simplement, lorsque Durkheim ou Weber écrivaient il y a un siècle, ils ne s'adressaient pas aux étudiants de sociologie de nos universités actuelles. Ils s'adressaient à leurs contemporains. Si leurs propos peuvent être jugés encore importants aujourd'hui, cela ne signifie pas que le sens de ces textes nous soit immédiatement et intégralement accessible par le simple procédé de la lecture. Entretenir pour soi et auprès des étudiants cette illusion (quasi religieuse) d'intemporalité des textes contredit les principes élémentaires de la démarche sociologique elle-même. Cette illusion a pourtant la vie dure, pour des raisons déjà évoquées qui relèvent autant de la paresse que de l'habitude. C'est d'une autre façon de faire l'histoire dont les disciplines ont besoin, non seulement par souci de véracité historique mais aussi pour leur santé intellectuelle, notamment l'apprentissage de l'esprit critique et de la démarche empirique, ainsi que – comme l'avait vu Bourdieu[12] – la réflexion sur ses propres orientations théoriques et épistémologiques, souvent héritées et implicites. Dans cet esprit, la deuxième partie de ce livre propose cinq chapitres illustrant chacun une façon d'historiciser des auteurs ou des groupes d'auteurs, des textes ou des ensemble de textes, des actions et des moments considérés rétrospectivement comme fondateurs.

À travers l'étude de la controverse entre la nouvelle sociologie et l'anthropologie raciale (particulièrement en vogue à l'époque), le chapitre 6 aborde une question centrale dans la compréhension de la réussite du groupe formé par Durkheim autour de la revue l'*Année sociologique* : celle

11. Il est le résultat d'un apprentissage qui s'est effectué depuis une dizaine d'années dans une micro-communauté intellectuelle, autour d'une société savante et de séminaires de recherches, dont on trouvera les résultats collectifs dans des actes de colloque (C. BLANCKAERT, L. BLONDIAUX, L. LOTY, M. RENNEVILLE, N. RICHARD (dir.), *L'Histoire des sciences de l'homme. Trajectoires, enjeux et questions vives*, L'Harmattan, Paris, 1999), dans les ouvrages de la collection « Histoire des sciences humaines » dirigée par Claude Blanckaert (chez L'Harmattan) et dans les numéros de la *Revue d'histoire des sciences humaines* fondée en 1999 (éditée aux Presses du Septentrion, puis chez Sciences Humaines Éditions).

12. P. BOURDIEU, « La cause de la science. Comment l'histoire sociale des sciences sociales peut servir au progrès de la science », *Actes de la recherche en sciences sociales*, 1995, n° 106-107, p. 3 *sq*.

de l'engagement politique de ces jeunes intellectuels, dans le contexte de l'affaire Dreyfus. Les questions soulevées dans ce débat sur les « races » sont inséparablement scientifiques et politiques, à des degrés divers selon les auteurs impliqués (Durkheim mais aussi Célestin Bouglé, Henri Hubert et quelques autres).

Le chapitre 7 traite d'un tout autre objet et d'une tout autre discipline : la psychologie. Il s'efforce pourtant, de la même manière, de montrer l'importance du contexte intellectuel et politique très polémique dans lequel, autour notamment de la *Revue philosophique* créée en 1876 par Théodule Ribot, est née ce que l'on appela à l'époque la « psychologie scientifique ». Il s'agit ici d'essayer de restituer les enjeux philosophiques, le contexte politique, la constitution des réseaux et les stratégies d'alliance nouées autour de cette revue dans le cadre de ce que ses promoteurs concevaient comme un *combat* contre d'autres forces intellectuelles, sociales et politiques.

Le chapitre 8 nous transporte dans une période ultérieure, l'entre-deux-guerres. Il s'agit cette fois d'analyser la rivalité et la querelle qui a opposé – publiquement – durant une quinzaine d'années deux des plus brillants esprits de leur génération : le sociologue Maurice Halbwachs et le psychologue Charles Blondel, autour de la définition et de l'appropriation – à la fois personnelle et disciplinaire, intellectuelle et institutionnelle – de ce territoire commun qu'était ce que l'on appelait à l'époque la « psychologie collective ».

Enfin, avec les deux derniers chapitres, nous revenons à nos premières amours, Émile Durkheim. J'ai déjà dit quelques mots du dernier des deux, consacré à la biographie de l'auteur à partir de son intérêt primordial pour les phénomènes religieux. Celui qui le précède[13] répond directement à l'une des questions majeures posées plus haut. Car le livre de Durkheim intitulé *Les Règles de la méthode sociologique* (1894-1895) est véritablement canonisé en sociologie. Des générations d'étudiants le lisent et y apprennent les bases intellectuelles de la discipline. Pourtant, est-il si aisé de lire et comprendre un texte écrit il y a plus d'un siècle ? Son sens nous est-il pleinement et directement accessible ? L'historien doit partir du postulat inverse. Il doit se demander à qui Durkheim s'adressait à l'époque. Il doit en l'occurrence se demander pourquoi et contre qui l'auteur voulait réglementer la sociologie. Ce travail n'épuise pas l'analyse interne du texte, mais il me semble qu'il l'éclaire grandement et qu'il change son interprétation sur plusieurs points.

13. Chapitre 9.

AVERTISSEMENT

Ce volume est constitué par une sélection de dix textes, publiés au cours des dix dernières années dans des revues ou des ouvrages collectifs souvent difficiles d'accès. J'ai choisi de les reproduire à peu de choses près dans leur état initial, à l'exception de l'actualisation de références bibliographiques et de quelques remaniements de style. Ce parti pris a l'inconvénient d'occasionner des répétitions dont le lecteur voudra bien m'excuser. J'ai tenté de les compenser par un système de renvois dans les notes de bas de page, par une table des matières très détaillée et par un *index nominum* qui permettront de se promener aisément dans le texte et de cumuler rapidement les informations recherchées.

DÉDICACE

Il me reste pour terminer à remercier les collègues avec lesquels j'ai travaillé dans ce domaine de recherches tout au long des dix dernières années, au premier rang desquels Claude Blanckaert qui m'a appris le métier d'historien des sciences, ainsi que les animateurs de la *Revue d'histoire des sciences humaines* avec lesquels nous nous efforçons depuis bientôt cinq ans de promouvoir cette façon de contribuer à la bonne santé épistémologique des dites sciences.

Mes remerciements vont aussi à Isabelle Passegué et à Bessie Leconte qui m'ont beaucoup aidé à préparer ce manuscrit.

Je voudrais enfin dédier ce recueil à la mémoire de Philippe Besnard, disparu le 30 septembre 2003, qui aura tant œuvré pour développer l'histoire de la sociologie française et qui avait guidé également mes premiers pas.

I

Comment écrire l'histoire des sciences humaines ?

1

Heurs et malheurs du durkheimisme*

La répétition de la maxime a force de loi dans les livres consacrés à l'histoire et à l'épistémologie de la sociologie : Émile Durkheim est le « père fondateur » de la sociologie française. Même les sociologues qui ne partagent pas ses options méthodologiques l'ont reconnu. Ainsi l'injustement oublié Gaston Bouthoul considérait que, malgré des « exagérations », l'œuvre de Durkheim constitue « le plus grand effort doctrinal pour dégager la sociologie à la fois de la théologie, de la philosophie et de la politique », la doter d'un objet et de méthodes proprement scientifiques[1]. De même, chacun pense aujourd'hui avec Raymond Boudon que, « s'il n'échappa pas complètement à l'esprit de système, Durkheim démontra, peut-être le premier avec une telle force, que la sociologie pouvait être une science positive[2]. » De fait, la lecture des quatre ouvrages du fondateur (*De la division du travail social* publié en 1893, *Les Règles de la méthode sociologique* en 1895, *Le Suicide* en 1897 et *Les Formes élémentaires de la vie religieuse* en 1912) constitue plus que jamais un point de passage obligé pour les enseignants et les étudiants dans tout cursus sociologique digne de ce nom. Ce phénomène tend même à s'accentuer, ainsi qu'en témoigne la production éditoriale française des cinq dernières années où on décompte pas moins de cinq manuels d'histoire de la sociologie et deux initiations à l'œuvre du seul Durkheim[3].

---

* Article paru initialement dans *Politix. Travaux de sciences politiques*, 1995, n° 29, p. 55-79, sous le titre : « Heurs et malheurs du durkheimisme. Problèmes historiographiques, enjeux épistémologiques et pédagogiques d'une mémoire disciplinaire : la sociologie ».

1. G. BOUTHOUL, *Histoire de la sociologie*, Presses Universitaires de France, Paris, 1950, p. 92 et 97.

2. R. BOUDON, « Durkheim », *Encyclopaedia Universalis*, 1989, vol. 7, p. 753.

3. Sur l'histoire de la sociologie : J.M. BERTHELOT, *La Construction de la sociologie*, Presses Universitaires de France, Paris, 1991 ; C.H. CUIN, F. GRESLE, *Histoire de la sociologie*, La Découverte, Paris, 1992 (2 volumes) ; F. JONES, *Histoire de la sociologie*, Larousse, Paris, 1991 ; M. LALLEMENT, *Histoire des idées sociologiques*, Nathan, Paris, 1993 (2 volumes) ; P.J. SIMON, *Histoire de la sociologie*, Presses Universitaires de France, Paris, 1991. Sur Durkheim : J.A. PRADES, *Durkheim*, Presses Universitaires de France, Paris, 1990 ; Ph. STEINER, *La Sociologie de Durkheim*, La Découverte, Paris, 1994.

Mon intention n'est pas d'interroger ici en détail les raisons de ce soudain besoin d'histoire, de retour sur son passé, qu'éprouvent nombre de sociologues. L'explication profonde réside sans doute dans la manière dont la sociologie s'est institutionnalisée en France au début des années 1960 : sans paradigme dominant, sans chef de file, sans programme de recherche unifié, bref dans la diversité (voire l'éclectisme[4]). De fait, la génération qui s'apprête aujourd'hui à prendre les commandes de la sociologie française se trouve dans un certain désarroi intellectuel et souffre logiquement de cette insuffisance d'unité ou du moins de cohérence du projet scientifique de la discipline. À cela s'ajoutent des raisons à la fois économiques (ces manuels s'adressent à des étudiants de plus en plus nombreux) et individuelles (les centres d'intérêts de chacun, les enseignements, les stratégies de carrière, etc.). Mais là n'est pas mon propos.

En réalité, le projet de cet article est à la fois historique, historiographique, épistémologique et pédagogique. Le statut de « père fondateur » de la discipline accordé à Durkheim sera tout d'abord interrogé à travers les différentes explications qui ont été avancées jusqu'à ce jour. Je montrerai ensuite la manière dont la mémoire disciplinaire de la sociologie est constamment façonnée (déformée) par ses acteurs présents. Enfin, après un rapide inventaire des forces et des faiblesses de l'état actuel de l'historiographie durkheimienne, je me risquerai à proposer une façon de relire Durkheim qui soit épistémologiquement pertinente, c'est-à-dire à la fois historiquement fondée et pédagogiquement féconde.

DURKHEIM, « PÈRE FONDATEUR » DE LA SOCIOLOGIE FRANÇAISE ?

La plupart des manuels d'histoire de la sociologie entérinent le statut de fondateur de Durkheim sans en livrer véritablement les raisons. Plus inspiré, J.M. Berthelot écrit qu'il faut « réellement parler de *rupture épistémologique* pour qualifier l'apport de Durkheim. [...] Elle désigne la mise en place théorique et pratique d'une nouvelle forme épistémique, engageant de façon irréversible l'activité scientifique[5]. » Il y voit quatre raisons : deux sont d'ordre intellectuel (la systématisation d'un rationalisme expérimental et la nature « scientifique » du programme de recherche), les deux autres renvoient à l'activité collective que fut le durkheimisme (le travail de l'équipe de l'*Année sociologique*) et à son ancrage universitaire. Cette façon de voir est stimulante dans son pluri-factoralisme qui tranche avec

4. *Cf.* A. DROUARD (dir.), *Le Développement des sciences sociales en France au tournant des années soixante*, Éditions du CNRS, Paris, 1983 ; ainsi que le numéro spécial « Reconstructions de la sociologie française, 1945-1960 », *Revue française de sociologie*, 1991, vol. XXXII, n° 3).

5. J.M. BERTHELOT, *La Construction de la sociologie*, *op. cit.*, p. 36. *Cf.* aussi son article « Principe de causalité et raisonnement expérimental chez Durkheim », *Revue philosophique*, 1989, n° 1, p. 25-50.

les réductions habituelles. Toutefois, l'auteur ne livre pas la démonstration érudite qui emporterait définitivement la conviction. C'est ce qui m'incite à risquer ce véritable examen des interactions et du poids réciproque de chacun des facteurs invoqués dans l'explication de la réussite durkheimienne.

Les excès de l'analyse institutionnelle : Durkheim, meilleur stratège ?

L'ancrage universitaire des durkheimiens est-il le facteur clef de la réussite de ce groupe et de la naissance de la sociologie comme discipline ? C'est une affirmation qui passe souvent pour une évidence et qu'il n'est pourtant pas inutile d'examiner d'un peu plus près.

Au début des années 1970, les recherches de Victor Karady, nettement influencées par la sociologie de Pierre Bourdieu, se voulaient une argumentation contre une certaine « façon de passer sous silence les conditions sociales d'une pensée ou d'un penseur et d'évacuer ce qui permet objectivement à un nouveau savoir d'être reconnu et qualifié comme tel[6]. » Toutefois son travail, empiriquement remarquable, était peut-être un peu trop ambitieux au plan théorique en ce qu'il entendait rendre compte de la globalité de l'entreprise durkheimienne : « Bien qu'il (son travail) concerne plutôt les conditions sociales de réception d'une œuvre que les conditions d'apparition d'une innovation scientifique (c'est-à-dire de production d'une œuvre), il était indispensable pour comprendre celle-ci dans la mesure même où une œuvre universitaire n'est jamais intelligible en dehors des contraintes exercées par le système dominant des valeurs, par les impératifs de carrière ou par la hiérarchie des disciplines[7]. » Karady concevait donc globalement la sociologie durkheimienne comme une innovation dont l'apparition même serait liée à l'évolution institutionnelle postérieure ; l'histoire de ce mouvement scientifique s'expliquerait principalement (sinon exclusivement) en terme de « stratégie de réussite », de recherche et de « conquête de la légitimité universitaire. » Or, il y a là un glissement épistémologiquement dangereux. En effet, s'il est évident que le développement d'un nouveau programme de recherche doit, pour s'opérer, reposer sur une base institutionnelle (possibilité de recrutement de collaborateurs, postes d'enseignements et de recherche, facilités de publication, etc.), si son initiative elle-même, dans son caractère publique, médiatique, vise bien directement à légitimer ce programme, son contenu intellectuel peut être très largement indépendant de ladite stratégie. Karady affirme par exemple que, « il n'y a pas de doute que bien des aspects de la

6. V. KARADY, « Durkheim, les sciences sociales et l'université : bilan d'un semi-échec », *Revue française de sociologie*, 1976, n° XVII, p. 267.

7. *Ibid.*, p. 269.

démarche méthodologique mise en œuvre chez les durkheimiens – le refus de l'enquête et le recours préférentiel à l'observation médiate [...], le comparatisme interculturel, l'investissement de thèmes d'études philosophiques (exemple : la dualité de la nature humaine, la fonction du sacré, l'interprétation des catégories de l'esprit, la morale théorique et la morale pratique, la responsabilité, le rapport entre les disciplines : la sociologie comme une psychologie *sui generis*, etc.) – comportaient un moment stratégique en vue d'assurer aux objets de la sociologie la même "hauteur" épistémologique que dans la philosophie et les autres disciplines classiques[8]. »

C'est, à mon avis, prêter à Durkheim des intentions stratégiques bien lourdes et bien inutiles. En effet, ces grands thèmes de la philosophie, d'abord, Durkheim n'a pas cherché à tout prix à s'en servir pour légitimer son entreprise. Philosophe de formation, il utilise naturellement ces catégories. Sociologue par vocation, il pense qu'il y a des réponses scientifiques à toutes les traditionnelles questions philosophiques. Il n'est donc nullement besoin d'invoquer une quelconque stratégie pour rendre compte de cet usage intellectuel. Tout dans l'œuvre de Durkheim démontre au contraire que la personne se confondait avec son projet intellectuel, il se pensait porteur d'une mission scientifique et morale (ces élèves en ont clairement témoigné[9]). Sa formation et sa vocation suffisent donc à expliquer son outillage conceptuel.

De même, il faudrait non point seulement *affirmer*, mais surtout nous *démontrer* en quoi les « démarches méthodologiques » durkheimiennes peuvent être expliquées par une stratégie de conquête universitaire. Quel rapport y a-t-il entre la méthode comparative d'un sociologue et sa volonté de faire reconnaître sa discipline ? En quoi le fait de ne pas mener d'enquête de terrain peut-il être un avantage ? Et quand bien même on montrerait que tel est le cas, comment être sûr qu'il est utilisé pour cette fonction de légitimation et non par stricte détermination intellectuelle ou même par simple impossibilité matérielle ?

De même enfin, si les tentatives durkheimiennes d'imposer la méthode sociologique à des disciplines voisines (comme l'histoire, la géographie et la psychologie) avaient eu pour but principal d'imposer la sociologie à l'université, on pourrait gloser sur le manque d'intelligence de ces hommes. Car les travaux de Karady montrent précisément que, malgré certains succès individuels (Bouglé, Mauss, Halbwachs, Simiand), le durkheimisme n'a pas fondamentalement réussi à imposer la sociologie en tant

8. V. KARADY, « Stratégies de réussite et modes de faire-valoir de la sociologie chez les durkheimiens », *Revue française de sociologie*, 1979, n° XX, p. 79.

9. *Cf.* notamment G. DAVY, « Émile Durkheim. L'homme », *Revue de métaphysique et de morale*, 1919, p. 181-198 ; H. BOURGIN, *De Jaurès à Léon Blum. L'École normale et la politique*, Fayard, Paris, 1938.

que discipline dans l'université française du moment. En comparaison avec la percée de la géographie et la domination institutionnelle de l'histoire et de la philosophie, la sociologie n'a ramassé que des miettes. Le seul véritable succès des durkheimiens réside dans le fait d'avoir pu imposer leur sociologie comme la seule légitime. Or cette reconnaissance, qui leur valu le titre enviable d'« École sociologique française », a été acquise dès les années 1899-1903, soit bien longtemps avant les premiers succès universitaires[10].

En fin de compte, l'analyse institutionnelle est certes indispensable pour analyser les conditions de réussite de la sociologie durkheimienne, mais elle se révèle insuffisante à la fois lorsque nous nous interrogeons sur la genèse du projet personnel d'Émile Durkheim et lorsque nous essayons de comprendre comment cet homme a pu réaliser une innovation suffisamment forte pour fédérer une équipe de chercheurs et en asseoir si rapidement la légitimité intellectuelle.

Les erreurs du présentisme : Durkheim, premier holiste ?

Dans leur récent manuel, C.H. Cuin et F. Gresle écrivent à juste titre que « à y regarder de près, l'innovation radicale de Durkheim réside sans doute moins dans l'élaboration de thèmes – comme ceux de la solidarité, de contrat ou de division du travail – ou dans sa mise en perspective – à la fois évolutionniste et organiciste –, qui sont dans l'air du temps, que dans le traitement proprement sociologique qu'il leur fait subir[11]. » Il faut même, ainsi que l'a bien vu Lallement, penser globalement le projet sociologique durkheimien dans le cadre du solidarisme, c'est-à-dire de la morale et de la philosophie politique de la IIIe République[12]. Mais alors, en quoi consiste ce « traitement proprement sociologique » qui serait la grande innovation durkheimienne ? Pour Cuin et Gresle, il s'agirait d'un dépassement de l'individualisme puisque, « pour l'immense majorité des intellectuels de l'époque, tout acte humain doit d'abord être envisagé sous son angle individuel[13]. » Or ce jugement est inexact. La citation de l'historien Charles Andler mise en avant à l'appui de cette affirmation

---

10. Ainsi que le rappelle Ph. Besnard, du point de vue universitaire, c'est l'année 1907 qui fut décisive pour les durkheimiens : Durkheim venait d'être nommé à la Sorbonne (1906), Gaston Richard récupérait sa chaire de science sociale à Bordeaux, Lapie y était également nommé professeur (de philosophie), Bouglé était nommé à la Sorbonne et Fauconnet obtenait sa chaire de philosophie sociale à Toulouse, Mauss devenait directeur d'études à l'École pratique des hautes études (et Hubert le serait à son tour l'année suivante), enfin Lévy-Bruhl était également nommé professeur à la Sorbonne (« Introduction », *in* Ph. BESNARD (dir.), *The Sociological Domain. The Durkheimians and the Founding of French Sociology*, Maison des Sciences de l'Homme-Cambridge University Press, Paris-Cambridge, 1983, p. 3-4).

11. C.H. CUIN, F. GRESLE, *Histoire de la sociologie*, *op. cit.*, vol. 1, p. 67.

12. M. LALLEMENT, *Histoire des idées sociologiques*, *op. cit.*, vol. 1, p. 153.

13. C.H. CUIN, F. GRESLE, *Histoire de la sociologie*, *op. cit.*, vol. 1, p. 84.

n'est en aucun cas représentative de l'opinion de l'ensemble de la communauté intellectuelle du moment. Bien au contraire, tant l'organicisme d'Espinas et de Worms, le racialisme des anthropologues et d'un auteur à succès comme Gustave Le Bon, que la psychologie des peuples de Boutmy et Fouillée, sont des pensées tout à fait « holistes », le comportement individuel y est expliqué par des déterminismes supérieurs : l'hérédité, le milieu social et climatique, l'histoire et la géographie. Même la psychologie sociale de Tarde, à y regarder de plus près, n'a rien d'un plaidoyer pour une explication purement individualiste au sens où on l'entend aujourd'hui puisque Tarde conçoit l'individu comme un être qui est en permanence hypnotisé (au sens propre) par les autres, dont le comportement est une constante réaction, un constant positionnement sans véritable détermination propre :

> « L'état social, comme l'état somnambulique, n'est qu'une forme du rêve, un rêve de commande et un rêve en action. N'avoir que des idées suggérées et les croire spontanées : telle est l'illusion propre au somnambule et aussi bien à l'homme social[14]. »

Ainsi, bien loin d'être un fait dominant dans le milieu intellectuel de la fin du XIXe siècle, l'explication du social par l'individuel était au contraire combattue de toute part. Si la sociologie est alors devenue « une mode » comme l'ont noté tant d'acteurs de l'époque, c'est précisément pour cette raison. L'idée de régularité, de solidarité des phénomènes sociaux, s'imposait aux esprits tant sur un plan scientifique que politique (le solidarisme français s'opposait au darwinisme social et à l'individualisme perçu comme des idéologies anglo-saxonnes[15]). Enfin il faut encore rappeler que si Durkheim a pu si aisément mettre sur pied une équipe de recherche, il fallait bien que ses propositions soient entendues, c'est-à-dire, quelque part, attendues.

La recherche scientifique : une pratique collective

La critique des deux positions extrêmes que nous venons d'envisager nous ramène donc à la même interrogation : comment expliquer la force d'un paradigme qui n'était ni institutionnellement plus fort que les autres, ni intellectuellement radicalement nouveau ? Lorsque l'on réfléchit à ce

---

14. G. TARDE, « Qu'est qu'une société ? », *Revue philosophique*, 1884, n° 2, p. 501 ; repris *in* G. TARDE, *Les Lois de l'imitation*, Alcan, Paris, 1890, p. 83.

15. Et dans sa thèse, Durkheim s'est très souvent servi de cette opposition pour se positionner face à Spencer, ainsi que l'a bien montré M. BORLANDI, « Durkheim lecteur de Spencer », *in* Ph. BESNARD, M. BORLANDI, P. VOGT (dir.), *Division du travail et lien social. La thèse de Durkheim un siècle après*, Presses Universitaires de France, Paris, 1993, p. 67-109 ; *cf.* aussi Ph. STEINER, « Le fait social économique chez Durkheim », *Revue française de sociologie*, 1992, n° XXXIII, surtout p. 647-651.

que fut concrètement le durkheimisme à l'époque, c'est en réalité l'aspect collectif de cette entreprise intellectuelle qui vient immédiatement à l'esprit. Ainsi que le rappelle Philippe Besnard,

> « ce qui distingue Émile Durkheim des autres "pères fondateurs" de la sociologie c'est qu'il fut à proprement parler un chef d'école. Son projet impliquait, en effet, que la fondation de cette nouvelle science fut le fruit d'un travail collectif où chacun des membres de l'équipe se spécialiserait dans une branche du savoir à constituer et ferait valoir le point de vue sociologique dans les disciplines ou les domaines d'étude existant déjà. Ce programme fut en bonne partie réalisé. [...] Un tel rassemblement de talents réunis autour d'un même but – fonder la sociologie – fut un événement unique dans l'histoire de la discipline[16]. »

Du reste, Durkheim lui-même ne s'y trompait pas. Le 13 juin 1900, il écrivait à Célestin Bouglé :

> « [...] j'ai la preuve que tout le monde est attaché à l'*Année* et que le groupe ainsi formé n'est pas sans homogénéité et sans solidarité [...]. Songez en effet que c'est le premier groupe de ce genre qui s'organise, où il y ait une division du travail et une coopération véritables. Si donc nous pouvons durer, c'est d'un bon exemple. C'est aussi le meilleur moyen de préparer l'activité sociologique et de la stimuler. Que chacun de nous s'y mette peu à peu et ce sera un résultat. D'ailleurs, il n'est pas douteux que, sans qu'on s'en rende compte, la situation morale de la sociologie va se modifier en France ; qu'un départage va se faire dans l'opinion entre les bons travailleurs et les autres et nous aurons été pour quelque chose, pour beaucoup dans ce résultat[17]. »

De fait, ce que les acteurs de l'époque ont reconnu, ce devant quoi ils se sont inclinés, c'est d'abord la qualité du travail de l'équipe de l'*Année sociologique*, la systématicité et la rigueur des analyses bibliographiques qui, année après année, passaient au crible de la méthode sociologique la production non seulement française, mais véritablement internationale. L'œuvre collective assumée par chacun, le travail clairement réparti dans un esprit de collaboration et d'échange dont les correspondances témoignent (« je vous envoie tel livre qui relève davantage de votre compétence... », « que pensez-vous de tel autre ? », « Avez-vous des nouvelles d'untel ? », etc.), la solidarité face aux attaques (par exemple, entre Durkheim et Bouglé, dès 1896, au moment de la polémique avec l'historien Charles Andler au sujet du statut de la sociologie, plus fondamentalement encore, bien entendu, entre la plupart des durkheimiens durant l'Affaire Dreyfus), l'aide en informations, les lettres de soutien, l'activation de réseaux d'amitié lors des candidatures des uns et des autres,

16. Ph. BESNARD, « Les durkheimiens », *Encyclopaedia Universalis*, 1989, vol. 7, p. 755.

17. É. DURKHEIM, « Lettres à Célestin Bouglé », *Revue française de sociologie*, 1976, n° XVII, p. 173-174.

tout cela fit la force de ce groupe[18]. Malgré ses fortes individualités, il n'a connu aucune crise majeure, et sans la saignée de la Première Guerre mondiale (qui, indirectement, emporta Durkheim lui même puisqu'il mourut de chagrin et d'épuisement après la mort de son fils), il aurait rayonné autant sinon plus encore dans l'entre-deux-guerres.

L'enthousiasme et la rigueur du travail collectif : voilà donc ce qui a permis à Durkheim de fonder et d'incarner la discipline sociologique au-delà de sa personne et de ses propres productions intellectuelles, je serais même tenter d'écrire « malgré sa personne et ses propres productions intellectuelles. » En effet, tous les membres de l'équipe de l'*Année sociologique* ne partageaient pas l'ensemble des positions théoriques de Durkheim. Il faut par conséquent se demander à présent dans quelle mesure le programme durkheimien a pu intellectuellement et moralement poser les bases d'un consensus sans lequel cette équipe de chercheurs n'aurait pas vu le jour.

Les conditions intellectuelles collectives d'une fondation scientifique

Durkheim n'a donc pas fondé seul la sociologie, il y aurait même certainement échoué sans la formation de cette équipe. Il en fut toutefois le chef incontesté de par son ancienneté (c'est lui qui donna officiellement les premiers cours français de « science sociale » à la faculté des Lettres de Bordeaux, à partir de 1887-1888) et ses publications. Sa thèse, *De la division du travail social*, soutenue brillamment en 1893, lui donna d'emblée une autorité intellectuelle certaine et le désigna comme le principal représentant de la sociologie en France[19]. Ensuite, dès 1894, dans le prolongement immédiat de sa thèse, Durkheim fait paraître sous forme d'articles dans la *Revue philosophique*, ce qui deviendra en 1895 le célèbre livre intitulé *Les Règles de la méthode sociologique*. Enfin, la même année, dans un article donné en Italie à *La riforma sociale*, il fait l'inventaire critique du champ sociologique français[20]. Tout ceci se tient d'un seul mouvement, et il semble clair que la création d'une revue faisait, dès cette

18. Sur le fonctionnement du groupe des durkheimiens, on se reportera à Ph. BESNARD, « La formation de l'équipe de l'*Année sociologique* », *Revue française de sociologie*, 1979, n° XX, p. 7-31 (texte légèrement augmenté dans sa version anglaise : « The *Année sociologique* team », *in* Ph. BESNARD (dir.), *The Sociological Domain*, *op. cit.*, p. 11-39) ; Sur la polémique entre Bouglé et Andler, *cf.* L. MUCCHIELLI, « L'épistémologie durkheimienne, l'ancienne et la nouvelle histoire », *in* L. GILLARD, M. ROSIER (dir.), *François Simiand (1873-1935)*, Éditions des Archives contemporaines, Paris, 1996, p. 111-124 ; sur l'Affaire Dreyfus, *cf.* le chapitre 6 du présent ouvrage.

19. *Cf.* Ph. BESNARD, M. BORLANDI, P. VOGT (dir.), *Division du travail et lien social. La thèse de Durkheim un siècle après*, Presses Universitaires de France, Paris, 1993, p. 2.

20. É. DURKHEIM, « L'état actuel des études sociologiques en France (1895) » ; repris *in* É. DURKHEIM, *Textes*, *op. cit.*, vol. 1, p. 73-108.

époque, partie de ce projet durkheimien de fondation de la sociologie comme science[21].

On doit enfin insister avec Ph. Besnard sur le fait que Durkheim eut très tôt conscience de la nécessité de travailler en équipe pour sortir la sociologie du stade de l'amateurisme préscientifique[22]. Dès 1886, dans un de ses premiers et substantiels comptes rendus pour la *Revue Philosophique*, il écrivait en effet : « il ne faut pas oublier que la sociologie, comme les autres sciences, et peut-être même plus que les autres, ne peut progresser que par un travail en commun et un effort collectif[23]. » Et en 1893, dans la *Division du travail social*, il expliquait le retard et l'état anomique des sciences sociales par le fait que les savants, « suivant leurs goûts naturels » et individuels, « sont restés jusqu'à présent trop éloignés les uns des autres pour sentir tous les liens qui les unissent » ; l'« unité de la science » indispensable à la réalisation des véritables progrès scientifiques supposant au contraire une vive conscience de ce caractère collectif de toute entreprise scientifique et de la solidarité nécessaire pour la réaliser[24].

Ce rôle personnel de Durkheim étant précisé, voyons maintenant quelles étaient les conditions minimales d'homogénéité intellectuelle qu'il posa comme indispensables lors de la formation de son équipe de recherche. Le texte, auquel nous venons de faire allusion, sur « L'état actuel des études sociologiques en France », contient, outre l'annonce d'une intention de former une « École » de sociologie, un résumé stimulant de ce que Durkheim considère comme les principes épistémologiques et méthodologiques les plus importants. Ceux-ci peuvent ainsi être ramenés à trois :

L'objectivité de la méthode : c'est véritablement une « rupture épistémologique » que Durkheim veut opérer dans le champ sociologique en instaurant une méthode capable de débarrasser ces chercheurs des préjugés

21. Il faut, je crois, compléter ici ce qu'on sait du rôle de Célestin Bouglé dans la fondation de l'*Année sociologique* (*cf.* Ph. BESNARD, « La formation de l'équipe de l'*Année sociologique* », *op. cit.*, p. 8-9). Sans doute Bouglé a-t-il joué un rôle décisif de par son propre réseau d'amitié. Toutefois il s'est vanté plus tard d'être à l'origine de l'idée même de la revue et d'avoir en somme confié cette tâche à Durkheim. En réalité, dès le milieu de l'année 1895, Durkheim a fait allusion à des intentions plus ambitieuses encore puisqu'il s'agit de former une véritable « École » de « morale scientifique », c'est-à-dire de sociologie : « L'École qui est sur le point de se former et dont nous occupons [...] est un effort pour ouvrir à la morale et à la philosophie du devoir une nouvelle vie et pour démontrer qu'il est possible de soumettre la morale à la science sans pour cela l'affaiblir » (« L'état actuel des études sociologiques en France », *op. cit.*, p. 91). Le projet d'une École est donc antérieur au projet de la revue L'*Année sociologique* et les prises de contact en ce sens sont donc antérieures à la rencontre avec Bouglé (Durkheim semble notamment bien connaître Gaston Richard qu'il cite et discute comme allant exactement dans son sens).

22. Ph. BESNARD, « The *Année sociologique* Team », *op. cit.*, p. 16.

23. É. DURKHEIM, « Les études de science sociale » (1886) ; repris *in La Science sociale et l'action*, Presses Universitaires de France, Paris, 1970, p. 214.

24. É. DURKHEIM, *De la division du travail social*, 1907 (réédition : Presses Universitaires de France, Paris, 1986, p. 362-363).

et autres *a priori* qui découlent « de leur pratique quotidienne », de « la représentation qu'ils se font plus ou moins confusément de la réalité (et qui) tend par conséquent à remplacer cette réalité[25]. » Réaliser cette rupture d'avec le sens commun est le préalable indispensable à la constitution d'une véritable science sociale, et parce qu'il s'agit directement des pratiques humaines, de notre vie quotidienne concrète, c'est la plus difficile de toutes les révolutions scientifiques qu'il faut opérer. Il faut sortir de ce mode non-scientifique de pensée dans lequel « les faits n'interviennent que secondairement, à titre d'exemples ou de preuves confirmatoires ; (dans lequel) ils ne sont pas l'objet de la science[26]. » De là l'importance de la définition du phénomène observé, du groupement des faits, de la recherche de critères objectifs qui permettent de penser un comportement humain sans préjuger de sa nature, sous peine de revenir à des préalables philosophiques ou psychologiques dont Durkheim est justement convaincu de la fragilité intellectuelle ou, pour dire les choses, de la nullité scientifique.

La réalité de l'objet : la deuxième obsession méthodologique de Durkheim est encore plus fondamentale et c'est celle qui, parce qu'à la fois mal comprise et exprimée de façon trop métaphysique par Durkheim, lui valut le plus de difficulté. Sa proposition tient ici en deux principes : « les faits sociaux sont des choses » et « ces choses se manifestent par la contrainte qu'elles exercent sur l'individu » : « Pourquoi n'admettre comme réalités objectives que celles qui ont une forme et une figure ? En quoi les pratiques juridiques, morales, économiques, pédagogiques, etc., sont-elles moins des choses que les mouvements qui constituent pour le physicien ou le physiologue l'objet de leurs études ? [...] Enfin, si on pose que tout ce qui a une nature déterminée, indépendante des sujets qui la composent, est une chose, on voit que les faits sociaux ont cette qualité distinctive au plus haut point. [...] Non seulement nous ne pouvons pas créer ou changer à notre guise les constitutions sociales, mais ce sont elles qui s'imposent à nous. [...] Ce qui caractérise en effet les faits sociaux, c'est la force impérative qu'ils possèdent, l'action coercitive qu'ils exercent et sont susceptibles d'exercer sur nous. [...] Il n'y a pas de réalité plus résistante et par conséquent plus objective[27]. »

L'indépendance de l'explication : lorsqu'en mars 1897, Paul Lapie écrit à Célestin Bouglé après avoir été sollicité par Durkheim pour collaborer à la nouvelle revue, il l'interroge sur ce que Durkheim peut bien entendre

---

25. É. DURKHEIM, « L'état actuel des études sociologiques en France », *op. cit.*, p. 94.

26. É. DURKHEIM, *Les Règles de la méthode sociologique*, 1895 (réédition : Presses Universitaires de France, Paris, 1947, p. 16).

27. É. DURKHEIM, « L'état actuel des études sociologiques en France », *op. cit.*, p. 99-100.

par « la nécessité de faire de la sociologie sociologiquement, c'est-à-dire sans ramener cette science à autre chose qu'à elle-même[28]. »

Ce que Durkheim entendait par là, c'est que la sociologie qui l'a précédé s'est trop longtemps complue dans des métaphores physiques ou biologiques qui n'expliquent en réalité nullement leur objet. Puisque son objet est réel et irréductible à des phénomènes d'un autre ordre, la sociologie ne peut exister comme science que si ses méthodes sont fondées sur la nécessité de découvrir cette spécificité :

> « On a pu croire que le règne social ne pouvait être l'objet d'une science positive qu'à condition d'être dénudé de sa nature propre et de ses propriétés spécifiques. N'a-t-on pas vu récemment une école qui se pique de rigueur scientifique, affirmer qu'un fait aussi éminemment social que le crime pouvait être le produit de certaines particularités psychologiques et anatomiques ? Mais pour quiconque a le sens de la réalité, de sa richesse et de sa complexité, une telle conception est inadmissible, puisqu'en revenant au simple elle nie l'ensemble [...][29]. »

Expliquer le crime par les dispositions anatomiques ou psychophysiologiques des individus, c'est nier la légitimité de toute sociologie. Si la race explique les particularités ethniques, si l'hérédité explique les manifestations comportementales (normales et pathologiques) d'un individu, alors il n'y a pas de sociologie pensable et la science sociale relève de l'anthropologie biologique de l'école de Broca ou de la psychophysiologie de Ribot. C'est cette causalité biologique que pousseront à l'extrême des auteurs comme Gustave Le Bon ou Georges Vacher de Lapouge qui seront toujours des adversaires pour les durkheimiens[30].

La réception des idées de Durkheim

On sait que, dès la parution des *Règles de la méthode sociologique*, Bouglé, Lapie, Simiand et Richard ont critiqué le dogmatisme et l'ontologisme de certaines propositions de Durkheim[31]. Toutefois, en 1897, les échanges écrits entre les membres de la future équipe, puis la publication du *Suicide* de Durkheim ont débloqué les dernières réticences. Bien que, ainsi que l'a montré Ph. Besnard[32], ce livre de Durkheim soit par

28. « Lettres de Paul Lapie à Célestin Bouglé », *Revue française de sociologie*, 1979, n° XX, p. 37.

29. É. DURKHEIM, « L'état actuel des études sociologiques en France », *op. cit.*, p. 103.

30. *Cf.* le chapitre 6 du présent ouvrage.

31. Les deux premiers s'inquiétaient notamment du statut de la psychologie dans les *Règles de la méthode*, les seconds critiquèrent le recours à d'obscurs et substantiels « courants sociaux » dans l'explication du suicide. *Cf.* Ph. BESNARD, « La formation de l'équipe de l'*Année sociologique* », *op. cit.*

32. Ph. BESNARD, *L'Anomie. Ses usages et ses fonctions dans la discipline sociologique depuis Durkheim*, Paris, Presses Universitaires de France, 1987, p. 144.

la suite rapidement tombé dans un relatif oubli, son impact fut certain et son rôle peut-être décisif dans l'engagement de certains des philosophes les plus réticents qui furent cette fois réellement impressionnés à la fois par la rigueur scientifique et par l'intérêt intellectuel de la démonstration de Durkheim. Paul Lapie l'écrit à Bouglé :

> « J'ai lu avec grand plaisir le livre de Durkheim. [...] j'y trouve surtout une grande conscience et beaucoup d'habileté dans l'interprétation des faits. Au fond, il n'est pas si éloigné de la psychologie sociale [...]. ce livre fait réfléchir et il prouve qu'on peut énoncer des idées générales assez intéressantes tout en s'astreignant à des observations méticuleuses[33]. »

Dominique Parodi est encore plus enthousiaste :

> « J'ai lu le *Suicide* avec beaucoup d'intérêt. Voilà enfin un livre de Sociologie véritable et qui dépasse les éternelles questions de méthode. Et avec cela, c'est, somme toute, les saines doctrines qui y sont appliquées : c'est de la déduction tout le temps. Toutes les explications des données statistiques ne m'ont pas paru d'ailleurs également satisfaisantes [...]. Mais avec cela, il y a, dans ces statistiques, bien des choses frappantes, et des régularités vraiment extraordinaires : décidément, je crois de plus en plus à la sociologie[34]. »

François Simiand critique fermement le fond métaphysique de la pensée de Durkheim, son « réalisme sociologique », mais il loue la nature et la forme de l'entreprise qui témoignent d'une « belle conscience scientifique » :

> « Cette honnêteté d'exposition, ce souci de l'information positive, précise et complète sont trop rares encore parmi les travaux sociologiques pour qu'il n'en soit pas fait grand honneur à celui qui en donne l'exemple autorisé. Cela seul suffit à montrer combien les critiques adressées à M. Durkheim étaient souvent injustes et méconnaissaient l'étendue, la valeur et le mérite du travail proprement scientifique accompli par lui[35]. »

Au fil des années, les différences entre les durkheimiens se sont donc aplanies et les consensus se sont renforcés dans le travail, les progrès et les combats communs. Quelle que soit la rigidité des positions de Durkheim, chacun reconnaissait avec l'historien Henri Hauser que « cette théorie a été le plus vigoureux effort pour faire de la science sociale une matière enseignable, pour la faire passer du domaine du sens commun dans le domaine du savoir objectif, pour jeter un pont entre le monde de la nature et le

33. « Lettres de Paul Lapie à Célestin Bouglé », *op. cit.*, p. 40.

34. « Lettres de Dominique Parodi à Célestin Bouglé », *Revue française de sociologie*, 1979, n° XX, p. 43.

35. F. SIMIAND, « L'*Année sociologique* 1897 », *Revue de métaphysique et de morale*, 1898, p. 651.

monde humain. Quelques exagérations ne doivent pas nous en rendre oublieux[36]. »

Ces derniers mots nous permettent de résumer et de conclure cette première partie. La clef de la fondation durkheimienne de la discipline sociologique ne réside ni dans ses efforts de légitimation universitaire, ni dans des positions théoriques qui renverseraient complètement les idées couramment admises dans le champ intellectuel français de la fin de XIXe siècle. C'est sur la base de sa rigueur méthodologique, d'un appel au dépassement des simplismes théoriques et, de façon générale, de ses ambitions d'objectivité scientifique, que Durkheim a pu rassembler autour de lui l'équipe de jeunes intellectuels près à se lancer dans la tentative d'organiser la production du savoir sociologique et, par là même, j'y reviendrai en conclusion, de fonder la discipline. C'est leur travail collectif, et non l'ambition d'un seul homme, qui constitue la matière et le fond de ce processus d'abord intellectuel, puis institutionnel.

COMMENT LES ACTEURS DU PRÉSENT MANIPULENT LA MÉMOIRE DE LA DISCIPLINE

Cette première clarification du statut de « père fondateur » accordé à Durkheim laisse en suspens plusieurs questions historiques et pédagogiques. Pour affirmer la pertinence scientifique de ce statut, il faudrait en particulier pouvoir prouver que derrière les mots (les ambitions) se profilaient des choses (les avancées scientifiques concrètes). Et pour ce faire, nous devrions disposer d'un travail de comparaison systématique des productions intellectuelles des durkheimiens avec celles des autres sociologues (et des historiens, ethnographes, anthropologues, psychologues, s'étant exprimé sur les mêmes sujets) qui les ont immédiatement précédé ou bien été leurs contemporains. Or, l'état actuel de l'historiographie durkheimienne ne permet pas une telle évaluation. Mais avant d'y venir (dans la troisième partie de cet article), un dernier obstacle à la compréhension véritable du rôle et de la place du durkheimisme dans l'histoire de la sociologie doit être levé. Il s'agit de la difficulté la plus grande parce que la moins objectivée, la plus diffuse, la plus communément partagée : c'est le jugement que porte explicitement ou implicitement tout acteur de la sociologie lorsqu'il relit Durkheim à la lumière de sa propre doctrine, ou du moins de sa propre époque. Cette attitude, conforme à l'inclination naturelle de la pensée (qui est de juger quelque chose avec les critères dont elle dispose de par son expérience), est la définition de ce qu'on appelle le « présentisme. » Sous sa forme la plus étroite, nous allons voir qu'il constitue sinon un dommage intellectuel non négligeable, du moins un obstacle

36. H. HAUSER, *L'Enseignement des sciences sociales*, Chevalier-Maresq, Paris, 1903, p. 73.

à une compréhension et à une écriture sérieuses de l'histoire de la sociologie.

Une construction présentiste persistante : l'opposition Durkheim/Weber

La présentation de la discipline sociologique comme issue et fécondée par deux grandes traditions, l'une française emmenée par Émile Durkheim, l'autre allemande initiée par Max Weber, est un des lieux communs les mieux partagés et les plus fréquents dans les manuels d'histoire et les essais d'épistémologie. Ce couple, à la fois complémentaire et/ou antagoniste (selon les auteurs), structure en profondeur la mémoire de la discipline. Je pense qu'on peut dire que c'est une représentation sociale, que cela fait partie de « l'outillage mental » (Lucien Febvre) de la plupart des sociologues. L'histoire exacte de la construction de cette représentation reste à écrire, j'en ai donné des éléments dans une critique récente[37]. De Raymond Aron à Raymond Boudon, un certain nombre d'auteurs se sont en effet servis de Max Weber pour poser cet antagonisme et, par là même, donner du poids à leur différence théorique. On a même voulu écrire l'histoire de la réception de Weber en France dans le but de prouver que le sociologue allemand avait été victime d'une occultation mal intentionnée[38]. Durkheim aurait ainsi volontairement ignoré un adversaire trop dangereux, Halbwachs l'aurait un peu lu mais n'y aurait rien compris, etc. On mesure ici à quel point les représentations peuvent déformer la réalité... Menée de façon rigoureuse au plan documentaire et impartiale au plan intellectuel, l'histoire de cette réception de Weber prend une toute autre allure[39]. Résumons à grands traits le fruit de ces recherches :

1°) Durkheim, Bouglé, Halbwachs et les autres étaient des germanophiles convaincus et attentifs, ils ont tous fait un séjour dans les Universités allemandes et ont grandi dans l'ambition si caractéristique des intellectuels français de la fin du XIXe siècle : faire aussi bien que l'Allemagne ;

2°) Durkheim s'est nourri de lectures allemandes (Wundt, Shaeffle, les Socialistes de la Chaire, etc.) et a accueilli dans sa revue quelques-uns des grands noms allemands des sciences sociales du moment (Steinmetz, Simmel, Ratzel) ; toutefois il ne pouvait pas connaître un penseur qui a

37. L. MUCCHIELLI, « La guerre n'a pas eu lieu : les sociologues français et l'Allemagne (1870-1940) », *Espaces-Temps*, 1993, n° 53-54, p. 5-18 (chapitre 3 du présent ouvrage).

38. M. HIRSCHHORN, *Max Weber et la sociologie française*, L'Harmattan, Paris, 1988.

39. M. BORLANDI, « Max Weber and/in French Sociology : A Book Review », *Revue européenne des sciences sociales*, 1992, vol. XXX, n° 93, p. 103-121 ; Ph. STEINER, « L'*Année sociologique* et la réception de l'œuvre de Max Weber », *Archives européennes de sociologie*, 1992, n° XXXIII, p. 329-349 ; et le chapitre 3 du présent ouvrage.

publié beaucoup plus tardivement que lui et qui, de surcroît, était considéré de son vivant comme un économiste ; d'ailleurs, à ce titre, Weber n'est nullement occulté : il est même recensé onze fois dans la première série de l'*Année sociologique* ;

3°) c'est seulement après sa mort (en 1920) que Weber a été reconnu comme un sociologue de première importance et qu'il a été discuté et diffusé en Europe et aux États-Unis ; la France n'a pas de retard particulier sur ce mouvement puisque, à partir de 1925, un sociologue français l'introduit avec beaucoup d'éloge ; or cet homme n'est autre que le durkheimien Maurice Halbwachs ;

4°) c'est en philosophie, avec Raymond Aron, et non du côté de la recherche sociologique qu'apparaît, à la veille de la Deuxième Guerre mondiale, cette idée que l'approche phénoménologique de Weber serait totalement contradictoire avec la recherche de l'objectivité si caractéristique de la méthode durkheimienne.

Vers la fin de sa vie, Raymond Aron reconnaîtra d'ailleurs lui-même que, dans sa jeunesse, il avait quelque peu exagéré l'opposition des deux traditions et qu'en réalité : « Les sociologies (allemande et française) différaient en leur substance moins que les philosophies dont les sociologues se réclamaient[40]. » Cette façon de voir les choses est beaucoup plus juste. Du reste, Durkheim lui-même a expliqué, dès son retour d'Allemagne, au tout début de sa carrière, comment une différence de « style » philosophique cohabitait avec un profond accord sur la nécessité de faire la science du social (nécessité dont Durkheim dit s'être convaincu précisément au contact des Allemands), et comment les deux attitudes devaient se compléter :

> « Cette conception de l'existence collective n'est certes pas entièrement neuve. Elle est populaire en Allemagne, en particulier auprès des économistes. Les Allemands ont toujours pensé très profondément qu'il y a une espèce d'hétérogénéité entre les individus et la société et que la vie sociale ne peut pas être enfermée dans les formules simplistes qui enthousiasmèrent nos pères. Mais ce même sentiment se présente chez nous actuellement sous une forme particulière. Si l'esprit allemand est plus sensible que le nôtre à ce qu'il y a de complexe dans les choses sociales, en revanche, comme il est médiocrement analytique, il lui a semblé très difficile sinon impossible de soumettre entièrement à l'analyse scientifique une réalité aussi compliquée ; c'est pourquoi de cette complexité des faits sociaux il a volontiers conclu à leur inintelligibilité au moins partielle. Telle est, on le sait bien, la théorie des "socialistes de la chaire" allemands. [...] ils affirmèrent que la société ne peut être l'objet que d'une demi-science, d'une pseudo-science où il n'y a pas de lois au sens strict du mot, mais seulement

40. R. ARON, *Mémoires*, Julliard, Paris, 1983, p. 110.

des généralités approximatives, sujettes à toutes sortes d'exceptions. L'esprit français, au contraire, bien qu'il ait embrassé les idées nouvelles dont nous avons parlé, est resté ce qu'il a toujours été, profondément rationaliste. Nous sommes malgré tout restés fidèles à la loi cartésienne en vertu de laquelle l'univers intelligible peut être traduit entièrement en symboles scientifiques. Nous avons seulement reconnu – en ce qui concerne les faits sociaux – la nécessité d'élargir les symboles dont jusqu'à présent nous nous sommes contentés. [...] On voit comment la coexistence de ces deux dispositions à l'intérieur d'un même esprit national intéresse l'avenir des études sociologiques. Une sociologie scientifique n'est possible qu'à ce prix ; elle suppose face à des phénomènes obscurs à expliquer, à la fois la conscience qu'ils sont assez complexes pour que le sociologue ne se laisse pas séduire par des explications trop faciles et trop claires, et un état d'esprit rationaliste qui permette de ne pas désespérer d'introduire de la clarté dans une telle obscurité[41]. »

Ce texte, évidemment inconnu des apprentis-historiens que nous discutons, est intéressant à plus d'un titre. Il nous indique que, depuis le début, Durkheim connaît bien ces débats méthodologiques qui ont agité les économistes allemands (Menger, Schmoller, etc.) notamment dans les années 1880-1890. Lors de son voyage en Allemagne, il en a clairement pris connaissance[42]. Et c'est d'ailleurs la raison pour laquelle, même s'il avait connu Weber, il n'aurait pas jugé toutes ses positions radicalement nouvelles, loin s'en faut[43]. Mais certains weberiologues auto-proclamés ne semblent pas non plus soupçonner l'existence de ces débats méthodologiques allemands dont l'influence sur Weber est pourtant aujourd'hui souligné par les historiens de la sociologie[44], ils se concentrent abusivement sur les seuls philosophes comme Dilthey lors même que cet auteur n'est pas, à l'époque, la référence essentielle de ces débats.

À l'évidence, les contextes philosophiques et politiques français et allemands sont différents, l'état de la réflexion n'est logiquement pas le même, et c'est d'abord de ce côté qu'il faut chercher des explications. Mais si, au delà des mots, on regarde ensuite les intentions des individus, on perçoit alors des ressemblances qui démentent bien des arguments de cette opposition entre un Durkheim « holiste » et un Weber champion de

41. É. DURKHEIM, « L'état actuel des études sociologiques en France », *op. cit.*, p. 106-107.

42. É. DURKHEIM, « La science positive de la morale en Allemagne » (1887) ; repris *in* É. DURKHEIM, *Textes*, *op. cit.*, vol. 1, p. 267-343.

43. Simiand réagira logiquement de même face aux positions méthodologiques de Weber qu'il pouvait considérer comme des retombées de la fameuse polémique de 1883 entre Menger et Schmoller (*cf.* Ph. STEINER, « L'*Année sociologique* et la réception de Max Weber », *op. cit.*, p. 336-339).

44. On se reportera notamment à W.J. MOMMSEN, J. OSTERHAMMEL (dir.), *Max Weber and his Contemporaries*, Unwin Hyman, Londres, 1987 ; M. LOSITO, P. SCHIERA (dir.), *Max Weber e le scienze sociali del suo tempo*, Il Mulino, Milan, 1988 ; W. HENNIS, « The Pitiless "Sobriety of Judgment" : Max Weber between Carl Menger and Gustav von Schmoller, the Academic Politics of Value Freedom », *History of Human Sciences*, 1991, n° 1, p. 27-59.

l'« individualisme ». Weber, comme Durkheim, s'oppose en réalité au modèle de l'acteur parfaitement rationnel et autodéterminé de certains économistes. Comme Durkheim, il pense que l'essentiel ce sont les croyances, les représentations, la psychologie collective. Et je voudrais indiquer que, encore une fois, Raymond Aron, si on le lit attentivement, avait bien vu que, sur ce point fondamental, les trois sociologues à ses yeux majeurs de la fin du XIXe siècle (Durkheim, Pareto et Weber) étaient en parfaite congruence. Confirmant les analyses de Parsons, il écrivait :

> « Dans leur conception de l'explication sociologique et dans leur interprétation de la conduite humaine, [ces trois auteurs] ont simultanément dépassé le behaviorisme, la psychologie du comportement et les motivations strictement économiques. Leur conviction commune que les sociétés tiennent par les croyances collectives leur interdit en effet de se satisfaire d'une explication des conduites "de l'extérieur", qui ferait abstraction de ce qui se passe dans la conscience. De même, la reconnaissance du fait religieux comme du fait majeur qui commande l'ordre de toutes les collectivités contredit pour eux trois l'explication par la rationalité égoïste que les économistes utilisent lorsqu'ils rendent compte des actes des sujets par des calculs d'intérêt. Durkheim, Pareto et Weber ont en commun de n'accepter ni les explications naturalistes ou matérialistes extérieures ni les explications rationalisantes et économiques de la conduite humaine[45]. »

À méditer...

La mémoire disciplinaire comme enjeu et recherche de légitimité symbolique

Avant d'illustrer encore par des exemples précis l'usage intéressé de la référence aux « fondateurs », il faut retracer brièvement le sort du durkheimisme à travers l'histoire de la sociologie contemporaine.

En France, au lendemain de la Seconde Guerre mondiale, il ne reste plus grand chose de ce mouvement dont les principales figures sont mortes (Halbwachs, Bouglé, Simiand) ou retirées de la scène intellectuelle (Mauss). Georges Davy, professeur à la Sorbonne, est le dernier grand rescapé de cette aventure (le cas du philosophe Albert Bayet étant un peu à part). Mais si le durkheimisme va plonger dans l'oubli pour une vingtaine d'années, c'est d'abord parce que ses héritiers n'ont pas su ou n'ont pas voulu en conserver la mémoire vive. Jean Stoetzel s'est posé d'emblée en adversaire de Durkheim et a tout fait pour occulter l'apport d'Halbwachs qui l'a précédé sur le terrain de la psychologie sociale[46]. Georges Gurvitch

45. R. ARON, *Les Étapes de la pensée sociologique*, Gallimard, Paris, 1967, p. 312-313.

46. Sur l'opposition de Stoetzel à Durkheim, *cf.* L. BLONDIAUX, « Comment rompre avec Durkheim ? Jean Stoetzel et la sociologie française de l'après-guerre (1945-1958) », *Revue française de sociologie*, 1991, n° XXXII, p. 411-441 ; sur l'occultation d'Halbwachs, *cf.*

a toujours considéré Durkheim comme un grand classique de la sociologie, l'a beaucoup lu et discuté, mais n'en a pas particulièrement défendu l'héritage. Enfin Georges Friedman, le grand organisateur du Centre de recherche sociologique, fut l'élève d'Halbwachs mais n'appréciait guère Durkheim. De fait, on peut sans doute dire que, globalement, la nouvelle génération de sociologues s'institutionnalise dans « un renouvellement autant marqué par l'innovation que par l'ignorance des acquis[47]. »

Cette absence de référence théorique des nouveaux pionniers de la sociologie française ne pouvait évidemment pas durer. Dans un champ scientifique en pleine construction et donc favorable aux innovations et ambitions personnelles, les positionnements théoriques n'allaient pas tarder à se durcir. Ainsi les années 1964-1967 constituent un peu « l'âge d'or de la sociologie française. [...] Pendant ces quatre années, presque toutes les figures marquantes de la sociologie française contemporaine soutiennent leur thèse de doctorat d'État, ou bien, comme Pierre Bourdieu, publient en rafale[48]. » De fait, cette effervescence intellectuelle et théoricienne va ramener Durkheim sur le devant de la scène. Aron (qui a succédé à Davy à la Sorbonne) l'enseigne dans le cadre de son cours d'histoire de la sociologie, Jean Duvignaud publie un livre sur Durkheim[49], Bourdieu et Passeron « réhabilitent » Durkheim dans leurs cours[50]. En cette fin des années 1960, marxisme, structuralisme et, dans une beaucoup moins large mesure, durkheimisme, dominent donc la vie intellectuelle de la discipline.

C'est à l'ensemble de ces systèmes d'interprétation globalement qualifiés de « holistes » que va s'en prendre Raymond Boudon[51]. Toutes les approches qui expliquent le comportement individuel en recourant à des déterminations et contraintes sociales lui semblent des « impasses », il leur oppose la méthode dite bientôt de « l'individualisme méthodologique[52]. »

L. MUCCHIELLI, « Sociologie et psychologie en France, l'appel à un territoire commun : vers la psychologie collective (1890-1940) », *op. cit.*, conclusion (*cf.* chapitre 4 du présent ouvrage).

47. J. HEILBRON, « Pionniers par défaut ? Les débuts de la recherche au Centre d'études sociologiques (1946-1960) », *Revue française de sociologie*, 1991, n° XXXII, p. 377.

48. Ph. BESNARD, *L'Anomie*, *op. cit.*, p. 208.

49. J. DUVIGNAUD, *Durkheim, sa vie, son œuvre, avec un exposé de sa philosophie*, Presses Universitaires de France, Paris, 1965. Quatre ans plus tard, il republiera sous le titre *Journal sociologique* un recueil de mémoires et comptes rendus de Durkheim parus dans l'*Année sociologique*.

50. Un témoignage parmi d'autres : « Les cours de Passeron ou de Bourdieu comportaient une intéressante tentative de réhabilitation des aspects positifs du durkheimisme contre ses détracteurs idéalistes [...]. À les en croire, l'auteur des *Règles de la méthode sociologique* aurait été un Galilée des sciences sociales, produisant les conditions d'une révolution épistémologique » écrit D. LINDENBERG, *Le Marxisme introuvable*, Calmann-Lévy, Paris, 1975, p. 178.

51. R. BOUDON, *À quoi sert la notion de structure ?*, Gallimard, Paris, 1968 ; R. BOUDON, *La Crise de la sociologie*, Genève, Droz, 1971.

52. Cette opposition s'exprime de manière brutale dans des textes à la fois brefs et polémiques comme R. BOUDON, « Individualisme ou holisme : un débat méthodologique fondamen-

Pour donner du poids à sa position minoritaire dans le champ sociologique, Raymond Boudon va alors tenter d'utiliser la référence aux « pères fondateurs » de la discipline. Tandis que Durkheim sera autant que possible dévalorisé par les partisans de l'« individualisme méthodologique » (*cf.* par exemple, le livre de J. Baechler sur le suicide[53]), nous avons déjà vu que c'est principalement Max Weber qui va se retrouver catapulté fondateur et champion de ce courant. De la même manière, R. Boudon a tenté de jouer de la référence à Simmel en le présentant comme lui aussi un partisan de l'« individualisme méthodologique » et un adversaire de Durkheim[54]. Or, la réfutation est aisée. Durkheim et Simmel ont entretenu (par l'intermédiaire de Bouglé) d'étroits rapports dans les premières années de l'*Année sociologique*. Simmel partageait alors la position durkheimienne puisqu'il écrivait en 1896 :

> « Si la société doit être l'objet propre d'une science autonome, elle ne le peut que parce que de la somme des individus qui la constituent naît une nouvelle unité ; sinon tous les problèmes de la sociologie ne seraient que des problèmes de psychologie individuelle[55]. »

Et si Durkheim a rompu avec Simmel à partir de 1900, ce n'est pas fondamentalement sur le problème de la théorie et de la méthode sociologiques, mais apparemment parce qu'il lui reprochait d'abord un manque général de rigueur scientifique dans la définition des objets, leur traitement analytique, leur support documentaire, etc.[56].

Enfin, Raymond Boudon a également tenté de faire jouer le nom de Tarde contre celui de Durkheim. Dans sa « Présentation » à la réimpression des célèbres *Lois de l'imitation*, il considère Tarde comme « un des auteurs qui a défini les bases de la sociologie avec le plus de clarté », et il insiste notamment sur cette citation :

> « On a cru ne pouvoir donner à la sociologie une tournure scientifique qu'en lui donnant un air biologique, ou, mieux encore mécanique. C'était chercher à éclaircir le connu par l'inconnu, c'était transformer un système

tal », *in* H. MENDRAS, M. VERRET (dir.), *Les Champs de la sociologie française*, A. Colin, Paris, 1988, p. 31-45.

53. J. BAECHLER, *Les Suicides*, Calmann-Lévy, Paris, 1975 ; et la critique salutaire de Ph. BESNARD, « Anti- ou anté-durkheimisme ? Contribution au débat sur les statistiques officielles du suicide », *Revue française de sociologie*, 1976, n° XVII, p. 313-341.

54. R. BOUDON, « Introduction », *in* G. SIMMEL, *Les Problèmes de la philosophie de l'histoire*, Presses Universitaires de France, Paris, 1984 ; et le compte rendu justement critique de M. SAGNOL, « Le statut de la sociologie chez Simmel et Durkheim », *Revue française de sociologie*, 1987, n° XXVIII, p. 150-151.

55. G. SIMMEL, « Zur methodik der socialwissenchaft » (1896), cité par M. SAGNOL, « Le statut de la sociologie chez Simmel et Durkheim », art. cit., p. 110.

56. *Cf.* surtout É. DURKHEIM, « La sociologie et son domaine scientifique » (1900) ; repris *in* É. DURKHEIM, *Textes*, *op. cit.*, vol. 1, p. 14-19. Sur l'ensemble des aspects de la critique de Durkheim, *cf.* surtout l'article de M. SAGNOL, « Le statut de la sociologie chez Simmel et Durkheim », art. cit.

solaire en nébuleuse non résoluble pour le mieux comprendre. En matière sociale, on a sous la main, par un privilège exceptionnel, les causes véritables, les actes individuels dont les faits sont faits [...][57]. »

Et Boudon fait alors ce commentaire : « Lorsque Tarde écrit ces lignes, peut-être songe-t-il à Durkheim qui naguère a publié *La Division du travail social* et *Le Suicide*[58]. » Ceci est pourtant absolument impossible et l'auteur aurait dû le savoir : Tarde a publié ces lignes en 1890, à un moment où Durkheim n'a encore rien écrit sur sa méthodologie, sa thèse sur la division du travail social datant de 1893, et son ouvrage sur le suicide de 1897. En réalité, Tarde s'adresse ici à Alfred Espinas et à tous ceux qui, à ses yeux, poussent trop loin l'organicisme et l'analogie entre les sociétés animales et les sociétés humaines. De plus, sur ce point fondamental de la lutte contre le naturalisme réducteur, Durkheim et Tarde étaient au contraire en parfait accord (j'ajoute même que l'étude précise d'un objet sociologique – le crime – suggère que, sous cet angle, la rigueur en question n'était peut-être pas du côté de Tarde[59]).

On comprend aisément la raison de ces petites manipulations avec l'histoire et les grands noms du passé de la discipline. Elles visent avant tout à légitimer, en l'enracinant dans de lointaines et prestigieuses fondations, le point de vue actuel de certains acteurs de la discipline.

Je voudrais conclure rapidement ce chapitre consacré aux errements présentistes par l'observation des derniers développements de l'histoire de l'opposition Durkheim/Weber ou holisme/individualisme. Brusquement, ces deux dernières années, l'actualité s'est en effet déplacée vers la recherche du consensus et de la synthèse. Après vingt-cinq années de lutte univoque et de critique des « illusions de synthèse », Raymond Boudon déclarait en juin 1993 dans un magazine scientifique bien diffusé : « l'autonomie s'exerce à l'intérieur d'un système de contraintes absolument évidentes. Je ne vois pas du tout d'opposition entre ces deux approches[60]. » De même, en 1994, six ans après son très partial pamphlet contre la tradition durkheimienne qui aurait occulté l'adversaire Weber, Monique Hirschhorn codirige et publie un livre collectif au titre évocateur : *Durkheim, Weber : vers la fin des malentendus*[61]. Mon propos n'est ni de célébrer cette recherche nouvelle de consensus qui semble effectivement plus féconde que les oppositions doctrinales manichéennes, ni de chercher

57. G. TARDE, *Les Lois de l'imitation*, Kimé, Paris, 1993, p. 1 (1ère édition : 1890).

58. R. BOUDON, « Présentation », *in* G. TARDE, *Les Lois de l'imitation*, Slatkine, Paris-Genève, 1989 (non paginé).

59. *Cf.* L. MUCCHIELLI, « Naissance et déclin de la sociologie criminelle (1890-1940) », *in* L. MUCCHIELLI (dir.), *Histoire de la criminologie française*, L'Harmattan, Paris, 1994 (surtout p. 292-296 consacrées à G. Tarde).

60. Interview dans *Sciences humaines*, juin 1993, n° 29, p. 41.

61. M. HIRSCHHORN, H. COENEN-HUTHER (dir.), *Durkheim, Weber. Vers la fin des malentendus*, L'Harmattan, Paris, 1994.

à commenter les motivations qui peuvent pousser des pompiers à chercher à éteindre le feu qu'ils ont eux-mêmes allumé. Il est plus intéressant de souligner que, d'une certaine manière, le problème épistémologique est toujours le même. Encore une fois, comprenons-nous bien : les contributions qui font la matière de ce livre ne sont nullement en question, elles peuvent être réellement pertinentes dans leur objet et leur traitement. Ce qui doit par contre être mis en cause, c'est la méthode qu'ont adoptée les initiateurs du projet et qu'exprime ironiquement l'auteur de la conclusion :

> « Les travaux rassemblés dans cet ouvrage illustrent le grand jeu du latent et du patent. Contrairement à l'usage, on y oppose moins Durkheim et Weber qu'on ne les réconcilie en invoquant un Weber latent en accord avec le Durkheim patent et, vice versa, un Weber patent en affinité avec un Durkheim latent. [...]. Saluons ce retour de l'herméneutique chez les sociologues. Il s'agit d'une herméneutique du soupçon (Ricœur) qui flaire le caché derrière le dit (Lévi-Strauss, Lacan), qui prétend mettre à jour sinon l'inconscient [...] du moins le non-conscient, ces intuitions mal formulées, parfois refoulées au nom d'intentions supérieures, mais qui surpassent en génie les énoncés officiels [...]. Durkheim et Weber savaient-ils ce qu'ils écrivaient ? "Heureusement nous sommes là !" serait-on tenté de s'exclamer sur le mode ironique. Eux sont morts et ne profiteront pas de nos lumières[62]. »

L'ironie est en effet bienvenue car enfin, de deux choses l'une : ou bien on considère la parole des « fondateurs » comme essentielle encore aujourd'hui et on les confronte dans ce qu'ils ont dit, ou bien on reconnaît les limites de ces paroles d'ancêtres et on s'autorise à parler en son nom personnel. Mais cette attitude qui consiste à se couvrir de l'autorité des ancêtres tout en leur faisant dire ce qu'ils n'ont pas dit mais que l'on a envie d'entendre aujourd'hui, me semble des plus déplorables d'un double point de vue épistémologique et pédagogique. Que faut-il en effet enseigner aux sociologues de demain ? Qu'il faut chercher à dire ce qu'ils pensent en déformant la pensée des autres ? Que les héros de leur discipline ne savaient pas ce qu'ils écrivaient ? Que tout est dans tout et réciproquement ?

Ce genre de manipulations de la mémoire disciplinaire continue à sa manière à retarder, sinon à interdire de mener à bien un examen des questions soulevées qui soit à la fois scientifiquement sérieux et pédagogiquement fécond. Comprenons bien que la critique ne vise nullement à disqualifier tel ou tel positionnement : de même que le jugement de l'histoire n'appartient pas aux acteurs présents de la discipline car ils n'en ont pas la compétence technique, l'historien n'a aucune légitimité à intervenir dans les débats qui animent heureusement la science présente. Par

62. C. LALIVE D'ÉPINAY, « Conclusions. Statut de la réalité et vision de l'homme », *in* M. HIRSCHHORN, H. COENEN-HUTHER (dir.), *Durkheim, Weber. Vers la fin des malentendus*, L'Harmattan, Paris, 1994, p. 227-228.

contre, il peut mettre son savoir au service des débats présents de la discipline, poser ces « questions vives » au passé et fournir sans la déformer la réponse que celui-ci aurait livrée. Alors, et alors seulement, le sociologue pourra se forger un jugement honnête sur ses prédécesseurs. L'application de cette méthode permettrait de mieux comprendre les raisons de l'épistémologie durkheimienne et pourquoi elle constitua pour l'époque un grand progrès, sans dissimuler les limites et les faiblesses que l'évolution des questionnements a fait apparaître du vivant même de Durkheim ou par la suite. Tel est, par exemple, l'esprit dans lequel on doit poser le problème de la place de la psychologie et des raisons de l'anti-individualisme de Durkheim. Et je voudrais achever ce travail en examinant les conditions grâce auxquelles cet état d'esprit pourrait être utilement développé.

DU PASSÉ AU PRÉSENT : LIRE ET ENSEIGNER DURKHEIM

La production historiographique consacrée tout ou partie à Durkheim est énorme, tout particulièrement en Angleterre et aux États-Unis. Elle se développe également un peu plus chaque année en France. Mon propos n'est bien évidemment pas de faire le point exhaustif de cette littérature, mais bien plutôt d'en dégager quelques tendances et surtout quelques lacunes[63].

Forces et faiblesses de l'historiographie durkheimienne

Quantitativement, l'historiographie durkheimienne se concentre depuis toujours sur les grands thèmes et les grands livres d'Émile Durkheim : l'éducation, la religion, la morale, le droit, l'État, les phénomènes « pathologiques » (suicide, criminalité), l'évolution générale des sociétés, les questions de méthodologie. Grâce aux travaux de recherche en bibliothèques et d'archives qu'ont mené Victor Karady et Philippe Besnard, la matière sur laquelle s'exerce ces historiens s'est considérablement élargie depuis une vingtaine d'années : articles, comptes rendus, conférences inédites, correspondances, sont venus compléter les livres classiques. Ces productions sont donc de plus en plus informées sur le détail de la production durkheimienne elle-même. Toutefois, ces efforts préalables et absolument fondamentaux n'ont que faiblement ouvert la recherche au-delà, ou plutôt en deçà, des écrits du « père fondateur. » Et c'est bien là la principale faiblesse de cette historiographie : la genèse de la pensée de Durkheim ne se comprend pas simplement dans ses écrits, si précoces soient-ils, et dans sa biographie, si informée soit-elle (et, faute de documents, elle

63. Pour une information systématique sur la littérature anglo-saxonne, on se reportera à la bibliographie finale que publie chaque année le bulletin *Études durkheimiennes/Durkheimian studies*.

sera toujours assez mal connue). À prendre systématiquement Durkheim comme un point de départ, on est souvent passé à côté de l'histoire. Car si Durkheim est un point de départ, il est aussi un point d'arrivée. Sa sociologie ne s'est pas fondée sur un vide intellectuel. Que Durkheim ait voulu faire table rase et instituer la sociologie peut se comprendre et se défendre au plan scientifique, mais cela ne doit pas nous leurrer : Durkheim n'était pas le premier à penser ces problèmes et à tenter de fonder la sociologie.

Chacun sait, certes, que le mot est d'Auguste Comte. Mais entre les années 1840 et les années 1880, une génération entière d'intellectuels passe généralement à la trappe de l'histoire de la sociologie. Durkheim était certes peu porté à l'éloge de ses pairs et de ses maîtres, mais, ainsi que son principal biographe l'a bien vu, il n'en a pas moins indiqué lui-même certaines de ses influences[64]. Nous savons qu'il a été marqué par ses maîtres à l'École Normale, surtout Numa Fustel de Coulanges et Émile Boutroux. Or, si l'influence du premier est assez bien connue, celle du second n'a fait l'objet d'aucune étude systématique[65]. De même, nous savons que Durkheim a lui-même reconnu avoir en partie forgé les bases de sa pensée dans le système du philosophe Charles Renouvier, que lui doit-il exactement ? Nous n'en savons pas grand-chose[66]. Tout comme nous ignorons ce qu'il doit exactement à Stuart Mill, aux disciples de Comte (Émile Littré et Pierre Laffitte[67]) ainsi qu'à ses commentateurs comme le sociologue franco-russe Eugène de Roberty. Spencer était le grand sociologue européen des années 1880, nous commençons à en mesurer l'effet sur Durkheim[68], mais le sociologue français le plus connu était alors Alfred Espinas. Qu'est-ce Durkheim a retenu de ses œuvres ? Tant que nous n'aurons pas la réponse à toutes ces questions, nous ne pourrons savoir avec précision

64. S. LUKES, *Émile Durkheim, his Life and his Work* (1973), Stanford University Press, Stanford, 1985 (2e édition).

65. Sur l'influence du premier : F. HÉRAN, « L'institution démotivée. De Fustel de Coulanges à Durkheim et au delà », *Revue française de sociologie*, 1987, n° XXVIII, p. 67-97 ; R.A. JONES, « Durkheim and *La cité antique* : an Essay on the Origins of Durkheim's Sociology of Religion », *in* S. TURNER (dir.), *Émile Durkheim. Sociologist and Moralist*, Routledge, Londres-New York, 1993, p. 25-51.

66. Signalons toutefois l'étude de W. LOGUE, *From Philosophy to Sociology. The Evolution of the French Liberalism*, Illinois University Press, Chicago, 1983. Mentionnons aussi, à propos de la philosophie de l'éducation, les remarques de J.C. FILLIOUX, *Durkheim et l'éducation*, Presses Universitaires de France, Paris, 1994, p. 20-21.

67. Littré avait, rappelons-le, fondé en 1872 la première Société de sociologie. Cette société eut certes la vie courte, mais qui en étaient les membres, quels en étaient les orientations théoriques et les thèmes de réflexion ?

68. *Cf.* notamment P.A. CONRING, « Durkheim and Spencer », *British Journal of Sociology*, 1982, n° 3, p. 359-382 ; R.A. JONES, « Durkheim's response to Spencer », *Sociological Quaterly*, 1974, n° 3, p. 341-358 ; M. BORLANDI, « Durkheim, lecteur de Spencer », *op. cit.* (*supra* note 15) ; D. BECQUEMONT, L. MUCCHIELLI, *Le Cas Spencer*, Presses Universitaires de France, Paris, 1998, p. 309-320.

ce que Durkheim doit à ses prédécesseurs, en quel sens ceux-ci ont orienté sa pensée, provoqué ses intuitions ou induit ses erreurs.

La seconde faiblesse dc l'historiographie durkheimienne provient à nouveau d'un effet du présentisme et d'une conception étroite de la discipline. Ainsi que le suggérait P. Vogt en 1976, il est très dommageable de ne pas interroger la sociologie des durkheimiens en la contextualisant dans l'ensemble du champ des sciences humaines et même, plus largement, du champ intellectuel de l'époque[69]. On a en effet beaucoup trop souvent tendance à ne prendre en considération que les acteurs ou groupes d'acteurs qui ont revendiqué l'étiquette de « sociologie » ou de « science sociale. » Durkheim a bien fondé la discipline en délimitant un champ pratiquement nouveau : la sociologie, mais il a donc imposé cette discipline au sein d'un champ plus large : celui de l'ensemble des sciences humaines. Un des aspects fondamentaux de l'entreprise durkheimienne a consisté à tenter d'imposer son point de vue et sa méthode à des disciplines déjà constituées : l'économie, le droit, l'histoire, l'ethnographie, la psychologie, la géographie, la démographie.

Ces recherches commencent heureusement à se développer, nous connaissons de mieux en mieux le rapport de Durkheim aux économistes de son temps[70], aux juristes[71], aux psychologues[72], aux historiens[73], aux géographes[74]. Par contre, nous ne savons pratiquement rien sur les rapports de Durkheim avec le monde des naturalistes. L'étude de C. Limoges sur la division du travail est intéressante[75], mais elle ne prend pas en compte la

69. P. VOGT, « The Uses of Studying Primitives : a Note on the Durkheimians, 1890-1940 », *History and Theory*, 1976, n° 15, p. 33.

70. Ph. STEINER, « Le fait social économique chez Durkheim », *Revue française de sociologie*, 1992, n° XXXIII, p. 621-641 ; Ph. STEINER, « Durkheim, les économistes et la critique de l'économie », *Économies et sociétés*, 1994, n° 4, p. 135-159.

71. *Cf.* notamment P. VOGT, « Obligation and Right : the Durkheimians and the Sociology of Law », *in* Ph. BESNARD (dir.), *The Sociological Domain*, *op. cit.*, p. 177-198 ; ainsi que les contributions de F. CHAZEL, P. LASCOUMES ET F.A. ISAMBERT, *in* F. CHAZEL, P. COMMAILLE (dir.), *Normes juridiques et régulation sociale*, Librairie Générale de Droit et de Jurisprudence, Paris, 1991.

72. L. MUCCHIELLI, « Psychologie et sociologie en France, l'appel à un territoire commun : vers une psychologie collective (1890-1940) », *Revue de synthèse*, 1994, n° 3-4, p. 445-483 (chapitre 5 du présent ouvrage).

73. L. MUCCHIELLI, « Aux origines de la Nouvelle Histoire : l'évolution intellectuelle et les transformations du champ des sciences sociales (1870-1930) » *Revue de synthèse*, 1995, n° 1, p. 55-98 (chapitre 4 du présent ouvrage).

74. H. ANDREWS, « Durkheim and Social Morphology », *in* S. TURNER (dir.), *Émile Durkheim. Sociologist and Moralist*, *op. cit.*, p. 111-135 ; *cf.* aussi L. MUCCHIELLI, M.C. ROBIC, « La "morphologie sociale" de Durkheim : entre géographie et sociologie », *in* M. BORLANDI, L. MUCCHIELLI (dir.), *La Sociologie et sa méthode. Les* Règles *de Durkheim un siècle après*, L'Harmattan, Paris, 1995, p. 101-138.

75. C. LIMOGES, « Milne-Edwards, Darwin, Durkheim and the Division of Labour : a Case Study in Reciprocal Conceptual Exchanges between the Social and the Natural Sciences », *in* B. COHEN (dir.), *The Natural Sciences and the Social Sciences*, Kluwer Academic Publishers, Netherlands, 1994, p. 317-343. Sur le rapport aux médecins, signalons aussi le texte de

principale source médicale *De la division du travail social* qui est le livre du biologiste Edmond Perrier.

Ce n'est que fort de ces études sur l'ensemble du champ intellectuel de l'époque que l'on peut tenter d'évaluer vraiment la place qui revient à Durkheim dans l'histoire des sciences humaines[76].

Lire Durkheim dans son époque pour mieux comprendre notre temps

Au terme de ce trop sommaire bilan et de l'ensemble de ce travail, il paraît possible de tirer un certain nombre de conséquences directement applicables à l'enseignement de l'œuvre de Durkheim et, au delà, de l'histoire de la sociologie.

Il faut lire Durkheim dans son époque. Et, tout d'abord, c'est une erreur pédagogique que de faire lire à des étudiants de premier cycle des livres comme *De la division du travail social* dont tant de passages sont incompréhensibles avec les yeux du présent. C'est du moins une erreur si l'enseignant n'est pas en mesure d'expliciter tout ce qui y est implicite, de relier à un contexte intellectuel, social, politique, tout ce qui y fait référence, de situer précisément tous les auteurs cités et critiqués par Durkheim, de pointer les contradictions ou du moins les difficultés internes de l'argumentation, d'expliquer la genèse, la réception et la diffusion de ce livre qu'on présente à l'étudiant comme fondateur.

De même, voudrait-on faire lire *Le Suicide*. Chacun peut lire et résumer un texte rédigé en français. Mais comment le comprendre sans la connaissance du débat avec Tarde ? Comment expliquer les erreurs que commet Durkheim dans l'analyse du suicide des femmes[77] ? Et les occultations sur les inégalités entre professions ou classes sociales ? Et les petites manipulations statistiques destinées à prouver que l'on ne doit pas s'intéresser aux mobiles individuels des suicides[78] ? Comment rendre compte de son hostilité au divorce et de la quasi-occultation de ce qu'il appelait « le suicide fataliste » (à savoir celui qui découle de l'écrasement de l'individu par la société)[79] ? Comment l'expliquer sans la connaissance du champ intellec-

J. MICHEL, « Émile Durkheim et la naissance des sciences sociales dans le milieu bernardien », *in* J. MICHEL (dir.), *La Nécessité de Claude Bernard*, Klincksieck, Paris, 1991, p. 229-254.

76. Ce fut l'objet de ma thèse de 3e cycle : L. MUCCHIELLI, *La Découverte du social. Naissance de la sociologie en France (1870-1914)*, *op. cit.*, dont la première partie est consacrée à l'état du champ sociologique naissant à la fin du XIXe siècle, et la seconde à l'entreprise durkheimisme d'imposition de la sociologie par le dialogue critique avec toutes les autres disciplines préexistantes en sciences humaines..

77. Ph. BESNARD, « Durkheim et les femmes ou le *Suicide* inachevé », *Revue française de sociologie*, 1973, n° XIV, p. 27-61.

78. Sur tous ces points, *cf.* L. MUCCHIELLI, *La Découverte du social. Naissance de la sociologie en France (1870-1914)*, Op.cit, p. 198-202.

79. Ph. BESNARD, *L'Anomie*, *op. cit.*, p. 81-98.

tuel de l'époque, des débats politiques et juridiques, de l'évolution des mœurs familiales ? Et quant aux positions théoriques du Livre III sur les rapports entre les individus et les « forces sociales », lorsque Durkheim conclut son analyse des régularités statistiques en inventant l'existence de véritables « courants suicidogènes » qui traverseraient la société et pousseraient à l'acte les individus malgré eux, comment expliquer que la démarche qui fonde la méthode sociologique doive être critiquée dans ses conclusions ontologiques ? Comment expliquer que c'est à la fois un immense progrès par rapport à ce qui se faisait avant, et une erreur qui ferme à la sociologie des champs entiers de recherche ?

Ainsi la liste des erreurs ou des lacunes de l'œuvre de Durkheim est longue et pourrait se poursuivre : malgré l'emploi du concept d'« anomie » que les sociologues ont souvent mal interprété depuis sa redécouverte dans les années 1960, Durkheim est également passé à côté du problème des classes et du machinisme. On peut dire que, quelque part, il a continué à concevoir la société moderne comme une tribu primitive simple, comme la horde primitive. Durkheim était en réalité obsédé par la cohésion sociale, il ne voulait voir aucune différence entre les individus, aucun conflit dans la société, il a fondé la sociologie pour comprendre le malaise de la civilisation européenne et lui redonner des repères, des valeurs, une morale[80].

Mais alors, demanderont peut-être les étudiants devant tant de critiques, est-ce là l'œuvre géniale du fondateur de notre science ? Peut-être alors l'enseignant sera-t-il fier de les avoir amenés à se poser cette question, à réagir de façon critique face à un corpus trop souvent sacralisé. Il pourra alors les faire réfléchir sur cette notion de fondateur et les amener à cette conclusion qu'exprimait la première partie de ce texte : Durkheim a fondé davantage la possibilité de l'existence de la sociologie comme science, que la science sociologique elle-même dans toutes ses conclusions théoriques et pratiques. Il a fondé la discipline comme champ intellectuel cohérent, investi par une équipe de chercheurs dotée d'un programme de recherche et d'une méthode critique. Aussi est-il indispensable de s'interroger non sur la seule œuvre de Durkheim, mais sur celle de l'ensemble des membres de l'*Année sociologique* qui ont produit de la recherche. On pourra alors prolonger et parfois dépasser Durkheim en rappelant par exemple comment Simiand et Halbwachs ont pensé sociologiquement les classes sociales, comment Mauss a permis de dépasser le modèle abstrait de la « horde primitive », comment Halbwachs a repris toute l'analyse du suicide, comment Granet a fait fonctionner la théorie des représentations collectives et de la religion sur la Chine ancienne, etc.[81]. Souhaitons en

80. F.A. ISAMBERT, « Durkheim : une science de la morale pour une morale laïque », *Archives de sciences sociales des religions*, 1990, n° 69, p. 129-146.

81. Le manuel de ce point de vue le plus intéressant est la traduction de F. JONAS (*Histoire de la sociologie*, *op. cit.*, p. 268-292).

tout cas que les travaux de recherche et de synthèse se multiplient sur tous ces auteurs qui sont aussi les fondateurs de la sociologie française.

CONCLUSIONS GÉNÉRALES

J'ai voulu réfléchir la discipline en questionnant la construction de sa mémoire, principalement au travers de la notion de « fondateur. » La tentative n'est en soi guère originale, ce travail de déconstruction des mémoires disciplinaires est un impératif que rencontre tôt ou tard tout historien des sciences. Claude Blanckaert l'a montré pour l'anthropologie avec la figure de Buffon[82] et pour la préhistoire avec Boucher de Perthes[83], je l'ai fait pour la criminologie avec Lombroso[84], pour l'histoire avec l'École des *Annales*[85]. Qu'on songe à l'état de la psychanalyse et à sa sacralisation de la parole de Freud... La leçon qui se dégage de ces travaux est globalement toujours la même. Il est clair que « la notion de fondation [...] oblige à personnaliser l'acte de naissance de la discipline dans un registre presqu'exclusivement biographique. » Et il est non moins évident que l'analyse historique sérieuse aboutit inévitablement à la conclusion qu'en réalité le fondateur « cristallise un genre technique et scientifique dont les éléments préexistaient à l'état dispersé dans la littérature ou (étaient) inscrits dans des traditions de recherche parallèles. [...] Un savoir en progrès dépendait (du fondateur). On lui découvrit la capacité fonctionnelle de faire progresser le champ des connaissances[86]. » Le fondateur est un systématisateur, un catalyseur qui incarne l'aspiration à un renouvellement ou à une innovation intellectuelle, cette aspiration nouvelle étant souvent un des aspects du phénomène générationnel. Cela n'enlève rien au fait que, pour des raisons biographiques, c'est tel individu et non tel autre qui s'est imposé comme tel, et qu'il y a là un aspect de la compréhension des choses à ne pas oublier. Mais cela permet de dépasser le mythe et la sacralisation des ancêtres pour mettre à jour les raisons intellectuelles, sociales, politiques, qui font qu'à tel moment, dans le champ des savoirs, une volonté de dépassement s'est faite jour et a permis à un homme d'y attacher son nom.

---

82. C. BLANCKAERT, « Buffon and the Natural History of Man : Writing History and the "Foundational Myth" of Anthropology », *History of Human Sciences*, 1993, n° 1, p. 13-50.

83. C. BLANCKAERT, « Actualités de Boucher de Perthes », *Gradhiva*, 1990, n° 8, p. 83-94. *Cf.* aussi la thèse de N. RICHARD, *La Préhistoire en France dans la seconde moitié du XIXe siècle*, thèse de l'université Paris-I, 1991.

84. L. MUCCHIELLI, « Naissance de la criminologie », *in* L. MUCCHIELLI (dir.), *Histoire de la criminologie française*, L'Harmattan, Paris, 1995, p. 7-18.

85. *Cf.* chapitre 4 du présent ouvrage.

86. C. BLANCKAERT, « Buffon and the Natural History of Man : Writing History and the "Foundational Myth" of Anthropology », art. cit., p. 42-43.

Au delà de ce processus général, on peut tout de même relever quelques spécificités dans le cas de la sociologie. L'analyse des différents facteurs qui ont permis ce renouvellement et cette innovation que fut le durkheimisme tend à montrer que c'est moins l'émergence d'une théorie précise que le renversement des théories anciennes et la volonté de faire enfin de la science sans *a priori* qui a rassemblé une équipe de chercheur dans un esprit de travail collectif. Et ce phénomène n'est pas si fréquent dans l'histoire des sciences. Il a du coup des conséquences pédagogiques aussi évidentes que contraignantes : ce n'est pas seulement Durkheim qu'il faut lire et enseigner, mais bien l'œuvre collective des durkheimiens.

Cette analyse des raisons du succès de la fondation durkheimienne conduit ensuite à discuter rapidement la notion de paradigme et à comparer le cas de la sociologie avec celui des sciences classiques (physique, chimie, etc.). Dans son fameux livre consacré à l'explication et à la modélisation en histoire des sciences, T. Kuhn remarque que « c'est souvent le simple fait de trouver un paradigme qui, d'un groupe s'intéressant seulement auparavant à l'étude de la nature, fait une spécialité ou tout au moins une discipline. Dans les sciences [...], la création de journaux spécialisés, la fondation de sociétés de spécialistes et la revendication d'une place spéciale dans l'ensemble des études sont généralement liées au moment où un groupe trouve pour la première fois un paradigme unique[87]. » À proprement parler, le consensus minimal qui s'est établi au sein des durkheimiens constitue plutôt une définition préalable des conditions négatives (il ne faut plus faire telle et telle chose) que positives (il faut appliquer telle théorie précise) de la nouvelle science sociologique. Cela suffit pourtant à créer cette relative unité de méthode, de problèmes et de probabilité de solutions (de « promesses de succès » dirait Kuhn) qui constitue un paradigme, permet le fonctionnement homogène d'une communauté scientifique (la « science normale »), homogénéité (forcément toujours relative) qui s'est traduite par la création d'une revue et plus tard d'autres institutions (Institut de sociologie, Institut d'ethnologie, etc.), et qui allait amener des progrès scientifiques évidents.

Enfin, au vu de tout cela, comment définir la notion de « discipline » ? Si on se fonde là encore à la fois sur l'histoire générale des sciences et sur le moment durkheimien, celle-ci apparaît comme *un espace de communication où des individus concourent à la production d'un savoir collectif dont ils ont préalablement discuté les enjeux, les méthodes et le programme de recherche, puis dont ils gèrent la réalisation et la diffusion ainsi que les conditions de reproduction et de progrès*. Du même coup, perdent tout sens les panoramas de l'histoire de la sociologie des origines à nos jours qui s'imaginent qu'une discipline peut être simplement consti-

87. T. KUHN, *La Structure des révolutions scientifiques*, Flammarion, Paris, 1983, p. 41.

tuée par la somme des réflexions produites par les Homo Sapiens sur leurs sociétés[88]. Mais une telle définition ne semble pas s'appliquer non plus à la sociologie contemporaine (ni même, de façon générale, aux sciences humaines d'aujourd'hui), car la multiplication des structures universitaires, des centres de recherche et des moyens de diffusion, l'absence de lieux de discussion sur l'état des recherches générales, l'esprit de promotion individuelle logiquement de plus en plus répandu, empêchent que s'établissent une communication et un consensus de base sur la méthode, les enjeux et le programme de recherche. Or une discipline peut-elle exister sans paradigme, si ouvert soit-il ? Comment peut-elle définir son identité lorsque, non seulement elle ne dialogue plus depuis longtemps avec les autres sciences, mais elle ne sait même pas organiser une véritable communication en son sein ?

Peut-être ce travail pourra-t-il aider un peu la réflexion sur l'identité de la discipline sociologique en montrant la nécessité et la possibilité de construire une mémoire qui sache sereinement interpréter et utiliser le passé. Il faut pour cela se méfier du « présentisme » qui est, par définition, une déformation active du passé[89]. Il faut comprendre que, ainsi que l'écrit Judith Schlanger, « c'est bien le propre de la réussite institutionnelle que de s'emparer du dispositif de la mémoire, et de configurer le mémorable pour tenter de s'emparer de l'avenir[90]. » Et à ce constat lucide, il faut opposer l'idée que la transparence de la mémoire pourrait, au contraire, être conçue comme un état de santé et de maturité intellectuelles indispensables et un but à atteindre pour la discipline. Hélas, cette « nouvelle histoire de la sociologie » que R.A. Jones voyait émerger il y a une douzaine

---

88. Ainsi le manuel de P.J. SIMON (*Histoire de la sociologie*, *op. cit.*) propose t-il de commencer l'histoire de la sociologie avec Platon et Aristote. Certes il distingue la « pensée sociale » de ces « précurseurs » de la « pensée sociologique » des « fondateurs », mais cette distinction ne fait que donner des arguments à l'inutilité de ces considérations sur la pensée des anciens Grecs (et, d'ailleurs, pourquoi pas des anciens Chinois ?). Le phénomène est d'autant plus paradoxal que l'auteur s'en prend à plusieurs reprises aux « essayistes », « amateurs » et autres « dilettantes » qui « parasitent la pensée sociologique » (p. 28). Il suggère aussi, de façon générale, une crise de la sociologie, que caractérise « moins une carence de scientificité qu'un manque d'assurance sur sa scientificité et une insuffisante autonomie épistémologique et institutionnelle qui la rend particulièrement vulnérable à tous les parasitages » (*cf.* p. 10). Or je crois précisément que, si l'histoire de la sociologie doit effectivement préparer à la pratique actuelle de la discipline (p. 11), il est parfaitement inutile de faire lire aux étudiants les anciens Grecs, les théologiens chrétiens ou encore les philosophes de la Renaissance, d'autant que les 180 pages qui leur sont consacrées auraient pu être utilisées pour présenter ce qui manque cruellement dans ce manuel : les recherches empiriques collectives anciennes comme celles des Le Playsiens et des durkheimiens et celles des sociologues d'après la Première guerre mondiale.

89. On relira ici le texte classique de G.W. STOCKING, « On the Limits of "Presentism" and "Historicism" in the Historiography of the Behavioral Sciences », repris *in Race, Culture and Evolution. Essays in the History of Anthropology*, Free Press-Macmillan Limited, New York-Londres, 1968, p. 1-12.

90. J. SCHLANGER, « Fondation, nouveauté, limites, mémoire », *Communications*, 1992, n° 54, p. 297-298.

d'années est encore très loin de s'être imposée en France[91]. Certains se pensent, parce qu'ils sont sociologues, en mesure de lire, de comprendre et d'interpréter des pensées construites il y a plus d'un siècle. Ils oublient cette leçon durkheimienne que développèrent par la suite les historiens des mentalités : chaque société a ses repères, ses représentations, ses conceptions du beau, du vrai, du juste. Lire et faire lire Durkheim au premier degré, comme si les mots s'adressaient à nous, comme s'ils étaient pensables dans notre univers, est une erreur méthodologique, c'est une forme de présentisme érigé en principe pédagogique.

Comprenons bien qu'il ne s'agit pas de réclamer pour les historiens de la sociologie l'exclusivité de l'usage de la pensée des « pères fondateurs » d'une discipline. Que chaque chercheur en sociologie s'approprie tel ou tel point de vue de Durkheim, Weber ou de tel autre ancêtre parce que celui-ci l'a fait penser dans sa propre recherche, n'a rien de dommageable. Au contraire, ce dialogue est même le signe qu'au-delà de la succession des générations et de l'évolution des savoirs, il existe une communauté intellectuelle qui constitue l'assise même de la discipline et permet d'en définir les contours. Pour autant, il n'appartient pas aux sociologues du présent de s'ériger en juges du passé. Faire l'histoire d'une discipline sans autre but que de rendre compte des raisons de son existence et de son évolution est une activité qui prend beaucoup de temps, qui suppose une forte connaissance des contextes historiques, une méthode de travail et j'ajouterais aussi une déontologie. Entre les deux activités, les cloisons ne sont heureusement pas étanches. L'historien est sans cesse interpellé par les questions du présent et par les savoirs que construisent les sociologues du présent, aussi toute avancée méthodologique lui sert tôt ou tard sur ses propres objets. De même le sociologue a tout à gagner à comprendre comment s'est constitué et comment a évolué le métier qu'il exerce, la discipline qu'il contribue à développer. C'est un dialogue constant que ces deux fonctions intellectuelles doivent entretenir au sein de ce qui deviendra peut-être un jour une véritable épistémologie de la discipline. Sortir de la confusion des genres et des propos, reconnaître une division du travail pour mieux réfléchir sur son activité présente, organiser parallèlement des lieux de discussion et d'enseignement pour confronter et cumuler ses fruits, n'est-ce pas là l'idéal d'une science ? N'est-ce pas le but que nous devons sans cesse poursuivre ?

---

91. R.A. JONES, « The New History of Sociology », *Annual Review of Sociology*, 1983, vol. 9, p. 447-469.

2

Tardomania ? Les usages contemporains de Tarde*

L'année 1999 aura été – entre autres – l'année Tarde en histoire des sciences humaines. Comment en effet ne pas avoir été informé de la réédition en cinq volumes d'une large partie de ses œuvres, par les éditions Synthélabo[1] ? Le quotidien *Libération* (11 mars 1999) y consacra une pleine page, de même que le magazine *La Recherche* (mai 1999) et, l'année suivante, le mensuel *Le Monde des débats* (février 2000). De surcroît, ces deux derniers textes étaient signés par Bruno Latour, auteur réputé. « Redécouverte » ou « réhabilitation » d'un « maître-penseur » qui sortirait soudainement d'un injuste « oubli »... Telle est l'image qui ressort globalement des commentaires argumentant cette opération éditoriale. Pourtant, avant même de prendre connaissance de ces commentaires, le chercheur un peu informé de la bibliographie sur Tarde est d'emblée surpris que l'on puisse présenter comme subite une « redécouverte » qui ne cesse en réalité d'être faite depuis trente ans. Jugeons plutôt.

C'est en 1970 que le philosophe Jean Milet consacre sa thèse d'État à la biographie intellectuelle à Tarde. Malgré – ou bien, précisément, à cause de – son attitude hagiographique (on le montrera), ce travail va servir de base documentaire et intellectuelle à la plupart des travaux postérieurs. Trois ans plus tard, le même auteur introduit un recueil d'extraits de textes de Tarde, en s'associant avec une psychosociologue, Anne-Marie Rocheblave-Spenlé. L'année précédente, la librairie Cujas avait réimprimé *La Philosophie pénale*, à l'instigation du criminologue Jean Pinatel. Ensuite, en 1979, les éditions Slatkine réimprimaient *Les Lois de l'imitation* sur l'initiative du sociologue Raymond Boudon. Un an plus tard, le même éditeur réimprimait cette fois le *Fragment d'histoire future*, préfacé par

* Article paru initialement dans la *Revue d'histoire des sciences humaines*, 2000, n° 3, p. 161-185, sous le titre « Tardomania ? Réflexions sur les usages contemporains de Tarde ».

1. G. TARDE, *Monadologie et sociologie*, Synthélabo, Le Plessis-Robinson, 1999 ; G. TARDE, *La Logique sociale*, Synthélabo, Le Plessis-Robinson, 1999 ; G. TARDE, *L'Opposition universelle*, Synthélabo, Le Plessis-Robinson, 1999 ; G. TARDE, *Les Lois sociales*, Synthélabo, Le Plessis-Robinson, 1999 ; G. TARDE, *Essais et mélanges*, Synthélabo, Le Plessis-Robinson, 1999.

Raymond Trousson. Ainsi, on pouvait déjà, au début des années 1980, s'interroger sur cette nouvelle « présence » et ces nouveaux « retours » de et à Tarde[2]. Et l'histoire continue. En 1989, le politologue Dominique Reynié fait rééditer aux Presses Universitaires de France *L'Opinion et la foule*. En 1993, les éditions Kimé proposent un second reprint de *Les Lois de l'imitation*, introduite cette fois par le philosophe Bruno Karsenti. L'année suivante, ce sont les éditions Berg Internationale qui, dans une collection dirigée par Pierre-André Taguieff, rééditent *Les transformations du droit*, avec à nouveau une introduction de J. Milet. En 1998, c'est de Biarritz, où siège l'éditeur Atlantica, qu'arrive une nouvelle édition du *Fragment d'histoire future*, préfacé par le philosophe René Scherer. Enfin, en 1999, la collection « Les empêcheurs de penser en rond », dirigée par Philippe Pignarre aux Éditions Synthélabo, réussit un « coup » éditorial intéressant en republiant sous la direction d'Éric Alliez, philosophe, une large partie des œuvres de Tarde en cinq volumes, mobilisant aussi quatre autres auteurs qui assurent à tour de rôle la préface ou la post-face des volumes (Anne Devarieux, Isaac Joseph, Maurice Lazzaratto, René Scherer). Ainsi, en 26 ans (de 1973 à 1999), treize volumes d'œuvres de Tarde auront été republiés, ce qui est loin d'être négligeable[3].

Ce bref tour d'horizon éditorial permet immédiatement de relativiser tant l'« oubli » que les « redécouvertes » successives de Tarde. Mais il amène en retour deux questions. La première : comment se fait-il que, en si peu de temps et dans un même pays, autant d'intellectuels aient pu penser « redécouvrir » Tarde comme si, en somme, le travail de leurs prédécesseurs n'avait servi à rien ? La seconde : pourquoi, après vingt-six ans d'efforts, Gabriel Tarde n'a-t-il toujours pas provoqué les transformations intellectuelles appelées de leurs vœux par ses redécouvreurs ?

Disons-le d'emblée : il est probable que, sauf hasard d'une trouvaille surprise de l'historien ou de l'archéologue et d'une publication au simple titre du document inédit, il n'existe pas de redécouverte qui ne soit en réalité une façon d'intervenir de façon normative dans un univers intellectuel donné. En effet, dès lors que l'on ne se situe pas dans une position historienne, une redécouverte ne vaut que par la nouveauté qu'elle apporte, et cette nouveauté ne peut s'évaluer que par rapport à un état préexistant. D'un point de vue intellectuel et pour emprunter quelques expressions à Thomas Kuhn, deux solutions se présentent alors : ou bien nous sommes dans une situation de « crise paradigmatique » – la pensée bloque dans un

2. G. CASADAMONT, « Linéaments philosophiques, sociologiques et juridiques d'une présence de Gabriel Tarde », *Archives de philosophie du droit*, 1982, n° 27, p. 447-466.

3. L'édition tardienne ne saurait certes rivaliser avec l'édition durkheimienne ou webérienne. Toutefois, l'œuvre de Tarde est aujourd'hui bien plus accessible que celles de Le Play, des principaux héritiers de Durkheim (à l'exception de Mauss), de Pareto ou encore des sociologues de l'École de Chicago.

domaine, la redécouverte est censée la débloquer –, ou bien nous sommes dans une situation de « science normale » – la pensée se développe normalement dans un domaine, la redécouverte vise à perturber ce développement. Logiquement, l'on doit s'attendre à ce que la situation la plus fréquente soit la seconde, même si la rhétorique polémique de la « redécouverte » la conduira souvent à tenter de convaincre que la quiétude apparente cache en réalité une crise intellectuelle. Mais arrêtons là les déductions et observons les argumentations des réintroducteurs de Tarde que nous avons regroupés en deux groupes : premièrement les réappropriations visant à promouvoir un paradigme individualiste en sciences humaines, deuxièmement les éloges généralistes visant à présenter Tarde comme un précurseur et même comme un théoricien d'avenir.

TARDE ET LA PROMOTION DU PARADIGME INDIVIDUALISTE EN SCIENCES HUMAINES

Tarde et la criminologie de Jean Pinatel

Avant d'examiner la relecture de Raymond Boudon, rappelons la réintroduction de Tarde proposée par Jean Pinatel (1913-1999) dans les années 1960 et 1970. Docteur en droit, Inspecteur Général de l'Administration au ministère de l'Intérieur, Pinatel est venu à la criminologie, au lendemain de la Seconde Guerre mondiale, par le biais de la réforme pénitentiaire[4]. En 1950, il parvient à s'imposer dans ce champ en pleine reconstruction en étant le principal organisateur du IIe Congrès international de criminologie à Paris. Il devient du même coup, et pour près d'un demi-siècle, le pivot de la Société internationale de criminologie. Il n'aura de cesse, dès lors, de vouloir institutionnaliser la criminologie en France. Toutefois, cette entreprise se réalise sur la base de la criminologie clinique – fondée non plus sur la théorie du criminel-né de l'école de Lombroso, ni sur celle de la dégénérescence ou de la « constitution morbide » des psychiatres français de la fin du XIXe siècle et du début du XXe siècle, mais sur la théorie de la personnalité criminelle inspirée davantage de la psychologie américaine. Ceci est important car, très en vogue dans les années 1950 et au début des années 1960, ce paradigme clinique va être directement et explicitement contesté à mesure que se développera le paradigme sociologique (d'inspirations diverses – fonctionnalisme, marxisme, interactionnisme – mais largement convergentes dans leur opposition à l'approche clinique individuelle), aux États-Unis et en Europe. À partir du milieu des années 1960, l'affrontement est constant, en France comme dans les autres pays

4. R. OTTENHOF, « Jean Pinatel (1913-1999) », *Revue de science criminelle et de droit pénal comparé*, 2000, n° 1, p. 265.

occidentaux. C'est dans ce contexte que prend place la relecture de Tarde par Pinatel, relecture qui s'effectue en deux étapes.

En 1959, Pinatel – qui assure un cours d'histoire des théories criminologiques à l'Institut de criminologie de l'université Paris II – publie un premier texte sur la controverse Durkheim-Tarde. Il s'y intéresse car, dit-il, « cette controverse éclaire les problèmes fondamentaux de la criminologie et de la sociologie[5]. » Mais en fait d'histoire, Pinatel présente une version qui est tout à l'honneur de Tarde que tout opposerait à Durkheim. Le style de pensée d'abord : « souple, nuancée, subtile » chez Tarde, « toute tendue vers la systématisation » chez Durkheim. Le fond, ensuite, à commencer par le débat sur la « normalité » du crime d'où il ressort que : « Du principe contestable qu'il avait posé, Durkheim ne pouvait tirer que des conséquences également contestables[6]. » Et le reste ne vaudrait pas mieux. De sorte que, globalement, « sur le terrain criminologique la controverse qui opposa Durkheim à Tarde paraît *rétrospectivement* tourner à l'avantage de ce dernier[7]. » Le lecteur n'en apprenait guère plus, mais il pouvait d'autant plus aisément percevoir que le jugement de Pinatel était lié à ses positions présentes dans le champ que ce dernier ne s'en cachait pas : « la conclusion qui se dégage de [tout ceci] se situe tout naturellement, sur le plan de l'actualité, dans la ligne des rapports respectifs des sciences de l'homme et de la criminologie[8]. » En effet, les facultés de lettres venaient alors d'obtenir d'être rebaptisées « Facultés des lettres et des sciences humaines. » L'on fait aussi des sciences de l'homme dans les facultés de droit et de médecine, dit Pinatel. Or, il lui apparaît que Durkheim incarne « la prétention de monopoliser dans telle faculté l'étude des sciences de l'homme », tandis que Tarde serait « le pionnier de la réunification » des sciences de l'homme[9]. Ainsi, « lorsqu'on passe des sciences de l'homme en général à la criminologie en particulier, on s'aperçoit que, si les conceptions de Tarde nous semblent plus actuelles que celles de Durkheim, c'est que notre discipline a déjà passé le stade De la division du travail scientifique pour accéder à celui du travail multidisciplinaire en équipe effectué dans une direction synthétique[10]. » Plaidant pour sa propre position – relativement marginale dans le champ universitaire –, il conclut : « L'histoire des sciences enregistrera sans doute ce fait comme un des paradoxes d'une époque où l'université ne parvient pas à se libérer de cadres traditionnels, alors que l'action pratique lui indique déjà

5. J. PINATEL, « La pensée criminologique d'Émile Durkheim et sa controverse avec Gabriel Tarde », *Revue de science criminelle et de droit pénal comparé*, 1959, vol. 14, n° 2, p. 436.

6. *Ibid.*, p. 439.

7. *Ibid.* (nous soulignons).

8. *Ibid.*, p. 441.

9. *Ibid.*, p. 442.

10. *Ibid.*

la voie à suivre[11]. » Dans une telle optique, on comprend mieux l'opposition entre Tarde le praticien subtil et Durkheim l'universitaire borné.

La seconde étape de la relecture de Pinatel suit rapidement la première. Elle va consister, avec la même arrière-pensée, à opposer l'individualisme de Tarde au sociologisme de Durkheim. En 1963, dans son traité, Pinatel expose en effet le principal édifice de sa pensée. L'opposition entre la criminologie clinique individualiste et la sociologie parcourt tout le livre, sans être encore formulée de façon agressive. L'essentiel est néanmoins dit en peu de mots : « Il n'y a de criminalité et de crimes que parce qu'il y a des criminels[12]. » Tarde en eut-il été d'accord ? On peut en douter[13]. Dans les années qui suivent, Pinatel va cependant user massivement de l'opposition indiquée. En 1971, dans *La Société criminogène*, le conflit entre la clinique et la sociologie est cette fois explicite[14]. Pour fonder la criminologie dans un paradigme cohérent, il faut, « suivant en cela Tarde et négligeant Durkheim, partir de l'homme, c'est-à-dire en l'espèce du criminel et de sa psychologie. Il faut aller de la personnalité criminelle à la société criminogène[15]. » Enfin, cette réappropriation de Tarde aux fins de promouvoir sa conception individuelle et psychopathologique de la criminologie atteint son paroxysme en 1972, dans l'introduction à la réédition de *La Philosophie pénale*. Le ton est cette fois très assuré :

> « Ce qui domine l'œuvre de Tarde, c'est l'idée que les sociétés n'évoluent pas mécaniquement mais sous la pression des impulsions individuelles. Comment ne pas voir que la criminologie est par excellence la discipline dans laquelle cette vérité est particulièrement évidente ? La criminalité n'est que la somme des infractions dans un pays, à un moment

---

11. *Ibid.*

12. J. PINATEL, *Criminologie*, Dalloz, Paris, 1963 ; repris *in* P. BOUZAT, J. PINATEL, *Traité de droit pénal et de criminologie*, Dalloz, Paris, 1963, tome III, p. 474.

13. Tarde comme Durkheim a souligné que le crime supposait, d'une part, avant le criminel, l'existence d'une incrimination d'un comportement (autrement dit un droit pénal historiquement fluctuant), d'autre part des procédures pour repérer et arrêter ces criminels (autrement dit un système de répression, au travers duquel passent de nombreux auteurs d'actes délinquants). En aucune manière, la compréhension du crime ne se résumait pour eux dans l'étude du criminel.

14. J. PINATEL, *La Société criminogène*, Calmann-Lévy, Paris, 1971, p. 288 ; *cf.* aussi tout le sous-chapitre « criminologie clinique et stéréotype du délinquant » qui traite de « la résistance au développement de la criminologie clinique », p. 253 *sq.* Il faut dire qu'à ce moment, la sociologie du crime se développe en France, à l'initiative notamment de Philippe Robert qui fonde en 1969 le Service d'études pénales et criminologiques au sein du ministère de la Justice, et y promeut une « criminologie de la réaction sociale » directement opposée à la « criminologie du passage à l'acte » incarnée par Pinatel (sur ce contexte, *cf.* L. MUCCHIELLI, « Une sociologie militante du contrôle social. Naissance du projet et formation de l'équipe francophone *Déviance et société*, des origines au milieu des années quatre-vingt », *Déviance et société*, 1997, vol. 21, n° 1, p. 7-45).

15. *Ibid.*, p. 97.

donné, et il n'y a pas d'infraction sans auteur, c'est-à-dire, sans sujet qui l'a perpétrée[16]. »

La présentation de l'œuvre de Tarde révèle encore des surprises. Non seulement il est cette fois affirmé que « le système scientifique de Tarde ne peut être compris pleinement que si on l'oppose à celui de Durkheim » et que leur controverse « révèle le caractère doctrinal des thèses de Durkheim et le réalisme de celles de Tarde », mais surtout : « Sur le plan de l'actualité criminologique et scientifique, il semble que l'on ait besoin davantage de l'approche de Tarde que de celle de Durkheim. [...] En criminologie, il faut partir de l'homme, en l'espèce du criminel pour pouvoir discerner les stimuli criminogènes secrétés par la civilisation et la culture qui font exploser les tendances personnelles latentes[17]. » Enfin, pour couronner le triomphe de Tarde, la psychanalyse étant alors particulièrement influente en France, Pinatel annonce cette fois qu'il peut être considéré comme un précurseur de Freud : « on n'a peut-être pas assez remarqué que le concept d'identification largement utilisé en psychanalyse permet d'approfondir les mécanismes profonds de l'imitation[18]. » Sans autre forme de démonstration.

Tarde et la sociologie de Raymond Boudon

La promotion à travers Tarde d'un paradigme individualiste en sciences humaines caractérise également une seconde relecture, celle de Raymond Boudon (né en 1934). En 1964, à un moment où il travaille en sociologie du crime au Centre d'études sociologiques, aux côtés d'André Davidovitch, Boudon publie un article sur la « statistique psychologique » de Tarde. De même qu'il estime que le Durkheim « dogmatique » des *Règles de la méthode sociologique* ne doit pas faire oublier l'intérêt primordial de ses travaux empiriques, il propose de montrer que « il peut être utile aussi de relire Tarde, en partant, non pas du concept d'imitation, du “psychologisme” des *Lois*, etc., mais plutôt de la recherche empirique en œuvre, telle qu'elle apparaît notamment dans les écrits criminologiques de Tarde[19]. » Plus précisément, Boudon entend réhabiliter la méthodologie de Tarde et montrer qu'il « apparaît occasionnellement comme un précurseur non moins original que Durkheim » des méthodes quantitatives. Étrangement, lorsqu'il commente les rares tentatives de démonstrations statisti-

16. J. PINATEL, « Introduction », *in* G. TARDE, *La Philosophie pénale*, Cujas, Paris, 1972, p. x.

17. *Ibid.*, p. xiii et xvi.

18. *Ibid.*, p. xv.

19. R. BOUDON, *La Crise de la sociologie. Questions d'épistémologie sociologique*, Droz, Genève-Paris, 1971, p. 76 ; R. BOUDON, « La “statistique psychologique” de Tarde », *Annales internationales de criminologie*, 1964, n° 3, p. 1-16 ; repris *in* R. BOUDON, *La Crise de la sociologie*, *op. cit.*, p. 75-91.

ques de Tarde, il estime tantôt qu' « on ne peut évidemment s'empêcher d'évoquer ici le dogmatisme », tantôt que le propos de Tarde est « désespérément vague[20]. » Mais l'essentiel serait ailleurs : dans le fait que Tarde aurait compris la distance séparant l'analyse statistique des modèles explicatifs et aurait « pensé en trouver la solution – au moins dans une certaine mesure – dans l'idée de "statistique psychologique"[21]. » Un exemple est notamment développé : la baisse des taux d'acquittements en Cour d'assises. Tarde propose une analyse en effet assez fine, ce qui ne surprend guère puisque c'était là son domaine d'expertise, son « terrain » comme l'on dirait aujourd'hui (rappelons que Tarde était juge d'instruction). Au fond, selon Boudon, le problème de Tarde serait de parvenir à une explication des phénomènes individuels expliquant les séries statistiques temporelles. Il lui faudrait pour cela ce que Tarde appelle à un moment une « statistique psychologique » dont le principe est posé dans un de ses premiers articles (« La croyance et le désir ») : « Une statistique psychologique, notant les accroissements et les décroissements individuels des croyances spéciales, des besoins spéciaux, créée originairement par un novateur, donnerait *seule*, si elle était pratiquement possible, la raison profonde de chiffres fournis par la statistique ordinaire. Celle-ci ne pèse point, elle compte seulement, et ne compte que des actes, achats, ventes, fabrications, consommations, crimes, procès, etc.. » En somme, Tarde annoncerait ici les enquêtes d'opinion et il aurait même pressenti la méthode des échelles d'attitude qui ne sera mise au point que dans les années 1930. En bref, Tarde aurait eu des « intuitions » intéressantes malgré leur « caractère hâtif » et malgré le fait que « les problèmes qu'il a résolus sont peu nombreux. » Pour cela, sa lecture « reste recommandable et stimulante[22]. »

Au milieu des années 1960, le Tarde de Boudon est donc un sociologue ayant eu des idées pionnières en méthodologie, ce qui devrait amener à considérer ses exposés théoriques [illegible] « dogmatiques » et « peu affinés » – comme « des résidus d'importance mineure[23]. » Boudon est alors un jeune sociologue qui se fait remarquer par son travail sur les méthodes. Quinze ans plus tard, il est un auteur très connu car il est entré en conflit avec la sociologie qu'il baptise « holiste » (qu'elle soit durkheimienne ou structuraliste en France, fonctionnaliste ou culturaliste en Angleterre ou aux États-Unis) et à laquelle il oppose le paradigme de « l'individualisme méthodologique. » Son Tarde retrouve alors une dimension théorique primor-

20. *Ibid.*, p. 78 et 86.

21. *Ibid.*, p. 80.

22. R. BOUDON, *La Crise de la sociologie*, *op. cit.*, p. 90-91. L'étude de D. REYNIÉ (« Tarde, théoricien de l'opinion », *in* G. TARDE, *L'Opinion et la foule*, Presses Universitaires de France, Paris, 1989, p. 7-28) confirmera la possibilité de voir en Tarde un pionnier de l'analyse statistique de l'opinion publique.

23. R. BOUDON, *La Crise de la sociologie*, *op. cit.*, p. 91.

diale[24]. Il apparaît tout à coup « contemporain » et la dimension théorique de son œuvre qui était en 1964 un « système dogmatique », devient en 1979 ce qui fait de lui un des plus grands sociologues :

> « Sans doute les analyses de Tarde sont-elles souvent sommaires et simplement ébauchées. Mais son axiomatique, sa méthodologie, l'importance centrale qu'il accorde à l'action individuelle, son souci de donner aux préférences et objectifs des "acteurs" sociaux une interprétation endogène en font un auteur contemporain. Le charme vieillot de son style, le ton mondain de certains développements ne doivent pas faire oublier l'essentiel : Tarde est peut-être un des auteurs qui a défini les bases de la sociologie avec le plus de clarté[25]. »

Boudon rejoint donc Pinatel dans sa redécouverte d'un Tarde individualiste. Pourtant, nous verrons qu'une lecture plus systématique des *Lois de l'imitation* amène à découvrir une conception tardienne de l'individu tout aussi déterministe que la conception durkheimienne, peut-être même davantage[26].

---

24. Pour les mêmes raisons, ce positionnement conduira logiquement Boudon à réinvestir l'œuvre de presque tous les théoriciens classiques de la sociologie ayant développé en leur temps des positions apparemment plus compatibles avec les siennes : Weber, Simmel, Pareto.

25. R. BOUDON, « Présentation », *in* G. TARDE, *Les Lois de l'imitation*, Slatkine, Paris-Genève, 1979 (texte non paginé).

26. Signalons enfin une anecdote révélatrice d'un certain usage de l'histoire. La présentation par R. Boudon des *Lois de l'imitation* s'ouvre sur cette citation : « On a cru ne pouvoir donner à la *sociologie* une tournure scientifique qu'en lui donnant un air biologique, ou, mieux encore mécanique. C'était chercher à éclaircir le connu par l'inconnu, c'était transformer un système solaire en nébuleuse non résoluble pour le mieux comprendre. En matière sociale, on a sous la main, par un privilège exceptionnel, les causes véritables, les actes individuels dont les faits sont faits [...] » (G. TARDE, *Les Lois de l'imitation*, Slatkine, Paris-Genève, 1979, p. 1). Suit immédiatement ce commentaire : « Lorsque Tarde écrit ces lignes, à la première page des *Lois de l'imitation*, peut-être songe-t-il à Durkheim qui naguère a publié *La division du travail social* et *Le suicide.* » D'emblée, il s'agit donc de réinvestir l'opposition Durkheim-Tarde, sociologie mécanique-sociologie compréhensive. L'interprétation est pourtant erronée eu égard à la date du document. La seconde édition du livre de Tarde date de 1895. Une référence, même implicite, au livre de Durkheim sur *Le Suicide* – qui date de 1897 – est donc impossible. Ensuite, il s'agit de la seconde édition non révisée d'un livre paru en 1890, ce qui rend cette fois impossible la référence à la thèse de Durkheim, *De la division du travail social*, qui date de 1893. On pourrait alors imaginer que Tarde pense à des articles plus anciens de Durkheim, par exemple sa leçon introductive au cours de sociologie de Bordeaux, en 1888. Toutefois, ainsi que Tarde lui-même l'indique à la première page de l'avant-propos de son livre, ce dernier est constitué par la réunion de plusieurs articles antérieurs. Et, vérification faite, la fameuse phrase mise en exergue par Boudon figure en toutes lettres dans un article paru en 1882 (G. TARDE, « Les traits communs de la nature et de l'histoire », *Revue philosophique*, 1882, n° 14, p. 270). Or, à cette date, Durkheim – qui était de quinze ans le cadet de Tarde – vient de terminer ses études et n'a pas écrit le moindre article. La phrase de Tarde ne saurait donc lui être destinée. Cette erreur fait que le commentaire de Boudon est à la fois un anachronisme et un contresens. En réalité, dans ce texte écrit en 1882, Tarde s'adresse à Herbert Spencer et à tous ceux qui, à ses yeux, poussent trop loin les analogies entre les sociétés animales et les sociétés humaines, idée fort répandue à l'époque. Et, chose qui semble importante, sur ce point théorique, loin de s'opposer, Durkheim et Tarde étaient au contraire en accord (*cf.* D. BECQUEMONT,

TARDE ET L'ÉTRANGE RENOUVEAU ANNONCÉ DES SCIENCES HUMAINES

Une deuxième série de redécouvertes de Tarde s'est faite sur le mode de l'éloge général d'une pensée pionnière. Tarde y apparaît comme un génie, oublié pour de mauvaises raisons, appelé à jouer désormais un rôle théorique de premier plan.

Figures de l'hagiographie tardienne

En 1973, dès les premières lignes de l'introduction au choix de textes de Tarde qu'il édite avec Anne-Marie Rocheblave-Spenlé, Jean Milet – auteur, nous l'avons dit, d'une biographie intellectuelle largement reprise par les commentateurs contemporains de Tarde – donne le ton de son entreprise hagiographique en élevant son auteur très haut dans la hiérarchie des maîtres à penser en sciences humaines :

> « L'attention se porte beaucoup sur Tarde depuis quelques années. La raison en est que la sociologie a découvert qu'elle ne peut plus se passer de la psychologie. [...] L'ère de la sociologie non-psychologique, telle que l'avait conçue Durkheim, est bien terminée. L'avenir est à une sociologie psychologique, ou, pour prendre la formule qui a cours, à la psychologie sociale. Or le maître en ce domaine, ce fut depuis toujours Gabriel Tarde. Il a fondé la psychologie sociale ; il lui a donné ses principes, ses règles méthodologiques ; il a fixé son programme ; et, par son action infatigable, il lui a donné son premier crédit et ses premiers lustres, dès le début de ce siècle. Les pages qui suivent sont proposées pour aider les sociologues de notre temps à redécouvrir sa pensée, son œuvre, ces projets ; et peut-être à reprendre la tâche, là où il l'avait laissée[27]. »

Par le biais de ce portrait dithyrambique de Tarde, Milet a donc ramené sur les devants de la scène la controverse Durkheim-Tarde. On retrouve au même moment, chez d'autres auteurs, cette idée que la victoire de

L. MUCCHIELLI, *Le Cas Spencer. Religion, science et politique*, Presses Universitaires de France, Paris, 1998, p. 304 *sq.*).

27. J. MILET, « Gabriel Tarde (1843-1904) », *in* G. TARDE, *Écrits de psychologie sociale*, Privat, Toulouse, 1973, p. 13. P. FAVRE (« Gabriel Tarde et la mauvaise fortune d'un "baptême sociologique" de la science politique », *Revue française de sociologie*, 1983, vol. 24, n° 1, p. 6) insistait déjà sur ce caractère hagiographique : « l'auteur est si favorable à Tarde qu'il n'en aperçoit jamais les limites, et il le lit au travers de telles lunettes spiritualistes qu'il fait fréquemment dire à Tarde le contraire de ce que celui-ci a écrit. » Depuis les années 1960, J. Milet n'a cessé de présenter Tarde comme un génie méconnu, précurseur dans tous les domaines : « Tarde a cultivé tous les genres de réflexion, et avec un bonheur égal. Il fut juriste, on l'a dit ; et il devint même le meilleur criminaliste de son temps. Il fut philosophe ; et il a proposé les éléments d'une philosophie de la Différence [...] qui suscite même actuellement de nouvelles réflexions. Il fut historien ; et il a même proposé la philosophie de l'Histoire qui semble être la plus équilibrée [...]. Il fut économiste [...] », etc. (J. MILET, « Gabriel Tarde (1843-1904) », art. cit., p. 17). En 1994, il écrivait toujours que « la relecture [de Tarde] peut nous aider à préparer une ère nouvelle aux sciences sociales » (J. MILET, « Introduction », *in* G. TARDE, *Les Transformations du droit*, Berg International, Paris, 1994, p. 15).

Durkheim sur Tarde aurait signifié la fin du dialogue entre psychologie et sociologie. Cette lecture de l'histoire se trouve par exemple dans un manuel de psychologie sociale daté de 1970 : « La polémique fut violente et Tarde n'eut pas la victoire. Le courant psychologique à ce moment quitte la France [...]. La rupture entre la sociologie et la psychologie, rendue sensible par la défaite de l'école de Tarde, se consomme dans les années 1900[28]. » Mais Milet a également contribué à propager la légende selon laquelle, du combat homérique entre Tarde et Durkheim, le second serait sorti vainqueur pour de mauvaises raisons tandis que le premier dominait intellectuellement[29]. De même encore, Milet écrit-il que Durkheim « a été surtout théoricien » quand Tarde « a été essentiellement un praticien[30]. » Il prépare ainsi l'opposition du vécu à l'abstraction :

> « Tarde va fonder sa sociologie sur des faits et des expériences, qu'il a lui-même vérifiés, en général dans la solitude de son cabinet de juge d'instruction, ou à son bureau parisien des statistiques criminelles. Il a littéralement vécu les "cas sociaux" qui vont nourrir sa réflexion. [...] C'est au contact de la réalité sociale, quotidiennement vécue, qu'il a pu élaborer ses théories. » Et « c'est cette expérience personnelle des faits sociaux qui fonde la supériorité de Tarde sur Durkheim, lequel n'a souvent travaillé que sur des données de seconde main[31]. »

Il semble aujourd'hui assez clair que cette opposition – largement factice[32] – ne prend sens que si on la replace dans le contexte philosophique

---

28. Y. CASTELLAN, *Initiation à la psychologie sociale*, Armand Colin, Paris, 1970, p. 17 (étrangement, l'auteur en reste là et ne dit pas un mot sur l'intérêt des thèses de Tarde en psychologie sociale). Faisant l'histoire de cette période en interrogeant aussi le jugement des contemporains de Tarde et Durkheim, nous avons contesté que la sociologie de Durkheim ait été « anti-psychologique » ; elle se définissait en effet comme une « psychologie collective » et avait du reste ouvert à l'époque un dialogue important avec les psychologues (L. MUCCHIELLI, « Psychologie et sociologie en France : l'appel à un territoire commun. Vers la psychologie collective (1890-1940) », *Revue de synthèse*, 1994, n° 3-4, p. 445-483 ; L. MUCCHIELLI, *La Découverte du social. Naissance de la sociologie en France (1870-1914)*, La Découverte, Paris, 1998, p. 335-341).

29. Ainsi lit-on dans sa biographie cette conclusion sur le débat entre Tarde et Durkheim : « Au total, il semble bien, en toute objectivité [*sic*], que Tarde ait presque toujours surclassé son adversaire. Si, malgré tout, Durkheim et son école ont pu l'emporter en influence, et cela pendant tant d'années, c'est sans doute que d'autres facteurs que la vérité peuvent jouer dans la diffusion d'une doctrine » (J. MILET, *Gabriel Tarde et la philosophie de l'histoire*, Vrin, Paris, 1970, p. 256).

30. J. MILET, « Gabriel Tarde (1843-1904) », art. cit., p. 13.

31. *Ibid.*, p. 18.

32. Sans entrer ici dans le détail d'une contre-argumentation, signalons d'abord qu'il serait assez facile de contester que l'on puisse véritablement « vivre les faits sociaux » dans « la solitude de son cabinet. » Comme le disait précisément Tarde, la réalité sociale est une interaction, une interpsychologie (une « intersubjectivité » dira Merleau-Ponty). Mais dès lors, si Tarde avait été réellement un praticien des sciences sociales, il aurait contribué à la réflexion sur les méthodes qualitatives qui se fondent précisément sur cette volonté de se situer au plus près du « vécu » des individus. Or l'œuvre de Tarde est fondamentalement théorique et abstraite et il l'a en effet construite toute entière dans la solitude de son cabinet. Ensuite, ce type

des années 1960-1970. Elle constitue en effet une variante de l'opposition entre la phénoménologie, avec son insistance sur le « vécu » et sur la subjectivité (Milet ne manquait pas de rappeler la petite phrase de Sartre sur Durkheim[33]), et les tendances clairement objectivistes, « positivistes », quantitativistes, des sciences humaines de l'époque.

Dans l'introduction qu'elle rédige aux côtés de Milet pour le premier recueil d'œuvres de Tarde en 1973, la psychosociologue Anne-Marie Rocheblave-Spenlé – auteur une dizaine d'années auparavant d'une thèse sur la notion de rôle – ajoute un nouvel argument qui permettrait de comprendre tant la domination de Durkheim à la fin du XIXe siècle que le retour à Tarde qu'elle espère. C'est en somme l'esprit du temps : « On peut penser également que l'accent mis sur l'extériorité des normes sociales, sur leur caractère contraignant, était satisfaisant pour l'esprit à un certain moment et dans un certain contexte politique, mais que, actuellement, l'intérêt se déplace sur les valeurs de créativité, d'innovation, d'imagination que l'individu peut transcrire dans la société[34]. » Ce n'est guère convaincant. La suite non plus, du reste. Après avoir déclaré que « c'est à Gabriel Tarde encore que nous devons le terme même de psychologie sociale », ce qui est faux[35], l'auteur va à son tour essayer de montrer que Tarde est dans tous les domaines un « précurseur » incompris. Ainsi, constatant qu'« on a reproché à Tarde son absence de conception dynamique de la personnalité », elle va présenter Tarde comme un précurseur de la psychanalyse. En l'occurrence, Tarde serait l'inventeur de la notion d'ambivalence pour avoir dit que nous étions partagés entre des thèses et des anti-thèses, idée est fort peu originale dans l'histoire de la philosophie… Cela suffit pourtant à dire ici que « le point de départ d'une conception dynamique existait chez les deux auteurs [Tarde et Freud], et Tarde a même eu l'intuition d'une relation, d'un passage entre la lutte extérieure et la lutte intérieure[36]. » L'auteur écrit ensuite que « si pour

---

d'arguments (comme aussi celui sur les sources de seconde main) ne sert pas la comparaison de l'œuvre de Tarde avec celle de Durkheim. On trouve en effet chez ce dernier une qualité et une abondance de sources (statistiques dans *Le suicide*, ethnographiques dans ses travaux sur les sociétés dites alors « primitives ») que Tarde n'a cherché à mobiliser dans aucun de ses livres, se contentant souvent de données statistiques sommaires et de rappels historiques assez brefs.

33. « La sociologie de Durkheim est morte : les faits sociaux ne sont pas des choses, ils ont leur signification » (cité par J. MILET, « Gabriel Tarde (1843-1904) », art. cit., p. 13). Au fond, Milet prolonge une tradition philosophique anti-durkheimienne dont un des morceaux de choix fut au lendemain de la guerre le livre de Jules Monnerot intitulé précisément *Les faits sociaux ne sont pas des choses* (J. MONNEROT, *Les Faits sociaux ne sont pas des choses*, Gallimard, Paris, 1946).

34. A.M. ROCHEBLAVE-SPENLÉ, « Gabriel Tarde et la psychologie sociale », *in* G. TARDE, *Écrits de psychologie sociale*, Privat, Toulouse, 1973, p. 26 et 36-37.

35. *Ibid.*, p. 28. Sur les premières utilisations du terme, une dizaine d'années plus tôt, *cf.* I. LUBEK, « Histoire de psychologies sociales perdues : le cas de Gabriel Tarde », *Revue française de sociologie*, 1981, vol. 22, n° 2, p. 361-395.

36. *Ibid.*, p. 32-33.

Durkheim, les normes sociales sont extérieures à l'individu et exercent sur lui une contrainte qui lui est étrangère, Tarde montre comment ces normes sont devenues intérieures au sujet d'un groupe et comment elles "finissent par être ce qu'il y a de plus intime". Elles existent dans la conscience de chaque membre de la société qui les a assimilées, et cette contrainte devenue intérieure fait évidemment songer à l'instance du Surmoi, telle que la décrira Freud[37]. » Le problème est ici que les deux parties de l'affirmation ne sont pas contradictoires. Durkheim disait précisément que les normes, qui nous viennent de l'extérieur, s'imposent au plus profond de l'individu et déterminent chez lui « des façons de penser, de sentir et d'agir », selon la célèbre formule des *Règles*.

La suite n'est pas moins étonnante. L'auteur veut sauver également la théorie de l'imitation du désintérêt où elle est tenue, en particulier en indiquant que cette théorie a exercé – directement ou bien, par l'intérêt que lui a porté le psychologue américain J.M. Baldwin – une influence sur la psychologie de l'enfant qui se développe en France depuis l'entre-deux-guerres. Or la consultation des auteurs de ce développement (Paul Guillaume, Henri Wallon, Jean Piaget) amène à en douter : aucun de ces auteurs ne semble avoir fait une relecture de Tarde qui dépasse le stade de la mention pour mémoire. Rocheblave-Spenlé mentionne précisément le livre de Paul Guillaume[38] où cette notion apparaît en effet « centrale. » Toutefois, à la lecture du livre, on s'aperçoit que Tarde n'est même pas cité dans la bibliographie. En réalité, dès les premières lignes de son ouvrage, Guillaume mentionne le fait que l'on a beaucoup parlé d'imitation, que « des doctrines comme celles de Tarde et de Baldwin sont de véritables philosophies de l'imitation[39]. » Mais il n'en dira pas davantage car ces philosophies ne lui sont manifestement pas utiles dans sa recherche empirique. De la même manière, ni Piaget ni Wallon, les deux grands psychologues de l'enfant francophones, n'ont apparemment rendu le moindre hommage à Tarde[40]. Ils utilisent certes la notion d'imitation, mais ils ne mentionnent pas même pour mémoire la théorie de Tarde qui ne leur est d'aucun secours[41]. Dans ces conditions, on reste dubitatif devant la conclusion de l'auteur selon laquelle Tarde n'a pas été reconnu en son temps car il était précisément « en avance sur son temps », il « annonçait l'avenir[42]. » Si Tarde avait annoncé l'avenir de la psychologie sociale, on

---

37. *Ibid.*, p. 33.

38. P. GUILLAUME, *L'Imitation chez l'enfant*, Alcan, Paris, 1925.

39. *Ibid.*, p. v.

40. On sait par contre que Piaget a entretenu un important dialogue critique avec la pensée de Durkheim.

41. *Cf.* par exemple J. PIAGET, *La Formation du symbole chez l'enfant*, Delachaux et Niestlé, Neuchâtel, 1945 ; H. WALLON, *De l'acte à la pensée. Essai de psychologie comparée*, Flammarion, Paris, 1970, p. 109 *sq.* (1e édition : 1942).

42. A.M. ROCHEBLAVE-SPENLÉ, « Gabriel Tarde et la psychologie sociale », art. cit., p. 42.

peut penser que celle-ci s'en serait tôt ou tard rendue compte. Or, ainsi que nous l'avons déjà indiqué[43], le renouveau de la psychologie sociale au lendemain de la Seconde Guerre mondiale, grâce aux sondages (Stoetzel...) et aux méthodes expérimentales (Pagès...), puis à la fin des années 1960, autour notamment de la notion de « représentation sociale » (Moscovici), ne s'est accompagné d'aucune référence particulière à Tarde. Dans le cas du courant d'études sur les représentations sociales, c'est même au contraire Durkheim qui a été considéré comme un pionnier.

Tarde, précurseur de la sociologie moderne des réseaux ?

Ce n'est pas sans une certaine surprise que l'on observe, un quart de siècle plus tard, la même présentation d'un Tarde incarnant l'avenir des sciences humaines chez l'épistémologue Bruno Latour. Découvrant les textes de Tarde réédités en 1999, il écrit en effet : « On a parfois prophétisé que le XXIe siècle serait celui des sciences sociales. Si cela est vrai, alors Gabriel Tarde, après avoir sommeillé durant tout le XXe siècle, en sera sûrement l'un des maîtres-penseurs[44]. » Pourquoi tant de verve ? Latour explique qu'il a découvert « une pensée, une méthode, une épistémologie complètement différentes et qui, par un de ces mystères dont l'histoire intellectuelle a le secret, se découvrent en phase avec tous les phénomènes nouveaux dont les sociologues, les économistes, les psychologues cherchent aujourd'hui à rendre compte. Tarde, si l'on ose dire, venait trop tôt puisque au lieu de penser la société, il pensait déjà les réseaux[45]. » Hélas, dans un texte certes volontairement un peu provocateur, l'argumentation consiste simplement à glisser entre crochets dans une citation que le « rayon imitatif » était l'« expression de Tarde pour désigner les réseaux. » Là encore, Tarde devient donc subitement notre contemporain.

Un texte récent invite à interroger plus en détail cette notion de réseau dont Tarde serait le précurseur. « La modernité de Tarde se lit dans l'actualité de sa sociologie de la communication que la problématique de l'émergence de la notion de réseau peut aider à reconstruire », déclare en effet E. Letonturier[46]. Mais qu'est-ce qu'un réseau ? Ce serait fondamentalement une « représentation graphique du réel », « une analyse en termes de *points* et de *lignes* », une « *forme* d'organisation » dont il s'agirait de « retrouver le *contenu* sociologique[47]. » L'auteur s'emploie à montrer qu'il existe au fond chez Tarde une opposition entre deux types de société,

43. L. MUCCHIELLI, « Psychologie et sociologie en France », art. cit., conclusions.

44. *Ibid.*

45. B. LATOUR, « Pourquoi viens-tu si Tarde ? (Comment trouver un successeur au structuralisme) », *La recherche*, 1999, n° 320, p. 29.

46. E. LETONTURIER, « Gabriel Tarde, sociologue de la communication et des réseaux », *Cahiers internationaux de sociologie*, 2000, n° 108, p. 79.

47. *Ibid.*

l'une, traditionnelle, fondée sur des rapports hiérarchiques au sein d'un « cercle », l'autre, moderne, fondée sur des rapports égalitaires au sein d'un « réseau. » Il souligne ensuite l'influence de la philosophie de l'histoire de Renouvier qui réhabilita sinon le hasard du moins l'aléatoire en histoire. Tarde s'étant par ailleurs beaucoup inspiré de Cournot, il aurait fait la synthèse de cette façon de comprendre l'histoire à travers la notion de réseau. La « définition la plus complète » serait dans les *Études de psychologie sociale* :

> « Si l'on considère l'ensemble de toutes ces routes possibles des évolutions historiques, on voit qu'elles forment une ramification touffue à partir non pas d'un seul mais de plusieurs points de départ. C'est un réseau arborescent en quelque sorte, où il y a certainement des degrés d'élévation très distincts et superposés, mais des itinéraires multiples pour monter de l'un à l'autre ; des itinéraires toujours susceptibles d'être abrégés, mais non toujours d'être suivis en sens inverse[48]. »

Le commentaire qui suit cette définition de Tarde est le suivant : « Au total, le réseau se présente comme une forme d'organisation sans racine, acceptant des trajets divers, modulables et infinis, à double sens et évolutifs, sans hiérarchisation mais par des niveaux qui appellent une représentation en trois dimensions[49]. » Le problème de fond est que l'on ne voit pas en quoi ces abstractions très générales sur les formes des réseaux mènent à la compréhension des phénomènes sociaux (le « contenu sociologique » annoncé dans la définition initiale). Rappelons en effet que, dans la sociologie empirique, un réseau n'est pas simplement une construction mathématique visant à produire une modélisation graphique de relations interindividuelles. Ceci n'est qu'une étape préalable permettant un repérage de l'étendue, de l'intensité et de la forme du réseau. L'analyse sociologique consiste ensuite d'une part à déterminer la nature de ces relations interindividuelles, d'autre part à évaluer leur rôle dans l'activité sociale des individus – les réseaux permettant notamment de mieux comprendre l'accès des individus aux ressources et aux informations. Or les auteurs ne montrent pas en quoi Tarde annonce cette analyse. Dès lors, considérer la théorie de l'imitation comme une sociologie moderne des réseaux semble un jugement au moins partiel. Nous verrons de surcroît que cela dissimule à nouveau le fait que la nature même de la théorie de l'imitation est peu compatible avec les conceptions « modernes » de l'individu et de la société.

---

48. Cité par E. LETONTURIER, « Gabriel Tarde, sociologue de la communication et des réseaux », art. cit., p. 86.

49. *Ibid.*

Un réseau deleuzien de « philosophie tardienne »

Quoique n'appartenant pas à ce réseau, le premier philosophe contemporain redécouvreur de Tarde, Jean Milet, signalait déjà au début des années 1970 la relecture de Tarde opérée par Gilles Deleuze (1925-1995), philosophe très influent en France dans les années 1970 et 1980, membre du groupe constitué par Michel Foucault au département de philosophie de l'université de Vincennes après 1968. Face à la domination intellectuelle du structuralisme, Deleuze verra en effet en Tarde le penseur d'une « micro-sociologie » et le théoricien des échanges interindividuels de flux de croyances et de désirs ; et tiendra, avec Guattari, à lui rendre hommage[50]. La chose paraît aujourd'hui assurée : « Gilles Deleuze a su accorder à Tarde la place qui lui était due, et procéder, en quelque sorte, à sa réhabilitation parmi nous[51]. » Dès lors les élèves du maître vont perpétuer cette « réhabilitation » au prix d'une appropriation et d'une inversion de l'histoire qui, cependant, font parfois sourire : « Tarde, avant la lettre, deleuzien ? Mais c'est dans cette perspective, peut-être, que se situera et se comprendra le mieux le *Fragment d'histoire future* », écrit un des auteurs de ce réseau[52]. Car, pour le coup, il s'agit bien d'un réseau : J. Milet, R. Schérer, E. Alliez, B. Karsenti, M. Lazzarato, J.C. Martin, etc., sont presque tous des philosophes, élèves ou admirateurs de Deleuze, que l'on retrouve dans d'autres lieux d'expression du réseau[53]. I. Joseph et B. Latour appartiennent également à ce réseau, même s'ils y semblent moins centraux, et ils revendiquent tous les deux la lecture de Deleuze[54].

---

50. *Cf.* notamment G. DELEUZE, *Différence et répétition*, Presses Universitaires de France, Paris, 1968, p. 39 *sq.* et p. 104-105 ; G. DELEUZE, F. GUATTARI, *Mille plateaux*, Minuit, Paris, 1980, p. 267 *sq.*

51. R. SCHÉRER, « Fin de siècle. Une utopie esthétique », *in* G. TARDE, *Fragments d'histoire future*, Atlantica, Biarritz, 1998, p. 22. B. KARSENTI (« Présentation », *in* G. TARDE, *Les Lois de l'imitation*, Kimé, Paris, 1993, p. XVI) écrit de même l'« on doit [à Deleuze et Guattari] la réhabilitation théorique la plus significative de l'œuvre de Tarde. » Enfin, E. ALLIEZ (« Présentation. Tarde et le problème de la constitution », *in* G. TARDE, *Monadologie et sociologie*, Synthélabo, Le Plessis-Robinson, 1999, p. 9) débute ainsi sa présentation qui ouvre la réédition des œuvres de Tarde : « Distrait d'un oubli séculaire à peine troublé, pour la France, par une longue note de Gilles Deleuze, et un chapitre de la thèse de Jean Milet [...]. »

52. R. SCHÉRER, « Fin de siècle », art. cit., p. 24.

53. Par exemple la revue *Multitudes*, placée sous la patronage de Foucault, Deleuze et Guattari (qui prend largement la suite de la revue *Futur Antérieur*). E. Alliez, B. Karsenti et M. Lazzarato figurent dans son comité de rédaction. B. Latour écrit dans son premier numéro (« Biopolitique et biopouvoir », *Multitudes*, 2000, n° 1).

54. La préface d'I. Joseph au volume IV des *Œuvres* de Tarde rééditées en 1999 reprend un article paru dans la revue *Critique* en 1984. L'influence de Deleuze s'y glisse dans la mise en valeur d'une « théorie de la croyance et du désir [qui] peut fonder une micro-sociologie originale [...] » (I. JOSEPH, « Gabriel Tarde : le monde comme féerie », *Critique*, 1984, n° 445-446, p. 550). Quinze ans plus tard, dans la note accompagnant la reprise de ce texte, l'auteur écrit aussi : « On reconnaîtra sans peine l'influence de Gilles Deleuze et de sa découverte, dans l'œuvre de Tarde, d'un programme de recherche pour la microsociologie » (I. JOSEPH, « Gabriel Tarde : le monde comme féerie », *in* G. TARDE, *Monadologie et sociologie*, Synthélabo, Le

Tous ces auteurs sont donc venus à Tarde par Deleuze, qui y était lui-même venu par ses lectures de Leibniz et de Bergson[55]. Il est alors tentant de construire une « lignée philosophique » (Alliez) qui partirait de Spinoza et Leibniz, passerait par Tarde, Nietzsche et Bergson, pour se prolonger dans Deleuze et Foucault. Quels seraient le sens profond et l'unité intellectuelle de cette « lignée philosophique » ? L'explication proposée par cet auteur est hélas assez absconse : cette lignée philosophique « atteint avec Foucault et Deleuze à la zone de présence d'un "drame" politique – en l'espèce d'une différence sans médiation ni négation qui *doit* maintenant se jouer dans un constructivisme pur, hors de tout expressionnisme à caractère exclusivement naturaliste, *en transformant en conséquences le vitalisme de départ*[56]. » Au risque de simplifier trop, il nous semble qu'il faut surtout voir dans le positionnement général des acteurs de ce réseau la poursuite d'un mouvement de réaction contre le structuralisme et contre un développement des sciences humaines qualifié, selon les auteurs, de « positiviste » ou de « scientiste. » Dans son article du magazine scientifique *La recherche*, B. Latour est explicite : « il faut lire [Tarde] et accepter de faire de la métaphysique pour pouvoir faire de la sociologie, revenant donc sur le préjugé antiphilosophique de Durkheim[57]. » Le sous-titre de son texte est « Comment trouver un successeur au structuralisme »…

Cette réaction – qui ne naît pas avec Deleuze[58] – s'exprime classiquement en direction des sociologues sous la forme d'un anti-durkheimisme. Et, dans la mesure où il a toujours été de notoriété publique que Tarde fut le principal adversaire théorique de Durkheim à l'époque, il n'est pas surprenant que ce soit lui que l'on aille chercher pour combattre aujourd'hui la tendance en question.

Plessis-Robinson, 1999, p. 9). La référence élogieuse à Deleuze, « inspiré » par Tarde, est également explicite chez B. LATOUR (« Pourquoi viens-tu si Tarde ? », art. cit., p. 29). Par ailleurs, dans une interview à *Libération*, E. ALLIEZ (« Contre Durkheim et son école », *Libération*, 11 mars 1999), annonce que Latour sera peut-être le préfacier d'une nouvelle série de réédition des œuvres de Tarde qui comprendrait notamment sa *Psychologie économique*.

55. On connaît les propos élogieux de Bergson sur Tarde (le premier ayant par ailleurs succédé au second au Collège de France). E. ALLIEZ (« Présentation », art. cit., p. 31) va cependant jusqu'à affirmer que Bergson fut « le disciple le plus immédiat de Tarde », ce qui nous semble imprudent. La comparaison entre les philosophies de Leibniz et de Tarde – initiée par J. MILET (*Gabriel Tarde et la philosophie de l'histoire*, *op. cit.*, 1970, chapitre 3) – est bien mieux argumentée par l'auteur.

56. E. ALLIEZ, « Présentation », art. cit., p. 31.

57. B. LATOUR, « Pourquoi viens-tu si Tarde ? », art. cit., p. 81.

58. Selon ses disciples, Deleuze aurait « révolutionné la philosophie française », à la fin des années 1960, en proposant une philosophie de la différence (E. ALLIEZ, « Contre Durkheim et son école », art. cit.). On invitera pourtant les historiens de la philosophie à interroger les réactions philosophiques anti-structuralistes et libertaires qui précèdent celle de Deleuze et en constituent le contexte dans ces années 1960.

LA PLACE DE TARDE DANS L'HISTOIRE DES SCIENCES HUMAINES

Les redécouvreurs de Tarde, dont l'identité et les motivations sont désormais mieux connues, n'ont cessé de prétendre reconsidérer radicalement la place de Tarde dans l'histoire des sciences humaines. Pour ce faire, ils lui ont souvent conçu des mérites imaginaires, au prix parfois de trahisons manifestes. Ainsi, lorsque Milet estime que Tarde « a fondé la psychologie sociale ; il lui a donné ses principes, ses règles méthodologiques ; il a fixé son programme », on doit faire remarquer que l'idée même de poser en somme des « règles de la méthode psychosociologique » était étrangère à Tarde. De même, vouloir, comme les deleuziens, faire de Tarde l'artisan d'un retour à la métaphysique contre le « scientisme » de Durkheim, constitue largement une trahison d'un auteur qui a partagé le scientisme de son époque, qui a usé et abusé des raisonnements analogiques fondés sur la physique et la biologie, qui a contribué à diffuser la volonté de mesurer tous les phénomènes sociaux (jusque dans leurs composantes psychologiques) et de fonder sur cette mesure les réformes politiques[59]. Enfin, la réécriture de l'histoire des sciences humaines consiste pour ces redécouvreurs à inventer pour Tarde une profonde influence post-mortem. Nous avons vu ce qu'il en était de la tentative de Rocheblave-Spenlé. Elle est caricaturale mais non isolée. Par exemple, B. Karsenti – auteur pourtant de l'une des rares présentations de Tarde fidèle à l'auteur, au sein du petit corpus que nous discutons – estime que les théories de ce dernier « ont contribué à ouvrir des voies que les sciences sociales, dans leurs développements les plus récents, n'ont eu qu'à emprunter[60]. » Étrangement, il ne cite pas alors un seul livre ou un seul article d'un seul auteur de sciences sociales. Sentant bien la fragilité de sa déclaration, l'auteur ajoute du reste immédiatement – et ce sont les dernières phrases de son texte : « Il est vrai qu'il ne s'agit jamais là d'influences, ou, comme on dit plus respectueusement encore, de filiations. Peut-être s'agit-il seulement de ces influences moins glorieuses que d'autres, mais d'autant plus réelles : influences secrètes, imperceptibles, anonymes, qui trouvent étrangement leur justification théorique dans *Les Lois de l'imitation*, où elles apparaissent comme le trait distinctif de l'invention véritable[61]. » La conclusion est élégante au plan littéraire. Mais, sur le fond, elle est un aveu de l'absence de fécondité de l'œuvre de Tarde dans

59. La préface de *La Criminalité comparée* s'ouvre sur l'éloge de la statistique : « cette source toute nouvelle d'informations, qui habitue le public contemporain à voir les faits sociaux en grandes masses, non pas confuses et douteuses comme les générations d'autrefois, mais aussi précises et aussi certaines que chacun de leurs détails conduit à traiter toutes les questions sociales en homme d'État » (G. TARDE, *La Criminalité comparée*, Alcan, Paris, 1886, p. V).

60. B. KARSENTI, « Présentation », art. cit., p. XXVI.

61. *Ibid.*

les sciences humaines[62]. En 1981, I. Lubek avait mesuré l'influence contemporaine de Tarde et sa conclusion était nette : « bien que *Les lois de l'imitation* reste beaucoup plus populaire que *La Logique sociale*, aucun de ces ouvrages n'est véritablement considéré par les psycho-sociologues comme une œuvre pionnière et une contribution majeure à la discipline, ni en France, ni en Amérique du Nord[63]. »

Parvenu à ce point, nous ne pouvons plus différer la démonstration sans laquelle nous ne pourrions pas prétendre emporter la conviction du lecteur. Il nous faut en effet suggérer non seulement que les redécouvreurs de Tarde se sont appropriés son nom sans avoir restitué toute sa pensée, mais encore que les caractéristiques philosophiques du système de Tarde expliquent *en partie* l'issue de sa querelle de prestige avec Durkheim et son oubli dans les sciences sociales[64].

La conception tardienne de l'individu : une enveloppe sans substance

Pour comprendre Tarde, il faut, nous semble-t-il, commencer par prendre au sérieux les analogies physiques et biologiques qui fondent systématiquement ses propositions sociologiques – au lieu de les traiter comme des scories ou des vieilleries dont on pourrait aisément faire aujourd'hui le tri pour retrouver le bon grain. Ce n'est pas sans raison que Tarde a prétendu faire dans *Les Lois de l'imitation* une « sociologie pure », une « sociologie générale », au sens d'une théorie qui s'appliquerait « à toutes les sociétés actuelles, passées ou possibles, comme les lois de la physiologie générale à toutes les espèces vivantes, éteintes ou concevables[65]. » À ses yeux, en effet, « l'imitation joue dans les sociétés un rôle analogue à

62. À la fin de son introduction, E. ALLIEZ (« Présentation », art. cit., p. 32) affirme quant à lui que l'influence de Tarde est « secrète, mais néanmoins autant qu'on puisse en juger bien réelle en Allemagne, par l'intermédiaire de Simmel, et de sa lecture dans l'École de Francfort ; ouverte et avérée Outre-Atlantique, avec le développement de la micro-sociologie (dont on peut penser qu'elle n'a pas été étrangère à la réception de Foucault aux États-Unis). » Or qu'est-ce que cette « micro-sociologie » ? Quelle école de sociologie américaine (ou allemande) a revendiqué une inspiration tardienne ? Tout ceci nous semble trop imprécis, reposant sur des oppositions un peu trop simples (micro/macro, individu/structure, subjectivité/statistique...).

63. LUBEK, 1981, 368, *cf.* aussi 378 *sq.* Certains textes contemporains se revendiquant d'une « sociologie cognitive » à fondement biologique semblent plus proches de Tarde – mais sans s'en inspirer – que les philosophies et les sociologies dont nous avons parlées. Ainsi D. Sperber défend dans *La contagion des idées* (le titre anglais est plus explicite : *Explaining Culture : a Naturalistic Approach*) une « épidémiologie des représentations » ou encore un modèle « infra-individualiste » qui, dans son réductionnisme, n'est pas sans rappeler directement la conception tardienne de l'individu et du social (D. SPERBER, *La Contagion des idées*, Odile Jacob, Paris, 1996).

64. Les pages suivantes constituent une brève synthèse d'une étude d'ensemble (L. MUCCHIELLI, *La Découverte du social*, *op. cit.*).

65. G. TARDE, *Les Lois de l'imitation*, Alcan, Paris, 1895 (1890), p. XXII.

celui de l'hérédité dans les organismes, ou de l'ondulation dans les corps bruts[66]. » Les « analogies frappantes » entre ces « trois formes de répétition universelle » sont le fondement même de sa théorie qui amène à considérer les phénomènes sociaux comme des « quantités », des « flux », des « vibrations », des « choses sociales » – car, en réalité, le mot est chez lui avant d'être chez Durkheim – se prêtant alors directement à l'analyse mathématique[67]. Dès lors,

> « Le physicien peut annoncer que ce coup de canon parti à l'instant même sera entendu dans tel nombre de secondes, à telle distance, pourvu que rien n'intercepte le son sur ce trajet ou que, dans cet intervalle de temps, un bruit plus fort, un coup de canon par exemple, ne se fasse pas entendre. Eh bien c'est précisément au même titre que le sociologiste mérite le nom de savant à proprement parler ; étant donné qu'il y a aujourd'hui tels foyers de rayonnements imitatifs et qu'ils tendent à cheminer séparément ou concurremment avec telles vitesses approximatives, il est en mesure de prédire quel sera l'état social dans dix, dans vingt ans, à la condition que quelque réforme ou révolution politique ne viendra point entraver cette expansion et qu'il ne surgira point de foyers rivaux[68]. »

Fondamentalement, Tarde définit la société : « une collection d'êtres en tant qu'ils sont en train de s'imiter entre eux ou en tant que, sans s'imiter actuellement, ils se ressemblent et que leurs traits communs sont des copies anciennes d'un même modèle[69]. » Mais quel est le ressort de ce puissant mécanisme d'imitation qui permettrait de faire de la sociologie comme on fait de la physique ondulatoire, et qui – on le comprend déjà – amène à considérer l'individu comme une entité dénuée de toute substance propre, parfaitement interchangeable avec une autre ? Qu'importe si, au fond, « nous n'en savons rien », si c'est « un phénomène des plus mystérieux[70]. » Tarde s'appuie sans réserve sur le modèle de l'hypnose et du somnambulisme particulièrement à la mode dans le champ intellectuel des années 1880[71]. Il peut alors écrire :

> « L'état social, comme l'état hypnotique, n'est qu'une forme du rêve, un rêve de commande et un rêve en action. N'avoir que des idées suggérées et les croire spontanées : telle est l'illusion propre au somnambule, et aussi bien à l'homme social[72]. »

66. *Ibid.*, p. 12.
67. *Ibid.*, p. 15 *sq.*
68. *Ibid.*, p. 20-21.
69. *Ibid.*, p. 73.
70. *Ibid.*, p. 82.
71. *Cf.* notamment H. ELLENBERGER, *Histoire de la psychiatrie dynamique*, Fayard, Paris, 1994 (1ère édition : 1974) ; J. CARROY, *Hypnose, suggestion et psychologie. L'invention de sujets*, Presses Universitaires de France, Paris, 1991 ; P.H. CASTEL, *La Querelle de l'hystérie*, Presses Universitaires de France, Paris, 1998.
72. G. TARDE, *Les Lois de l'imitation*, *op. cit.*, p. 83.

Nous nous « aveuglons » sur notre liberté de penser, nous nous croyons « autonomes » parce que nous nous suggérons tous inconsciemment cette croyance ; nous sommes en fait des « automates[73]. » En réalité, les sociétés reposent sur la « magnétisation mutuelle » de leurs membres et sur la force psychologique de quelques grands magnétiseurs. De la famille à la citoyenneté politique, en passant par l'école et le travail, notre vie sociale n'est, selon Tarde, qu'une « cascade de magnétisations successives et enchaînées[74]. » Pire : tout le mouvement de l'histoire consiste à produire la croyance de plus en plus répandue que la modernité implique la liberté et l'autonomie, ce qui ne serait qu'une dramatique illusion collective. La « mode » s'est substituée à la « coutume », mais sur le fond rien n'a changé :

> « Il est bien certain que le progrès de la civilisation a pour effet de rendre l'asservissement à l'imitation de plus en plus *personnel* et *rationnel* en même temps. Nous sommes aussi asservis que nos ancêtres aux exemples ambiants, mais nous nous les approprions mieux par le choix plus logique et plus individuel, plus adapté à nos fins et à notre nature particulière, que nous en faisons. Cela n'empêche pas la part des influences extra-logiques et prestigieuses d'être toujours très considérable[75]. »

Au fond, l'action d'apparence logique n'est qu'une « suggestion intériorisée[76]. »

De la même manière, l'autre terme central de sa théorie : l'invention (qui semble le propre de l'individu) n'est pas moins dépendant de l'imitation. Le modèle du hasard comme rencontre de séries indépendantes fournit la clef de l'invention dont l'individu n'est que le transporteur fortuit, passager et inconscient :

> « Il ne faut pas perdre de vue, d'une part, que le besoin d'inventer et de découvrir se développe, comme tout autre, en se satisfaisant ; d'autre part que toute invention se réduit au croisement heureux, dans un cerveau intelligent, d'un courant d'imitation, soit avec un autre courant d'imitation qui le renforce, soit avec une perception extérieure intense, qui fait paraître sous un jour imprévu une idée reçue, ou avec le sentiment vif d'un besoin de la nature qui trouve dans un procédé usuel des ressources inespérées[77]. »

Ainsi est-il clair que l'individu n'a aucune substance propre dans la théorie de Tarde – *a fortiori* n'a-t-il d'autre rationalité que le conformisme. Certes, Tarde distingue théoriquement l'imitation « logique » (consciente)

---

73. *Ibid.*, p. 84.
74. *Ibid.*, p. 86-92.
75. *Ibid.*, p. 90.
76. G. TARDE, *La Criminalité comparée*, *op. cit.*, p. 141.
77. G. TARDE, *Les Lois de l'imitation*, *op. cit.*, p. 47.

de l'imitation « extra-logique » (inconsciente). Mais avant de croire qu'il laisse une place à l'action rationnelle, il faut à nouveau lire attentivement son texte :

> « Les causes logiques agissent quand l'innovation choisie par un homme l'est parce qu'elle est jugée par lui plus utile ou plus vraie que les autres, *c'est-à-dire plus en accord que celles-ci avec les buts ou les principes déjà établis en lui (par imitation toujours)*. [...] il est *très rare* que l'action logique s'exerce de la sorte dans toute sa pureté. En général, les influences extra-logiques interviennent dans le choix des exemples à suivre, et souvent les plus mauvais logiquement sont préférés à raison de leur origine ou même de leur date, comme nous le verrons plus loin[78]. »

En dépit des formules qu'il a pu utiliser dans ses polémiques contre Spencer, ou plus tard contre Durkheim, pour Tarde « le sujet n'est, à son insu, que l'instrument d'un mystérieux destin », comme le dit justement Dominique Reynié[79]. De son côté, Pierre Favre avait déjà souligné que Tarde « n'est pas le sociologue de la liberté qu'on a dit. Il récuse au contraire toute tentative de fonder l'explication historique ou sociologique sur le libre arbitre[80]. » En réalité, la seule originalité que Tarde accorde aux individus est biologique, et non psychologique. *Mentalement, le sujet tardien n'est qu'une enveloppe vide qui transporte les courants sociaux d'idées*. Quant aux ressorts psychologiques profonds des êtres humains – les « croyances » et les « désirs » –, ils ne sont pas même propres à l'action humaine mais « ont leur source profonde au-dessous du monde social, dans le monde vivant[81]. » En réalité, seule sa physiologie peut singulariser l'individu, ce qui le détermine encore davantage malgré lui et ce qui n'est pas sans impact social. De ces principes généraux découle en effet l'accord de fond qui relie Tarde aux bio-criminologues italiens de son temps. Contrairement à pratiquement tout ce qui été écrit depuis cette époque, il n'a à aucun moment remis en question l'origine biologique du comportement criminel chez l'individu. C'est pourquoi il peut écrire finalement ceci, à propos de Lombroso :

> « Son type criminel a beau être un mirage, il y a, au fond de son idée, un postulat digne d'attention. Il y a, à mon avis, cette foi implicite que la

78. *Ibid.*, p. 153-154 (nous soulignons).

79. D. REYNIÉ, « Gabriel Tarde, théoricien de l'opinion », art. cit., p. 10. On doit à cet auteur, qui en est venu à étudier Tarde dans le cadre d'une thèse de science politique sur l'histoire des théories du nombre, une remarquable préface à la réédition de *L'opinion et la foule*. Quelques années plus tard, B. KARSENTI (« Présentation », art. cit., p. XV-XVI) a également souligné le fait que la théorie de Tarde procède en réalité à une « destitution de l'individu », mais il n'en a pas tiré toutes les conséquences, pris dans le mouvement de célébration deleuzienne de Tarde.

80. P. FAVRE, « Gabriel Tarde et la mauvaise fortune », art. cit., p. 8 (qui mentionne aussi « les critiques que Tarde adresse à la théorie des idées-forces de Fouillée, ainsi que les réserves qui accompagnent toujours, chez Tarde, les références à Renouvier »).

81. G. TARDE, *Les Lois de l'imitation*, *op. cit.*, p. 159.

> distinction du moral et de l'immoral, du bien et du mal, de l'héroïsme et du crime, a sa source et ses racines bien en dessous du monde social, dans le sein même de la vie[82]. »

Même s'il tentera en partie de le masquer par la suite, dans sa polémique avec Durkheim, la théorie de Tarde est fondamentalement une sorte de philosophie globale de l'univers, qui déduit les lois du fonctionnement humain de celles du fonctionnement du cosmos (et, au plan intermédiaire, du Vivant). En cela, *elle est encore plus abstraite, systématique et déterministe que celle de Durkheim pour qui les redécouvreurs de Tarde réservent généralement ces qualificatifs* – non sans raisons[83].

Selon les auteurs que nous étudions, depuis l'époque où Durkheim triompha, nous aurions collectivement hérité d'une image caricaturale de la théorie sociale de Tarde, tandis qu'il faudrait souligner en retour sa « modernité. » Appelons cependant à davantage de retenue. Certes, nous sommes bien d'accord avec R. Boudon pour penser que les développements méthodologiques ou empiriques de Tarde sont plus féconds que son système, comme nous admettons avec Valade qu'il ne faut peut-être pas réduire totalement sa « conception de l'interactivité » à la théorie contenue dans *Les Lois de l'imitation*[84]. Certes encore, si l'on écarte les excès de langage et la polémique, il ne nous semble pas totalement illégitime de penser que « l'actualité étonnante de la sociologie de Tarde réside dans sa tentative d'explication des phénomènes sociaux et psychologiques sur la base d'une ontologie des forces affectives (ou « psychologiques ») et des relations de pouvoir qu'elles expriment. Si les résultats ne sont pas toujours à la hauteur du défi qu'il lance, et se lance à lui-même, l'intuition méthodologique qu'il nous transmet est d'une richesse incomparable eu égard à la tradition sociologique qui a affirmé sa domination en interdisant toute référence à son œuvre[85]. » Pour autant, au vu de la nature de la théorie tardienne, on est en droit de dire que ces relectures sont trop partielles

---

82. G. TARDE, « Biologie et sociologie. Réponse au Docteur Bianchi », *Archives d'anthropologie criminelle*, 1893, n° 8, p. 19. Pour les mêmes raisons, Tarde pensera que les inégalités sociales ont un fondement biologique, que les hommes sont donc – intellectuellement et moralement – inégaux devant la nature.

83. Qu'il soit bien entendu, en effet, qu'il n'est pas dans notre intention de présenter des visages tout en noir de Tarde et tout en blanc de Durkheim. Nous avons du reste déjà eu l'occasion de souligner l'importance, chez ce dernier, d'une théorie de l'inconscient collectif qui emprunte elle aussi à la mode de la suggestion et qui l'amène à des contradictions et à des difficultés d'argumentation empirique (L. MUCCHIELLI, *La Découverte du social*, *op. cit.*, p. 192-205).

84. B. VALADE, « Tarde (Gabriel) 1843-1904 », *Encyclopædia Universalis*, 1989, n° 22, p. 68.

85. M. LAZZARATO, « Postface. Gabriel Tarde : un vitalisme politique », *in* G. TARDE, *Monadologie et sociologie*, Synthélabo, Le Plessis-Robinson, 1999, p. 105.

(parfois partiales) et qu'elles promeuvent comme modernes – et même d'avenir ! – des idées qui portent en réalité irrémédiablement la marque de leur temps.

La controverse Durkheim-Tarde : les leçons de l'histoire

Sans reprendre ici tous les aspects de la controverse, il nous faut en dire quelques mots[86]. Nous avons vu passer au fil des commentaires les trois arguments utilisés par les redécouvreurs de Tarde : domination académique de Durkheim (Tarde étant ainsi vaincu de la pire des façons aux yeux d'un intellectuel), adéquation des idées de Durkheim avec « l'air du temps » (Tarde apparaissant au contraire comme un pionnier « en avance sur son temps »), pseudo rigueur apparente de son œuvre (et, inversement, incompréhension de celle de Tarde). Or tous les trois sont discutables.

En fait de domination institutionnelle, Durkheim a toujours occupé une position nettement inférieure à celle de Tarde dans la hiérarchie institutionnelle. Il faut en effet rappeler que, malgré ses débuts prometteurs à l'université de Bordeaux, en 1888, Durkheim a régulièrement échoué au Collège de France et qu'il a dû attendre 1902 pour obtenir un poste à la Sorbonne – et encore s'agissait-il d'un poste de suppléant sur la chaire de sciences de l'éducation de Ferdinand Buisson, Durkheim ne devenant titulaire qu'en 1906. De son côté, Tarde a connu de son vivant tous les honneurs académiques que l'on puisse imaginer et s'est vu offrir de très nombreux lieux de prise de parole. Il sera d'abord nommé professeur à l'École libre des sciences politiques en 1896, puis surtout élu au Collège de France en 1900. Mais il sera aussi professeur au Collège libre de sciences sociales, à l'École russe des sciences sociales de Paris, président de la Société de sociologie créée par Worms, président de congrès internationaux, codirecteur des *Archives d'anthropologie criminelle* et enfin académicien. Ainsi, s'il fallait s'en tenir aux positions sociales des deux hommes pour comprendre leur destin, Durkheim ferait figure de très modeste universitaire à côté du phare mondialement connu qu'était Tarde au tournant du siècle. Mieux : lors même qu'il a marqué de son emprunte intellectuelle toutes les sciences humaines françaises durant la première moitié du XXe siècle, le durkheimisme n'a jamais été une réalité institu-

86. Nous nous appuyons ici sur les travaux historiques déjà existants : outre les passages de T.N. CLARK (*Gabriel Tarde. On Communication and Social Influence*, Chicago University Press, Chicago, 1969) et l'analyse de I. LUBEK (« Histoire de psychologies sociales perdues », art. cit.), les articles de M. BORLANDI (« Informations sur la rédaction du *Suicide* et sur l'état du conflit entre Durkheim et Tarde de 1895 à 1897 », *Durkheim Studies*, 1994, n° 6, p. 4-31) et Ph. BESNARD (« Des *Règles* au *Suicide* : Durkheim critique de Tarde », *in* M. BORLANDI, L. MUCCHIELLI, *La Sociologie et sa méthode. Les* Règles *de Durkheim un siècle après*, L'Harmattan, Paris, 1995, p. 221-243), ainsi que notre livre (L. MUCCHIELLI, *La Découverte du social*, *op. cit.*).

tionnelle importante. Analysant le devenir de l'ensemble du groupe formé autour de Durkheim, V. Karady parlait à juste titre d'un « demi-échec[87] » (au lendemain de la Seconde Guerre mondiale, il n'y aura que trois chaires de sociologie en France, dont une seule occupée par un élève de Durkheim – Georges Davy).

L'argument selon lequel Durkheim a su exprimer les idées courantes de son époque, contrairement à Tarde qui était décalé (voire « en avance sur son temps ») ne résiste pas davantage à l'analyse historique. À nouveau, l'on pourrait même soutenir en partie l'inverse. En effet, on ignore généralement que le livre sans doute le plus connu de Durkheim, *Les Règles de la méthode sociologique*, a été un cinglant échec lors de sa parution en 1895, échec qui a failli déconsidérer Durkheim[88]. À l'inverse, dès leur parution en 1890, *Les lois de l'imitation* ont été un succès considérable, en France et dans de nombreux pays étrangers. Nous avons vu précédemment comment Tarde a su utiliser la mode intense de l'hypnose et du somnambulisme des années 1880-1890. Et comme nous venons de voir que Tarde a connu par ailleurs toutes les consécrations académiques, il est bien plus juste de retourner l'argument en disant que c'est Tarde qui a su le mieux mettre en forme l'esprit de son temps[89]. La seule limite de ce raisonnement réside dans le fait que, comme à toute époque, l'« esprit du temps » n'était pas univoque. Lubek remarque ainsi à juste titre que les idées de Tarde « étaient davantage en résonance avec le point de vue de la haute bourgeoisie catholique de salon qu'il fréquenta assidûment quand il s'installa à Paris en 1894[90] », tandis que Durkheim était beaucoup plus proche du socialisme jauressien auquel adhérait toute une partie de la jeunesse intellectuelle au sein de laquelle il va précisément recruter son équipe[91]. En somme, le contexte historique a profité aux deux hommes, mais de façon différente.

Arrive enfin l'argument du style de pensée. Les redécouvreurs de Tarde n'ont eu de cesse d'opposer d'abord la « subtilité » et la souplesse de la pensée de Tarde à l'« esprit de système » et au « dogmatisme » de Durkheim. Par exemple : « si la pensée de Durkheim a réussi à s'imposer en France aux dépens de celle de Tarde, cela provient en partie de son apparente rigueur, de sa tendance monolithique, plus satisfaisante pour

87. V. KARADY, « Durkheim, les sciences sociales et l'université : bilan d'un demi-échec », *Revue française de sociologie*, 1976, vol. 17, n° 2, p. 267-311.

88. G. PAOLETTI, « La réception des *Règles* en France, du vivant de Durkheim, *in* M. BORLANDI, L. MUCCHIELLI, *La Sociologie et sa méthode. Les* Règles *de Durkheim un siècle après*, L'Harmattan, Paris, 1995, p. 247-283.

89. « Tarde doit sa réussite à une capacité à exprimer son temps, à adopter la pratique commune et à donner forme aux représentations du groupe social qui se reconnaît en lui » écrit P. FAVRE (« Gabriel Tarde et la mauvaise fortune », art. cit., p. 6-7).

90. I. LUBEK, « Histoire de psychologies sociales perdues », art. cit., p. 373.

91. En réalité, l'affaire Dreyfus, autant sinon plus que le socialisme, a soudé les durkheimiens.

l'esprit que les nuances, les hésitations et les intérêts polyvalents dont témoigne l'œuvre de Tarde[92]. » Mais ensuite, au fil des textes, presque tous ont fait quelques concessions en évoquant « le charme vieillot de son style, le ton mondain de certains développements » (Boudon), en reconnaissant « un défaut de concision, certaines dérives poétiques, une propension à la rêverie métaphysique[93]. » Mais ils ont ajouté presque aussitôt que ces caractéristiques étaient « superficielles » (Valade). Or la réalité historique nous semble indiquer que ces caractéristiques, loin d'être superficielles, ont joué un rôle non négligeable dans le ralliement d'une partie de la jeunesse intellectuelle aux thèses de Durkheim. En effet, les membres qui ont formé le groupe de collaborateurs de la revue l'*Année sociologique* (lancée par Durkheim en 1897) proviennent de différents cercles[94]. Tous n'étaient pas des élèves ou des disciples de Durkheim. Au départ, on doit même dire que la plupart n'en étaient pas : Célestin Bouglé, Paul Lapie, Dominique Parodi, Gaston Richard, François Simiand. Sans ces hommes, s'il n'avait dû compter que sur son réseau immédiat, Durkheim n'aurait pas pu fonder cette revue puis cette école. Or, au départ, en 1895-1896, presque tous ces hommes avaient autant (voire davantage pour certains) de sympathie intellectuelle pour l'œuvre de Tarde que pour celle de Durkheim. Nous avons ainsi pu indiquer que c'est par un dialogue épistémologique intense – consistant à définir ce que devait être la sociologie comme science – que Durkheim allait les convaincre de la supériorité de son point de vue[95]. Ce dialogue épistémologique a porté notamment sur trois points : premièrement la rupture avec le sens commun et les préjugés d'une part, la métaphysique d'autre part ; deuxièmement la « réalité » de l'objet de la sociologie – au delà du « chosisme », il s'agissait de reconnaître qu'il existe des faits sociaux non réductibles à des faits psychologiques individuels[96]; troisièmement – et conséquence du point précédent – l'indépendance de l'explication sociologique par rapport aux explications biologiques et psychologiques individuelles. C'est sur ces trois points qu'un consensus minimal va se dégager entre 1895 et 1897, entraînant dès lors définitivement chez ces hommes la prééminence de Durkheim sur Tarde. En effet, plus le temps passera, plus la pensée de Tarde semblera à ces intellectuels bien trop peu rigoureuse, ne correspondant pas à la démarche scientifique dont ils étaient en train de définir tant la forme que le

92. A.M. ROCHEBLAVE-SPENLÉ, « Gabriel Tarde et la psychologie sociale », art. cit., p. 26.

93. B. VALADE, « Tarde (Gabriel) 1843-1904 », art. cit., p. 68.

94. Ph. BESNARD, « La formation de l'équipe de l'*Année sociologique* », *Revue française de sociologie*, 1979, vol. 20, n° 1, p. 7-31.

95. L. MUCCHIELLI, *La Découverte du social*, *op. cit.*, p. 219-230.

96. Sur ce point-clef, il faut savoir que les contemporains de Tarde et de Durkheim ont eux-mêmes adopté plutôt le point de vue du second dans le débat sur les relations entre psychologie et sociologie qui eut lieu en juillet 1903 lors du xe Congrès international de sociologie à Paris (*ibid.*, p. 339-341).

contenu. Avec le verbe impitoyable qu'on lui connaît (et dont Durkheim lui-même avait souffert quelques années auparavant), Simiand finira par dire en 1902, dans sa revue *Notes critiques-Sciences sociales*, que la pensée de Tarde est

> « un assemblage d'observations qui ont une allure scientifique et de remarques qui sont tout au plus du reportage ingénieux, une incohérence de pensée qui déconcerte, un développement qui procède par association d'images ou même par association de mots et non par liaison d'idées, une tendance à traiter, sous une rubrique donnée, de beaucoup de sujets sauf du sujet indiqué, une confusion constante entre la théorie et la pragmatique, un mélange indistinct d'analyse positive et objective des faits avec des opinions pratiques et des avis tout personnels sur les choses, de la fantaisie là où il serait besoin de méthode, de la facilité imaginative là où la détermination du fait réel serait la seule besogne utile et la seule méritoire, des métaphores qui croient être des explications, et de simples jeux de mots qui se donnent pour des pensées profondes [...][97]. »

Malgré ses excès, ce jugement fut sans doute fréquemment partagé à l'époque.

Au fond, l'issue de la controverse qui a opposé Durkheim et Tarde à la fin du XIXe siècle a tourné à l'avantage du premier pour deux séries de raisons.

La première série de raisons est proprement intellectuelle. Durkheim a convaincu une partie de ses interlocuteurs sur la base des caractéristiques de forme mais aussi de fond de son travail. D'abord, si le *Suicide* a rattrapé la mauvaise réception des *Règles*, cela est dû largement à la qualité de l'effort de raisonnement et d'information statistiques de Durkheim – et non à la théorisation qui a renforcé le « réalisme social » déjà proposé dans les *Règles* et critiqué par les contemporains[98]. De même, ses travaux d'ethnologie religieuse ont impressionné ses contemporains par leur rigueur, l'ampleur et la précision de leur information ethnographique. Un autre argument de fond consiste à souligner que Durkheim a voulu donner à la sociologie un programme, une méthode et des exemples de recherche empirique. On a pu discuter ce programme, cette méthode et ces exemples, mais, précisément, cette discussion était ouverte par la nature même des propositions de Durkheim. À l'inverse, l'œuvre centrale de Tarde apparaît comme un système fermé, une théorie qui, nous l'avons vu, s'appliquerait

97. Cité par P. FAVRE, « Gabriel Tarde et la mauvaise fortune », art. cit., p. 11.

98. Dans le *Suicide*, Durkheim propose une théorie des « courants suicidogènes » tout aussi obsolète que l'imitation de Tarde et qui se fonde également sur une théorie des phénomènes inconscients (*cf.* L. MUCCHIELLI, *La Découverte du social*, *op. cit.*, p. 192-198). Tarde l'avait du reste bien vu et, dans un texte de réponse au livre de Durkheim (texte non publié à l'époque), il s'empressait d'écrire : « Durkheim est mon élève sans le savoir » (G. TARDE, « Contre Durkheim à propos de son *Suicide* », *in* M. BORLANDI, M. CHERKAOUI (dir.), *Le* Suicide *un siècle après Durkheim*, Presses Universitaires de France, Paris, 2000, p. 246).

« à toutes les sociétés actuelles, passées ou possibles, comme les lois de la physiologie générale à toutes les espèces vivantes, éteintes ou concevables. » En somme, « nul besoin de faire école puisque tout est déjà dit[99]. »

Ensuite, malgré le caractère bel et bien rhétorique voire dogmatique de ses constructions[100], Durkheim a réussit à incarner une certaine forme de rationalité – la *rationalité scientifique* – qui consiste en méthodes, en exemples, en logiques de raisonnement, en procédures standardisées de validation et d'argumentation, toutes choses que l'on ne trouve pas chez Tarde dont la pensée relève davantage de la philosophie traditionnelle, voire parfois d'une forme d'écriture et de démonstration plus proche du journalisme. Or, dans l'expression « sciences sociales » il y a le mot « science. » La sociologie – comme la psychologie, l'anthropologie, la géographie, la linguistique, etc. – est une discipline qui appartient à l'histoire des sciences, qui a toujours été très majoritairement conçue comme telle par ceux qui l'ont portée. Et c'est la raison pour laquelle cette forme de rationalité en est indissociable. Nous rejoignons en cela une des premières propositions de Merton, qui s'inspirait lui-même en partie de Weber[101]. Ce dernier a en effet montré (dans *L'éthique protestante et l'esprit du capitalisme* puis, de façon systématique, dans *Économie et société*) que la rationalité moderne est fondée sur l'idée de calcul et d'efficacité, qu'elle suppose une universalisation et une formalisation des rapports sociaux, qu'elle entraîne un « désenchantement du monde. » Et l'histoire des sciences humaines constitue à maints égards une confirmation de ce point de vue général.

La deuxième série de raisons au succès de Durkheim est sociale et politique. Durkheim a gagné parce qu'il a su faire école et ainsi démultiplier sa présence dans le champ intellectuel. Outre les facteurs intellectuels, ses capacités relationnelles, son esprit d'entreprise, enfin l'entente qui s'est faite avec ses collaborateurs sur le plan de la philosophie politique, y ont contribué. Le socialisme et, sans doute plus encore, l'affaire Dreyfus (dans laquelle Durkheim et plusieurs de ses collaborateurs ont joué un rôle de tout premier plan[102]), ont en effet été un puissant facteur de cohésion morale (donc affective) entre les durkheimiens ; Tarde ayant été de son côté un opposant au socialisme et un sympathisant du bout des lèvres du dreyfusisme.

---

99. J.C. MARCEL, I. SEKULIC, « Le durkheimisme », *Cahiers français*, 1990, n° 247, p. 15.

100. De ce point de vue, on pourrait renvoyer Tarde et Durkheim dos-à-dos.

101. Dans sa thèse sur les sciences et les techniques en Angleterre au XVIIe siècle (R.K. MERTON, *Science, Technology and Society in Seventeenth Century England*, Howard Fertig, New York, 1938).

102. L. MUCCHIELLI, *La Découverte du social*, *op. cit.*, p. 230 *sq.*

POUR CONCLURE

On peut tout dire et faire dire à Tarde. On peut mettre l'accent sur ceci, en délaissant cela. On peut suggérer que Tarde voulait dire ou faire telle chose même s'il n'y a pas réussi lui-même tout à fait. Dès lors que, comme le signalent les couvertures des cinq volumes réédités en 1999, on ne prétend pas réaliser des « commentaires » des textes de Tarde mais « ouvrir des perspectives de philosophie tardienne », toutes les propositions sont recevables puisqu'elles n'ont pas besoin d'être validées empiriquement. Si elles peuvent féconder le débat intellectuel – ce dont la démonstration reste à faire en ce qui concerne les sciences humaines proprement dites –, il faut s'en réjouir. Demandons cependant que ces relectures nous épargnent la reconstruction à l'envers de l'histoire des sciences humaines. Tarde ne saurait être ni pinatélien, ni boudonien, ni deleuzien, ni foucaldien, ni latourien, ni quoi que ce soit de contemporain. Tarde fut un auteur très important en son temps, il est décédé en 1904, sans avoir fait école. Quels furent la genèse, le développement, la réception et l'influence de son œuvre dans l'histoire de la pensée ? Il appartient aux historiens des sciences humaines de le dire. De même qu'ils sont mieux armés pour comprendre les préjugés moralisateurs et les positions politiques de Tarde que les redécouvreurs écartent systématiquement comme des détails sans importance alors qu'ils font partie intégrante de son système de pensée. C'est pourquoi nous ne pouvons retenir cette question finale : ne serait-il pas plus sage – empiriquement mais aussi philosophiquement – de considérer avant tout Tarde comme un homme de son temps et d'aborder son œuvre avec la distance et la neutralité de la méthode historique – étant entendue par là non pas une étiquette disciplinaire, mais une manière de penser ?

3

La guerre n'a pas eu lieu : les sociologues français et l'Allemagne (1870-1940)*

Les sociologues français (en particulier les durkheimiens), fidèles au positivisme, auraient presque totalement négligé, voire même rompu avec leurs homologues allemands depuis la fin du XIXe siècle. Nous serions en effet en présence de deux traditions scientifiques antagonistes et inconciliables.

Tel est le jugement que l'on rencontre dans des manuels d'histoire de la sociologie, dans des essais et même dans des travaux à vocation proprement historique. Or les recherches les plus récentes d'histoire des sciences et plus largement d'histoire intellectuelle soulignent au contraire la réalité, parfois même l'intensité, des échanges franco-allemands, le cas de la sociologie ne faisant pas exception. Dès lors, après avoir fait le point de ces travaux et de nos propres enquêtes, on sera amené à poser la question des origines de cette vision déformée du passé et, plus largement, des difficultés de construction de l'histoire d'une discipline scientifique.

LE CONTEXTE INTELLECTUEL DE RÉFÉRENCE À L'ALLEMAGNE

« [...] On sait fort bien que la guerre de 1870 a sonné le glas de la communication entre l'Allemagne et la France, et que la Première Guerre mondiale n'a fait qu'entériner certains oublis ou certains refus[1]. » Tel est le genre de déclarations qui visent à emporter l'adhésion confiante des lecteurs (rassurés d'entendre une vérité dont on suggère qu'elle n'avait bien entendu pas échappé à leur sagacité). Pour un historien, il s'agit pourtant d'une contre-vérité trop souvent entendue et qu'il serait bon de démentir une fois pour toutes.

* Article paru initialement dans *Espace temps*, 1993, n° 53-54, p. 5-18, sous ce titre.

1. M.B. DE LAUNAY, « Préface », *in E.* TROELTSH, *Protestantisme et modernité*, Gallimard, Paris, 1991, p. I.

Le contexte des lendemains de la guerre de 1870 est bien connu depuis les travaux pionniers de C. Digeon[2]. On sait même à présent que ce contexte est lui-même à replacer dans la longue durée des relations culturelles franco-allemandes. Les travaux de M. Espagne et M. Werner montrent en effet que le modèle de la science allemande est une construction qui remonte à la fin du XVIIIe siècle et qui s'enracine au XIXe siècle dans la réception et même dans la présence en France de savants, philosophes et philologues allemands[3]. Sous le Second Empire, la référence à un modèle allemand de scientificité se généralise ; elle s'exacerbe au lendemain de la défaite de 1870 : « La science apparaît d'abord comme une spéculation métaphysique, comme un savoir absolu dont l'ésotérisme attire et rebute en même temps [...]. Elle apparaît enfin comme une méthode, telle la critique des textes, qui remet systématiquement en question les valeurs établies et génère des résultats nouveaux : le progrès de la science[4]. » Ceci est particulièrement important car, historiquement, les années 1870-1880 sont aussi celles de la formation d'une nouvelle génération intellectuelle à travers les réformes de l'enseignement supérieur[5] ; et la référence allemande participera alors très fortement de l'idéologie de ces réformes (diffusée notamment au travers de la *Revue internationale de l'enseignement*, fondée en 1881[6]). Pour la plupart des jeunes normaliens agrégés qui représentent alors cette nouvelle élite, le voyage en Allemagne est sinon une

2. C. DIGEON, *La Crise allemande de la pensée française. 1870-1914* (1959), Presses Universitaires de France, Paris, 1992 (2e édition). *Cf.* aussi J. DROZ, *Les Relations intellectuelles franco-allemandes de 1871 à 1914*, Les cours de la Sorbonne, CDU, Paris, 1973.

3. M. ESPAGNE, M. WERNER, « La construction d'une référence culturelle allemande en France. Genèse et histoire (1750-1914) », *Annales ESC*, 1987, n° 4, p. 969-992. *Cf.* aussi, M. ESPAGNE, M. WERNER (dir.), *Transferts, relations interculturelles dans l'espace franco-allemand (XVIIIe-XIXe siècle)*, Recherches sur les Civilisations, Paris, 1988 ; ainsi que les numéros spéciaux de la *Revue de synthèse*, « Transferts culturels franco-allemands », 1988, n° 2 ; « Le commerce culturel des nations : France-Allemagne », 1992, n° 1-2 ; enfin le numéro spécial de *Romantisme*, « France-Allemagne. Passages/partages », 1991, n° 73.

4. M. ESPAGNE, M. WERNER, « La construction d'une référence allemande en France », art. cit., p. 984.

5. Sur le concept de génération intellectuelle, nous renvoyons à J.-F. SIRINELLI (dir.), « Générations intellectuelles. Effets d'âge et phénomènes de génération dans le milieu intellectuel français », *Cahiers de l'IHTP*, 1987, n° 6, p. 1-104. *Cf.* aussi le numéro spécial de *Vingtième siècle. Revue d'histoire*, 1989, n° 22.

6. *Cf.* G. WEISZ, « Le corps professoral de l'enseignement supérieur et l'idéologie de la réforme universitaire en France. 1860-1885 », *Revue française de sociologie*, 1977, vol. XVIII, p. 201-232 ; V. KARADY, « De Napoléon à Duruy : les origines et la naissance de l'université contemporaine », *in* J. VERGER (dir.), *Histoire des universités en France*, Privat, Toulouse, 1986, p. 261-321 ; H.W. PAUL, *From Knowledge to Power. The Rise of the Science Empire in France. 1860-1939*, Cambridge University Press, Cambridge, 1985. Sur la *Revue internationale de l'enseignement* en particulier, *cf.* C. DIGEON, *La Crise allemande de la pensée française*, *op. cit.*, chapitre 7 : « La nouvelle université et l'Allemagne » ; et Ch. CHARLE, « L'élite intellectuelle française et le système universitaire allemand (1880-1900) », *in* M. ESPAGNE, M. WERNER (dir.), *Transferts, relations interculturelles dans l'espace franco-allemand*, *op. cit*, p. 345-358.

étape presque initiatique, du moins une référence centrale. Voilà le contexte dans lequel il faudra saisir le paysage mental des jeunes intellectuels de l'époque, et parmi eux, en particulier, Émile Durkheim, Célestin Bouglé et Maurice Halbwachs. La guerre de 1914-1918 a-t-elle changé quelque chose ?

Le contexte de l'entre-deux-guerres a souvent été invoqué dans les discussions. J. Freund, par exemple, écrit que « la guerre a brisé les contacts entre les intellectuels français et allemands[7]. » Or, là encore, c'est une opinion que l'histoire semble démentir. Dans une étude déjà ancienne, J.M. Carré avait bien vu que les transformations de l'après-guerre n'avaient pas fondamentalement remis en cause l'horizon allemand de la pensée française[8]. L'étude menée récemment sur le champ artistique a abouti à la même conclusion[9]. Et nous suggérons la même interprétation pour le champ philosophique et sociologique. D'une part la pensée allemande reste bien connue après 1918, y compris dans ses plus récentes dimensions néo-kantienne et phénoménologique. Dilthey, Windelband, Rickert, Husserl et même Jaspers et Heidegger sont des noms familiers des philosophes français grâce aux nombreux travaux de Bréhier, Delbos, Groethuysen, Lévinas et Gurvitch[10], ainsi qu'aux enseignements de Kojève, Koyré et Weil dont Aron lui-même signalait l'importance[11]. Quant aux débats sur les théories et les méthodes de l'histoire, ils étaient parfaitement connus de tous les lecteurs de la *Revue de synthèse historique* depuis 1900, les polémiques entre Simiand et Seignobos les ayant répercutés dans tout le champ intellectuel[12]. Par conséquent, contrairement à l'idée répandue, dans ses thèses de 1938[13], Raymond Aron n'a à proprement parler rien « révélé » ni « introduit » qui ne soit déjà connu. D'autre part, à la fin des années 1920, l'intensité des contacts franco-allemands dans ces

---

7. J. FREUND, « Introduction », *in* G. SIMMEL, *Sociologie et épistémologie*, Presses Universitaires de France, Paris, 1981, p. 8.

8. J.M. CARRÉ, *Les Écrivains français et le mirage allemand. 1800-1940*, Boivin, Paris, 1947.

9. L. MEFFRE, « La médiation culturelle entre la France et l'Allemagne. 1900-1940 », *Encyclopédie Universalis. Les enjeux*, 1990, vol. 1, p. 198-208.

10. *Cf.* Ch. ANDLER, C. BOUGLÉ, V. DELBOS *et al.*, *La Philosophie allemande au XIXe siècle*, Alcan, Paris, 1912 ; É. BRÉHIER, *Histoire de la philosophie allemande*, Alcan, Paris, 1921 ; Y. GROETHUYSEN, *La Philosophie allemande depuis Nietzsche*, Stock, Paris, 1926 ; G. GURVITCH, *Les Tendances actuelles de la philosophie allemande*, Vrin, Paris, 1930 ; E. LÉVINAS, *La Théorie de l'intuition dans la philosophie de Husserl*, Vrin, Paris, 1931.

11. R. ARON, *Mémoires*, Julliard, Paris, 1983, p. 86 *sq.*

12. *Cf.* L. MUCCHIELLI, « L'épistémologie durkheimienne, l'ancienne et la nouvelle histoire », *in* L. GILLARD, M. ROSIER (dir.), *François Simiand (1873-1935). Sociologie – Histoire – Économie*, Éditions des Archives contemporaines, Paris, 1996, p. 111-124.

13. R. ARON, *La philosophie critique. Essai sur la théorie de l'histoire dans l'Allemagne contemporaine*, Vrin, Paris, 1938 ; R. ARON, *Introduction à la philosophie de l'histoire. Essai sur les limites de l'objectivité historique*, Gallimard, Paris, 1938.

domaines est manifeste chez les philosophes et les sociologues[14]. Il est clair, par exemple, que les fondateurs du Collège de Sociologie (Bataille, Caillois et Leiris) entretenaient d'étroits rapports avec les philosophes allemands dont certains (Horkheimer, Adorno, Walter Benjamin) étaient réfugiés à Paris[15]. Et c'est encore un durkheimien, Bouglé, qui joua dans leur accueil le rôle décisif[16].

Enfin, au delà des échanges, des voyages et des correspondances entre auteurs ou groupes d'auteurs, il faut aussi prendre en compte les instances de communication internationale[17]. La première véritable institution supranationale en sciences sociales (non réductible à une seule discipline ou une seule technique) est créée en 1925 : il s'agit de l'Institut International de coopération intellectuelle fondé à Paris. Mais c'est également à Paris que s'était tenu dès 1900 (à l'occasion de l'Exposition Universelle) le premier Congrès International pour l'enseignement des sciences sociales[18]. Durkheim et Bouglé y participaient et l'état de la sociologie allemande y fut analysé[19].

LES DURKHEIMIENS ET L'ALLEMAGNE

Compte tenu de tout ce que nous venons de dire, ce ne devrait pas être une surprise que de constater l'importance du rapport à l'Allemagne chez les principaux durkheimiens. Il n'est pourtant pas rare de lire que Durkheim et ses collaborateurs sont responsables d'une rupture avec la tradition allemande[20]. C'est ce que nous allons discuter dans les textes après avoir saisi brièvement (sous le rapport qui nous intéresse ici) le profil intellectuel des principaux protagonistes.

---

14. Rappelons qu'on ne peut encore distinguer vraiment les deux labels compte tenu de l'absence d'un cursus universitaire autonome de sociologie et du petit clivage qui s'établit au sein des durkheimiens entre les enseignants et les chercheurs. *Cf.* J. Heilbron, « Les métamorphoses du durkheimisme, 1920-1940 », *Revue française de sociologie*, 1985, n° 2, p. 203-237.

15. *Cf.* D. HOLLIER, *Le Collège de sociologie*, Gallimard, Paris, 1979.

16. *Cf.* A. BETZ, *L'Exil et l'engagement. Les intellectuels allemands et la France. 1930-1940*, Gallimard, Paris, 1991 ; R. WIGGERSHAUS, *L'École de Francfort, histoire, développement, signification*, Presses Universitaires de France, Paris, 1993, p. 126.

17. *Cf.* « Les congrès, lieux de l'échange intellectuel », *Mil neuf cent. Revue d'histoire intellectuelle*, 1989, n° 7. *Cf.* aussi Ch. PROCHASSON, *Les Années électriques. 1880-1910*, La Découverte, Paris, 1991, chapitre 7.

18. Le livre de l'historien H. HAUSER (*L'Enseignement des sciences sociales dans les divers pays du monde*, Alcan, Paris, 1903) s'en fit l'écho, en sus du rapport du Congrès publié à Paris en 1901.

19. Sur tout ceci *cf.* Ch. GÜLICH, « Le rôle de la coopération scientifique internationale dans la constitution de la sociologie en Europe (1890-1914) », *Communications*, 1992, n° 54, p. 105-117.

20. *Cf.* par exemple S. MESURE, *Dilthey et la fondation des sciences historiques*, Presses Universitaires de France, Paris, 1990, p. 11 : « la rupture avec la tradition allemande est venue, ce n'est pas douteux, de Durkheim et de ses disciples. »

Le rôle de Durkheim

Émile Durkheim est né en 1858. Il entre à l'École Normale Supérieure (ENS) en 1879, obtient l'agrégation de philosophie en 1882 et la bourse pour le voyage d'étude en Allemagne en 1885. Comme pour tous les jeunes savants de sa génération, Durkheim est fasciné par ce pays. Il le confiera plus tard : « quand je débutais, il y a dix-huit ou vingt ans, dans les études que je poursuis, c'est de l'Allemagne que j'attendais la lumière[21]. » De ce voyage il tire l'étude traditionnelle sur l'université allemande pour la *Revue internationale de l'enseignement*[22]. Mais il en revient aussi, et c'est là l'essentiel, avec une série d'articles parus dans la *Revue philosophique* entre 1885 et 1889, textes de jeunesse où il forge ses conceptions philosophiques et sociologiques à travers la lecture de tous les grands penseurs allemands du moment[23]. À travers Schaeffle, Durkheim discute du problème central du rapport entre biologie et sociologie ; à travers Tonnïes, il forge des conceptions qui seront à la base de son premier grand livre, *De la division du travail social*[24] ; à travers Wundt, Wagner et Ihering, il discute des fondements scientifiques de la morale, thème récurrent de son œuvre. Pas un de ces textes n'est analysé ni même signalé dans les travaux que nous discutons. Ils sont pourtant essentiels dans l'élaboration de la sociologie durkheimienne[25].

Il est d'ailleurs assez amusant de noter au passage que, loin de se douter qu'on écrirait un jour qu'il avait rompu avec l'Allemagne, Durkheim se demandait si ce n'était pas plutôt l'inverse qui se produisait de son temps ! Remerciant Bouglé pour l'envoi de son livre sur les sociologues allemands, il écrivait en effet : « C'est un travail qui ne peut manquer de nous faire honneur de l'autre côté du Rhin ; et, en montrant aux Allemands avec quel soin et quelle sympathie nous les étudions, il les amènera peut-être à se désintéresser moins à ce que nous faisons. Car je ne sais si je me trompe, il me semble que l'Allemagne est en train de commettre la même

---

21. É. DURKHEIM, « Note sur l'influence allemande dans la sociologie française », 1902 ; repris *in* É. DURKHEIM, *Textes*, Minuit, Paris, 1975, vol. 1, p. 400. Dans ce texte Durkheim oppose notamment le « simplisme » français au sens allemand de la « complexité. »

22. É. DURKHEIM, « La philosophie dans les universités allemandes », *Revue internationale de l'enseignement*, 1887 ; repris *in* É. DURKHEIM, *Textes, op. cit.*, vol. 3, p. 437-486.

23. É. DURKHEIM, « Organisation et vie du corps social selon Shaeffle », 1885 ; repris *in* É. DURKHEIM, *Textes, op. cit.*, vol. 1, p. 355-377. É. DURKHEIM, « La science positive de la morale en Allemagne », 1887 ; repris *in* É. DURKHEIM, *Textes, op. cit.*, vol. 1, p. 267-343. É. DURKHEIM, « Communauté et société selon Tonnïes », 1889 ; repris *in* É. DURKHEIM, *Textes, op. cit.*, vol. 1, p. 383-390.

24. É. DURKHEIM, *De la division du travail social*, 1907 (réédition : Presses Universitaires de France, Paris, 1986).

25. *Cf.* J.-C. FILLIOUX, *Durkheim et le socialisme*, Droz, Genève, 1977 ; B. LACROIX, *Durkheim et le politique*, Presses de la Fondation Nationale des Sciences Politiques, Paris, 1981.

faute que nous avant 1870, et de se fermer au dehors[26]. » Ajoutons enfin que, de son vivant, Durkheim fut même attaqué pour sa germanophilie[27] ! Singuliers retournements...

Le rôle de Bouglé

Né en 1870, entré à l'ENS en 1890, agrégé de philosophie en 1893 (reçu premier), Célestin Bouglé obtient la bourse pour le voyage d'étude en Allemagne en 1893 et c'est durant son séjour à Berlin, l'année suivante, qu'il fait la connaissance de Simmel[28]. De ce voyage, Bouglé tire un livre important sur la sociologie allemande[29] où il se montre très proche de certains sociologues allemands, en particulier de Simmel avec lequel il entretiendra une importante correspondance[30]. Il doit donc être considéré, à son tour, comme un sociologue français très ouvert aux idées allemandes. Il contribua à leur diffusion, tant avant qu'après la guerre de 1914-1918, tant dans l'*Année sociologique* qu'en dehors. C'est d'autant plus important qu'il occupera des postes académiques très élevés : la chaire d'économie sociale à la Sorbonne après 1908, la direction de l'ENS (et de son centre de documentation sociale) de 1927 jusqu'à sa mort, en 1940.

Le rôle d'Halbwachs

Maurice Halbwachs a été parfois présenté comme un durkheimien dissident[31], c'est un jugement rapide qu'il faut réfuter.

Né en 1877, élève de Bergson puis de Durkheim, normalien, agrégé de philosophie, docteur en droit et en lettres, Halbwachs ajoute une compétence particulière en statistique[32]. Une partie importante de son œuvre est consacrée à la discussion des idées de Durkheim[33]. Certaines de ses inter-

---

26. É. DURKHEIM, « Lettre à Bouglé du 14 décembre 1895 », *Revue française de sociologie*, 1976, vol. XVII, n° 2, p. 166.

27. En 1907, puis en 1911, le très catholique Simon Deploige s'en prendra à cette sociologie qui, comme l'ennemi allemand protestant, prétend fonder la morale sur la science. *Cf.* les deux lettres de Durkheim au directeur de la *Revue néo-scolastique* en 1907 (repris *in* É. DURKHEIM, *Textes*, *op. cit.*, vol. 1, p. 402-404) et son compte rendu du livre de Deploige (*ibid.*, p. 405-407).

28. Sur Bouglé, *cf.* P. VOGT, « Un durkheimien ambivalent : Célestin Bouglé », *Revue française de sociologie*, 1979, n° XX, p. 123-139.

29. C. BOUGLÉ, *Les Sciences sociales en Allemagne*, Alcan, Paris, 1896.

30. *Cf.* C. GÜLICH, « Bouglé et Simmel. Une correspondance franco-allemande en sociologie », *Mil neuf cent. Revue d'histoire intellectuelle*, 1990, n° 8, p. 59-72.

31. Notamment par M. POLLACK, « Max Weber en France. L'itinéraire d'une œuvre », *Cahiers de l'IHTP*, 1986, n° 3, p. 5.

32. *Cf.* M. AMIOT, « Le système de pensée de Maurice Halbwachs », *Revue de synthèse*, 1991, n° 2, p. 265-288.

33. M. HALBWACHS, *Les Origines du sentiment religieux selon Durkheim*, Stock, Paris, 1925 ; M. HALBWACHS, *Les Causes du suicide*, Alcan, Paris, 1930 ; M. HALBWACHS, *Morphologie sociale*, Alcan, Paris, 1938.

ventions sont même vouées à la défense du statut épistémologique que Durkheim avait voulu donner à la sociologie[34]. Il était un ami personnel de Simiand qu'il avait rejoint très tôt dans la rubrique « Sociologie économique » de l'*Année sociologique* ainsi que dans les groupes militants proches du socialisme (comme celui de la « Société nouvelle de librairie et d'édition » dirigé par Lucien Herr) qui environnaient les durkheimiens d'avant-guerre dans le prolongement intellectuel et politique de l'affaire Dreyfus[35]. Halbwachs est donc un durkheimien de la première génération. Loin d'être dissident d'une conception qu'il revendiquait en permanence, il a très tôt enrichi le durkheimisme d'une dimension qui lui faisait défaut : l'étude des classes sociales[36]. On a ainsi pu parler du « deuxième âge du durkheimisme[37]. »

Cette impasse étant écartée, il faut ajouter qu'Halbwachs était un observateur particulièrement attentif de la vie intellectuelle allemande. Lui aussi sacrifia au voyage d'étude en Allemagne (en 1911), lui aussi se consacra souvent à la lecture et au commentaire de ses homologues d'outre-Rhin. En 1919, Halbwachs est nommé professeur de sociologie à Strasbourg. Et dans cette ville hautement symbolique, il se révèle un ardent défenseur de la pensée allemande. Il participe à tous les cercles intellectuels qui entretiennent et développent les relations franco-allemandes. « En bref, Halbwachs est un Européen exemplaire et, jusqu'aux années 1930 au moins, un partisan de la réconciliation franco-germanique. C'est dans cet état d'esprit qu'il interprète les travaux des sociologues allemands dans ses cours – y compris un cours sur « Les principaux représentants de la sociologie allemande » – et dans diverses publications[38]. »

Nous verrons tout à l'heure les conséquences de tout cela. Il nous suffit pour l'instant d'avoir montré que les durkheimiens étaient *a priori* totalement ouverts sur la vie intellectuelle allemande.

---

34. Sur les défenses de Halbwachs face aux psychologues, aux historiens et aux géographes, *cf.* J.E. CRAIG, « Maurice Halbwachs à Strasbourg », *Revue française de sociologie*, 1979, n° 2, p. 273-292.

35. Sur le recrutement des durkheimiens, *cf.* Ph. BESNARD, « La formation de l'équipe de l'*Année sociologique* », *Revue française de sociologie,* 1979, n° 1, p. 18-19. Sur leur engagement politique, *cf.* D. LINDENBERG, P.A. MEYER, *Lucien Herr. Le socialisme et son destin*, Calmann-Lévy, Paris, 1977, ainsi que Ch. PROCHASSON, « Le socialisme », *in* L. GILLARD, M. ROSIER (dir.), *François Simiand (1873-1935)*, *op. cit.*, p. 43-51.

36. Halbwachs en traça les grandes lignes dès 1905 (donc du vivant de Durkheim) dans « Remarques sur la position du problème sociologique des classes », *Revue de métaphysiques et de morale*, 1905, n° 13. Il développa ensuite ses interprétations théoriques dans *La Classe ouvrière et les niveaux de vie*, Alcan, Paris, 1913. Sur ce point, *cf.* L. MUCCHIELLI, *La Découverte du social. Naissance de la sociologie en France (1870-1914)*, La Découverte, Paris, 1998, p. 509-518.

37. M. VERRET, « Halbwachs ou le deuxième âge du durkheimisme », *Cahiers internationaux de sociologie*, 1972, n° LIII, p. 311-336. *Cf.* aussi le riche travail de J. HEILBRON, « Les métamorphoses du durkheimisme, 1920-1940 », art. cit.

38. J.E. CRAIG, « Maurice Halbwachs à Strasbourg », art. cit., p. 285.

LA RÉCEPTION DE SIMMEL ET WEBER EN FRANCE

En réalité, il aurait été bien étonnant que des penseurs de la taille de Simmel et Weber soient ignorés ou dédaignés par les durkheimiens. De fait leur réception fut réelle et importante. Il importe toutefois de bien distinguer les deux cas qui sont chronologiquement (et en partie intellectuellement) très différents.

La réception de Simmel

C'est Bouglé qui, le premier en France, consacra Simmel comme un auteur important après son séjour en Allemagne, non seulement pour sa méthodologie mais aussi pour son analyse de problèmes sociologiques centraux comme celui de la différenciation sociale[39]. De son côté, lors de son séjour, en 1886, Durkheim n'avait sans doute pas entendu parler de celui dont le premier ouvrage sociologique (*De la différenciation sociale*) n'est publié qu'en 1890[40]. On peut dès lors penser que Durkheim a découvert Simmel au plus tard en 1894, lorsque ce dernier publie, grâce à Bouglé, ses premiers articles en français[41]. En 1898 paraît le premier numéro de l'*Année sociologique*. Il s'ouvre sur deux importants mémoires de Durkheim et de... Simmel. On peut difficilement souhaiter plus étroite collaboration ! Comment interpréter cette place de choix, cette approbation implicite de l'entreprise durkheimienne ? On peut certes penser que c'est un choix stratégique de Durkheim qui est en concurrence directe avec la revue de Worms[42]. Et puis dans un contexte de référence générale à l'Allemagne, il est du meilleur effet d'avoir ainsi la caution d'un professeur d'outre-Rhin. Mais si l'explication stratégique *décrit* assez bien le phénomène observé, elle n'*explique* pas nécessairement les raisons de sa production. Il faut lire le texte de Simmel pour comprendre que sa présence s'explique aussi par le large accord théorique qui se dégage entre les

---

39. C. GÜLICH, « La différenciation et la complication selon Bouglé et Simmel », *in* O. RAMMSTEDT, P. WATIER (dir.), *Simmel et les sciences humaines*, Klincksieck, Paris, 1992, p. 133-150.

40. Sur Simmel, l'évolution de sa pensée et ses contacts internationaux, on dispose en français de la biographie de F. LÉGER, *La Pensée de Georg Simmel*, Kimé, Paris, 1989 ; qu'il faut compléter avec l'excellente mise au point de M. SAGNOL, « Le statut de la sociologie chez Simmel et Durkheim », *Revue française de sociologie*, 1987, n° XXVIII, p. 99-125 ; et par les travaux d'O. RAMMSTEDT, par exemple, « Simmel et la fondation de la sociologie », *in* O. RAMMSTEDT, P. WATIER (dir.), *Simmel et les sciences humaines*, Klincksieck, Paris, 1992, p. 107-129, et « La sociologie de 1908 de Simmel », *Sociétés*, 1992, n° 37, p. 253-266.

41. G. SIMMEL, « La différenciation sociale » et « Le problème de la sociologie », 1894 ; textes repris *in* G. SIMMEL, *Sociologie et épistémologie*, Presses Universitaires de France, Paris, 1981.

42. René Worms avait créé la *Revue internationale de sociologie* en 1893. Il constituait alors le principal concurrent de Durkheim. *Cf.* R. GEIGER, « René Worms, l'organicisme et l'organisation de la sociologie », *Revue française de sociologie*, 1981, vol. XXII, p. 345-360.

deux penseurs. En effet, Simmel partage le cœur du paradigme durkheimien : l'autonomie de la sociologie par rapport à la biologie et à la psychologie. Sur la distance vis-à-vis de la psychologie individuelle, il écrit : « On peut voir combien il est juste de présenter la société comme une entité *sui generis*, distincte de ses éléments individuels. Car les énergies qu'elle met en jeu pour se conserver n'ont rien de commun avec l'instinct de conservation des individus[43]. » Et ce n'est pas ici une concession ponctuelle mais bien l'état de la pensée de Simmel qui, peut-être sous l'influence de Durkheim, écrivait l'année précédente dans un article allemand : « Si la société doit être l'objet propre d'une science autonome, elle ne le peut que parce que de la somme des individus qui la constituent naît une nouvelle unité ; sinon tous les problèmes de la sociologie ne seraient que des problèmes de psychologie individuelle[44]. »

On mesure ici ce que certaines interprétations actuelles de Simmel ont de partial. Il existait bien, à ce moment-là, une large zone de compatibilité entre la sociologie de Simmel et celle de Durkheim. Dès 1897 ce dernier écrivait cependant à Bouglé : « Il [Simmel] a, il me semble, un sentiment de la spécificité des faits sociaux mais il ne va pas jusqu'au bout de son idée et ce qu'il fait qu'il s'attarde à des généralités[45]. » En fait, ce que Durkheim va reprocher à Simmel c'est d'une part le statut incertain qu'il confère à la sociologie, d'autre part le concept de *forme* que Simmel introduit en 1894. À ce propos, selon F. Léger, Durkheim aurait fait un contresens en traduisant forme par contenant[46], mais M. Sagnol et O. Rammstedt ont bien montré les hésitations et les ambiguïtés de Simmel. Leurs démonstrations nous laissent penser que Durkheim a au contraire assez bien perçu le fond de la pensée de Simmel qui évolua de plus en plus vers une philosophie de la vie fort intéressante mais de moins en moins rigoureuse au plan strictement sociologique[47]. C'est ce que Durkheim exprimera à plusieurs reprises dans des comptes rendus très sévères.

Ainsi, tout au long de la première série de l'*Année sociologique* (1896-1912), on trouve des comptes rendus quasi-systématiques des productions françaises, américaines et allemandes de cet auteur très cosmopolite que fut Simmel. Ces analyses sont toujours polies et globalement favorables de la part de Bouglé, mais à partir de 1900, Durkheim choisit de mettre

43. G. SIMMEL, « Comment les formes sociales se maintiennent », *Année sociologique*, 1896-1897, n° 1, p. 73.

44. G. SIMMEL, « Zur methodik der socialwissenchaft », 1896 ; cité par M. SAGNOL, « Le statut de la sociologie chez Simmel et Durkheim », art. cit., p. 110.

45. « Lettre de Durkheim à Bouglé du 6 juillet 1897 », repris *in* É. Durkheim, *Textes*, *op. cit.*, vol. 2, p. 399.

46. F. LÉGER, *La Pensée de Georg Simmel*, *op. cit.*, p. 184.

47. Sur les incertitudes de Simmel et les différentes phases de sa pensée, *cf.* M. SAGNOL, « Le statut de la sociologie chez Simmel et Durkheim », art. cit., ainsi que O. RAMMSTEDT, « La sociologie de 1908 de Simmel », art. cit., qui montre aussi que ce type de critique était également adressé à Simmel par nombre de ses collègues allemands.

l'accent non plus sur ce qui le rapprochait de Simmel mais au contraire sur ce qui l'en éloignait. L'accord initial autant que la rupture progressive témoignent de l'importance de l'échange, de la réalité de la réception.

La réception de Weber

Le problème devrait avoir été résolu par l'étude de M. Hirschorn[48]. En réalité cette étude à la fois très incomplète dans ses sources et très partiale dans leur interprétation[49] aboutit à des contre-vérités[50]. Nous allons tenter de le montrer rapidement.

Durkheim et Weber

Annonçons immédiatement notre conclusion : Durkheim n'a jamais parlé de Weber pour la bonne et simple raison qu'il n'a sans doute jamais soupçonné en lui l'existence d'un sociologue important. Formulée ainsi brutalement, la thèse a de quoi surprendre un contemporain ! Pour la comprendre, il est essentiel de cerner de très près les dates et les contextes. En effet, si Simmel est l'exact contemporain de Durkheim et se définit lui-même comme un sociologue, le cas de Weber est bien différent.

Weber est né six ans après Durkheim et à l'époque où le second voyage en Allemagne (1885-1886) le premier n'est encore qu'un étudiant en histoire. C'est en 1889 qu'il soutient son doctorat et en 1891 qu'il écrit son premier gros travail sur *L'Histoire agraire romaine*. Weber est alors un historien de l'économie, discipline qu'il enseignera à partir de 1894. On ne saurait trop y insister : Max Weber est alors fondamentalement un économiste, il se pense comme tel et il est perçu comme tel[51]. Arrive ensuite une grave maladie nerveuse qui le tient éloigné de l'Université pendant plusieurs années. Un changement important se produit alors et c'est de cette

---

48. M. HIRSCHORN, *Max Weber et la sociologie française*, L'Harmattan, Paris, 1988.

49. Il s'agit globalement, en fait d'histoire, de disqualifier Durkheim en le présentant comme un petit stratège sans envergure à qui « le cosmopolitisme sert de caution intellectuelle » et qui aurait refusé de « prendre le risque d'affaiblir sa position » en nommant un adversaire (p. 42). Comme nous le verrons, les propos sont encore plus dévalorisants et injustifiés sur Halbwachs.

50. Pour une critique serrée de ce livre et un rappel de l'ensemble de la littérature sur le sujet, *cf.* la mise au point récente de M. BORLANDI, « Max Weber and/in French Sociology : a Book Review », *Revue européenne des sciences sociales*, 1992, vol. XXX, n° 93, p. 103-121.

51. Ce point d'histoire est aujourd'hui bien acquis. Pour plus de détails on consultera les travaux de W. HENNIS, *Max Weber : Essays in Reconstruction*, Alen and Unwin, Londres, 1988 ; W. HENNIS, « Max Weber between Carl Menger and Gustav von Schmoller – The Academic Politics of Value Freedom », *History of Human Sciences*, 1991, n° 1, p. 27-59 ; ainsi que les nombreuses contributions réunies dans W.J. MOMMSEN, J. OSTERHAMMEL (dir.), *Max Weber and his Contemporaries*, Unwin Hyman, Londres, 1987 ; enfin *cf.* L. A SCARF, « From Political Economy to Political Sociology : Max Weber's Early Writings », *in* R. M GLASSMAN, V. MURVAR (dir.), *Max Weber's Political Sociology : a Pessimistic Vision of Rationalized World*, Greenwood Press, Westport, 1984.

époque que date sa vocation de sociologue. C'est donc seulement en 1903 qu'il fait sa première apparition dans le champ sociologique en faisant partie du petit groupe (Sombart, Jaffé) qui reprend la revue *Archiv für sozialwissenschaft und sozialpolitik* où Weber publiera l'année suivante son célèbre article[52]. Avant 1905, Durkheim n'a par conséquent aucune raison de connaître Weber. Il y a ensuite deux bonnes raisons de penser que Durkheim n'a jamais lu cet article : premièrement l'argument du silence devant la contradiction trop forte n'a pas de fondement car, en 1905, la position de Durkheim est bien assise tant au plan institutionnel qu'au plan intellectuel. Il n'a plus d'adversaire majeur dans le champ sociologique (Tarde est mort, Worms et les disciples de Le Play sont dominés). Et puis surtout il a depuis longtemps élaboré son système de pensée. Il publie des articles sociologiques depuis près de vingt ans ; il a déjà écrit trois grands livres qui posent les bases de sa pensée (*De la division du travail social* en 1893, *Les Règles de la méthode sociologique* en 1895 et *Le Suicide* en 1897) et il a fondé une revue dont la valeur est reconnue par tous. Bref : il n'a aucune raison « stratégique » de ne pas citer un adversaire (il suffit de lire les numéros de l'*Année sociologique* pour s'apercevoir qu'il passe même une grande partie de son temps à discuter les thèses différentes des siennes). Deuxièmement il faut savoir que le sujet de l'article de Weber (quoiqu'il en soit de la manière dont Weber le traite) n'a, en 1905, à première vue rien de révolutionnaire. Tout au contraire, Ph. Besnard a montré que, à la fin du XIXe siècle, « l'idée qu'il existe une relation entre le protestantisme et la réussite économique est un véritable lieu commun » qui « se trouve exprimé tout au long du XIXe siècle chez des historiens, des écrivains, des publicistes » de façon le plus souvent polémique (éloge ou dénonciation du protestantisme)[53]. Ainsi, écrit par un auteur inconnu en France, sur un sujet presque banal qui ne touche pas à ses préoccupations directes et qui, dans le contexte français, est fortement connoté idéologiquement, il y avait décidément peu de chance pour que Durkheim, s'il a jamais eu l'article de Weber entre les mains, en juge la lecture nécessaire.

La situation des années suivantes n'a rien changé aux données du problème. Certes la notoriété de Weber s'est accrue mais il est clair que même en 1910, au moment où il participe à la création de la Société Allemande de Sociologie, il n'a pas le prestige d'un Tönnies, d'un Simmel ou même d'un Sombart[54]. D'ailleurs ce n'est guère étonnant car, de son vivant,

52. M. WEBER, *L'Éthique protestante et l'esprit du capitalisme* (traduction française : Plon, Paris, 1964).

53. Ph. BESNARD, *Protestantisme et capitalisme. La controverse post-weberienne*, A. Colin, Paris, 1970, p. 6-7.

54. D'ailleurs Weber ne fait aucune communication majeure en 1911 au premier congrès de cette Société dont l'*Année sociologique*, fidèle à son ouverture internationale, rend compte assez longuement dans son dernier numéro d'avant-guerre. Précisons qu'en réalité le compte rendu sur « Le premier congrès allemand de sociologie » paru dans l'*Année sociologique*, 1909-

Weber n'a publié pratiquement que des articles. L'essentiel de son œuvre sociologique fut édité juste avant et surtout après sa mort : entre 1917 et 1924 (Weber est mort en 1920, trois ans après Durkheim).

Durkheim n'a donc apparemment pas connu l'existence de Weber, en tous cas il ne pouvait reconnaître en lui un sociologue que seule la postérité révèlera hors de son pays.

Halbwachs, premier introducteur de Weber

Puisque de son vivant Weber fut considéré comme un économiste, il est logique qu'on le retrouve cité dans la rubrique « Sociologie économique » de l'*Année sociologique*, rubrique dirigée par Simiand, secondé par Halbwachs. Mais il y a plus que de simples mentions. Dans une étude parfaitement documentée[55], Ph. Steiner montre en effet que, non seulement l'*Année sociologique* fut, dès avant-guerre, le lieu d'une véritable réception de Weber par les durkheimiens, mais encore que c'est un fait qui distingue l'*Année sociologique* par rapport aux autres revues de sociologie françaises et étrangères qui ne disent quasiment pas un mot de Weber. Singulier retournement de situation ! Weber est recensé onze fois dans la première série de l'*Année sociologique*, ce qui est un record. C'est en 1899 que son nom apparaît pour la première fois. En 1905 Simiand signale, sans l'analyser vraiment, l'article sur l'éthique protestante et l'esprit du capitalisme. Mais pour la deuxième partie du travail de Weber (parue en 1906), Simiand écrit : « Suite du travail signalé tome IX, page 471 ; analyse les conceptions du métier, du devoir professionnel, de l'activité économique, de la recherche de la richesse, qui se sont dégagées de l'ascétisme protestant et en montre les rapports étroits avec les directions d'action du "capitaine d'industrie" moderne. *Étude fort intéressante dont les conséquences seraient à pousser*[56]. » On a connu comptes rendus moins favorables... Quant aux aspects méthodologiques des contributions fournies par le Weber-économiste dans les années 1904-1906[57], Ph. Steiner explique très bien pourquoi elles pouvaient légitimement apparaître aux yeux de Simiand comme peu originales et même se rattachant à des polémiques

---

1912, n° XII, p. 23-26, n'est pas signé. Est-il de Durkheim ou de Bouglé ? J. DUVIGNAUD l'attribue (sans mention de l'incertitude) au premier *in Journal sociologique*, Presses Universitaires de France, Paris, 1969, p. 671-674. Ce point a été contesté par S. LUKES *in Archives européennes de sociologie*, 1974, n° 3, p. 354-355. Vu le style du texte et le petit compliment adressé à Simmel (« la finesse suggestive qu'on lui connaît »), nous pensons également que le texte est de Bouglé.

55. Ph. STEINER, « L'*Année sociologique* et la réception de l'œuvre de Max Weber », *Archives européennes de sociologie*, 1992, vol. XXXIII, p. 329-349.

56. F. SIMIAND, *Année sociologique*, 1905-1906, n° X, p. 554 (c'est nous qui soulignons). Ph. Steiner donne encore d'autres citations de Simiand dans le même sens.

57. Ces articles constituent l'essentiel du volume traduit par J. Freund : M. WEBER, *Essais sur la théorie de la science*, Plon, Paris, 1965.

que la communauté des économistes considérait alors comme définitivement réglées[58].

Mais venons-en à l'essentiel : l'œuvre de Weber étant pour l'essentiel publiée au début des années 1920, il ne pouvait être introduit à l'étranger qu'à partir de ce moment-là. Le monde anglo-saxon n'a vraiment commencé à le discuter qu'à la fin des années 1920[59]. Et on va voir qu'il n'y a pas de retard français en la matière.

À la fin des années 1920, les travaux de Weber sur le protestantisme et le capitalisme sont bien connus des historiens français qui, avec ceux de Sombart[60], les critiquent de manière tout à fait transparente. En combinant les bibliographies de Ph. Besnard et M. Pollack on obtient une bonne douzaine d'articles et de livres d'historiens français qui, bien avant le premier livre de Aron[61], abordent cette discussion[62]. L'historien-économiste est donc bien connu. Mais ce n'est pas tout : contrairement à l'idée répandue, Aron n'est donc pas non plus le premier à présenter Weber comme un sociologue dont l'ensemble de l'œuvre doit être discuté. Ce mérite doit revenir Maurice Halbwachs dont deux articles importants (pour ne parler que d'eux[63]), en 1925 et 1929 (soit dix ans avant Aron), présentent très favorablement l'ensemble de l'œuvre de Weber[64].

Le nom de Weber n'était pas inconnu d'Halbwachs dès avant-guerre car, en 1912, il avait commenté le livre de Sombart qui lui-même discutait de près les idées de Weber[65]. D'autre part et surtout, lors de son voyage à Berlin en 1911, Halbwachs dit avoir entendu parler de Weber par Bernstein[66], mais Weber n'avait alors publié que des études d'histoire. C'est à Strasbourg où il fut nommé professeur de sociologie en 1919

58. Ph. STEINER, « L'*Année sociologique* et la réception de l'œuvre de Max Weber », art. cit., surtout p. 336-339 : les propos de Weber rappelait la fameuse querelle entre Schmoller et Menger qui datait de 1883 et était alors considérée comme dépassée.

59. *Cf.* le dossier établi par Ph. BESNARD, *La Controverse post-weberienne*, *op. cit.*

60. W. SOMBART, *Les Juifs et la vie économique*, 1911 (traduction française : Payot, Paris, 1923).

61. R. ARON, *La Sociologie allemande contemporaine*, Alcan, Paris, 1935.

62. H. PIRENNE, *Les Périodes de l'histoire sociale du capitalisme*, Hayer, Bruxelles, 1914 ; H. SÉE, *Les Origines du capitalisme moderne*, A. Colin, Paris, 1926 ; H. HAUSER, *Les Débuts du capitalisme*, Alcan, Paris, 1927 (pour ne citer que les plus grands).

63. Il existe bien d'autres références à Weber de la part de Halbwachs dans ces années 1920-1930. J.E. Craig donne les références de celles qui sont parues dans les livres d'Halbwachs, Ph. Steiner donne celles parues dans l'*Année sociologique*.

64. De la lecture de ces deux articles M. Hirschorn a tiré cette conclusion : « Halbwachs ne su saisir la chance de présenter ou tout au moins, de laisser entrevoir la richesse de l'œuvre wéberienne. Sans doute faut-il reconnaître dans cette étroitesse du propos la marque indélébile de l'affiliation durkheimienne » (p. 51). Décidément on se demande si l'auteur lit vraiment les textes qu'il cite.

65. M. HALBWACHS, *Année sociologique*, 1909-1912, n° XII, p. 623-627 (à propos de W. SOMBART, *Les Juifs et la vie économique*, *op. cit.*).

66. M. HALBWACHS, « Max Weber. Un homme, une œuvre », *Annales d'histoire économique et sociale,* 1929, n° 1, p. 81.

qu'Halbwachs a sans doute redécouvert Weber après la parution de ses œuvres au début des années 1920. Et dès 1925, il fait paraître un long article sur « les origines puritaines du capitalisme » où il fait l'éloge du travail de Weber[67]. Mais ce premier point n'était, nous l'avons déjà dit, guère original. Il faut surtout attirer l'attention sur l'article qu'il fait paraître dans les *Annales* de ses collègues strasbourgeois Lucien Febvre et Marc Bloch dans le premier numéro, en 1929. Dans cet article, qui a une portée générale sur l'œuvre de Max Weber, Halbwachs ne dissimulait aucune des positions théoriques de Weber, tout comme il soulignait l'ampleur du programme de recherche weberien. Il attirait aussi l'attention sur l'élaboration de nouvelles catégories dans la sociologie weberienne, recherche « un peu incertaine » mais derrière laquelle « on devine au moins un sens assez juste de l'insuffisance des notions traditionnelles[68]. » Après avoir souligné la qualité des travaux d'histoire économique et la fécondité des hypothèses de sociologie religieuse, Halbwachs introduisait les concepts de charismatisme et de rationalisme bureaucratique. Enfin l'article se terminait sur cet hommage et cette invitation à la lecture : « Weber n'a pas songé un instant à vivre sur son fonds scientifique : il ne se préoccupait que de l'accroître. Au reste, le même besoin de mouvement et de renouvellement qui l'entraînait d'un domaine à l'autre, l'obligeait, lorsqu'il s'appliquait quelques temps à une question, à la creuser et à en découvrir des aspects inconnus. Ceux qui s'approcheront des mêmes problèmes retrouveront longtemps encore ses traces et pourront, en toute confiance, s'engager dans les directions qu'il a marquées[69]. »

Voilà qui est suffisamment clair ! Pour terminer signalons encore que, de son côté, Marcel Mauss – qui se considérait comme le dépositaire de la mémoire de Durkheim – eut l'occasion d'évoquer Weber à deux reprises (en 1924 et 1927) et à chaque fois de manière rapide mais favorable[70].

---

67. M. HALBWACHS, « Les origines puritaines du capitalisme », *Revue d'histoire et de philosophie religieuse*, 1925, n° 1, p. 132-154.

68. M. HALBWACHS, « Max Weber. Un homme, une œuvre », art. cit., p. 87.

69. *Ibid.*, p. 88. *Cf.* aussi M. HALBWACHS, « La sociologie en Allemagne et aux États-Unis », *Annales d'histoire économique et sociale*, 1932, vol. 4 ; M. HALBWACHS, « Les courants de la pensée sociologique en Allemagne », *Annales d'histoire économique et sociale*, 1937, vol. 9. Halbwachs contribua même à la diffusion anglo-saxonne des idées de Weber puisqu'il dirigea à Strasbourg un doctorat en anglais sur l'épistémologie weberienne : L. BENNION, *Max Weber's Methodology*, Les Presses Modernes, Paris, 1933.

70. En 1924, lors d'une discussion à la Société française de philosophie sur *Les Fondements du socialisme*, Mauss reprocha à l'exposant de ne pas avoir tenu compte des travaux de sociologie économique de VON WIESE et de M. WEBER (*Œuvres*, Minuit, Paris, 1969, vol. 3, p. 634). En 1927, à propos des problèmes d'organisation de la sociologie dans les différents pays occidentaux, Mauss déplorait le recul des ambitions unificatrices de la sociologie mais trouvait néanmoins en Allemagne un complice inattendu : « Le regretté Max Weber, s'il n'a guère cité Durkheim et l'œuvre faite sous la direction de celui-ci, était beaucoup plus près de notre point de vue » (« Note de méthode sur l'extension de la sociologie », *ibid.*, p. 291). À propos de Mauss signalons aussi un intéressant rapprochement avec Norbert Elias : R. CORNU,

Nous voici parvenus au terme de ce rapide examen de l'attitude des durkheimiens face à leurs principaux homologues allemands. La conclusion s'impose : *la rupture franco-allemande à responsabilité durkheimienne est un mythe*. Premièrement : loin de manifester on ne sait quel mépris, Durkheim et Bouglé furent tout au contraire, avant la guerre de 1914, les principaux introducteurs de la sociologie allemande en France[71]. Deuxièmement, après la guerre, tandis que Bouglé continuait à orienter les jeunes sociologues vers les lectures d'outre-Rhin (nous y reviendrons, à propos de Aron), Halbwachs prolongeait la réception en introduisant notamment Weber.

Dés lors, il est légitime de s'interroger : comment un éloge si appuyé de Weber, une action si constante de diffusion des idées sociologiques allemandes et un rôle de médiation culturelle aussi important que celui de Maurice Halbwachs peuvent-ils être à ce point négligés ? Pourquoi, sinon parce que *des préjugés construits a posteriori* posent comme radicalement opposées les deux traditions sociologiques[72] ?

LA PRODUCTION D'UN MYTHE HISTORIOGRAPHIQUE

Jusqu'aux années 1980, la vie intellectuelle française était autrement animée qu'aujourd'hui. Les questions philosophiques engageaient aussi des positions politiques cruciales. Chaque camp avait ses héros et ses ennemis mortels, ses adhésions par principe et ses défiances non moins impératives. À l'évidence, le fait est moins pesant de nos jours. Les grands clivages philosophiques et politiques s'atténuent. Les interdits symboliques tombent et les consensus s'élargissent. Mais force est de reconnaître que ces intenses batailles ont laissé des traces. L'idée de rupture franco-allemande et de responsabilité durkheimienne en est une, il faut le montrer. Tous les jugements que nous avons contesté reposent sur des présupposés qu'il faut aussi tenter de comprendre, dont on peut également esquisser l'histoire[73].

« Norbert Elias et la sociologie française : l'impact de la guerre de 1914-1918 », *Sociétés. Revue des sciences humaines et sociales*, 1991, n° 33, p. 227-246.

71. Et encore nous n'avons abordé que deux auteurs allemands compte tenu de leur prestige actuel. Mais Shaeffle, Wundt, Steinmetz, Ratzel, Sombart et quelques autres furent tous systématiquement discutés dans la première série de l'*Année sociologique*.

72. Pour une autre mise en évidence de ces préjugés et une analyse de leurs effets régressifs *cf.* Ph. BESNARD, « Anti- ou anté-durkheimisme ? Contribution au débat sur les statistiques officielles du *Suicide* », *Revue française de sociologie*, 1976, n° XVII, p. 313-341.

73. Au préalable deux remarques : d'une part, l'espace nous faisant défaut, nous ne pouvons faire autrement que de présenter rapidement et de façon sans doute incomplète quelques figures emblématiques qui illustrent des sensibilités importantes de la vie intellectuelle ; d'autre part, nous sommes bien conscient de la sécheresse que cette rapidité donnera à notre propos, toutefois les lecteurs pourront aisément se reporter aux textes auxquels nous ferons toujours référence.

De Raymond Aron (1905-1983)...

C'est au moins à Aron lui-même que remonte l'origine de l'antagonisme franco-allemand en sociologie. Il faut en effet bien voir que, dès avant-guerre (et plus encore au lendemain de la Seconde Guerre mondiale, face à la domination sartrienne et communiste sur la vie intellectuelle) Aron est un penseur en rupture politique avec la tradition socialiste dominant le milieu intellectuel[74]. Et c'est dans ce contexte qu'il use de la référence à Weber. Certes il est clair que *certaines* idées de Weber pouvaient paraître en contradiction avec *certains* aspects de l'épistémologie durkheimienne[75]. Mais il est tout aussi évident que Aron a systématiquement interprété Weber dans ce sens, renforçant ainsi le poids intellectuel de sa dissidence. En fin connaisseur de la sociologie allemande, Halbwachs fut d'ailleurs le premier (et longtemps le seul) à voir qu'il y avait chez Aron « une façon trop simple de consacrer une opposition peut-être temporaire[76]. » Il suffit d'autre part de lire d'autres introductions à Weber, notamment celle de J. Freund[77], et de prendre connaissance de l'ensemble des prises de positions de Weber dans ces débats épistémologiques de l'Allemagne du début du siècle[78], pour se convaincre que la lecture de Aron est très « sélective. » Du reste on sait rarement qu'un demi-siècle après, il a lui-même reconnu qu'il avait exagéré les différences[79]...

Un deuxième maillon de l'histoire de la production de l'antagonisme franco-allemand de sociologie passe, au lendemain de la Seconde Guerre mondiale, par Armand Cuvillier (1887-1973). Dans ses nombreux manuels et opuscules sur la sociologie, ce philosophe contribua à entretenir l'antagonisme en se posant comme le défenseur d'une philosophie qu'il

---

74. *Cf.* J.-F. SIRINELLI, *Génération intellectuelle. Khâgneux et normaliens dans l'entre-deux-guerre*, Fayard, Paris, 1988. Pour relativiser cette rupture, il faut savoir que même son livre sur *La sociologie allemande contemporaine* (1935) n'était nullement un pavé lancé dans la mare. Tout au contraire, tant le livre que le voyage en Allemagne dont il est issu, lui avaient été conseillés par son directeur de thèse qui n'était autre que le durkheimien Célestin Bouglé. Aron fera d'ailleurs un éloge appuyé de celui auquel il devait aussi son poste au Centre de documentation sociale de l'ENS puis son poste d'enseignant de philosophie à l'École de Saint-Cloud (*cf.* R. ARON, *Mémoires*, *op. cit.*, p. 84-88).

75. Il suffit pour s'en convaincre de lire les débats lors de la soutenance de thèse de Aron, notamment la fameuse conclusion de Fauconnet. Ces débats sont republiés en appendice à la réédition de : *Introduction à la philosophie de l'histoire*, Gallimard, Paris, 1986.

76. M. HALBWACHS, « Les courants de la pensée sociologique en Allemagne », art. cit., p. 622-623.

77. J. FREUND, *Sociologie de Max Weber*, Presses Universitaires de France, Paris, 1966, qui montre bien comment Weber tentait en réalité de se situer à égale distance de Dilthey et de Comte, de l'herméneutique et du scientisme.

78. Nous renvoyons ici encore à W.J. MOMMSEN, J. OSTERHAMMEL (dir.), *Max Weber and his Contemporaries*, *op. cit.*

79. En réalité « les sociologies (allemandes et françaises) différaient en leur substance moins que les philosophies dont les sociologues se réclamaient » (R. ARON, *Mémoires*, *op. cit.*, p. 110).

croyait menacée[80]. Mais là encore ce sont des réactions et des polémiques toutes philosophiques qui, d'une part sont incompréhensibles hors du contexte particulier de l'après-guerre, d'autre part ne disent pas grand-chose du travail quotidien des sociologues de l'époque. On ne saurait enfin se fonder sur ce seul auteur pour soutenir que les durkheimiens, un demi-siècle plus tôt, auraient rejeté la tradition allemande[81]. Cuvillier n'était d'ailleurs pas un représentant du groupe durkheimien dont, après la mort de Mauss en 1950, Georges Davy était le seul survivant[82].

Ainsi nous pouvons avancer l'hypothèse générale qu'au delà des différences, réelles mais partielles et perméables, entre les traditions philosophiques héritées de la fin du XIXe siècle, ce sont les clivages intellectuels des années 1930 à 1960 qui sont largement responsables de la production de cet antagonisme franco-allemand. Enfin, cette situation a sans doute perduré du fait du structuralisme et de la réaction qu'il a engendrée.

... à Raymond Boudon

La domination intellectuelle du structuralisme des années 1960 se réclamant au moins en partie de l'épistémologie durkheimienne (Lévi-Strauss et Mauss, Bourdieu et Durkheim[83]), des auteurs non-conformistes pouvaient logiquement trouver des raisons de renforcer le clivage franco-allemand. C'est le cas de Raymond Boudon.

En effet, parti du rejet du structuralisme, étendant peu à peu la critique à toute théorie du déterminisme socio-culturel, ce théoricien en est arrivé à poser une dichotomie « holisme »/« individualisme » et à reconstruire au-

80. *Cf.* surtout A. CUVILLIER, *Où va la sociologie française ?*, Rivière, Paris, 1953.

81. Ainsi que le fait pourtant S. MESURE, *Dilthey et la fondation des sciences historiques*, *op. cit.*

82. Ajoutons ici que les jugements globalisants du genre « Durkheim et ses disciples » sont rarement pertinents car ils présentent comme parfaitement homogène un groupe où chacun conservait en réalité sa liberté de penser et où les frictions ne furent pas rares entre un pôle « chercheur » et un pôle « universitaire » ; *cf.* Ph. BESNARD, « La formation de l'équipe de l'*Année sociologique* », art. cit. *Cf.* aussi J. HEILBRON, « Les métaporphoses du durkheimisme, 1920-1940 », art. cit. ; Ph. BESNARD, « Un conflit au sein du groupe durkheimien », *Revue française de sociologie*, 1985, n° XXVI, p. 247-255.

83. Bien que ce soit la lecture de Lowie qui aurait « révélé » l'ethnologie à C. Lévi-Strauss, un des premiers manifestes du structuralisme fut son « Introduction à l'œuvre de Mauss », *in* M. MAUSS, *Sociologie et anthropologie*, Presses Universitaires de France, Paris, 1950, p. IX-LII. Par ailleurs, P. Bourdieu a souvent promu une méthodologie durkheimienne, par exemple dans l'analyse de l'homologie des structures mentales et sociales. Mais l'usage était certainement plus polémique dans ces années 1960 où, selon D. Lindenberg, « les cours de Passeron ou de Bourdieu comportaient une intéressante tentative de réhabilitation des aspects positifs du durkheimisme contre ses détracteurs idéalistes [...]. À les en croire, l'auteur des *Règles de la méthode sociologique* aurait été un Galilée des sciences sociales, produisant les conditions d'une révolution épistémologique » (*Le Marxisme introuvable*, Calman-Lévy, Paris, 1975, p. 178).

tour d'elle toute l'histoire de la sociologie[84]. Dans une classification historique assez surprenante, tous les auteurs et toutes les théories qui contredisent les postulats de ce qu'il appelle l'« individualisme méthodologique » se trouvent assimilés pêle-mêle (durkheimiens, fonctionnalistes, culturalistes, structuralistes, marxistes). Les prétendus silences stratégiques de Durkheim et Weber sont ainsi expliqués : « Il importe d'insister sur les différences intellectuelles qui opposent Durkheim et Weber. L'un et l'autre sont généralement perçus comme des figures importantes et complémentaires [...]. Mais il serait absurde de vouloir les réduire l'un à l'autre : s'ils se sont à peu près ignorés complètement, c'est qu'ils percevaient clairement leurs divergences ; ils étaient bien conscients qu'ils proposaient des paradigmes très différents[85]. » Parsons est ensuite critiqué pour avoir tenté une « fragile synthèse », comme sont implicitement critiqués tous ceux qui préfèrent penser une complémentarité plutôt qu'une opposition indépassable.

On voit bien, dans ce type de texte polémique, la fonction que remplissent les références à l'histoire de la sociologie : elles servent d'arguments symboliques et d'autorité, elles légitiment un combat. L'usage de Weber (comme d'ailleurs celui de Simmel qui est, à tort, assimilé intégralement à l'individualisme[86]) permet de renforcer le poids d'une position qui se présente comme « minoritaire » mais opposée à une « impasse méthodologique » appelée à disparaître progressivement[87].

Notons pourtant la toute récente évolution de R. Boudon qui semble reconnaître à son tour qu'en fin de compte ces querelles ne sont peut-être pas si insurmontables[88]...

---

84. *Cf.* par exemple R. BOUDON, « Individualisme ou holisme : un débat méthodologique fondamental », *in* M. VERRET, H. MENDRAS (dir.), *Les Champs de la sociologie française*, A. Colin, Paris, 1988, p. 31-45.

85. *Ibid.*, p. 42.

86. Pour l'usage de Simmel, *cf.* R. BOUDON, « Introduction », *in* G. SIMMEL, *Les Problèmes de la philosophie de l'histoire*, Presses Universitaires de France, Paris, 1984, à propos de laquelle le fin connaisseur de Simmel qu'est M. SAGNOL écrit qu'il s'agit d'« une bonne introduction à la sociologie de Boudon plus qu'à celle de Simmel », *Revue française de sociologie*, 1987, n° XXVIII, p. 150. Pour l'analyse de Simmel, *cf.* son article cité *supra* note 39, et notre discussion aux pages correspondantes.

87. Pour un panorama complet des références stratégiques à Weber, *cf.* M. POLLACK, « La place de Max Weber dans le champ intellectuel français », *Droit et société*, 1988, n° 9, p. 189-200.

88. Dans un intéressant entretien pour le magazine *Sciences humaines*, R. Boudon d'une part déclare abandonner le concept d'« individualisme méthodologique » au profit de celui d'« actionnisme », et surtout, à la question « Le temps n'est-il pas venu de la grande réconciliation entre l'approche déterministe et cette vision de la rationalité de l'acteur ? », il répond : « Je crois effectivement que l'autonomie s'exerce à l'intérieur d'un système de contraintes absolument évidentes. Je ne vois pas du tout d'opposition entre ces deux approches » (*Sciences humaines*, 1993, n° 29, p. 39-41).

Ces quelques jalons historiques rapidement posés suggèrent combien l'histoire de la sociologie est souvent construite en fonction de son usage présent et donc combien un point de vue d'historien impartial a encore du mal à faire admettre sa légitimité. Il nous reste à conclure.

À quoi sert l'histoire de la sociologie ?

Ainsi donc la bataille des sociologues français et allemands n'eut point lieu, ni sous la forme de l'affrontement de cavalerie ni sous celle de la guerre de tranchées. À vrai dire, chacun dans son pays avait déjà beaucoup à faire avec ses rivaux. C'est d'ailleurs un autre aspect de la discussion que nous ne pouvions pas développer davantage ici : il n'y a pas une tradition française et une tradition allemande. Outre que le concept de « tradition nationale » n'est généralement pas défini rigoureusement (quels thèmes privilégiés ? opérant dans quelles communautés intellectuelles ? suffisamment constants sur quelle période ?), il nous paraît clair qu'elles forment rarement des blocs homogènes, parfaitement consensuels. Et le cas de l'Allemagne, sous ce rapport, semble particulièrement problématique.

Mais revenons en France et en particulier à Durkheim. Pour qui ouvre les *Règles de la méthode sociologique* et lit en toute naïveté, la conclusion s'impose : l'auteur a voulu fonder la sociologie en excluant le recours à l'explication psychologique individuelle. Toutefois, pour se permettre de juger l'intérêt de cette solution, encore faut-il rendre vraiment compte des raisons de l'épistémologie durkheimienne, encore faut-il savoir, par exemple, ce que la dite explication aurait pu signifier en France en 1890 : utilitarisme de Spencer ? psycho-physiologisme de Wundt et Ribot ? hypnotisme généralisé de Tarde ? déterminisme racial de Le Bon ? Voilà, nous semble-t-il, une bonne question[89]. Elle suppose simplement qu'on prenne conscience qu'un bon petit siècle nous sépare de ces objets intellectuels et qu'il serait de bonne méthode de poser leur hétérogénéité relative avec le présent en préalable à toute tentative de réponse.

Laissons donc là les querelles du présent et reconnaissons qu'il serait singulièrement dommageable, et pour la connaissance de l'histoire, et pour le débat des idées en général, qu'elles viennent systématiquement radicaliser voire diaboliser ces auteurs d'autrefois en inventant des complots, des occultations, et autres mythes. Face à l'acteur engagé, la démarche de l'historien a selon nous cet immense avantage qu'elle conduit à considérer nos penseurs pour ce qu'ils furent avant de se demander ce qu'ils peuvent encore être. Les deux opérations ne s'excluent pas forcément l'une l'autre, mais c'est seulement dans cet ordre qu'elles produisent toute leur perti-

89. Des éléments de réponse dans notre article : L. MUCCHIELLI, « Sociologie et psychologie en France, l'appel à un territoire commun. Vers une psychologie collective (1890-1940) », *Revue de synthèse*, 1994, n° 3-4, p. 445-483 (chapitre 5 du présent ouvrage).

nence critique. L'attitude inverse conduira toujours au mieux à l'ignorance et aux légères déformations, au pire à des contresens et des jugements de valeurs déplacés[90]. Et nous sommes pour notre part persuadés qu'on ne tirera pas de bonnes leçons d'une mauvaise histoire des sciences humaines.

90. Pour l'histoire de l'ethnologie, par exemple, *cf.* C. BLANCKAERT, « "Story" et "History" de l'ethnologie », *Revue de synthèse*, 1988, n° 3-4, p. 451-467. De manière générale, on relira aussi G.W. STOCKING, « On the Limits of "Presentism" and "Historicism" in the Historiography of the Behavioral Sciences », *in Race, Culture and Evolution. Essays in the History of Anthropology*, Free Press-Mac Millan Limited, New York-Londres, 1968, p. 1-12.

4

Aux origines de la Nouvelle Histoire*

Une des toutes premières occurrences de l'expression « Nouvelle Histoire » se trouve chez Henri Berr qui, en 1919 puis en 1930, se réjouit que le mouvement intellectuel qu'il anime depuis le tout début du siècle avec sa *Revue de synthèse historique* se dessine également très nettement en Italie avec le lancement de la *Nuova rivista storica* (1917) et aux États-Unis où l'on parle également de la « New History[1]. » En effet, les historiens de cette génération avaient déjà un sentiment très vif de l'insuffisance de l'histoire politique traditionnelle. Écoutons, par exemple, l'historien Prosper Boissonnade en 1902 :

> « Si l'histoire générale, politique, militaire, diplomatique, grâce au travail de plusieurs siècles, tend à s'achever presque sous nos yeux, si celle des institutions administratives et religieuses se constitue lentement au point qu'on aperçoit déjà prochain son achèvement, il n'en est pas de même des recherches relatives à l'organisation économique et sociale [...]. Il appartiendra à la génération historique nouvelle, mieux outillée et plus favorisée, de constituer ces études jeunes encore[2]. »

Ce témoignage, ainsi que les dizaines d'autres que nous ferons sortir de l'oubli, montrent clairement que c'est au tournant des XIXe et XXe siècles que s'est cristallisée en France la volonté de bâtir une histoire davantage axée sur l'économique et le social, une histoire s'attachant plus aux régularités et aux phénomènes de masses qu'aux contingences liées aux destinées individuelles.

Une telle affirmation serait sans doute considérée comme un lieu commun aux États-Unis ou en Italie où on connaît assez bien et depuis long-

* Article paru initialement dans la *Revue de synthèse*, 1995, n° 1, p. 55-98, sous le titre : « Aux origines de la nouvelle histoire en France : l'évolution intellectuelle et la formation du champ des sciences sociales (1870-1930) ».

1. H. BERR, « Les études historiques et la guerre », *Revue de synthèse historique*, 1919, vol. XIX, n° 85-87, p. 5-31 ; H. BERR, « Au bout de trente ans », *Revue de synthèse*, 1931, vol. I, n° 1, p. 3-8.

2. P. BOISSONNADE, « Les études relatives à l'histoire économique de la Révolution française (1789-1804) », *Revue de synthèse historique*, 1902, vol. IV, n° 3, p. 370.

temps l'historiographie française[3], elle peut pourtant apparaître en France comme une relative découverte. En effet, c'est pour nous un constat objectif que la réussite de l'École des *Annales* a peu à peu éclipsé, ou du moins relégué à l'arrière-plan, le rôle des générations précédentes[4]. La leçon d'ouverture de Lucien Febvre au Collège de France en est une bonne illustration. Il vient d'être nommé[5] titulaire de la chaire importante intitulée « Histoire de la civilisation moderne », mais il annonce à ses auditeurs qu'il la considère comme une chaire d'« Histoire générale et de méthode historique appliquée aux temps modernes. » Cette « traduction personnelle » lui permet de comparer sa chaire à celle du même nom qui fut supprimée par le Collège de France en 1892 à la mort d'Alfred Maury. Il peut ainsi mettre en parallèle les deux dates (1892-1933) et poser le principe qu'entre les deux on ne fit point de bonne histoire[6]. « L'histoire s'endormait dans ses certitudes. Elle s'arrêtait dans sa marche. Elle redisait, répétait, reprenait ; elle ne recréait plus. Et chaque année qui passait donnait à sa voix, un peu plus, le son caverneux d'une voix d'outre-

3. *Cf.*, par exemple, M. SIEGEL, *Science and the Historical Imagination : Patterns of French Historical Thought (1866-1914)*, Ph. D., Colombia, University of Colombia, 1965 ; R. KEYLOR, *Academy and Community. The Foundation of the French Historical Profession*, Harvard University Press, Cambridge, 1975 ; L. ALLEGRA, A. TORRE, *La Nascita della storia sociale in Francia. Dalla commune alle* Annales, Fondazione Luigi Einaudi, Turin, 1977 ; M. CEDRONIO, *La Storiografia francese*, Naples, 1977.

4. Il semble opportun de faire ici deux mises au point. Tout d'abord, depuis une dizaine d'années il s'est publié sur l'École des Annales, à des fins plus ou moins polémiques et en tous cas presque toujours partisanes, un certain nombre de travaux dont nous tenons à nous distinguer très clairement : nos prétentions sont strictement et rigoureusement historiques. C'est d'ailleurs pourquoi il nous faut également nous démarquer des travaux entrepris par des membres des *Annales* qui n'ont pas véritablement levé le voile qui recouvre la période dont nous allons traiter en estimant qu'elle constituait simplement « une sorte de préhistoire théorique des *Annales* » (A. BURGUIÈRE, « La notion de « mentalités » chez Marc Bloch et Lucien Febvre : deux conceptions, deux filiations », *Revue de synthèse*, 1983, vol. CIV, n° 111-112, p. 333) et donc en maintenant l'idée que ces dernières constitueraient une rupture dans l'histoire des sciences sociales. *Cf.* aussi A. BURGUIÈRE, « *Annales* », *in* A. BURGUIÈRE (dir.), *Dictionnaire des sciences historiques*, Presses Universitaires de France, Paris, 1986 ; O. DUMOULIN, « Henri Berr », *in A.* BURGUIÈRE (dir.), *Dictionnaire des sciences historiques*, Presses Universitaires de France, Paris, 1986, p. 85-86 ; K. POMIAN, « L'heure des *Annales* », *in P.* NORA (dir.), *Les Lieux de mémoire*, Gallimard, Paris, 1986, p. 377-429 ; J. REVEL, « Histoire et sciences sociales : le paradigme des *Annales* », *Annales ESC*, 1979, n° 6, p. 1360-1376.

5. En 1929, Bloch et Febvre étaient-ils « isolés et minoritaires dans leur propre discipline » (A. BURGUIÈRE, « La notion de « mentalités » », art. cit., p. 335) ? On peut déjà en douter. En 1933, Febvre est élu sans difficulté au Collège de France et Bloch l'aurait certainement été lui aussi si, suite à la crise économique, le gouvernement n'avait pas réduit drastiquement les crédits du Collège de France après 1934 (Ch. CHARLE, Ch. DELANGLE, « La campagne électorale de Lucien Febvre au Collège de France », *Histoire de l'éducation*, 1986, n° 34, p. 49-69). De surcroît, le lancement des *Annales* fut très bien accueilli et ses directeurs n'eurent aucun mal à former leur comité de rédaction.

6. L. FEBVRE, « De 1892 à 1933. Examen de conscience d'une histoire et d'un historien », 1933 ; repris *in Combats pour l'histoire*, Colin, Paris, 1992, p. 3-17 (2e édition).

tombe », écrivait-il encore en 1941[7]. Sans doute à ce moment-là l'effervescence du tournant du siècle avait-elle perdu de son intensité (comme le remarquait aussi Seignobos[8]) mais les propos de Febvre étaient infondés pour les années 1880-1920. Ils sont pourtant restés. De fait, aujourd'hui, dans tous les livres d'histoire de l'histoire on se souvient certes d'Henri Berr, on cite encore parfois le nom de Paul Lacombe, mais ces hommes sont présentés comme des ancêtres isolés, des esprits éclairés au sein d'une époque obscure dominée par le seul souci de la méthode (on parle d'« école méthodique ») et par un « positivisme » qu'au prix d'un contresens et d'un anachronisme étonnants on définit globalement comme une étroitesse de vue érigée en vertu.

Dans ces conditions, il n'est guère surprenant que les historiens des sciences sociales ne se soient pas précipités sur cette période. En réalité, au plan historiographique, pour s'informer sur cette génération les auteurs de manuels puisent principalement dans la thèse de Charles-Olivier Carbonell[9]. Or, sans en expliquer les raisons, cet auteur arrêta son importante étude en 1885, soit au moment précis où les signes de l'évolution que nous allons décrire commençaient à se manifester. Enfin, le colloque de 1983 intitulé « Au berceau des *Annales* » n'ayant guère modifié cette vision globale, tout concourait à ce que l'hiatus suggéré par Lucien Febvre soit tenu pour authentique.

Quelle histoire existait donc avant les *Annales* ? C'est à cette question que nous voudrions commencer à répondre en apportant un certain nombre d'éléments nouveaux concernant en particulier les années 1885-1914 qui nous paraissent constituer le moment décisif[10]. Notre analyse se développera en quatre temps : par quelques éclairages particuliers nous proposerons une ré-interprétation globale de l'histoire dite « positiviste » ; ensuite nous verrons comment l'histoire fut progressivement prise dans le champ des sciences sociales naissant, puis nous nous efforcerons de mettre à jour les débats et les auteurs qui consacrèrent l'aspiration à une

---

7. L. FEBVRE, « Compte rendu de M. BLOCH : *La Société féodale : les classes et le gouvernement des hommes*, Albin Michel, Paris, 1940 », *Annales d'histoire économique et sociale*, 1941, n° 1, p. 24.

8. « J'ai l'impression que depuis un quart de siècle à peu près, le travail de pensée sur la méthode historique, très actif depuis 1880 et surtout 1890, a atteint un point mort », écrivait Charles Seignobos en juin 1941, dans une lettre à Ferdinand Lot (cité par A. BURGUIÈRE « La notion de "mentalités" », art. cit., p. 333).

9. Ch.O. CARBONELL, *Histoire et historiens. Une mutation idéologique des historiens français (1865-1885)*, Privat, Toulouse, 1976.

10. Pour les besoins de la démonstration, nous étendrons cependant notre étude en amont (à partir de 1870) pour comprendre l'émergence du phénomène, et en aval (jusque dans les années 1930) pour suivre les prolongements du mouvement d'avant-guerre et pour mieux situer l'arrivée de Bloch et Febvre.

histoire économique et sociale, enfin nous nous interrogerons sur quelques structures intellectuelles globales de ce mouvement scientifique.

UNE HISTOIRE « POSITIVISTE »

« Méthode », « positivisme », « scientisme », « culte du fait », « étroitesse d'esprit »..., tels sont les termes généralement employés pour qualifier la génération d'historiens de la Belle Époque. On met alors en exergue des textes de Fustel de Coulanges, Gabriel Monod, Camille Jullian ou Charles Seignobos, où l'on trouve en effet des hymnes à la preuve, au document, au fait. Mais que sont des documents sans leurs contextes ? Comment juger la signification d'un usage intellectuel sans tenter de saisir l'univers mental et le champ social dans lesquels il s'inscrit ?

Contextualiser un usage intellectuel

L'usage systématiquement revendiqué de l'érudition scientifique doit d'abord se comprendre dans le processus de professionnalisation de la discipline historique[11]. Le mouvement était engagé depuis la fin du Second Empire, grâce aux efforts de Victor Duruy (historien et ministre de l'Instruction publique de 1863 à 1869). Cet effort aboutit à la création de l'École pratique des hautes études en 1868. Le lancement de la *Revue critique d'histoire et de littérature* en 1866 y correspond aussi. Pourtant, en 1870 encore, d'une part l'immense majorité des historiens étaient des amateurs, d'autre part, même dans le monde universitaire, l'histoire était encore subordonnée à la philosophie et à la littérature. C'est la Troisième République qui réalise d'un coup l'institutionnalisation de l'université littéraire et scientifique[12] et l'histoire est particulièrement à l'honneur par ses liens avec le pouvoir. Ainsi

> « cette mutation sociologique se traduit également par une révision complète de la définition de "l'historique" et des moyens de l'appréhender. [...] L'engouement des historiens "positivistes" pour la "méthode critique" découle de cette volonté de rupture totale avec les historiens amateurs[13] » ;

Ajoutons une volonté de rupture avec les philosophes et, plus encore, avec les érudits catholiques.

---

11. R. KEYLOR, *Academy and Community*, *op. cit.* ; G. NOIRIEL, « Naissance du métier d'historien », *Genèses*, 1990, n° 1, p. 58-85.

12. V. KARADY, « Les professeurs de la République. Le marché social, les réformes universitaires et les transformations de la fonction professorale à la fin du XIXe siècle », *Actes de la recherche en sciences sociales*, 1983, n° 47-48, p. 90-112 ; G. WEISZ, *The Emergence of Modern Universities in France. 1863-1914*, Princeton University Press, Princeton, 1983.

13. Ph. NOIRIEL, « Naissance du métier d'historien », art. cit., p. 65-66.

En effet, il faut insister ici sur le poids de l'opposition intellectuelle et politique entre Science et Religion. En histoire plus encore qu'ailleurs – car la mémoire collective a toujours été un formidable enjeu politique – cléricaux et républicains se sont opposés durement jusqu'à la fin du siècle. Après l'échec de 1848 et le reflux républicain, l'école d'érudition catholique s'était considérablement renforcée[14]. Elle aboutit, en 1866, à la création de la *Revue des questions historiques* qui, sous couvert de la stricte érudition, était en réalité conçue par ses animateurs comme « un instrument de croisade, animée qu'elle fut, dès l'origine, de l'esprit de contre-réforme intellectuelle et morale[15]. » De plus, en 1875, selon les mots de Langlois,

> « l'Enseignement supérieur de l'État avait subi un furieux assaut du parti clérical : l'Église avait essayé de lui faire concurrence en créant des "Universités catholiques" ; et les représentants et défenseurs de l'État laïque avaient été obligés de reconnaître à cette occasion que la situation de l'enseignement public n'était pas à l'abri de la critique[16]. »

Le poids de l'histoire religieuse ne doit donc pas être sous-estimé ; en 1870 encore, il occupe, principalement sous la forme hagiographique des biographies de saints et d'autres grands personnages, près d'un quart de la production historiographique globale[17].

Enfin, il faut évoquer le rapport des historiens français à l'Allemagne pour voir que la référence systématique à la méthode et à l'érudition fonctionne aussi comme un usage culturellement déterminé. La défaite de 1870 a accentué un processus qui est à la fois culturel (cette référence à l'Allemagne est une constante de la culture française au XIXe siècle)[18] et social (car cette référence est aussi utilisée pour appuyer les tentatives de réforme de l'enseignement supérieur menées activement sous le Second Empire)[19]. Après 1870, les élites intellectuelles françaises, dans leur grande majorité, réinterprétèrent la défaite en l'attribuant globalement à la rationalité allemande[20]. Pour toute une génération, la science allemande

---

14. O. DUMOULIN, « Histoire et historiens de droite », *in* J.-F. SIRINELLI (dir.), *Histoire des droites en France. Volume 2 : Cultures*, Gallimard, Paris, 1992, p. 327-398.

15. Ch.O. CARBONELL, *Histoire et historiens*, *op. cit.*, p. 333.

16. Ch.V. LANGLOIS, « L'université de Paris en 1900 » ; repris *in Questions d'histoire et d'enseignement*, Hachette, Paris, 1900, p. 135-136.

17. Ch.O. CARBONELL, *Histoire et historiens*, *op. cit.*, p. 95-111.

18. M. ESPAGNE, M. WERNER, « La construction d'une référence culturelle allemande en France. Genèse et histoire (1750-1914) », *Annales ESC*, 1987, n° 4, p. 969-992.

19. G. WEISZ, « Le corps professoral de l'enseignement supérieur et l'idéologie de la réforme universitaire en France. 1860-1885 », *Revue française de sociologie*, 1977, vol. XVIII, n° 2, p. 201-232 ; V. KARADY, « De Napoléon à Duruy : les origines et la naissance de l'université contemporaine », *in* J. VERGER (dir.), *Histoire des universités en France*, Privat, Paris, 1986, p. 261-321.

20. C. DIGEON, *La Crise allemande de la pensée française*, Presses Universitaires de France, Paris, 1959 (2e édition : 1992) ; Ch. CHARLE, « L'élite intellectuelle française et le

devint un modèle et les historiens ne dérogent pas à la règle[21]. Cet usage militant de l'érudition s'illustre très bien, par exemple, chez Fustel de Coulanges dans sa querelle avec Mommsen à propos de l'Alsace-Lorraine. Dans le champ français, il s'exprime aussi dans la querelle de prestige qui oppose le même Fustel à Monod dans les années 1876-1887[22].

Le manifeste de Monod en 1876 : une relecture

À la lumière de ce contexte, relisons à présent le document présenté par Carbonell (et, à sa suite, par tous les manuels) comme le manifeste du prétendu « positivisme » des historiens de l'époque : le programme de la *Revue historique* en 1876.

Gabriel Monod (1845-1912) était depuis peu directeur adjoint à l'École pratique des hautes études lorsqu'il décida, à trente ans, de lancer cette revue avec Gustave Fagniez. Le premier numéro s'ouvre sur un texte de Monod, long de trente-huit pages. Il est tout à fait étonnant de constater qu'on n'en cite toujours que les trois dernières consacrées à un plaidoyer en faveur de la bonne méthode, de la critique impartiale et du respect des documents[23]. Or on ne crée pas une revue par hasard ; la signification de cette déclaration d'intention doit être questionnée : à qui Monod s'adresse-t-il lorsqu'il proclame « notre revue sera un recueil de science positive[24] » ? L'adversaire est nommé dans le texte : Monod veut se démarquer de la très catholique *Revue des questions historiques* à laquelle il reproche son engagement politique partisan. Il cherche donc à bien marquer son label d'historien professionnel, de scientifique impartial.

La lecture de ce document est un peu vite épuisée : que contiennent les trente-cinq premières pages du texte disparues de la critique ? Monod commence par rappeler le lent essor des études historiques et à louer le labeur des érudits depuis la Renaissance. Il examine ensuite les traditions laïques et ecclésiastiques de critique historique jusqu'au XVIIIe siècle. Enfin et surtout, il en arrive à la philosophie de l'histoire du siècle des

---

système universitaire allemand (1880-1900) », *in* M. ESPAGNE, M. WERNER (dir.), *Transferts, relations interculturelles dans l'espace franco-allemand, XVIIIe-XIXe siècles*, Éditions « Recherche sur les Civilisations », Paris, 1988, p. 345-358.

21. Ch.O. CARBONELL, *Histoire et historiens*, *op. cit.*, p. 495-568.

22. F. HARTOG, *Le XIXe siècle et l'histoire. Le cas Fustel de Coulanges*, Presses Universitaires de France, Paris, 1988, p. 97-107.

23. G. MONOD, « Du progrès des études historiques depuis le XVIe siècle », *Revue historique*, 1876, n° 1, p. 35-38.

24. *Ibid.*, p. 36.

Lumières. La critique-t-il sévèrement comme il était de coutume chez les archivistes ? C'est tout le contraire, il loue l'effort et les ambitions nouvelles :

> « On cherche pour la première fois à rattacher les faits à des idées générales, on s'efforce de comprendre le développement de la civilisation et de ses lois. L'histoire universelle qui était restée depuis Bossuet enfermée dans le cadre étroit de la théologie devint pour l'esprit pénétrant de Voltaire, dans son *Essai sur les mœurs*, le sujet de considérations appuyées sur une science parfois fragile, mais dont la justesse et la profondeur souvent prophétique nous surprennent encore aujourd'hui[25]. »

De même Montesquieu se voit qualifié de « représentant le plus éminent de cet esprit nouveau à la fois philosophique et politique appliqué à l'étude de l'histoire et de ses lois » qui « y apporte une élévation de pensée et une pénétration supérieure[26]. » Pour Monod, c'est grâce à ces penseurs que, « après les travaux des érudits et ceux des philosophes, l'histoire apparaissait comme la base, le centre et le but de toutes les sciences. Toutes devaient la servir et contribuer à éclairer ce qui fait *l'essence et l'intérêt véritable de l'histoire : le développement de l'humanité et de la civilisation*[27]. »

On comprend ici le contresens et l'anachronisme qui sont fréquemment faits à propos du « positivisme. » Si Monod est positiviste, c'est que cet adjectif a une signification particulièrement forte à l'époque, il renvoie en réalité aux idées de Progrès et de Science dans leurs acceptions les plus fortes :

> « Au développement des sciences positives qui est le caractère distinctif de notre siècle, correspond, dans le domaine que nous appelons littéraire, le développement de l'histoire qui a pour but de soumettre à une connaissance scientifique, et même à des lois scientifiques, toutes les manifestations de l'être humain[28]. »

C'est d'ailleurs en ce sens qu'il entend la référence à l'historiographie allemande :

> « Il serait bien injuste de s'imaginer comme on le fait quelquefois que la science allemande est dépourvue d'idées générales et se réduit à des recherches de curiosité érudite. Les idées générales y abondent au contraire, seulement ce ne sont pas des fantaisies littéraires, [...], ce sont des idées générales d'un caractère scientifique c'est-à-dire des généralisations de faits lentement et rigoureusement établies, ou des hypothèses destinées à expliquer les faits déjà connus et à servir à l'exploitation de faits encore

25. *Ibid.*, p. 24.
26. *Ibid.*, p. 25.
27. *Ibid.*, p. 25 ; je souligne.
28. *Ibid.*, p. 26-27.

obscurs. *C'est grâce à ces idées générales que les sciences historiques peuvent mériter réellement le nom de sciences, établir des bases solides et réaliser des progrès certains*[29]. »

Ce texte n'est d'ailleurs lui-même pas isolé dans la production intellectuelle de Monod, nous aurons l'occasion d'y revenir. Pour l'heure, enregistrons simplement ce constat que Gabriel Monod n'est pas le prototype de l'érudit poussiéreux allergique aux idées générales qu'on a toujours présenté. Sa revue est la première revue d'histoire générale laïque. Elle constitue en réalité, dans le domaine de l'histoire, un premier aboutissement du renouveau scientifique qui caractérise globalement la fin du Second Empire et les débuts de la Troisième République. Elle marque bien plutôt une étape dans le mouvement général qui va s'accélérer à partir de cette date.

L'HISTOIRE PRISE DANS LE CHAMP DES SCIENCES SOCIALES À LA FIN DU XIXe SIÈCLE

Une interrogation majeure traverse le XIXe siècle : le rôle des masses et du poids des transformations économiques. Dans ces années 1870-1890, l'idée de Social apparaît bien comme une de ces idées qu'il faut penser « dans leur charge affective et émotionnelle autant que dans leur contenu intellectuel », « comme les mythes ou les complexes de valeurs, une de ces "forces collectives par quoi les hommes vivent leur temps" et donc une des composantes de la « psyché collective » d'une civilisation[30]. » La question sociale, dont la traduction politique dans les divers socialismes n'est qu'un des multiples aspects, vient se poser sur le terrain des enjeux philosophiques suprêmes, à côté de la question du Progrès dans l'histoire. C'est avec cette ambition – traiter scientifiquement du sens de l'histoire – et face à cette nécessité – intégrer le social et l'économique – que les sciences sociales se sont institutionnalisées à la fin du XIXe siècle. En effet, les historiens ne pouvaient pas ne pas répondre aux nouveaux défis philosophiques et méthodologiques qui ne tardèrent pas à leur être lancés dans cette optique.

Le défi statistique : les grands hommes et les masses

On sait mieux depuis quelques années le rôle qu'ont joué dans le développement des sciences sociales le perfectionnement méthodologique et la croissance institutionnelle de la statistique à la fin du XIXe siècle[31]. Pour ne

---

29. *Ibid.*, p. 28-29 ; je souligne.

30. R. CHARTIER, « Histoire intellectuelle et histoire des mentalités. Trajectoires et questions », *Revue de synthèse*, 1983, vol. CIV, juillet-décembre, p. 288.

31. M. ARMATTE, « Une discipline dans tous ses états : la statistique à travers ses traités (1800-1914) », *Revue de synthèse*, 1991, vol. CXII, n° 2, p. 161-206 ; É. BRIAN, « Statistique administrative et internationalisme statistique pendant la seconde moitiés du XIXe siècle »,

parler que des plus influents, on sait que, dans les années 1840-1860, Quételet contribua fortement à répandre l'idée de mesure exacte des comportements de masse. On sait moins que dans la deuxième moitié du XIXe siècle, les statisticiens ont acquis des savoir-faire et ont bâti des projets intellectuels d'une ampleur considérable. La mesure ne fige pas seulement le présent, elle veut s'étendre à l'histoire. Témoin l'ouvrage d'Achille Guillard (1855), où s'exprime clairement « un projet initial à visée historique » : « la démographie est l'histoire naturelle et sociale de l'espèce humaine », elle restitue « le développement numérique de l'humanité[32]. » L'ambition est prolongée dans les années 1870-1900 par les Bertillon père et fils, Louis-Adolphe et Jacques. Mais c'est surtout sur un autre de ces statisticiens, bien oublié, que nous voudrions attirer l'attention.

Dans un livre étonnant, Paul Mougeolle formula en 1886 les problématiques nouvelles que faisaient naître en histoire les ambitions statistiques. Qui fait l'histoire ? Dans un chapitre significativement intitulé « La méthode biographique condamnée », Mougeolle suggère la réponse :

> « Le rôle du personnage principal a été très exagéré et l'influence que l'on attribue à lui seul est la somme des influences de ceux qui l'entourent, de ceux qui l'ont précédé » et « que nous ne verrons jamais : travailleurs méconnus, acteurs oubliés de l'histoire[33]. »

La statistique permet de faire la science de ces acteurs et elle en tire la certitude que « tout marche régulièrement, aussi bien dans les grandes sociétés que dans les petites, et que des lois gouvernent l'humanité[34]. » Ainsi étaient posées les grandes questions qui allaient occuper toute l'épistémologie historique des années à venir. Et Mougeolle n'est pas isolé.

Louis Bourdeau (1824-1900) fut, pour le coup, un véritable positiviste au sens étroit de disciple d'Auguste Comte, ayant pour ambition de dresser « l'histoire des développements de la Raison humaine[35]. » Son livre prin-

---

Histoire et mesure, 1989, vol. IV, n° 3-4, p. 201-224 ; A. DESROSIÈRES, « Histoire de formes : statistiques et sciences sociales avant 1940 », *Revue française de sociologie*, 1985, vol. XXVI, n° 7, p. 277-310 ; J. DUPÂQUIER, M. DUPÂQUIER, *Histoire de la démographie*, Perrin, Paris, 1985 ; Z. KANG, *Lieu de savoir social. La société de statistique de Paris (1860-1914)*, thèse de l'École des hautes études en sciences sociales, Paris, 1989.

32. A. GUILLARD, *Éléments de statistique humaine ou démographie comparée... Où sont exposés les principes de la science nouvelle et confrontés d'après les documents les plus authentiques, l'état, les mouvements généraux et les progrès de la population dans les pays civilisés*, Guillaumin, Paris, 1855, cité par J. DUPÂQUIER, M. DUPÂQUIER, *Histoire de la démographie*, *op. cit.*, p. 403.

33. P. MOUGEOLLE, *Les Problèmes de l'histoire*, Reinwald, Paris, 1886, p. 174 et 187.

34. *Ibid.*, p. 43.

35. L. BOURDEAU, *L'Histoire et les historiens. Essai critique sur l'histoire considérée comme une science positive*, Hachette, Paris, 1888 ; Ch.O. CARBONELL, *Histoire et historiens*, *op. cit.*, p. 401-408.

cipal est une critique acerbe de l'historiographie et un appel vibrant à une science totale de l'histoire des sociétés humaines :

> « Fermons le livre trop longtemps épelé des chroniques royales et nobiliaires de la Cour, occupons-nous des masses », « Constatez d'âge en âge le mouvement de la population, l'état de la fortune publique et montrez les causes qui les ont fait croître et décroître, explorez les transformations du goût, l'avancement des sciences, l'amélioration des mœurs, l'histoire des aliments, des vêtements, des habitations[36]. »

Et Bourdeau de systématiser à son tour l'opposition entre la méthode « narrative » et la méthode « statistique. »

On a donc globalement tout intérêt à ne pas sous-estimer le poids des statistiques et en particulier de leur enseignement qui, par le biais des cours d'économie, est introduit dès les années 1880 dans tous les hauts lieux intellectuels de l'époque : le Collège de France, l'École libre des sciences politiques, l'École normale supérieure, le Conservatoire national des arts et métiers, enfin – nous aurons à en reparler – les facultés de droit[37].

Le défi sociologique

Que l'individu porte à travers lui des déterminations collectives qui expliquent la régularité statistique des comportements, c'est une idée à laquelle adhèrent de plus en plus d'intellectuels en France à la fin du XIXe siècle. Après avoir longtemps cherché dans la nature (telle que la révélait la physique puis la biologie) les racines de l'ordre social et les raisons de l'agir humain, l'idée de mentalité collective émerge peu à peu dans les années 1890. Après Taine, Alfred Fouillée se fait le champion français de la psychologie des peuples (1898, 1903) ; Gustave Le Bon recherche les lois de la psychologie des peuples et des foules (1893, 1895) ; Gabriel Tarde est le premier à donner une explication psychologique globale de la régularité des comportements : l'imitation (1890). Ainsi, on peut voir que de tous côtés « s'exprime de façon nette et persistante le besoin d'un savoir du social, d'une science sociale[38]. » S'imposant rapidement à ses concurrentes, c'est tout ce champ que l'école sociologique de Durkheim va investir de manière décisive. Et la discipline vers laquelle les durkheimiens vont diriger leurs premières critiques est précisément l'histoire.

---

36. L. BOURDEAU, *L'Histoire et les historiens*, *op. cit.*, p. 109 et 122.

37. L. LE VAN-LEMESLE, « L'institutionnalisation de l'économie politique en France », *in* Y. BRETON, M. LUTFALLA (dir.), *L'Économie politique en France au XIXe siècle*, Economica, Paris, 1991, p. 355-388.

38. E. APFELBAUM, « Origines de la psychologie sociale en France », *Revue française de sociologie*, 1981, vol. XXII, n° 3, p. 403.

La réussite intellectuelle des durkheimiens au tournant du siècle tient moins aux positions théoriques développées dans *Les Règles de la méthode sociologique* (1895) qu'à l'immense travail de confrontations des disciplines et de traitements des données historiques, ethnographiques et statistiques entrepris dans l'*Année sociologique* à partir de 1898 pour donner une réalité au paradigme durkheimien de l'autonomie du social. C'est dans ce travail que les durkheimiens ont forgé une unité au départ toute relative et qu'ils ont acquis leur réputation de sérieux[39]. Or l'un des aspects centraux de cette offensive vise précisément l'histoire. Durkheim le dit très clairement dès la préface du premier numéro de sa revue :

> « Notre entreprise [...] peut servir à rapprocher de la sociologie certaines sciences spéciales qui s'en tiennent trop éloignées pour leur plus grand dommage et pour le nôtre. C'est surtout à l'histoire que nous pensons ainsi. Ils sont rares, même aujourd'hui, les historiens qui s'intéressent aux recherches des sociologues et sentent qu'elles les concernent. Ce caractère trop général de nos théories, leur insuffisante documentation fait qu'on les considère comme négligeables [...]. Et cependant, l'histoire ne peut être une science que dans la mesure où elle explique, et l'on ne peut expliquer qu'en comparant [...]. C'est donc servir la cause de l'histoire que d'amener l'historien à dépasser son point de vue ordinaire, à étendre ses regards au delà du pays et de la période qu'il se propose plus spécialement d'étudier, à se préoccuper des questions générales que soulèvent les faits particuliers qu'il observe. Or, dès qu'elle compare, l'histoire devient indistincte de la sociologie[40]. »

C'est bien une fusion des deux disciplines que proposait Durkheim et qui lui valut le reproche d'« impérialisme » :

> « Susciter des historiens qui sachent voir les faits historiques en sociologues, ou, ce qui revient au même, des sociologues qui possèdent toute la technique de l'histoire, voilà le but qu'il faut poursuivre de part et d'autre. À cette condition, les formules explicatives de la science pourront s'étendre progressivement à toute la complexité des faits sociaux au lieu de n'en reproduire que les contours les plus généraux, et en même temps l'érudition historique prendra un sens puisqu'elle sera employée à résoudre les plus graves problèmes que se pose l'humanité. Fustel de Coulanges aimait à répéter que la véritable sociologie, c'est l'histoire ; rien n'est plus incontestable pourvu que l'histoire soit faite sociologiquement[41]. »

---

39. Ph. BESNARD, « La formation de l'équipe de *l'Année sociologique* », *Revue française de sociologie*, 1979, vol. XX, n° 7, p. 7-31 ; L. MUCCHIELLI, *La Découverte du social. Naissance de la sociologie en France (1870-1914)*, La Découverte, Paris, 1998, 2e partie ; ainsi que le chapitre 1 du présent ouvrage.

40. É. DURKHEIM, « Préface », *Année sociologique*, 1896-1897, n° 1, p. II.

41. *Ibid.* ; *cf.* aussi Ph. BESNARD, « L'impérialisme sociologique face à l'histoire », *in Historiens et sociologues aujourd'hui*, Éditions du CNRS, Paris, 1986, p. 27-36.

Cette déclaration d'intention de Durkheim, comme les critiques de Bouglé contre « la sociologie populaire implicite » des historiens et les terribles réfutations épistémologiques de Simiand, n'étaient pas purement formelles[42]. Durkheim sut recruter d'excellents historiens comme Henri Hubert pour l'histoire religieuse et l'archéologie, Hubert Bourgin pour l'histoire économique, Paul Huvelin pour l'histoire du droit, Marcel Granet pour l'histoire de la Chine. L'étude des mémoires et comptes rendus parus dans l'*Année sociologique* révèle également le sérieux des critiques. Qu'il s'agisse de défendre les prétentions théoriques de la sociologie face à Seignobos, Salvamini, Croce, Xénopol et Berr, de discuter sur le fond les explications de Sée, Glotz et Guiraud, ou de signaler l'intérêt de contributions comme celle de Pirenne, le ton est toujours mesuré et l'argumentation précise[43].

Enfin, il faut mentionner l'importance de la rubrique « Sociologie économique » de l'*Année sociologique* dirigée par un homme qui sera bientôt connu chez les historiens presque autant que Durkheim : François Simiand. Le travail, qu'il effectua dans cette section essentielle avec les frères Bourgin et Maurice Halbwachs, par leurs contributions propres et leurs critiques bibliographiques, a participé au renouvellement de l'économie politique et surtout de l'histoire économique en France[44].

---

42. C. BOUGLÉ, « L'histoire explicative et la sociologie », *Revue internationale de l'enseignement*, 1899, n° 1, p. 247-252 ; F. SIMIAND, « Méthode historique et science sociale », *Revue de synthèse historique*, 1903 ; repris *in Annales ESC*, 1960, n° 7, p. 83-119 ; F. SIMIAND, « La causalité en histoire », *Bulletin de la société française de philosophie*, 1906, n° 5, p. 245-290.

43. É. DURKHEIM, « Compte rendu de Ch. SEIGNOBOS : *La Méthode historique appliquée aux sciences sociales*, Alcan, Paris, 1901 », *Année sociologique*, 1902, vol. V, p. 123-127 ; É. DURKHEIM, « Compte rendu de H. SÉE : *Les Classes rurales et le régime domanial au Moyen Âge*, Giard et Brière, Paris, 1901 », *Année sociologique*, 1902, vol. V, p. 339-342 ; É. DURKHEIM, « Compte rendu de H. PIRENNE : *Histoire de la Belgique des origines aux commencement du XIVe siècle*, Lamertin, Bruxelles, 1900 », *Année sociologique*, 1902, vol. V, p. 567-571 ; É. DURKHEIM, « Compte rendu de SALVEMINI, CROCE, SOREL (*Rivista italiana di sociologia*, 1902) », *Année sociologique*, 1903, vol. VI, p. 123-125 ; É. DURKHEIM, « Compte rendu de G. GLOTZ : *La Solidarité de la famille dans le droit criminel en Grèce*, Fontemoing, Paris, 1904 », *Année sociologique*, 1905, vol. VIII, p. 465-472 ; É. DURKHEIM, « Compte rendu de A.D. XÉNOPOL : *Les Principes fondamentaux de l'histoire*, Ernest Leroux, Paris, 1899 », *Année sociologique*, 1906, vol. IX, p. 139-140 ; É. DURKHEIM, « Compte rendu de P. GUIRAUD : *La Propriété primitive à Rome*, Fontemoing, Paris, 1904 », *Année sociologique*, 1906, vol. IX, p. 398-400 ; É. DURKHEIM, « Compte rendu de H. BERR : « Au bout de dix ans », *Revue de synthèse historique*, 1911, vol. XXI, n° 1, p. 1-13 », *Année sociologique*, 1913, vol. XII, p. 31-33.

44. H. BOURGIN, « Essai sur une forme d'industrie : l'industrie de la boucherie à Paris au XIXe siècle », *Année sociologique*, 1905, vol. VIII, p. 1-117 ; M. HALBWACHS, *Les Expropriations et le prix des terrains à Paris (1860-1900)*, Cornély, Paris, 1909 ; F. SIMIAND, *Le Salaire des ouvriers des mines de charbon en France. Contribution à une théorie économique du salaire*, Cornély, Paris, 1907 ; F. SIMIAND, « Compte rendu de P. MANTOUX : *La Révolution industrielle au XVIIIe siècle. Essai sur le commencement de la grande industrie moderne en Angleterre*, Hachette, Paris, 1906 », *Année sociologique*, 1908, vol. X, p. 539-551 ; F. SIMIAND, *La Méthode positive en économie politique*, Alcan, Paris, 1912. Sur tout ceci, *cf.* Ph. STEINER,

Voici donc, rapidement résumées, les grandes lignes du projet statistique et sociologique qui constituait pour les historiens un véritable défi, voire une menace. Leur réaction était inévitable, elle ne tarda pas à se manifester mais de manière très hétérogène, et il n'est pas impossible de soutenir que certains des plus importants clivages futurs se soient forgés précisément dans cette réaction différentielle.

Diversité des réactions des historiens

Du silence gêné à la contre-attaque, il est plusieurs modes de défense, une échelle de degrés dans la résistance. En voici trois illustrations.

Le silence, c'est apparemment la stratégie qu'adoptent dans un premier temps les rédacteurs de la *Revue historique*. On cherchera en vain le moindre article ou même le moindre compte rendu d'un ouvrage de sociologie dans les vingt premières années de cette revue. Les quelques brûlots signés Seignobos n'amélioreront guère la situation de la sociologie. Témoin cette appréciation d'un ouvrage du sociologue belge De Greeff[45] : « cet ouvrage n'a aucun intérêt historique. [...] il s'agit évidemment d'un essai de philosophie de l'histoire[46]. »

La polémique ouverte, c'est le genre que choisit Charles Andler dans le très vif échange qui l'oppose à Célestin Bouglé dans la *Revue de métaphysique et de morale*, l'année même du lancement de l'*Année sociologique*. À la suite d'un court article de Bouglé[47], qui émettait quelques considérations sur les phénomènes irrationnels de masses et leurs conséquences sur la démocratie, Andler fait paraître dans le numéro suivant un pamphlet virulent contre les fondements mêmes de la sociologie :

> « Une tentative a été faite ici même de poser en termes sociologiques le problème de la démocratie. On veut dans ce qui suit démontrer que la sociologie, telle qu'elle s'est constituée, ne peut ni le prétendre, ni même le poser. Une série d'analyses du même genre fournira la preuve que cette prétendue science qui s'appelle sociologie n'a jamais abordé que des problèmes à l'étude desquels elle n'est pas prête[48]. »

« La sociologie économique dans l'*Année sociologique* (1897-1913) », *in* L. GIARD, M. ROSIER (dir.), *François Simiand (1873-1935)*, Éditions des Archives Contemporaines, Paris, 1996, p. 31-42.

45. G. DE GREEFF, *L'Évolution des croyances et des doctrines politiques*, Alcan, Paris, 1896.

46. Ch. SEIGNOBOS, « Compte rendu de G. DE GREEFF : *L'Évolution des croyances et des doctrines politiques*, Alcan, Paris, 1896 », *Revue historique*, 1898, n° 7, p. 418.

47. C. BOUGLÉ, « Sociologie et démocratie », *Revue de métaphysique et de morale*, 1896, p. 115-122.

48. Ch. ANDLER, « Sociologie et démocratie », *Revue de métaphysique et de morale*, 1896, p. 244.

La suite permet de comprendre que le petit article de Bouglé n'est qu'un prétexte et que ce qui est visé en réalité c'est la sociologie de Durkheim exposée l'année précédente dans *Les Règles de la méthode sociologique* :

> « La sociologie n'a jusqu'ici qu'une base solide : ce sont les faits plus ou moins généralement observés chez les hommes en tant qu'ils vivent réunis. [...] [mais] au lieu d'attendre que des inférences précises soient tirées des sciences descriptives de l'homme[49], et que l'on soit outillé pour en donner une interprétation psychologique, on décide que les faits sociaux diffèrent à la fois des formes concrètes qui sont seules observées et de la psychologie individuelle. On fait de la sociologie sans psychologie et sans histoire[50]. »

Bouglé aura beau se défendre en explicitant la spécificité des faits sociaux et la nécessité de constituer la science qui les analyse, il aura beau rappeler que les fictions créées par Durkheim ne sont destinées qu'à combattre les *a priori* psychologiques et biologiques, il aura beau, enfin, montrer que la sociologie, loin d'ignorer l'histoire, entend au contraire se baser sur elle, Andler ne retirera rien de sa critique et le débat restera stérile[51].

Ce sont, la virulence en moins, les mêmes critiques que Bouglé rencontrera lors de la soutenance de sa thèse en 1900. Son directeur, l'historien Henry Michel, lui reprochera sa sociologie des représentations (Bouglé soutient la thèse d'une « homologie structurale » – pour employer le langage contemporain – entre les idées égalitaires et certaines formes de sociétés) et lui opposera, sans autre espèce de démonstration, l'autonomie des idées, lui préférant une psychologie sociale (ou psychologie des peuples) plus concrète, plus individuelle et, surtout, qui ne remettrait pas en cause les méthodes traditionnelles de l'historien[52].

C'est encore une autre stratégie que choisissent Charles-Victor Langlois et Charles Seignobos : la contre-attaque. Nous l'avons suggéré ailleurs en détail[53], la fameuse *Introduction aux études historiques*, loin d'être comme on le pense généralement un manifeste joyeux, est déjà une défense de la spécificité de l'histoire face au double défi statistique et sociologique :

49. Andler a cité plus haut l'ethnographie, la linguistique, l'histoire, la statistique économique et démographique.

50. Ch. ANDLER, « Sociologie et démocratie », art. cit., p. 244.

51. C. BOUGLÉ, « Sociologie, psychologie et histoire », *Revue de métaphysique et de morale*, 1896, p. 362-370 ; Ch. ANDLER, « Réponse aux objections », *Revue de métaphysique et de morale*, 1896, p. 371-373.

52. « Soutenance de thèse de M. Bouglé », *Revue de métaphysique et de morale*, 1900, supplément de janvier, p. 9-18.

53. L. MUCCHIELLI, « Une lecture historiciste de Langlois et Seignobos », *Espace-Temps*, 1996, n° 59-61, p. 130-136.

« Les procédés rationnels pour atteindre la connaissance historique diffèrent si fortement des procédés de toutes les autres sciences, qu'il est nécessaire d'en apercevoir les caractères exceptionnels pour se défendre de la tentation d'appliquer à l'histoire les méthodes des sciences déjà constituées[54]. »

L'évolution historique est en effet présentée comme « une série d'accidents » et de « faits individuels qui sont le point de départ d'un ensemble de grandes transformations[55]. » La conclusion générale est claire :

« Ainsi l'histoire scientifique peut reprendre pour les utiliser dans l'étude de l'évolution, les accidents que l'histoire traditionnelle avait recueillis pour des raisons littéraires, parce qu'ils frappaient l'imagination. On pourra donc chercher les faits qui ont agi sur l'évolution de chacune des habitudes de l'humanité ; chaque accident se classera à sa date dans l'évolution où il aura agi. Il suffira ensuite de réunir les accidents de tout genre et de les classer par ordre chronologique et par ordre de pays pour avoir le tableau d'ensemble de l'évolution historique[56]. »

Il était difficile de rejeter plus explicitement la légitimité d'une approche sociologique en histoire. À la suite de ce livre, le débat, on le sait, rebondira à plusieurs reprises. Seignobos poursuivra l'offensive en 1901 ; à quoi Simiand répondra en 1903[57]. La confrontation finale aura lieu entre 1906 et 1908 devant la Société française de philosophie et elle tournera nettement en la défaveur de Seignobos du fait du désaveu de la majorité de ses propres collègues historiens[58]. Ainsi Langlois et Seignobos, loin d'être représentatifs de l'ensemble de leur génération, étaient en réalité déjà largement dépassés par une aspiration nouvelle.

L'ASPIRATION NOUVELLE À UNE SCIENCE DE L'HISTOIRE

La réaction de Seignobos peut s'interpréter non seulement comme une réponse au défi sociologique mais encore comme un positionnement critique face au dernier type de réaction que nous n'avons pas encore évoqué : celle qui consiste à prendre acte d'une avancée scientifique et à tenter d'en faire son profit. Les signes d'une telle évolution intellectuelle sont nom-

54. Ch.V. LANGLOIS, Ch. SEIGNOBOS, *Introduction aux études historiques*, Hachette, Paris, 1898, p. VII.

55. *Ibid.*, p. 206 et 212.

56. *Ibid.*, p. 212-213.

57. M. REBÉRIOUX, « Le débat de 1903 : historiens et sociologues », *in* Ch.O. CARBONELL, G. LIVET (dir.), *Au Berceau des* Annales, Presses de l'IEP de Toulouse, Toulouse, 1983, p. 219-230 ; B.P. LÉCUYER, « Singularité des faits et vérités statistiques : à partir de la controverse Simiand-Seignobos », *in* J. FELDMAN, G. LAGNEAU, B. MATALON (dir.), *Moyenne, milieu, centre. Histoires et usages*, Éditions de l'EHESS, Paris, 1991, p. 275-287.

58. L. MUCCHIELLI, « L'épistémologie durkheimienne, l'ancienne et la nouvelle histoire », *in* L. GIARD, M. ROSIER (dir.), *François Simiand (1873-1935)*, Éditions des Archives contemporaines, Paris, 1996, p. 111-124.

breux quoique parfois très discrets. Par exemple, même si à la *Revue historique* dominaient toujours nettement les études d'histoire politique les plus traditionnelles, des tendances nouvelles se faisaient jour et des voix s'élevaient ici et là. À travers les comptes rendus de livres notamment, on voit pointer l'écho des débats épistémologiques allemands et, en particulier, de l'œuvre de Karl Lamprecht[59]. Sous sa forme allemande, c'est le même débat et la même question : comment l'histoire peut-elle être une science au sens fort du terme.

Vers une science de l'histoire

Les années 1890-1900 voient naître une production éditoriale d'un genre nouveau que l'on peut qualifier d'épistémologique et non plus de philosophique car il est l'œuvre d'historiens professionnels, mais encore relativement marginaux au plan institutionnel, qui réclament pour leur discipline des ambitions intellectuelles plus hautes.

Charles Mortet (1852-1927) était l'administrateur de la bibliothèque Sainte-Geneviève à Paris et chargé de cours sur la bibliographie à l'École des chartes. En 1892, il rédige l'article « Féodalité » dans *La Grande encyclopédie*. Le titre complet est « La féodalité. Sociologie générale. Histoire des institutions. » Il s'agit, en effet, non seulement de raconter l'histoire du Moyen Âge français, mais aussi de dégager, au delà des particularités liées à un temps et à un lieu, « un certain nombre de traits généraux qui se retrouvent partout et qui distinguent le régime féodal des autres types d'organisations sociales et politiques[60]. » L'année suivante, l'auteur (avec l'aide de son frère Victor) rédige cette fois l'article « Histoire », publié à part en 1894 sous le titre *La Science de l'histoire*. Les frères Mortet répondent comme un écho aux livres de Mougeolle et Bourdeau :

> « Le développement successif des sociétés humaines à travers les siècles doit être étudié non seulement dans la personne des hommes célèbres dont le nom s'est conservé jusqu'à nous, mais aussi dans la foule immense

59. *Cf.* G. BLONDEL, « Compte rendu de K. LAMPRECHT : *Deutsche Geschichte*, Berlin, 1894-1896 (5 volumes, 2e édition) », *Revue historique*, 1897, n° 2, p. 145-159 ; G. BLONDEL, « Le congrès des historiens allemands à Innsbruck et la science de l'histoire en Allemagne », *Revue historique*, 1897, n° 3, p. 323-330 ; H. PIRENNE, « Une polémique historique en Allemagne », *Revue historique*, 1897, n° 2, p. 50-57. Henri Pirenne (1863-1935) avait d'abord voyagé en Allemagne et rencontré Schmoller et Lamprecht. À Paris, en 1884-1885, il avait pris contact avec Arthur Giry qui travailla un moment sur l'histoire urbaine, et c'est sans doute celui-ci qui l'introduisit auprès de son ami Monod (Giry était alors l'adjoint de Monod à la direction de l'École pratique des hautes études). On voit ici que celui qui deviendra la grande référence de Lucien Febvre avait lui-même forgé ses idées dans les débats du tournant du siècle.

60. Ch. MORTET, *La Féodalité. Sociologie générale. Histoire des institutions*, Lamirault, Paris, 1893, p. 7.

des inconnus dont la trace anonyme est encore empreinte sur les débris du passé[61]. »

Ce nouveau plaidoyer pour une histoire totale se fonde sur la conviction que c'est dans l'étude des faits sociaux que l'historien « voit fonctionner l'organisme de la société et qu'il pénètre son âme même ; c'est par eux seulement qu'il peut comprendre son développement normal et reconstituer les traits de sa vie passée[62]. » Certes la complexité, l'enchevêtrement des causalités, les hasards interviennent en permanence, mais on pourra pourtant « déterminer les tendances naturelles de l'évolution sociale, les directions générales que suivent dans leur état normal les sociétés humaines »[63].

Paul Lacombe (1839-1919) a une carte de visite plus attrayante. Sorti premier de l'École des chartes en 1859, membre de cercles positivistes mais aussi ancien secrétaire de Victor Cousin, il fut jusqu'en 1870 un de ces intellectuels réfractaires à l'Empire[64]. Ses premiers livres passèrent presque inaperçus, ils révélaient pourtant déjà des positions théoriques qui s'expriment encore en 1889 dans son ouvrage sur la famille romaine[65]. C'est seulement en 1894 qu'il accède enfin à la notoriété dans le champ de l'histoire avec un ouvrage au titre évocateur : *De l'histoire considérée comme science*. Ouvrons la préface : Lacombe oppose nettement l'érudition et la science, il dénonce l'accumulation des matériaux qui ne servent aucun questionnement scientifique : « Tenter la constitution de l'histoire science est un ouvrage qui s'impose à notre temps. Il y a urgence à alléger l'esprit d'un fait qui devient écrasant. On ne diminue le poids des phénomènes qu'en les liant et ce lien ne peut être qu'une généralisation scientifique[66]. » Grand lecteur de Comte, Spencer et Stuart Mill (« mes maîtres »), philosophe dans l'âme, Lacombe parle d'histoire mais il met aussitôt les pieds dans le plat : « nous aurions pu mettre ici partout, à la place d'histoire, le mot sociologie, d'autant mieux qu'il semble destiné à prévaloir[67]. » Il ne le fait cependant pas, la sociologie n'étant pas encore constituée et l'histoire lui paraissant, après tout, capable de relever le défi, d'assimiler cet apport.

Ce n'est pas le lieu d'examiner l'ensemble de la construction théorique et épistémologique que proposait Lacombe, il faut cependant relever quel-

61. Ch. MORTET, V. MORTET, *La Science de l'histoire*, Lamirault, Paris, 1894, p. 13.

62. *Ibid.*, p. 15.

63. *Ibid.*, p. 85.

64. H. BERR, « Un théoricien de l'Histoire. Paul Lacombe, l'homme et l'œuvre », *Revue de synthèse historique*, 1920, vol. XXX, n° 2-3, p. 97-143.

65. P. LACOMBE, *Petite histoire du peuple français*, Hachette, Paris, 1868 ; P. LACOMBE, *Petite histoire d'Angleterre*, Hachette, Paris, 1877 ; P. LACOMBE, *La Famille dans la société romaine*, Vigot, Paris, 1889.

66. P. LACOMBE, *De l'histoire considérée comme science*, Hachette, Paris, 1894, p. I.

67. *Ibid.*, p. III.

ques éléments qui le positionnent dans les problématiques de l'époque. Lacombe n'élimine pas complètement l'individu en histoire, il distingue ce qui relève de la nature bio-psychologique de l'être humain, ce qui est propre à un temps ou un lieu et ce qui fait la singularité des individus : « tout acte humain porte, comme l'individu qui le porte, le triple sceau du général, du temporaire et du singulier[68]. » Il propose aussi une distinction entre institutions, événements révélateurs et événements sans intérêt : « l'histoire embrasse : 1°) les institutions, lesquelles constituent son objet principal ; 2°) les événements dans la mesure où ils ont causé quelque institution nouvelle ou encore, étant l'effet de l'homme temporaire, ils révèlent le pouvoir des institutions régnantes. Il n'y a, je le répète, de décidément rebelle que le fait considéré par le côté qui le rend unique. Celui-ci est matière non de science, mais de pure érudition[69]. »

Notons enfin qu'il accorde une importance toute particulière au facteur économique dans l'histoire : « L'évolution progressive s'est opérée sous l'ascendant de forces probablement inégales. L'une d'elles a dû agir plus que les autres ou avant les autres : la force économique[70]. »

Contrairement aux articles de Mortet, le livre de Lacombe ne passa pas inaperçu. La *Revue historique* approuva la critique de « l'érudition stérile[71]. » Une autre fera plus que l'approuver.

Henri Berr et la *Revue de synthèse historique*

« Il a été le premier à lancer ou des entreprises dont nous vivons aujourd'hui encore, ou des formules que nous répétons[72]. » Cet hommage de Fernand Braudel contraste avec l'absence de Berr dans la plupart des travaux sur la Nouvelle Histoire. S'interrogeant sur « les racines de l'histoire telle que la préconisait et la pratiquait le milieu réuni autour des Annales », K. Pomian ne cite que la géographie humaine de Vidal de La Blache et l'histoire comparée de Pirenne[73]. O. Dumoulin, de son côté, cherche à diminuer la valeur des entreprises de Berr, jugeant par exemple que le Centre international de synthèse était « un lieu de mondanités » sans « ambitions intellectuelles[74]. » Oubli ou dévalorisation, il s'agit toujours de préserver l'idée de rupture réalisée en 1929.

68. *Ibid.*, p. 7.
69. *Ibid.*, p. 11.
70. *Ibid.*, p. 151.
71. A. GUILLAND, « Compte rendu de P. LACOMBE : *De l'histoire considérée comme science*, Hachette, Paris, 1894 », *Revue historique*, 1895, n° 2, p. 408-409.
72. F. BRAUDEL, « Hommage à Henri Berr », *Revue de synthèse*, 1964, vol. LXXXV, n° 35, p. 23.
73. K. POMIAN, « L'heure des *Annales* », art. cit., p. 380-384.
74. O. DUMOULIN, « Henri Berr », art. cit., p. 86. L'auteur sait-il que Lucien Febvre était le directeur adjoint dudit centre ?

La vocation d'épistémologue de l'histoire d'Henri Berr (1863-1954) se décida sans doute progressivement puisque sa formation initiale ne fut pas l'histoire mais la philosophie. Voici pourtant, à travers un article totalement oublié (peut-être son premier), un jeune normalien de vingt-sept ans qui, à la lecture des essais de Mougeolle et Bourdeau, s'enthousiasme devant ce qu'il interprète comme « l'avènement de l'histoire démocratique[75]. » Quelques années plus tard, son doctorat de philosophie annonce sa belle obsession : la synthèse[76]. Et, dès 1900, il fondait la *Revue de synthèse historique*. « Souvent citée, rarement étudiée, il lui est attribué un rôle certain mais inconsistant. La *Revue de synthèse historique* est un ectoplasme qui apparaît au détour des pages des études historiographiques pour se dissoudre aussitôt. Elle est celle qui aurait pu, celle qui permit aux autres de, celle qui ne parvint pas, celle qui discuta », écrit très justement M. Fugler[77]. Berr était bien un philosophe mais sa philosophie est bien plus une épistémologie qu'une métaphysique. C'est pour élaborer la méthode de l'histoire qu'il a fondé sa revue :

> « On voudrait surtout avoir et on compte obtenir une série d'articles sur la méthode des diverses sciences historiques. Faire ressortir ce qu'il y a de propre et ce qu'il y a de commun à l'histoire politique, à l'histoire économique, à l'histoire des religions, à celles de la philosophie, des sciences, de la littérature et des arts[78]. »

Et s'il doit y avoir théorie, ce sera bien une théorie pour la pratique, pour guider la pratique. Telle était l'intention initiale et personnelle[79]. Voyons, à présent, le positionnement dans le champ.

Tout le problème de Berr consiste à se démarquer des deux extrêmes que représentent alors, d'une part la défense corporatiste de l'érudition historique (Langlois et Seignobos), d'autre part la dissolution de l'histoire dans la sociologie (Durkheim). Aux premiers, Berr oppose nettement les ambitions de l'érudition et celles de la science :

> « Supposons la synthèse érudite infiniment plus avancée qu'elle ne l'est : tout resterait à faire pour la véritable science. L'érudition n'est apparue avec un caractère de science que parce qu'on l'a opposée à la philoso-

75. H. BERR, « Essai sur la science de l'histoire, la méthode statistique et la question des grands hommes », *La Nouvelle revue*, 1890, vol. 64, p. 516-527 et 724-746.

76. H. BERR, *L'Avenir de la philosophie. Esquisse d'une synthèse des connaissances fondée sur l'histoire*, Hachette, Paris, 1899.

77. M. FUGLER, *Analyse ou synthèse ? La* Revue de synthèse historique *1900-1910*, mémoire de maîtrise, Faculté des Sciences Historiques de Strasbourg, Strasbourg, 1985, p. 2. Pour nos recherches au Centre international de synthèse et pour l'accès à l'étude de M. Fugler, je remercie vivement Agnès Biard.

78. H. BERR, « Sur notre programme », *Revue de synthèse historique*, 1900, vol. 1, n° 7, p. 1-2.

79. *Cf.* H. BERR, « Au bout de trente ans », art. cit., p. 6, qui, trente ans plus tard, le répétait toujours : « théorie de l'histoire et organisation du travail historique : voilà notre objet propre ».

phie *a priori* et à l'art [...]. Et c'est sans doute une satisfaction solide : posséder sur un point déterminé la certitude. Mais cette satisfaction, à bien y regarder, est vaine. Ces données qu'on établit, en soi, n'ont aucune valeur. C'est la connaissance brute, ce sont les matériaux de la science : cela n'est point la science. [...] dans l'étude de la nature, cet axiome : "il n'y a de science que du général" est admis depuis longtemps. La constatation des faits prépare la théorie[80]. »

Et Berr de conclure en citant avec éloge ce que disait Monod en 1876 et en rappelant cet autre adage : « l'analyse et la synthèse sont logiquement inséparables[81]. » Voilà pour les érudits. De l'autre côté, Berr ne cache pas l'enjeu :

« Mais cette synthèse historique [...] où aspire la *Revue* nouvelle – qu'est-ce par rapport à la sociologie ? Voilà surtout la question sur laquelle, pour contenter les esprits exigeants, il convient de s'expliquer. C'est la position scientifique de la *Revue* qu'il s'agit de préciser[82]. »

Berr prend acte de la légitimité et du sérieux de l'entreprise durkheimienne, il annonce même sa collaboration directe à son propre projet[83]. Mais il lui faut s'en distinguer pour fonder sa propre légitimité. La synthèse historique doit embrasser et dépasser la sociologie, ne pas oublier complètement l'individu et tendre, en définitive comme le souhaitait aussi Lacombe, à un fonctionnalisme psychologique :

« Il n'est pas moins nécessaire [...] que l'historien s'attache dans une certaine mesure aux particularités individuelles qui différencient l'histoire et par lesquelles s'expliquent les transformations même les plus générales. [...] les tâches diverses qu'unifie la synthèse historique doivent aboutir, en fin de compte, à la psychologie. L'étude comparative des sociétés doit aboutir à la psychologie sociale, à la connaissance des besoins fonciers auxquels répondent les institutions et de leurs manifestations changeantes. [...] c'est une question de psychologie, importante et délicate, à élucider que celle du rôle joué dans l'histoire par l'élément intellectuel[84]. »

Voilà pour tenir à distance les sociologues et rassurer les historiens[85].

---

80. H. BERR, « Sur notre programme », art. cit., p. 6 ; H. BERR, *La Synthèse en histoire. Son rapport avec la synthèse générale*, Albin Michel, Paris, 1953, p. 15 (2e édition).

81. H. BERR, « Sur notre programme », art. cit., p. 7.

82. *Ibid.*, p. 3.

83. *Ibid.*, p. 4 : « Il est possible qu'il y ait à tirer des indications utiles d'une étude [...] des formes d'association : mais étudier les faits économiques, religieux, moraux, juridiques, politiques, de ce point de vue concret et comparatif, voilà qui est d'une utilité manifeste. Il y aura donc dans cette *Revue* une part de sociologie positive ; et cette part devait revenir, puisqu'ils ont bien voulu s'en charger, à des collaborateurs de l'*Année sociologique* ».

84. *Ibid.*, p. 5-6.

85. Distinguer ce qui, en histoire, est commun à la sociologie et ce qui ne l'est pas, voilà un thème assez récurrent chez Berr et les collaborateurs de sa revue. C'est par exemple, la distinction de l'historien franco-roumain A.D. XÉNOPOL (*Les Principes fondamentaux de l'histoire*, *op. cit.* ; « Les faits de succession et les faits de répétition », *Revue de synthèse historique*,

Avant d'envisager la réception de ce discours, il faut dire un mot du contenu qu'aura la revue de Berr et qui fera son succès. On a trop souvent retenu exclusivement les débats méthodologiques et philosophiques entretenus par Berr et Lacombe[86], au détriment du réel travail d'organisation, d'encadrement et surtout de bilan des connaissances historiques dans tous les domaines et, en particulier, dans ceux auxquels ne s'intéressait pas l'histoire politique traditionnelle. Par le biais de ces « Bibliographies », « Revues générales », « Bulletins », « Chroniques », « Régions de France » ainsi que le fameux « Inventaire du travail fait et à faire », la revue de Berr a apporté beaucoup. Ce n'est que dans les premières années que les débats de méthode et de théorie occupèrent l'essentiel des articles. Par la suite, ce qui domine dans la revue c'est l'histoire intellectuelle (histoire des sciences, des religions, de la philosophie, de la littérature et de l'art), puis l'histoire générale et, enfin, l'histoire économique[87].

Quant à la réception de l'initiative de Berr, sa position intermédiaire ne mécontenta ni ne ravit vraiment personne. « Nous verrons bien », laissa tomber Langlois[88]. Les durkheimiens de leur côté étaient plutôt satisfaits[89]. Très vite, la revue va s'imposer dans le champ de l'histoire « pour figurer sur la liste des périodiques importants cités en exemple par les différents auteurs[90]. » Berr avait donc raison, au bout de dix ans, de dresser un bilan favorable et de se permettre de répondre au « nous verrons bien » : « M. Langlois a vu[91]. » Très significatif est aussi l'hommage rendu à Berr par Monod lui-même, en 1909, fêtant les noces d'argent de sa revue :

> « Le mouvement sur lequel la *Revue de synthèse* nous renseigne et auquel elle contribue est d'autant plus digne d'attention qu'il sert d'utile contrepoids à la méfiance excessive qui, depuis une vingtaine d'années, s'est manifestée en France à l'égard des généralisations historiques et de toute philosophie de l'histoire, et la sévérité avec laquelle on juge souvent les essais de synthèse, parfois il est vrai hâtifs et prématurés, tentés par les historiens du XIXe siècle. Le livre le plus remarquable paru ces dernières années en France sur la théorie de l'histoire, *L'Introduction aux études historiques* de MM. Langlois et Seignobos, entoure de tant de précautions et de tant de réserves les synthèses historiques qu'il devient bien téméraire

---

1900, vol. 1, n° 2, p. 121-136) entre les faits de répétition et les faits de succession dans l'histoire.

86. D'où cette image de « philosophe » dont Berr ne se départira jamais et qui contribue sans doute à expliquer ses échecs au Collège de France.

87. M. FUGLER, *Analyse ou synthèse ?*, *op. cit.*, p. 172-178.

88. Ch.V. LANGLOIS, *Manuel de bibliographie historique*, Alcan, Paris, 1901, p. 179.

89. C. BOUGLÉ, « La *Revue de synthèse historique* », *Année sociologique*, 1902, vol. V, p. 138-140. Pour un relevé systématique des commentaires réciproques entre l'*Année sociologique* et la *Revue de synthèse historique*, *cf.* J. FAUBLÉE, « Henri Berr et l'*Année sociologique* », *Revue de synthèse*, 1964, vol. LXXXV, n° 35, p. 68-74.

90. M. FUGLER, *Analyse ou synthèse ?*, *op. cit.*, p. 209.

91. H. BERR, « Au bout de dix ans », art. cit., p. 13.

d'oser s'y risquer [...]. Et pourtant l'histoire purement narrative et purement pittoresque n'offre qu'un intérêt d'amusement et de curiosité[92]. »

Au delà des humeurs d'un historien consacré, cet hommage en dit long sur la légitimité conquise dès cette époque par les nouvelles préoccupations historiques. Toutefois, il semble que les prises de positions théoriques de Monod ne changèrent guère les orientations concrètes des recherches publiées dans sa revue puisque son dépouillement a révélé que « jusqu'en 1925, l'histoire biographique, l'étude de la politique intérieure, de la diplomatie, des phénomènes religieux et militaires forment la matière de la quasi-totalité des articles[93]. » Pour autant (et ce jugement étant à nuancer un peu au vu de la part importante accordée après la guerre aux comptes rendus d'histoire économique de Sée et Hauser), la *Revue historique* n'était pas le seul organe d'expression des historiens professionnels ; ce qui se passait autour est même déterminant.

Vers l'histoire économique et sociale

Loin d'être une aspiration marginale ou refoulée dans la communauté des historiens, l'histoire économique et sociale est au contraire un domaine en pleine expansion dès les années 1890-1914. Certes, son institutionnalisation est lente pour au moins trois raisons : la nouveauté de ces recherches ; les prises de positions politiques qu'elles impliquent souvent (nos jeunes historiens des échanges, de l'industrie ou des classes ouvrières sont souvent socialistes et donc suspectés dans un milieu encore globalement assez conservateur) ; ensuite, le fait que ce domaine de recherche se rapproche de la sociologie, de l'« économie sociale » (expression de F. Le Play) ou plus généralement de la « science sociale. » Cette concurrence joue, par exemple, de façon exemplaire dans l'attribution de la chaire d'histoire de l'économie sociale : la succession d'Espinas en 1906 oppose un sociologue (Bouglé) et un historien de l'économique et du social (Hauser), le premier l'emportant[94]. Le cas de Hauser semble d'ailleurs significatif de l'ensemble de ces difficultés d'institutionnalisation de l'histoire économique. Bien qu'étant assez reconnu en ce domaine et, par ailleurs, peu suspect de complicité avec les sociologues qu'il critiquait volontiers avec Seignobos, malgré le soutien d'Alphonse Aulard et même les encouragements de Jaurès, il n'obtiendra pas de poste à Paris avant

92. G. MONOD, « À nos lecteurs », *Revue historique*, 1909, n° 1, p. 10.

93. A. CORBIN, « La *Revue historique*. Analyse de contenu d'une publication rivale des *Annales* », *in* Ch.O. CARBONELL, G. LIVET (dir.), *Au berceau des* Annales, Presses de l'IEP de Toulouse, Toulouse, 1983, p. 121.

94. G. WEISZ, « L'idéologie républicaine et les sciences sociales. Les durkheimiens et la chaire d'histoire d'économie sociale à la Sorbonne », *Revue française de sociologie*, 1979, vol. XX, n° 7, p. 83-112.

1919 (de manière générale, il faut aussi tenir compte du net ralentissement de la création de postes universitaires dans l'entre-deux-guerres[95]).

Les obstacles intellectuels et institutionnels au développement des nouvelles préoccupations historiques étaient donc réels. Toutefois, les recherches et les enseignements existaient bel et bien et s'accroissaient au fil des années. Nous ne saurions en restituer l'histoire complète (c'est un travail qui nécessiterait plusieurs années de recherches). Nous pouvons au moins proposer un panorama (nullement exhaustif) des hommes et des œuvres qui ont marqué les débuts de l'histoire économique et sociale en France.

Les hommes

Paul Guiraud (1850-1907), historien de l'économie antique, n'était pas un marginal. Normalien, agrégé, docteur en 1878, il fit une belle carrière qu'il termina comme professeur à la Sorbonne et membre de l'Académie des sciences morales et politiques. Gustave Glotz (1862-1935) succéda à Guiraud à la Sorbonne en 1907 et prit la direction de la *Revue des études grecques*. Il aura droit à tous les hommages universitaires (direction d'une *Histoire générale* aux Presses universitaires de France, volume de Mélanges), il sera même président de l'Académie des inscriptions et des belles-lettres. Il fut pourtant lui aussi un ardent promoteur de l'histoire sociale et l'auteur en 1907 d'un vibrant appel à l'histoire comparée que n'auraient pas désavoué Bloch et Pirenne[96].

Après deux antiquisants, voyons quelques modernistes. Prosper Boissonnade (1862-1935) avait véritablement la double formation d'économiste et d'historien. Professeur à Poitiers (1897), membre du Comité des travaux historiques et de la Commission d'histoire économique de la Révolution française, collaborateur régulier de la *Revue de synthèse historique*, il était un spécialiste d'histoire régionale (Poitou et Aquitaine) et surtout l'auteur d'une vingtaine d'ouvrages d'histoire économique (principalement sur le Moyen Âge et la période moderne) fort appréciés de leur temps. Paul Mantoux (1877-1956) joua aussi un rôle non négligeable dans la promotion de l'histoire économique au tout début du siècle. Sa thèse sur la révolution industrielle en Angleterre (1906) lui valut l'admiration de beaucoup. Il soutint aussi, aux côtés d'Henri Berr, une polémique cordiale avec les sociologues[97].

Avec Henri Hauser dont nous avons déjà parlé, le moderniste le plus consacré fut Henri Sée (1864-1936), professeur à l'université de Rennes.

---

95. O. DUMOULIN, « Histoire et historiens de droite », art. cit.

96. G. GLOTZ, « Réflexions sur le but et la méthode de l'histoire », *Revue internationale de l'enseignement*, 1907, vol. LIV, p. 481-495.

97. P. MANTOUX, « Histoire et sociologie », *Revue de science historique*, 1903, vol. VII, n° 2, p 121-140.

Alliant lui aussi la compétence régionale (Bretagne) et la compétence générale, il est l'auteur d'une trentaine de livres d'histoire économique et sociale, dont certains seront réédités jusque dans les années 1970. Intellectuel engagé mais critique du marxisme (1927), théoricien du capitalisme (1926), Henri Sée mérite beaucoup mieux que l'oubli où il a si vite sombré. Par ses ouvrages, ses revues bibliographiques et ses chroniques dans les diverses revues d'histoire, il a été abondamment utilisé par la première génération des *Annales*.

Les recherches et les revues

À eux seuls, ces quelques auteurs couvraient toutes les périodes et tous les champs de l'histoire économique et sociale : histoire de l'économie rurale et de la propriété[98], histoire commerciale et histoire de l'économie coloniale[99], histoire du travail[100], histoire de l'industrie et des classes ouvrières[101], histoire urbaine[102] et même histoire des institutions juridiques et sociales[103]. À cela s'ajoutent les manuels de

98. P. GUIRAUD, *La Propriété foncière en Grèce jusqu'à la conquête romaine*, Hachette, Paris, 1893 ; P. GUIRAUD, *La Propriété primitive à Rome*, *op. cit.* ; P. GUIRAUD, *Études économiques sur l'Antiquité*, Hachette, Paris, 1905 ; H. SÉE, *Les Classes rurales*, *op. cit.* ; H. SÉE, *Esquisse d'une histoire du régime agraire en Europe aux XVIIIe-XIXe siècles*, Giard, Paris, 1921.

99. P. BOISSONNADE, *Histoire des premiers essais de relations économiques entre la France et l'État prussien pendant le règne de Louis XIV*, Honoré Champion, Paris, 1912 ; H. HAUSER, *L'Or*, Nony, Paris, 1901 ; H. HAUSER, *Les Débuts du capitalisme*, Alcan, Paris, 1927.

100. P. BOISSONNADE, *Le Travail dans l'Europe chrétienne au Moyen Âge*, Alcan, Paris, 1921 ; P. BRISSON, *Histoire du travail et des travailleurs*, Delegrave, Paris, 1900 ; G. GLOTZ, *Le Travail dans la Grèce ancienne*, Alcan, Paris, 1920 ; P. GUIRAUD, *La Main-d'œuvre industrielle dans l'ancienne Grèce*, Alcan, Paris, 1900 ; H. HAUSER, *Travailleurs et marchands dans l'ancienne France*, Alcan, Paris, 1920 ; F. PELLOUTIER, *Histoire des bourses du travail*, Schleicher, Paris, 1902 ; M. SAINT-LÉON, *Le Compagnonnage, son histoire, ses coutumes, ses règlements, ses rites*, Colin, Paris, 1901.

101. P. BOISSONNADE, *Le Socialisme d'État. L'industrie et les classes industrielles en France pendant les deux siècles de l'ère moderne*, Honoré Champion, Paris, 1927 ; P. MANTOUX, *La Révolution industrielle au XVIIIe siècle*, *op. cit.*

102. A. GIRY, *Histoire de la ville de Saint-Omer et de ses institutions jusqu'au XIVe siècle*, Bibliothèque de l'EPHE, Paris, 1877 ; A. GIRY, *Histoire des institutions municipales de Saulis*, Bibliothèque de l'EPHE, Paris, 1881 ; H. SÉE, *Louis XI et les villes*, Hachette, Paris, 1892. Arthur Giry (1848-1899) était un personnage important. Maître de conférences puis directeur adjoint de l'École pratique des hautes études (1892), il engagea certains de ses élèves vers les études d'histoire urbaine et d'histoire économique. *Cf.* F. LOT, *Arthur Giry*, Imprimerie Nationale, Paris, 1901 (extrait de l'*Annuaire de l'École pratique des hautes études*).

103. C. BLOCH, *L'Assistance et l'État en France à la veille de la Révolution*, Hachette, Paris, 1908 ; G. GLOTZ, *La Solidarité de la famille*, *op. cit.* ; G. GLOTZ, *Études sociales et juridiques sur l'antiquité grecque*, Hachette, Paris, 1906 ; F. LOT, *Études sur le règne de Hugues Capet à la fin du Xe siècle*, Émile Bouillou, Paris, 1903 ; F. LOT, *Fidèles ou vassaux ? Essai sur la nature du lien qui unissait les grands vassaux à la Royauté depuis le milieu du IXe siècle jusqu'à la fin du XIIe siècle*, Émile Bouillou, Paris, 1904 ; G. VALRAN, *Misère et charité en Provence au XVIIIe siècle. Essai d'histoire sociale*, Arthur Rousseau, Paris, 1899 ;

Sée[104] et les prestigieuses synthèses collectives comme les huit volumes de l'*Histoire universelle du travail* dirigée par Georges Renard de 1912 à 1921.

En outre, il faut observer la part des études économiques et sociales dans la *Revue d'histoire moderne et contemporaine* que lancent un chartiste (Pierre Caron) et un normalien (Philippe Sagnac) en 1899. L'absence de déclaration d'intention des jeunes directeurs ne doit pas détourner d'une lecture plus fouillée de cette revue où les préoccupations économiques et sociales sont en réalité là encore bien présentes. Sagnac est alors l'auteur tout récent d'une thèse sur *La Législation civile de la Révolution française* qui se présente comme « un essai d'histoire sociale » et « une histoire des classes rurales[105]. » Encouragée dans les comptes rendus et les revues critiques par des spécialistes tels Boissonnade ou le très actif historien sociologue durkheimien Hubert Bourgin, l'histoire économique se porte bien dans cette revue. Rendant compte des ouvrages de Camille Bloch (1900), Boissonnade (1900) et Martin (1900), Sagnac déclare solennellement :

> « Par tous ces travaux [...] on voit que l'histoire économique et sociale de notre pays est plus que jamais en honneur. Les événements contemporains, la prospérité industrielle de l'Angleterre, des États-Unis, et celle toute récente de l'Allemagne, nous montrent en effet que le principal élément de la vie des nations comme de celle des individus, c'est le travail. Il faut donc enfin écrire l'histoire du travail sous toutes ses formes et c'est à

G. VALRAN, *Assistance et éducation en Provence aux XVIIIe et XIXe siècles*, Arthur Rousseau, Paris, 1900. Pour la première référence, il s'agit de Camille Bloch (1865-1949), alors inspecteur général des bibliothèques et des archives et chargé de conférences à la Sorbonne. On ne le confondra pas avec Gustave Bloch (1848-1923), le père de Marc Bloch, qui était également historien, professeur d'histoire romaine à la Sorbonne et lui aussi ouvert aux préoccupations sociologiques. *Cf.* C. SEIGNOBOS, « Les conditions pratiques de la recherche des causes dans le travail historique. Discussion », *Bulletin de la Société française de philosophie*, 1907, p. 290 : en 1907, G. Bloch répliquait à Seignobos : « sans doute l'histoire est chose très complexe [...], mais il y a cependant des phénomènes relativement simples, produits de forces très élémentaires ; peut-être peut-on rechercher pour ces phénomènes des données générales, que je n'appelle pas des causes (le savant ne recherche pas les *causes*), mais des *lois*. [...] Les lois physiques ne sont pas immuables, infaillibles, elles varient avec l'état de nos connaissances. Pourquoi être plus ambitieux en histoire ? [...] Voici des révolutions : nous constatons qu'en général elles commencent par des revendications matérielles. Le [petit peuple] athénien demande de la terre et veut éviter l'esclavage bien avant de demander des droits politiques. De même, à Rome, [...] de même dans les révolutions modernes. Voilà un essai de loi générale. Je crois donc qu'il ne faut pas raisonner d'une façon générale sur l'Histoire prise en bloc : mais il faut raisonner d'une façon particulière sur les différents phénomènes dont se compose l'histoire ; suivant les cas, il faut varier les méthodes et tenter sur chaque série de phénomènes des essais d'explication. » Marc Bloch avait de qui tenir !

104. H. SÉE, *Esquisse d'une histoire*, *op. cit.* ; H. SÉE, *La France économique et sociale au XVIIIe siècle*, Colin, Paris, 1925 ; H. SÉE, *Esquisse d'une histoire économique et sociale de la France depuis les origines jusqu'à la Guerre Mondiale*, Alcan, Paris, 1929.

105. P. SAGNAC, *La Législation civile de la Révolution française (1789-1804). Étude d'histoire sociale*, Hachette, Paris 1898, p. II.

cette tâche que les historiens français doivent tout particulièrement se consacrer[106]. »

Et c'est dans le même esprit qu'il accueillait l'ouvrage d'Émile Dupont (1901) comme une étude des classes rurales de première importance « pour les *historiens sociologues*[107]. »

De son côté, Caron, qui n'était pas un chercheur ni un théoricien, avait une intense activité institutionnelle au service de l'histoire moderne et il y faisait bonne place au socio-économique[108]. Dans une sorte de manifeste publié en 1905 dans la *Revue de synthèse historique*, il déclarait que les historiens professionnels de sa génération (par opposition aux cléricaux) étaient

> « des esprits affranchis, que n'effarouchent pas ces audaces intellectuelles qui, de temps à autre, ouvrent à la science de nouvelles voies. [...] Dans tous les domaines [...], ici s'apprêtant à rajeunir l'histoire diplomatique et militaire [...], là modifiant de fond en comble la conception traditionnelle de l'histoire littéraire et de l'histoire de l'art [...] ; ici encore préparant la constitution, si longtemps entravée par des difficultés tenant à la nature des choses et au préjugé persistant de l'historien qui ne veut pas être sociologue, de l'histoire économique et sociale [...][109]. »

Deux ans après le fameux texte de Simiand, Caron se demandait notamment

> « qui pourrait affirmer [...] qu'en se plaçant à des points de vue nouveaux, en écartant « l'idole individuelle » pour envisager les masses, l'on n'aura point à tirer, de faits cent fois maniés et insuffisamment pénétrés, des conclusions nouvelles ? Question grave, qu'a posée ici même un sociologue, M. François Simiand, et qu'un haussement d'épaules ne saurait suffire à résoudre. Les historiens des prochaines générations en sentiront l'importance ; il leur appartiendra de dissiper le malentendu existant entre historiens et sociologues, et d'établir un contact dont les avantages sont

---

106. P. SAGNAC, « Bulletin historique. Histoire économique et sociale », *Revue d'histoire moderne et contemporaine*, 1900-1901, p. 425-426.

107. P. SAGNAC, « Compte rendu de É. DUPONT : *La Condition des paysans de la Sénéchaussée de Rennes à la veille de la Révolution*, Honoré Champion, Paris, 1901 », *Revue d'histoire moderne et contemporaine*, 1901-1902, p. 669 ; je souligne.

108. Caron était, par exemple, le secrétaire de la Commission des documents relatifs à la vie économique de la Révolution au sein du Comité national des travaux historiques. Dans cette commission, créée en 1903 à l'initiative de Jaurès, on retrouve la plupart de nos auteurs, *cf.* P. CARON, « La commission des documents relatifs à la vie économique de la Révolution », *Revue d'histoire moderne et contemporaine*, 1904-1905, p. 443-447 : Aulard, Bloch, Boissonnade, Bourgin, Deschamps, Gide, Levasseur, Sagnac, Sée, ainsi que Lavisse et Seignobos. Son activité fut importante puisque, dès 1907, elle avait déjà permis, en marge de son Bulletin trimestriel, la publication de 35 volumes de documents d'histoire économique, *c P.* . CARON, « La commission des documents relatifs à la vie économique de la Révolution », *Revue d'histoire moderne et contemporaine*, 1906-1907, p. 545-549.

109. P. CARON, « Des conditions actuelles du travail d'histoire moderne en France », *Revue de synthèse historique*, 1905, n° 2, p. 267-268.

certains et dont les inconvénients possibles – tout en a – sont singulièrement grossis par les préventions actuelles[110]. »

Même appel chez Boissonnade que nous citions en ouverture de ce travail et qui, en 1902, regrettait notamment que la France ne compte pas de revues pour faciliter les progrès de l'histoire économique. Il fut pourtant bientôt comblé puisque la première revue d'histoire économique et sociale est née, non pas en 1929, mais en 1908 ou en 1913 au moins.

La première revue d'histoire économique et sociale

C'est en effet en 1908 qu'Auguste Deschamps (1863-1935) et Auguste Dubois (1866-1927), deux professeurs d'économie politique des facultés de Droit fondèrent la *Revue d'histoire des doctrines économiques et sociales*. L'éclectisme de l'histoire des idées prévalait manifestement au départ de leur revue qui, selon son programme initial,

> « accueillera les articles relatifs à l'histoire de tout ce qui est science économique, théorie de politique économique, doctrine d'art économico-social, et même ceux, pourvu qu'ils aient un caractère nettement historique, décrivant ou exposant, en tant qu'elles révèlent ou commandent une certaine opinion économique des institutions économiques, politiques ou juridiques, ou des théories de morale religieuse ou de morale indépendante[111]. »

Mais, dès 1913, les directeurs, en rebaptisant leur revue *Revue d'histoire économique et sociale*, rectifiaient le tir et comprenaient qu'ils pouvaient désormais incarner une nouvelle et vaste dynamique de recherche :

> « Le champ est immense : l'histoire de l'agriculture, de l'industrie, du commerce, du crédit public, des institutions occupe toute une armée de chercheurs [...]. Mais il n'existe jusqu'à présent aucune publication spéciale qui facilite et groupe les efforts. La *Revue d'histoire économique et sociale* essayera de remplir ce rôle[112]. »

De fait, tous nos historiens économistes y publieront dans l'entre-deux-guerres, ainsi que dans la collection d'« Histoire économique » que les mêmes juristes dirigeaient chez le même éditeur : Marcel Rivière.

Si l'on récapitule : chaires, thèses, manuels, synthèses collectives, rubriques permanentes de revues, textes programmatiques, revue spécialisée, on constate qu'il n'a manqué à l'histoire économique et sociale aucun des

---

110. P. CARON, « Des conditions actuelles du travail d'histoire moderne en France », art. cit., p. 271-272.

111. A. DESCHAMPS, A. DUBOIS, « Programme », *Revue d'histoire des doctrines économiques et sociales*, 1908, vol. I, p. 2.

112. A. DESCHAMPS, A. DUBOIS, E. DEPITRE, A. SCHATZ, « La *Revue d'histoire économique et sociale* », *Revue d'histoire économique et sociale*, 1913, n° 1, p. 2.

ingrédients nécessaires à la constitution et à l'autonomisation d'un nouveau domaine scientifique. On peut donc affirmer sans crainte que l'histoire économique et sociale est bien née en France dans les années 1890-1914. À la veille de la Première Guerre mondiale, dans son très officiel bilan d'un siècle d'histoire, le peu révolutionnaire Louis Halphen entérinait d'ailleurs consensuellement l'évolution de la discipline :

> « Il n'est [...] aucun des aspects de la vie d'autrefois dont [les historiens] ne veuillent percer le mystère. L'histoire économique et financière, l'histoire sociale, l'histoire religieuse, l'histoire des mœurs, l'histoire artistique et intellectuelle les attirent autant, sinon plus, que l'histoire politique ou constitutionnelle. Étudier la révolution économique accomplie par l'introduction du machinisme moderne ou examiner dans le détail les transformations subies sur tel ou tel point du globe par une industrie spéciale ; analyser les variations du prix des denrées, du taux des salaires ; tracer le tableau des conflits entre patrons et ouvriers ; déterminer les changements survenus au cours des âges dans le régime foncier ou l'exploitation agricole d'une contrée ; suivre l'évolution des croyances, des rites, des usages juridiques... tels sont, entre mille, quelques spécimens des sujets que nos historiens ne craignent pas aujourd'hui d'aborder[113]. »

QUESTIONS GÉNÉRALES SUR L'ÉMERGENCE DE LA NOUVELLE HISTOIRE EN FRANCE À LA FIN DU XIXe SIÈCLE

Cette étude qui se veut programmatique ne serait pas véritablement achevée si, au delà des éléments d'analyse du corpus scientifique concerné, nous ne nous interrogions pas plus largement sur les conditions intellectuelles et sociales qui permirent l'émergence de ce mouvement massif vers une Nouvelle Histoire. Mais, même avant d'en venir à la génération d'historiens formée à la fin du XIXe siècle, nous voudrions situer cette génération dans l'histoire de l'historiographie française et contester une première discontinuité, non pas en aval mais en amont.

Un chaînon manquant : Fustel de Coulanges

Si, comme nous croyons l'avoir suffisamment montré, la Nouvelle Histoire est née non pas dans les années 1930 mais à la fin du XIXe siècle, faut-il simplement déplacer la discontinuité en amont ? Ces nouveaux historiens des années 1890 n'ont-ils eu à leur tour aucun guide, aucun lien avec la génération dite « romantique » qui les a précédés ?

À en croire Langlois, une telle recherche est inutile : « qui a donc, pour ainsi dire, lancé le mouvement qui s'est développé en France depuis un

---

113. L. HALPHEN, *L'Histoire en France depuis cents ans*, A. Colin, Paris, 1914, p. 170.

demi-siècle environ ? Personne[114]. » Et Carbonell lui emboîte le pas, concluant notamment que ni Renan, ni Taine, ni Fustel de Coulanges n'ont eu de descendance intellectuelle[115]. Or, Langlois est une source bien trop partisane pour ne point s'en méfier. Certes, ni Taine ni Renan ne furent jamais véritablement considérés comme des historiens de métier et n'eurent apparemment pas de disciples directs dans ce milieu professionnel (ce qui ne préjuge pas de leur influence qui fut certainement grande). De même Michelet, quoique parfois considéré par certains membres des *Annales* comme un lointain ancêtre et discuté longuement par Febvre dans son cours au Collège de France en 1942 et 1943, n'eut pas directement d'héritiers intellectuels. Si Gabriel Monod se fit son biographe et s'appropria son héritage intellectuel, il ne fut pas pour autant un disciple du maître[116]. Voulant incarner la profession et ses règles de méthode, il fut même assez sévère avec Michelet : « il ne peut servir de guide ; il faut toujours le contrôler, le rectifier, et très souvent le contredire. Il voit avec une puissance extraordinaire, mais il ne voit pas tout et il ne voit pas souvent juste. Il n'a pas la précision scientifique, la méthode, l'unité de plan et d'idées qui sont nécessaires pour devenir le chef d'une école historique[117]. » Alors qui ?

Quand on interroge d'abord nos jeunes historiens économistes, plusieurs noms reviennent fréquemment. Émile Levasseur est le vétéran de l'histoire économique en France. Ses textes sur l'histoire des classes ouvrières[118] sont considérés comme des points de départ et son œuvre est « une véritable encyclopédie d'histoire économique contemporaine[119] », « la synthèse la plus sûre, la plus claire, la plus méthodique que nous possédions[120]. » D'autre part, le bien oublié Gustave Fagniez, codirecteur de la *Revue historique* jusqu'en 1881, fut l'auteur, en 1877, d'une thèse sur *L'Industrie et les classes industrielles à Paris aux XIIIe et XIVe siècles* que

---

114. Ch.V. LANGLOIS, « Les études historiques », *in La Science française*, Larousse, Paris, 1915, vol. 2, p. 82 ; *cf.* aussi Ch.V. LANGLOIS, « L'histoire en France au XIXe siècle », *Questions d'histoire et d'enseignement*, Hachette, Paris, 1902, p. 239.

115. Ch.O. CARBONELL, *Histoire et historiens*, *op. cit.*, p. 295-323.

116. G. MONOD, *Michelet*, Sandoz, Paris, 1875 ; G. MONOD, *Jules Michelet. Études sur sa vie et ses œuvres d'après des fragments inédits*, Hachette, Paris, 1905 ; É. FAUQUET, *Michelet ou la gloire du professeur d'histoire*, Éditions du Cerf, Paris, 1990, p. 421-423. Monod ne fut d'ailleurs pas non plus un chef d'école intellectuelle mais plutôt un organisateur de la discipline, un homme d'institution.

117. G. MONOD, *Renan, Taine, Michelet*, Calmann-Lévy, Paris, 1894, p. 180.

118. É. LEVASSEUR, *Histoire des classes ouvrières en France avant 1789*, Arthur Rousseau, Paris, 1900-1901 (2 volumes) [1ère édition : 1859] ; É. LEVASSEUR, *Histoire des classes ouvrières en France de 1789 à nos jours*, Arthur Rousseau, Paris, 1903-1904 (2 volumes) [1ère édition : 1867].

119. A. MILHAUD, « Revue générale : la classe ouvrière au XIXe siècle », *Revue de synthèse historique*, 1908, vol. XVII, n° 2, p. 208.

120. P. BOISSONNADE, « Les études relatives à l'histoire économique de la France au Moyen Âge », art. cit., p. 58.

beaucoup considéraient comme un travail précurseur et « un modèle à imiter[121]. » Ni Levasseur ni Fagniez ne furent cependant des maîtres, des références intellectuelles générales pour nos jeunes nouveaux historiens. De l'accumulation et de la comparaison des témoignages, un seul nom émerge avec certitude malgré les dénégations de Langlois : Fustel de Coulanges.

Fustel a quarante ans lorsque, en 1870, Duruy le nomme professeur à l'École normale. La renommée qu'il va acquérir très vite tient moins à son livre sur *La Cité antique* (1864) qu'aux polémiques qu'il va soutenir contre les historiens allemands au sujet de l'Alsace-Lorraine et de l'origine du féodalisme français[122]. « Figure patriotique », « autorité morale », Fustel devient vite la référence de la génération d'historiens d'après 1870 :

> « Je me rappelle encore l'impression que M. Fustel de Coulanges produisit en 1871 sur ma promotion. [...] L'auteur de *La Cité antique* nous paraissait [...] plus que personne digne de prononcer des oracles, et nous attachions tous une valeur exceptionnelle à ses moindres affirmations. [... Il] avait l'enthousiasme de la foi, j'entends de la foi scientifique, fondée sur des preuves rationnelles. [...] Il se considérait très sincèrement comme un apôtre de la science, et il voyait dans sa chaire un centre de prédication[123]. »

En 1875, Fustel succède à Guizot à l'Académie des sciences morales et politiques et, en 1880, il est nommé directeur de l'École normale. Il est alors au sommet de sa gloire, jusqu'à sa mort, en 1889. Ferdinand Lot racontait à Marc Bloch en 1930 :

> « J'ai conservé un souvenir inoubliable de l'enseignement de Fustel [...]. Je puis dire qu'il a décidé de ma vocation historique. J'ai été son disciple avant d'être chartiste. [...] Longtemps j'ai été fanatique de son enseignement et de ses ouvrages. À l'École des chartes, je me disputais avec mes maîtres à son sujet et j'entraînais mes camarades pour l'entendre en 1887 et 1888[124]. »

Fustel « a appliqué sa pénétrante critique, son génie méthodique et clair, son esprit systématique aux études économiques sur le Moyen Âge », remarque Boissonnade[125]. Il est « mon maître », avouait Berr[126]. Il nous a « ouvert les yeux », dira Sée[127].

---

121. *Ibid.*, p. 61.

122. F. HARTOG, *Le XIXe siècle et l'histoire*, *op. cit.*

123. P. GUIRAUD, *Fustel de Coulanges*, Hachette, Paris, 1896, p. 86-87 et 93.

124. Cité par F. HARTOG, *Le XIXe siècle et l'histoire*, *op. cit.*, p. 208 ; *cf.* aussi Ch.E. PERRIN, *Un Historien français : Ferdinand Lot*, Droz, Genève, 1968, p. 21.

125. P. BOISSONNADE, « Les études relatives à l'histoire économique de la France au Moyen Âge », art. cit., p. 330.

126. H. BERR, « Progrès de l'histoire au XIXe siècle. Pages oubliées de A. Chéruel (1833 », *Revue de synthèse historique*, 1908, vol. XVI, n° 3, p. 258.

127. H. SÉE, *Science et philosophie de l'histoire*, Alcan, Paris, 1930, p. 57.

1870-1930 : toujours Fustel. Et ce n'est pas ici le patriote mais bien le promoteur de l'histoire comparée et de l'histoire sociale totale qui en a imposé à ses élèves et à ses biographes :

> « Il comprend l'histoire avec la même ampleur de vision que Michelet : il le répète, c'est la société tout entière qu'il voudrait faire revivre, dans ses fonctions publiques comme dans sa vie intime [...]. Comme Michelet, Fustel fait la part la plus restreinte à l'invasion, à la conquête, aux luttes des races ; moins que lui encore, il ne s'inquiète des grands hommes providentiels : voyez comme Jules César et Charlemagne sont relégués dans son histoire[128]. »

Jullian se souvenait des dernières phrases de Fustel sur cette « science pure » que devait être l'histoire infortunément assimilée aux disciplines littéraires[129]. C'est d'une science sociale qu'il s'agissait : « on a inventé depuis quelques années le mot « sociologie ». Le mot « histoire » avait le même sens et disait la même chose, du moins pour ceux qui l'entendaient bien. L'histoire est la science des faits sociaux, c'est-à-dire la sociologie même[130]. » Avec Fustel, l'histoire événementielle et strictement politique est clairement écartée :

> « Les institutions ne sont jamais l'œuvre de la volonté d'un homme ; la volonté même de tout un peuple ne suffit pas à les créer. Les faits humains qui les engendrent ne sont pas de ceux que les caprices d'une génération puissent changer. Les peuples ne sont pas gouvernés selon qu'il leur plaît de l'être, mais suivant que l'ensemble de leurs intérêts et le fond de leurs opinions exigent qu'ils le soient[131]. »

Une société est un véritable « organisme social » où « tout se tient[132] ». Ce sont donc des structures qu'il faut reconstruire et non des faits qu'il faudrait simplement raconter :

> « L'histoire ne consiste pas à raconter avec agrément ou à disserter avec profondeur. Elle consiste, comme toute science, à constater des faits, à les analyser, à les rapprocher, à en marquer le lien. » Certes, « l'histoire se compose d'une multitude infinie de petits faits ; mais le petit fait, à lui seul, n'est pas l'histoire. [...] Ériger en règle absolue qu'elle doit s'interdire la recherche de lois générales, c'est aller contre le vrai but de la science. Rejeter systématiquement le lien des faits est un système aussi, et n'est pas le

128. C. JULLIAN, *Notes sur l'histoire de France au XIXe siècle*, Hachette, Paris, 1897, p. CXXI-CXXII.

129. N. FUSTEL DE COULANGES, « Leçon d'ouverture. Des transformations de la propriété foncière en France du IIe au Xe siècle », *Revue politique et littéraire*, 1879, vol. XVI, p. 747 ; N. FUSTEL DE COULANGES, *La Monarchie franque*, Hachette, Paris, 1888, p. 32.

130. N. FUSTEL DE COULANGES, *L'Alleu et le domaine rural pendant l'époque mérovingienne*, Hachette, Paris, 1889, p. IV-V.

131. N. FUSTEL DE COULANGES, *La Gaule romaine*, Hachette, Paris, 1891, p. XII.

132. N. FUSTEL DE COULANGES, *Nouvelles recherches sur quelques problèmes d'histoire*, Hachette, Paris, 1891, p. 277.

> moins dangereux de tous les systèmes. S'il prévalait, l'histoire cesserait d'être une science et ne serait qu'une curiosité[133]. »

Enfin, Fustel est bien la figure emblématique des nouveaux historiens en ce qu'il a mis l'accent sur le poids des structures économiques et tout particulièrement sur le régime de la propriété :

> « En tout temps et en tout pays, la manière dont le sol a été possédé a été l'un des éléments principaux de l'état social et politique. [...] les hommes diffèrent entre eux de ce point surtout qu'ils sont ou qu'ils ne sont point propriétaires du sol. [...] La propriété et la tenure déterminent donc des distinctions sociales, et celles-ci à leur tour déterminent des institutions politiques. Aussi arrive-t-il qu'à chaque système de propriété et de tenure correspond un système de société et de gouvernement[134]. »

On comprend que ses jeunes auditeurs, marqués par la diffusion des idées socialistes dans les années 1885-1900, aient trouvé ici encore un maître (même si lui-même, comme beaucoup d'hommes de sa génération, ne se reconnaissait pas dans ce nouveau socialisme). Nous tenons là, à coup sûr, un de ces « chaînons manquants » qui relient la génération romantique à celle du tournant du siècle sur laquelle il nous faut conclure.

Une génération normalienne et dreyfusarde

Il faut en effet insister sur le fait que ces « nouveaux historiens » forment à l'évidence une génération intellectuelle, sont issus d'un même milieu de formation et tirent aussi leur identité d'un contexte, d'un environnement particulier.

La génération ? En l'espace de vingt ans s'opère une rupture et un renouvellement chez les historiens. Tous les grands maîtres qui dominaient l'histoire depuis les années 1830 disparaissent : Michelet et Guizot en 1874, Thiers en 1877, Louis Blanc en 1882, Henri Martin en 1883, Mignet en 1884, Fustel en 1889, Chéruel en 1891, Renan en 1892, Taine en 1893 et Duruy en 1894. Inversement, tous les noms qui domineront l'histoire à partir de là et jusque dans les années 1930 sont parvenus à majorité entre 1875 et 1895 : Andler, Berr, Bloch, Caron, Halévy, Hauser, Jullian, Guiraud, Glotz, Lanson, Mantoux, Pfister, Sagnac, Sée, Seignobos, etc. C'est bien cette génération qu'on retrouve aux postes de commandement : chaires universitaires, directions des revues (*Revue de synthèse historique*[135], *Revue d'histoire moderne et contemporaine* et *Revue historique* à

---

133. N. FUSTEL DE COULANGES, *La Monarchie franque*, *op. cit.*, p. 32 ; N. FUSTEL DE COULANGES, « Leçon d'ouverture », art. cit., p. 746-747.

134. N. FUSTEL DE COULANGES, « Leçon d'ouverture », art. cit., p. 747.

135. Ici M. FUGLER, *Analyse ou synthèse ?*, *op. cit.*, a étudié les collaborateurs de la revue sur les années 1900-1910 : 70 % ont entre 26 et 45 ans.

la mort de Monod) et des grandes collections (« L'évolution de l'humanité », « Peuples et Civilisations », « Histoire générale »).

Le milieu de formation ? La quasi-totalité de ceux que nous venons de citer sont passés par l'École normale supérieure dans ces mêmes années. Ce sont ces nouveaux étudiants qu'a suscités la mise en application de l'arrêté de 1877 créant, d'une part, les bourses de licence, d'autre part, des postes de chargés de cours et de maîtres de conférence. Les promotions de l'ENS des années 1880 et 1890 ont bénéficié d'une conjoncture extrêmement favorable, beaucoup ont eu très rapidement accès à l'enseignement supérieur : vers 1890, ils occupent déjà 76 % des postes disponibles à la Sorbonne et 63 % dans les universités de province[136].

Le contexte intellectuel est bien sûr celui qui se cristallise autour de l'affaire Dreyfus et de la question sociale. Préparée par Lucien Herr, emmenée par des hommes comme Charles Andler et François Simiand, à partir de 1898 l'E.N.S. est tout entière dreyfusarde[137]. Soutenant Giry et Monod, les jeunes historiens ne font pas exception à la règle[138]. Halévy se souvient : « Une voix criait : Durkheim est attaqué ; Seignobos est envahi ! Rassemblement répondait Péguy [...]. Tous sautaient sur leur canne et avec lui filait à la Sorbonne[139]. » Une génération d'intellectuels est née dans les couloirs de l'ENS et de la Sorbonne. Quant au socialisme, il n'est pas loin. Pour beaucoup, il était déjà un prolongement normal de l'action intellectuelle et, en particulier, de la science sociale[140].

CONCLUSION GÉNÉRALE

Vie des institutions (chaires, écoles, sections, etc.), monographies de revues et de sociétés, biographies et reconstitution des réseaux intellectuels, état des questionnements, des méthodologies et des élaborations théoriques, etc., l'histoire de l'historiographie française est encore largement à faire. Au moins espérons-nous avoir réussi, d'une part, à déconstruire plusieurs raisons de l'insuffisance de l'état actuel des recherches et à

136. V. KARADY, « Les professeurs de la République », art. cit. ; Ch. CHARLE, *Les Élites de la République (1880-1900)*, Minuit, Paris, 1989.

137. R. SMITH, « L'atmosphère politique à l'École normale supérieure à la fin du XIXe siècle », *Revue d'histoire de moderne et contemporaine*, 1973, n° 1, p. 248-268 ; Ch. CHARLE, *Naissance des intellectuels (1880-1900)*, Minuit, Paris, 1990.

138. M. REBÉRIOUX, « Histoire, historiens et dreyfusisme », *Revue historique*, 1976, n° 518, p. 407-432 A. . GÉRARD, « Histoire et politique. La *Revue historique* face à l'histoire contemporaine », *Revue historique*, 1976, n° 518, p. 407-432 ; B. JOLY, *L'École des chartes et l'affaire Dreyfus*, Bibliothèque de l'École des Chartes, Paris, 1989, vol. 17.

139. M. REBÉRIOUX, *La République radicale ? 1898-1914*, Seuil, Paris, 1975, p. 20.

140. Ch. PROCHASSON, « Sur la réception du marxisme en France : le cas Andier (1890-1920 », *Revue de synthèse*, 1989, vol. CX, n° 7, p. 85-108 ; Ch. PROCHASSON, « Histoire intellectuelle/histoire des intellectuels. Le socialisme français au début du XXe siècle », *Revue d'histoire moderne et contemporaine*, 1992, n° 3, p. 423-448.

suggérer en retour de nombreuses pistes à explorer, d'autre part, à établir dès à présent que c'est à la fin du XIXe siècle qu'ont été portées au grand jour les questions qui hantent depuis lors l'épistémologie historique : les grands hommes et les masses ? la politique et le socio-économique ? l'événement et la structure ?.... Au delà des modes, au delà des querelles de générations, au delà des allers et retours qui, par la suite, rythmeront la vie scientifique et plus largement la vie intellectuelle, cette époque a vu se cristalliser un mouvement de fond qui les dépasse : l'aspiration à une histoire capable d'intégrer l'apport théorique et méthodologique des sciences sociales pour mieux comprendre le passé.

Si cet ancrage de l'histoire dans les sciences sociales date des années 1885-1914, comment dès lors situer l'arrivée des *Annales d'histoire économique et sociale* en 1929 ? Inévitable question. Pour y répondre, il faut d'abord écarter l'idée de rupture qui, nous le suggérions déjà dans notre introduction, doit beaucoup d'abord à la personnalité ombrageuse et à la dureté des jugements de Lucien Febvre, puis au mythe du père fondateur isolé qu'ont construit les *Annales* après la guerre. En occultant l'histoire comparée de Sée et en dédaignant les travaux pourtant précurseurs de Hauser sur le capitalisme[141], en démolissant « l'histoire-tableau » du vieux Boissonnade et, plus généralement, en affirmant avoir créé les *Annales* « pour combattre, de toutes nos forces, une certaine façon de concevoir et de faire l'histoire économique[142] », en éclipsant Berr et en allant se chercher pour seul père un historien étranger : Pirenne[143], en allant même jusqu'à critiquer le « schématisme » et le « sociologisme » de son propre associé Marc Bloch[144], Febvre a manifestement tout fait pour se poser en fondateur exclusif de l'histoire[145].

141. L. FEBVRE, « Une vue d'ensemble sur l'histoire sociale du capitalisme », *Revue des cours et des conférences*, 1922 ; repris *in Pour une histoire à part entière*, SEVPEN, Paris, 1972, p. 330-349.

142. L. FEBVRE, « Deux chapitres d'histoire commerciale », *Annales d'histoire économique et sociale*, 1933, p. 275-276.

143. L. FEBVRE, « Une vue d'ensemble sur l'histoire sociale du capitalisme », art. cit., 1935. D'après F. BRAUDEL, « Hommage à Henri Berr », art. cit., p. 24, les rapports entre Berr et Febvre étaient « la sempiternelle opposition du Père et du Fils ». Cependant, depuis le recrutement de Febvre dans la *Revue de synthèse historique* en 1906 jusqu'à ses multiples entreprises institutionnelles dans les années 1920 et 1930, Berr a presque toujours associé son cadet, *cf.* G. GEMELLI, « Communauté intellectuelle et stratégies institutionnelles : Henri Berr et la fondation du Centre international de synthèse », *Revue de synthèse*, 1987, vol. CVIII, n° 2, p. 225-259 ; J. PLUET-DESPATIN, « Lucien Febvre et la *Revue de synthèse* », *La revue des revues*, 1992, n° 14, p. 3-7 ; mais Febvre a attendu bien longtemps pour reconnaître sa dette, *c L.* FEBVRE, « De la *Revue de synthèse* aux *Annales* : Henri Berr ou un demi-siècle de travail au service de l'histoire », *Annales ESC*, 1952, p. 289-292.

144. L. FEBVRE, « Compte rendu de M. BLOCH », art. cit., p. 125.

145. On ne peut pas en dire autant de Marc Bloch qui fut surtout influencé par la sociologie durkheimienne et ne s'en cachait pas, *cf.* R.C. RHODES, « Émile Durkheim and the Historical Thought of Marc Bloch », *Theory and Society*, 1978, vol. V, n° 7, p. 45-73. Au reste, le projet des *Annales* est à l'origine le fait de Lucien Febvre qui, « depuis trois ou quatre ans », voulait

Toutefois, en 1929, s'adressant à leurs collègues, Bloch et Febvre ne peuvent pas se montrer trop ingrats :

> « Encore un périodique, et qui plus est, un périodique d'histoire économique et sociale ? Certes, nous le savons, notre revue, dans la production française, européenne ou mondiale, ne vient pas la première. Nous croyons pourtant que, à côté de ses glorieuses aînées, elle aura sa place marquée au soleil. Elle s'inspire de leurs exemples, mais elle apporte un esprit qui lui est propre[146]. »

Les « glorieuses aînées », nous les connaissons à présent. Quant à cet « esprit propre », il consistait dans l'alliance revendiquée des historiens avec les sociologues et les économistes. Or, nous l'avons vu, cette alliance elle-même était déjà appelée de leurs vœux par leurs prédécesseurs. On peut seulement dire qu'elle était insuffisamment réalisée. Par conséquent, il faut concevoir « une réalité historiographique plus évolutive » et replacer la naissance des *Annales* dans une plus longue durée[147]. Pour répondre à la fameuse question, nous dirons donc qu'en 1929 il n'y eut pas rupture ou discontinuité mais relance, accélération, changement de vitesse dans une direction déjà marquée.

Pour conclure, je voudrais revenir sur les questions de méthode historique, et en particulier, sur la périodisation. En effet, on peut observer que les années 1890 ne constituent pas non plus un commencement absolu au plan intellectuel. Les ambitions des historiens romantiques, tels Guizot, Thierry et Michelet, ont survécu à travers des hommes comme Fustel de Coulanges qui, lui-même, a formé une partie de la nouvelle génération. Dès lors, où placer les ruptures en histoire des sciences ? Sans doute, les différentes phases d'institutionnalisation permettent-elles de périodiser globalement l'histoire d'une discipline (et les années 1890 apparaissent alors comme un moment fort d'expansion sociale et intellectuelle de l'histoire). Sans doute, les auteurs et groupes d'auteurs qui rivalisent en son sein introduisent-ils à leur tour des dynamiques intellectuelles qui rythment ces suites (et la fondation des *Annales* inaugure incontestablement une de ces dynamiques – que prolongera d'ailleurs, après guerre, une expansion institutionnelle). Sans doute, enfin, le phénomène générationnel influe-t-il à son tour sur ces dynamiques intellectuelles et sociales en accentuant le sentiment de rupture ou simplement de nouveauté. Mais, au plan culturel le plus large, les périodisations sont bien plus floues et plus

---

fonder « une revue internationale d'histoire économique » avec Pirenne. Febvre ne relança Bloch qu'après l'échec de l'entreprise belge, *cf.* L. FEBVRE, « Henri Pirenne », *Annales d'histoire économique et sociale*, 1935, p. 529-530.

146. M. BLOCH, L. FEBVRE, « À nos lecteurs », *Annales d'histoire économique et sociale*, 1929, p. 1.

147. P. MONZANI, « Du consensus dans l'École historique française », *Revue de synthèse*, 1988, vol. CIX, n° 3-4, p. 514.

vastes. En l'occurrence, l'aspiration à faire de l'histoire une véritable science humaine, s'inspirant de ses voisines, pourrait bien être une constante de l'historiographie française depuis les années 1820-1830 au moins. Au delà de la critique de la mémoire reconstruite dans l'héroïsation abusive des fondateurs, ce n'est donc pas décourager ce dialogue que de montrer qu'il est une donnée constante et même constitutive de la discipline historienne.

5

Sociologie et psychologie en France, l'appel à un territoire commun. *Vers une psychologie collective (1890-1940)* *

Dans une histoire générale des sciences humaines encore très largement à construire, la question des rapports de la psychologie et de la sociologie au tournant du XIXe et du XXe siècle s'est révélée fort intéressante tant sur le plan théorique que sur celui de l'historiographie[1]. Au regard de la manière dont la psychologie et la sociologie ont coutume d'évoquer leurs histoires, le titre que nous avons donné à ce travail aurait de quoi choquer. En effet, on croit généralement que cette période se caractérise au contraire par l'absence d'échange entre les deux disciplines et que la psychologie sociale fut, en France, une importation américaine :

> « Pour Comte, le social est rigoureusement irréductible à l'individuel [...]. Cette position fut très combativement réaffirmée par son disciple Durkheim qui entra en lutte avec Tarde [...] [qui] faisait reposer les phénomènes sociaux sur l'alternance de phénomènes proprement psychologiques, l'imitation et l'invention, qui ont leur origine au niveau individuel. La polémique fut violente et Tarde n'eut pas la victoire. Le courant psychologique quitte à ce moment la France : il aura une longue fortune dans les pays anglo-saxons. La rupture entre la sociologie et la psychologie, rendue sensible par la défaite de Tarde, se consomme dans les années 1900 sur le seul terrain universitaire et français[2]. »

---

* Article paru initialement dans la *Revue de synthèse*, 1994, n° 3-4, p. 445-483, sous ce titre.

1. Outre les œuvres d'une quinzaine d'auteurs, ce travail s'appuie sur le dépouillement des quatre principales revues concernées : la *Revue philosophique de la France et de l'étranger* (fondée en 1876 par Ribot, dirigée par Lévy-Bruhl partir de 1916), l'*Année sociologique* (fondée par Durkheim en 1896, reprise par Mauss en 1924), l'*Année psychologique* (fondée par Binet et Beaunis en 1894, dirigée par Piéron à partir de 1913) et le *Journal de psychologie normale et pathologique* (fondé par Janet et Dumas en 1904).

2. Y. CASTELLAN, *Initiation à la psychologie sociale*, A. Colin, Paris, 1970, p. 17. Au nom de Tarde, on ajoute généralement celui de Gustave Le Bon. Cet homme n'a pourtant joué pratiquement aucun rôle dans le développement de la psychologie collective de la première moitié du XXe siècle. L'image de fondateur ou précurseur oublié qu'on lui attribue parfois est aussi une construction *a posteriori*.

Quelles que soient leurs positions et leurs préférences, les spécialistes de ces domaines n'envisagent pas un instant qu'un territoire commun, qu'une psychologie sociale ait pu se développer sérieusement en France avant la Seconde Guerre mondiale. Il y a là une étonnante amnésie qui n'a été qu'en partie analysée par les travaux pionniers d'Erika Apfelbaum et lan Lubek[3]. Si ces chercheurs ont bien montré l'intérêt croissant pour la psychologie sociale à la fin du XIXe siècle, s'ils en ont rappelé les enjeux intellectuels et le défaut d'institutionnalisation, ils n'en ont pas moins maintenu l'idée que « la tradition sociologique française avait fait obstacle à l'avènement d'une discipline psychosociale autonome[4]. » Or il y a là un risque de malentendu. Il est clair que les sociologues durkheimiens n'auraient pas compris l'existence séparée d'une psychologie sociale. Mais la raison n'en est pas une hostilité de principe à la psychologie comme on l'a trop souvent répété. C'est bien plutôt parce qu'ils considéraient que la psychologie sociale faisait partie intégrante de la sociologie. De plus, pour soutenir l'affirmation d'obstacle durkheimien à l'avènement d'une nouvelle discipline comme la psychologie sociale, il faudrait encore montrer que, sans Durkheim, une telle discipline se serait effectivement développée dans la psychologie universitaire française. Or, puisque la plupart des auteurs qui promouvaient la psychologie sociale à la fin du XIXe siècle (Hamon, Le Bon, Tarde) ne s'inscrivaient pas dans le champ universitaire de la psychologie (seul Binet avait une importante activité institutionnelle mais il est mort prématurément et sans véritable succession intellectuelle), tout porte à croire que de toute façon une telle discipline n'aurait jamais existé dans l'université de l'époque. Enfin, et c'est l'objet principal de ce travail, l'étude systématique des faits montre que la sociologie durkheimienne, loin de s'opposer à la psychologie sociale, n'a cessé d'encourager un dialogue avec les psychologues en vue de constituer une véritable psychologie collective.

Notre exposé s'articulera en quatre temps : la psychologie s'est, la première, constituée comme discipline universitaire en s'enracinant dans un modèle d'analyse et de causalité strictement biologique ; dès lors, les principales tentatives de fonder la sociologie peuvent être regardées comme une réaction face à ce réductionnisme ; celle qui s'est imposée, la sociolo-

3. E. APFELBAUM, « Origines de la psychologie sociale en France », *Revue française de sociologie*, 1981, vol. XXII, p. 397-407 ; E. APFELBAUM, « Les enjeux d'une histoire de la psychologie sociale », *Revue de synthèse*, 1988, IVe série, n° 3-4, p. 499-511 ; E. APFELBAUM, « Quelques leçons d'une histoire de la psychologie sociale », *Sociétés contemporaines*, 1993, n° 13, p. 13-23 ; I. LUBEK, « Histoire de psychologies sociales perdues : le cas de Gabriel Tarde », *Revue française de sociologie*, 1981, vol. XXII, p. 361-394 ; I. LUBEK, E. APFELBAUM, « Les études de psychologies sociales d'Augustin Hamon », *Hermès*, 1989, n° 5-6, p. 67-94 ; I. LUBEK, « Some Reflections on Various Social Psychologies, their Histories and Historiographies », *Sociétés contemporaines*, 1993, n° 13, p. 33-68.

4. E. APFELBAUM, « Les enjeux d'une histoire de la psychologie sociale », art. cit., p. 507.

gie durkheimienne, a su ouvrir un dialogue fondamental avec la psychologie au travers de la notion de représentation collective ; son influence s'est fait sentir dès avant la guerre de 1914 et s'est renforcée considérablement dans l'entre-deux-guerres où l'idée de fonder une psychologie collective indépendante se précise sans toutefois réussir à s'institutionnaliser ; son influence n'en reste pas moins très importante sur l'ensemble des psychologues de cette génération. Enfin, la conclusion analysera la manière dont la génération suivante a jugé ses prédécesseurs et les conséquences de ces jugements sur l'histoire actuelle de la psychologie sociale.

LA SOCIOLOGIE COMME RÉACTION À LA PSYCHOPHYSIOLOGIE DE LA FIN DU XIXe SIÈCLE

Avec Durkheim, Tarde et Worms, la sociologie universitaire est née en France dans les années 1890-1900. Elle a donc vingt ans de retard sur la psychologie promue par Taine et Ribot.

La constitution de la psychophysiologie en France[5]

En France, la psychologie restait encore, au début des années 1870, annexée à la philosophie. C'est en réaction contre cette dépendance et son versant spiritualiste postcousinien qu'est né le courant dont Taine fut la référence philosophique et Ribot le principal animateur.

Hippolyte Taine (1828-1893) fut pendant plusieurs années victime de la censure qu'exerçaient les élèves de Victor Cousin dans l'université. En 1852 il présenta une thèse sur les sensations mais la Sorbonne en refusa la soutenance[6]. Trois ans plus tard, il commençait à publier des articles contre le spiritualisme éclectique. Avec Hegel, contre Maine de Biran, Laromiguière, Royer-Collard, Victor Cousin et Jouffroy, il affirmait l'unité de la Nature et sa totale intelligibilité[7]. Taine apparaissait alors comme « le chef de la nouvelle école philosophique[8]. » Ses idées directrices concordaient avec l'essor du naturalisme et du matérialisme qui marque le début des années 1860 : publication de *L'Homme antédiluvien* de Boucher de Perthes, traduction de Darwin par Clémence Royer, publication de *La Vie de Jésus* de Renan, traduction des matérialistes allemands Feuerbach, Strauss et Büchner, activisme de Littré, fondation de nouvelles

5. Cette section ne prétend nullement constituer une étude définitive ni même un résumé complet d'un chapitre d'histoire encore très mal connu. Nous ne faisons qu'en tracer quelques contours au travers de l'œuvre des acteurs les plus importants (un travail ultérieur – repris dans le chapitre 7 du présent ouvrage – a poussé plus loin l'étude).

6. F. LÉGER, *Monsieur Taine*, Critérion, Paris, 1993, p. 81-86.

7. H. TAINE, *Les Philosophes français au XIXe siècle*, Hachette, Paris, 1857.

8. V. GUIRAUD, *Essai sur Taine. Son œuvre et son influence*, Hachette, Paris, 1902, p. 17.

revues scientifiques, etc. Les idées de Science et de Nature progressaient de concert.

En 1870, Taine publia enfin son traité *De l'Intelligence*. Ce livre constituait un aboutissement de ses lectures de jeunesse de Condillac, le sensualiste tant décrié par Maine de Biran, lectures renouvelées par « les analyses profondes et serrées de Bain, Herbert Spencer et Stuart Mill[9]. » Tout son projet consistait, contre les spiritualistes et leurs théories des facultés de l'âme, à montrer que les éléments de la connaissance s'enracinent dans l'organisme, que le Moi a pour origine la sensation, c'est-à-dire un « mouvement physiologique. » En définitive : « un flux et un faisceau de sensations et d'impulsions qui, vus par une autre face, sont aussi un flux et un faisceau de vibrations nerveuses, voilà l'esprit[10]. » Quant à la conscience, elle n'est pour Taine que l'aboutissement d'« une hiérarchie de centres de sensations et d'impulsions ayant chacun leur initiative, leur formation et leur domaine », « un centre plus parfait qui [...] ne diffère d'eux que par son organisation plus complexe, son action plus étendue et son rang plus élevé[11]. » Fort de ces principes, Taine appelait ainsi au renouvellement de la psychologie par les études psychopathologiques, les recherches sur le somnambulisme, l'hypnotisme et surtout la physiologie du système nerveux.

Théodule Ribot (1839-1914) partageait avec Taine ce rejet de la philosophie spiritualiste dominant l'université[12], ainsi que les petites persécutions que lui valut son indépendance d'esprit[13]. En 1872, il quittait l'enseignement pour n'y revenir, triomphant, qu'en 1885 à la Sorbonne et en 1889 au Collège de France dans une chaire de psychologie expérimentale et comparée.

Son premier ouvrage, *La Psychologie anglaise contemporaine*, est l'occasion d'une attaque en règle contre la métaphysique introspective de Maine de Biran et de Jouffroy. L'observation intérieure individuelle est « une impasse » qui « n'a aucun caractère scientifique », il faut à la psychologie une méthode objective[14]. C'est de la psychopathologie et de la psychologie animale que la nouvelle psychologie doit tirer ses leçons essentielles. L'œuvre de Ribot fut, au moins jusqu'en 1897, une longue application de ces principes. En 1873, dans sa thèse, il s'efforçait de montrer que l'ensemble des facultés mentales humaines (y compris toutes les qua-

9. *Ibid.*, p. 8.

10. H. TAINE, *De l'intelligence*, Hachette, Paris, 1870, vol. 1, p. 4.

11. *Ibid.*, p.7.

12. Th. RIBOT, « Philosophy in France », *Mind*, 1877, vol. II, p. 366-386.

13. L. DUGAS, *Le Philosophe Théodule Ribot*, Payot, Paris, 1924, p. 12-14. Pour autant les psychologies de Taine et de Ribot n'étaient pas en tous points semblables; *cf.* J. CARROY, R. PLAS, « La méthode pathologique et les origines de la psychologie française au XIXe siècle », *Revue internationale de psychopathologie*, 1993, n° 12, p. 603-612.

14. Th. RIBOT, « Philosophy in France », art. cit., p. 367.

lités professionnelles, artistiques, intellectuelles, les caractères nationaux, la disposition au crime, à la folie, etc.) sont héréditaires[15]. En 1876, il s'estimait suffisamment fort pour lancer la *Revue philosophique de la France et de l'étranger* et y clamer que « la connaissance théorique de l'homme» relève exclusivement de la nouvelle science psychologique[16]. Trois ans plus tard, il enfonçait encore le clou en révélant l'état d'avancement de la psychophysique et de la psychophysiologie en Allemagne, et en martelant : « la nouvelle psychologie diffère de l'ancienne par son esprit : elle n'est pas métaphysique ; par son but : elle n'étudie que les phénomènes ; par ses procédés : elle emprunte autant que possible aux sciences biologiques[17]. » Puis Ribot se lança dans une série de monographies qu'il voulait exemplaires. La mémoire lui apparut fondamentalement comme un processus de nutrition cellulaire[18], de même que l'attention révéla son origine profonde dans l'instinct de conservation[19]. En bref, les processus les plus compliqués de la conscience étaient toujours « en germe » dans « les processus primaires : appétits, sensations, émotions primitives[20]. »

C'est dans le même esprit qu'un médecin-physiologiste publia le premier manuel de psychologie générale français. Charles Richet y affirmait qu'« à toutes les forces psychiques, ou instinctives, ou intellectuelles, nous pouvons assigner l'humble origine de l'action réflexe élémentaire[21]. » Pas plus qu'il n'y a de différences tranchées entre l'homme et l'animal, il n'y a de hiatus entre l'instinct et l'intelligence. Certes, à l'instinct l'homme ajoute la mémoire et un système nerveux surdéveloppé, « mais si complexe que soit l'appareil, chaque acte est déterminé par des conditions fatales, lois des mouvements réflexes, lois d'inhibition, loi d'excitation, loi d'association[22]. »

C'est sur ces bases physiologiques réductrices et revanchardes que la psychologie s'institutionnalisa peu à peu. En 1885, Charcot, Ribot, Janet et Richet fondaient la Société de psychophysiologie. Et, dix ans plus tard, dans le premier numéro de l'*Année psychologique*, Henri Beaunis (autre physiologiste responsable du laboratoire de psychophysiologie de la Sorbonne depuis 1889) définissait la psychologie :

---

15. Th. RIBOT, *L'Hérédité. Étude psychologique*, Ladrange, Paris, 1873.

16. Th. RIBOT, « Préface », *Revue philosophique*, 1876, n° 1, p. 2. Sur la fondation de la *Revue philosophique*, *cf.* J. THIRARD, « La fondation de la *Revue philosophique* », *Revue philosophique*, 1976, n° 4, p. 401-413 ; et surtout le chapitre 7 du présent ouvrage.

17. Th. RIBOT, *La Psychologie allemande contemporaine*, Alcan, Paris, 1879, p. VIII.

18. Th. RIBOT, *Les Maladies de la mémoire*, Alcan, Paris, 1881.

19. Th. RIBOT, *Psychologie de l'attention*, Alcan, Paris, 1889.

20. Th. RIBOT, *L'Évolution des idées générales*, Alcan, Paris, 1897, p. 243-244. Sur la psychologie de Ribot et son influence, *cf.* aussi M. MELETTI-BERTOLINI, *Il Pensiero e la Memoria. Filosofia e Psicologia nella* Revue philosophique *di Théodule Ribot*, F. Angeli, Milan, 1991.

21. Ch. RICHET, *Essai de psychologie générale*, Alcan, Paris, 1887, p. 3.

22. *Ibid.*, p. 176.

> « Étude de l'homme et de l'animal dans ses manifestations psychiques, elle recherche le lien qui rattache ces manifestations au fonctionnement des organes et en particulier au cerveau. Elle recueille les documents nécessaires pour constituer la science de l'homme sans laquelle les sciences sociales, l'éducation, la criminalité, n'auraient jamais de fondement[23]. »

Comme Ribot en 1870, Beaunis concevait donc les « sciences sociales » comme autant d'études empiriques auxquelles seule la psychophysiologie pouvait donner un fondement théorique. Près d'un siècle après les fameux mémoires de Cabanis, c'était toujours le vieux principe de la détermination du moral par le physique qui inspirait les sciences de l'homme. Et c'est précisément en partie contre cette sorte de méta-causalité que vont réagir, à l'extrême fin du siècle, les deux principales tentatives de fonder une science sociale autonome : celles de Tarde et de Durkheim.

L'inter-psychologie de Tarde

Fils d'un juriste provincial, Gabriel Tarde commença par des études de mathématique qu'il abandonna pour se consacrer au droit et reprendre le métier de son père. Il semble, tout d'abord, avoir subi les influences de Cournot et de Maine de Biran[24]. À partir de 1880, il se fit connaître comme psychologue et en particulier comme criminologue auprès de Ribot qui lui ouvrit les colonnes de sa revue.

Le constat de l'insuffisance de la psychophysiologie était pour Tarde un point de départ : « La psychologie a deux faces : la face psychophysiologique et la face psychosociologique. Les psychologues, jusqu'à ces dernières années, ont eu le tort de ne regarder attentivement que la première[25]. » En affirmant d'entrée de jeu que l'essentiel de la science psychologique doit être l'analyse des croyances et des désirs des individus, que la conscience est l'objet privilégié de la psychologie, il s'opposait directement aux psychophysiologistes de son temps[26]. En rejetant l'explication des comportements sociaux par la race et l'hérédité[27], il cherchait à fonder l'autonomie d'une nouvelle psychologie qui étudierait « le côté purement social des faits humains[28]. » Son système découpait le réel en « trois mondes » : le monde physique, le monde biologique et le monde social ; tous sont dominés par le grand principe de « la Répétition Universelle » qui

23. H. BEAUNIS, « Introduction », *Année psychologique*, 1894, n° 1, p. VI.

24. *Cf.* J. MILET, *Gabriel Tarde et la philosophie de l'histoire*, Vrin, Paris, 1970.

25. G. TARDE, *L'Opposition universelle*, Alcan, Paris, 1897, p. 165.

26. G. TARDE, « La croyance et le désir : la possibilité de leur mesure », *Revue philosophique*, 1880, vol. X, p. 150-173 et 264-290.

27. G. TARDE, « Note sur les rapports de la biologie et de la sociologie », *Annales de l'Institut international de sociologie*, 1897, vol. III, p. 189-198.

28. G. TARDE, *Les Lois de l'imitation*, Alcan, Paris, 1890, p. I.

prend la forme de l'ondulation dans le monde physique, de la nutrition-génération pour les êtres biologiques et de l'imitation pour les êtres humains-sociaux[29]. Et ce principe abstrait avait une explication, ou plutôt une application : il y a la « chose sociale » comme il y a la « chose vitale[30]. » Cette « chose » est une substance, c'est ce qui relie les individus entre eux et ne dépend donc pas de leur constitution organique.

Pour Tarde, le but de la sociologie ou psychologie sociale était de comprendre les mécanismes de ces interactions entre ces monades leibniziennes que constituaient les individus, au détriment de toute causalité[31]. Sa sociologie était une psychologie intermentale ou encore, selon son expression, une « interpsychologie[32]. » Et toute cette psychologie interactive était dominée par l'idée d'imitation, en réalité proche de celle de suggestion chez Bernheim : « N'avoir que des idées suggérées et les croire spontanées : telle est l'illusion propre au somnambule et aussi bien à l'homme social[33]. » Il est probable que le succès des Lois de l'imitation, en 1890, s'explique en partie par la fascination pour l'hypnose qui avait de nouveau saisi les milieux intellectuels parisiens dans les années 1878-1890[34]. Par ailleurs, la précocité de ses réflexions sur la foule dans le contexte de grande inquiétude de la fin du siècle[35] a aussi contribué à accroître le prestige de Tarde, élu au Collège de France en 1900[36]. Ce n'est pourtant pas sa sociologie mais celle de Durkheim qui s'imposera aux yeux de la plupart des psychologues.

La réaction de Durkheim

La sociologie durkheimienne fut plus nettement encore une réaction contre l'état d'esprit des anthropologues et des psychologues qui ramenaient les spécificités ethniques aux théories biologiques de la race et de l'hérédité, qui situaient l'origine des faits psychiques dans l'instinct et le réflexe, qui voulaient dissoudre l'homme dans l'ensemble de la nature et

29. G. TARDE, « Qu'est-ce qu'une société ? », *Revue philosophique*, 1884, n° 2, p. 496.

30. *Ibid.*, p. 499.

31. G. TARDE, « Les monades et la science sociale », *Revue internationale de sociologie*, 1893, p. 157-173 et 231-246.

32. G. TARDE, « La psychologie et la sociologie », *Annales de l'Institut international de sociologie*, 1903, vol. X, p. 67-80.

33. G. TARDE, « Qu'est-ce qu'une société ? », art. cit., p. 501.

34. *Cf.* D. BARRUCAND, *Histoire de l'hypnose en France*, Presses Universitaires de France, Paris, 1967 ; J. CARROY, *Hypnose, suggestion et psychologie*, Presses Universitaires de France, Paris, 1991.

35. *Cf.* S. BARROWS, *Miroirs déformants. Réflexions sur la foule en France à la fin du XIXe siècle*, Aubier, Paris, 1990.

36. À cette occasion, Tarde reçut l'appui de Ribot qui souhaitait qu'on crée une chaire de « psychologie sociologique » mais cet intitulé nouveau est finalement rejeté, *cf.* I. LUBEK, « Histoires de psychologies sociales perdues », art. cit., p. 376.

donc, de façon générale, dans un univers de causalité biologique[37]. Dès ses premiers textes parus dans la *Revue philosophique* entre 1885 et 1888[38], Durkheim se montra intraitable sur ces points : la société n'est pas un organisme, la sociologie n'a rien à faire avec la biologie, elle doit fonder ses propres méthodes et ses propres lois[39]. En 1893 surtout, dans sa thèse sur *De la division du travail social*, il a longuement relativisé le poids des instincts et de l'hérédité : « ce n'est pas à dire que l'hérédité soit sans influence, mais ce qu'elle transmet, ce sont des facultés très générales et non une aptitude particulière[40]. » Pour Durkheim comme pour Tarde, à côté des règnes physique et biologique, il y a le « règne social. » La société est le véritable milieu naturel de l'homme et ce sont ses lois qui le déterminent principalement. Sur ce point fondamental, l'accord entre les deux hommes était total. Leur rivalité occupa un espace important du débat en sciences sociales jusqu'à la mort de Tarde (en 1904) qui, à la différence de Durkheim, ne sut ni élaborer un véritable programme de recherche, ni former un groupe de chercheurs universitaires pour le réaliser. En 1907, les fils de Tarde et quelques amis tentèrent bien de lancer la première *Revue de psychologie sociale* avec l'appui de quelques grands noms (Espinas, Gide, Binet, Darlu), de quelques adversaires du durkheimisme (Worms, Palante) et de disciples iconoclastes de Tarde[41]. Mais la revue, très tournée vers l'actualité sociale, politique et internationale, meurt deux ans plus tard faute d'avoir su garder ses universitaires. Sauf quelques hommages isolés, Tarde n'aura guère d'écho après sa mort. L'imitation, cœur de sa théorie, était par exemple jugée dès 1920 par un sympathisant

---

37. *Cf.* L. MUCCHIELLI, *La Découverte du social. Naissance de la sociologie en France*, La Découverte, Paris, 1998, chapitre 5 ; ainsi que le chapitre 6 du présent ouvrage.

38. Ribot soutint de la même manière Tarde et Durkheim. Lorsque ce dernier se rendit en Allemagne en 1885, il put se présenter devant Wundt muni d'une lettre de recommandation de Ribot (d'après M. MAUSS, « Ribot et les sociologues », *Centenaire de la naissance de Théodule Ribot. Jubilé de la psychologie scientifique française*, 1939 ; repris *in* M. MAUSS, *Œuvres*, Minuit, Paris, 1969, vol. 3, p. 567-569).

39. É. DURKHEIM, « Cours de science sociale. Leçon d'ouverture », 1888 ; repris *in La Science sociale et l'action*, Presses Universitaires de France, Paris, 1970, p. 92.

40. É. DURKHEIM, *De la division du travail social*, Presses Universitaires de France, Paris, 1986, p. 303.

41. I. LUBEK, « Histoire de psychologies sociales perdues », art. cit., p. 384-389. J'ajoute que certains des partisans de Tarde lui firent peut-être plus de mal que de bien. Tel est sans doute le cas de Henri Mazel qui mêlait constamment prétentions théoriques et considérations politiques et religieuses (H. MAZEL, *La Synergie sociale*, A. Colin, Paris, 1896) et qui, d'autre part, se discrédita aux yeux des universitaires en publiant pendant l'Affaire Dreyfus un texte soutenant en partie les théories inégalitaristes de Vacher de Lapouge contre celles des « sociologues israélites » Durkheim et Novicow (H. MAZEL, « Sociologues contemporains : I. M. Vacher de Lapouge ; II. M. Durkheim », *Mercure de France*, 1899, vol. III, p. 662-691) (sur ces auteurs et ce contexte, *cf.* le chapitre 6 du présent ouvrage. Ceci explique peut-être aussi que les fils de Tarde se soient, après sa mort, sentis obligés d'affirmer le dreyfusisme de leur père (G. TARDE, *Tarde. Introduction et pages choisies par ses fils*, Louis Michaud, Paris, 1909).

comme « un principe parasite qui gâte l'ensemble de l'œuvre[42]. » Déjà la sociologie durkheimienne occupait le centre des débats dans les sciences humaines et allait nouer avec la psychologie un dialogue riche et fécond.

LA PSYCHOLOGIE COLLECTIVE DANS L'ŒUVRE DES PREMIERS DURKHEIMIENS

La sociologie de Durkheim a la réputation d'être une anti-psychologie. C'est un contre-sens et un anachronisme. On ne comprend ses positions sur les questions de psychologie et d'« individualisme » (comme l'on dit aujourd'hui) si l'on ne sort pas de l'attitude présentiste pour se replacer dans le contexte intellectuel de la fin du XIXe siècle.

En réalité, Durkheim a réagi contre l'explication des faits sociaux par la psychologie individuelle *de son époque* c'est-à-dire celle, introspective, des philosophes spiritualistes, ou bien celle, physiologique, de leurs adversaires médecins et philosophes évolutionnistes. À tout prendre, il se disait lui-même bien plus proche des premiers tant les seconds n'accordaient pratiquement aucune place à la conscience. En effet, le projet fondamental de Durkheim consiste précisément à rechercher une méthode scientifique d'approche des phénomènes relevant de la conscience, celle-ci étant considérée comme une construction sociale. Il s'exprime très clairement à ce sujet dans *De la division du travail social* :

> « Il n'y a pas de témérité à affirmer dès maintenant que, quelques progrès que fasse la psychophysiologie, elle ne pourra jamais représenter qu'une fraction de la psychologie, puisque la majeure partie des phénomènes psychiques ne dérivent pas de causes organiques. C'est ce qu'ont compris les philosophes spiritualistes, et le grand service qu'ils ont rendu à la science a été de combattre toutes les doctrines qui réduisent la vie psychique à n'être qu'une efflorescence de la vie physique. Ils avaient le très juste sentiment que la première, dans ses manifestations les plus hautes, est beaucoup trop libre et trop complexe pour n'être qu'un prolongement de la seconde. Seulement, de ce qu'elle est en partie indépendante de l'organisme, il ne s'ensuit pas qu'elle ne dépende d'aucune cause naturelle et qu'il faille la mettre en dehors de la nature. [...] [cette] vaste région de la conscience dont la genèse est inintelligible par la seule psychophysiologie [...] relève d'une autre science positive qu'on pourrait appeler la sociopsychologie. Les phénomènes qui en constitueraient la matière sont en effet de nature mixte ; ils ont les mêmes caractères essentiels que les autres faits psychiques, mais ils proviennent de causes sociales[43]. »

On voit que c'est bien une psychologie sociale que Durkheim entend fonder pour expliquer précisément les phénomènes de la conscience. Mais la force du préjugé est telle que ces pages sont oubliées depuis longtemps.

---

42. A. MATAGRIN, *La Psychologie sociale de Tarde*, Alcan, Paris, 1920, p. 343.
43. É. DURKHEIM, *De la division du travail*, *op. cit.*, p. 340-341.

Du reste, ces confusions et incompréhensions, Durkheim en est en partie responsable car on ne retrouve pas ces idées avec une telle clarté dans *Les Règles de la méthode sociologique*. La manière radicale dont Durkheim s'oppose aux explications des faits sociaux par la psychologie individuelle fit croire qu'il entendait à son tour exclure la conscience. Aussi les reproches de matérialisme, de réductionnisme, d'anti-psychologie, etc., lui furent-ils adressés dès la parution de ce livre[44]. Durkheim devra alors se défendre et répéter à plusieurs reprises que :

> « En séparant la vie sociale de la vie individuelle, nous n'entendons nullement dire qu'elle n'a rien de psychique. *Il est évident au contraire qu'elle est essentiellement faite de représentations*. Seulement les représentations collectives sont d'une tout autre nature que celles de l'individu. Nous ne voyons aucun inconvénient à ce qu'on dise de la sociologie qu'elle est une psychologie, si l'on prend soin d'ajouter que la psychologie sociale a ses lois propres, qui ne sont pas celles de la psychologie individuelle[45]. »

Il faut toutefois attendre 1898 et l'article intitulé « Représentations individuelles et représentations collectives » – dont son biographe Steven Lukes avait bien vu l'importance[46] –, pour que Durkheim non seulement réponde précisément aux reproches de mécanicisme et de matérialisme, mais encore précise la nature de ces représentations collectives. Sur son prétendu matérialisme réducteur, il est très clair :

> « Si l'on appelle spiritualité la propriété distinctive de la vie représentative chez l'individu, on devra dire de la vie sociale qu'elle se définit par une *hyper-spiritualité*, nous entendons par là que les attributs constitutifs de la vie psychique s'y retrouvent, mais élevés à une bien plus haute puissance et de manière à constituer quelque chose d'entièrement nouveau[47]. »

Quant à la notion de représentation collective, Durkheim tente d'abord d'établir que la conscience individuelle n'est pas un épiphénomène mais bien une réalité dont la mémoire est le principal support. Cette vie représentative qu'on accorde à l'individu, Durkheim réclame qu'on en fasse aussi l'étude pour les caractères du groupe pris dans son ensemble et qui s'impose comme tel à l'individu. Au premier rang de l'analyse, il place « les croyances et les pratiques religieuses, les règles de la morale, les in-

44. *Cf.* G. PAOLETTI, « La réception des *Règles* du vivant de Durkheim (1894-1917) », *in* M. BORLANDI, L. MUCCHIELLI (dir.), *La Sociologie et sa méthode. Les* Règles *de Durkheim un siècle après*, L'Harmattan, Paris, 1995, p. 247-284.

45. É. DURKHEIM, *Le Suicide. Étude de sociologie*, Presses Universitaires de France, Paris, 1985, p. 352.

46. S. LUKES, *Émile Durkheim. His Life and Work. A Historical and Critical Study*, Stanford University Press, Stanford, 1985, p. 6-8 (2e édition).

47. É. DURKHEIM, « Représentations individuelles et représentations collectives », *Revue de métaphysique et de morale*, 1898 ; repris *in Sociologie et philosophie*, Presses Universitaires de France, Paris, 1974, p. 49.

nombrables préceptes du droit, c'est-à-dire les manifestations les plus caractéristiques de la vie collective[48]. » Mais comment s'opère la socialisation de l'individu, comment la conscience intériorise-t-elle ces normes sociales ? Durkheim suggère l'existence d'une sorte d'inconscient social. Et ceci doit être compris dans son contexte : l'époque est fascinée par l'hypnose, les idées de dualité de la personnalité, de pluralité des niveaux de conscience[49]. Durkheim a lu la thèse de Pierre Janet sur *L'Automatisme psychologique* (1889) et il est bien persuadé que « les limites de la conscience ne sont pas celles de l'activité psychique[50] », qu'il existe un inconscient dont une part décisive est précisément constituée par les représentations collectives.

Notons pour terminer qu'en 1901, l'article théorique de Mauss et Fauconnet consacrera définitivement cette nouvelle notion et son rôle central pour la sociologie durkheimienne :

> « La force des faits sociaux leur vient de l'opinion. [...] Et l'on peut même dire que tout changement dans les institutions est un changement dans l'opinion. [...] Les faits sociaux sont donc des causes parce qu'ils sont des représentations ou agissent sur des représentations. Le fond intime de la vie sociale est un ensemble de représentations. En ce sens, donc, on pourrait dire que la sociologie est une psychologie[51]. »

---

48. *Ibid.*, p. 39.

49. *Cf.* J. CARROY, *Hypnose, suggestion et psychologie*, *op. cit.* ; J. CARROY, *Les Personnalités doubles et multiples*, Presses Universitaires de France, Paris, 1993.

50. É. DURKHEIM, « Représentations individuelles et représentations collectives », art. cit., p. 31.

51. M. MAUSS, P. FAUCONNET, « La sociologie », *in La Grande Encyclopédie*, 1901 ; repris *in* M. MAUSS, *Œuvres*, Minuit, Paris, 1969, p. 160. Cette position des durkheimiens était d'ailleurs assez largement partagée par les autres sociologues. L'étude du Congrès des sociétés savantes de 1898 (section des sciences économiques et sociales) et de celui de l'Institut international de sociologie en 1903, tous deux consacrés aux « rapports de la psychologie et de la sociologie », le montre aisément. Lors du premier, Duprat, Lambert, de la Grasserie et Worms s'entendent presque complètement pour opposer à Tarde la réalité de la société et la nécessité d'étudier la conscience collective. Lors du second, on mesure cette fois l'internationalité de l'idée de psychologie collective. De Roberty et Kovalewski reprochent sérieusement à Tarde son opposition à l'étude des phénomènes sociaux en tant que tels et plaident, tout comme Abrikossof et Lessevitch, pour leur étude sous l'angle psychologique. Le positiviste Delbet comme le marxiste Kelles-Krauz plaident également pour une psychologie de l'homme en société. Le fameux sociologue allemand Tônnies défend une conception de la conscience collective. L'Italien Puglia plaide pour la collaboration des deux disciplines. Mackenzie (J.S. MACKENZIE, « Rapports de la psychologie et de la sociologie », *Annales de l'Institut international de sociologie*, 1904, vol. X, p. 300) constate avec joie qu'on commence à comprendre « la nature essentiellement sociale de l'esprit humain. » La conclusion de Worms (R. WORMS, « Paroles », *Annales de l'Institut international de sociologie*, 1904, vol. X, p. 393-394 ; R. WORMS, « Psychologie collective et psychologie individuelle », *Revue internationale de sociologie*, 1899, p. 249-273) est très nette : « les faits sociaux sont tous des faits psychiques. [...] Le principe que nous venons de dégager ne rencontre, croyons-nous, d'opposition explicite dans aucune école sociologique. La doctrine que l'on pourrait appeler mécaniste, celle de M. Émile Durkheim, construit la réalité sur des "choses", mais ces choses elles-mêmes sont des

La construction sociale des catégories de la pensée

Le premier champ exploré dans cette direction et qui valut aux durkheimiens une solide réputation scientifique fut bien entendu celui des croyances religieuses[52]. Durkheim lui-même, après son étude du suicide, se consacra principalement jusqu'à sa mort à la sociologie religieuse. Son neveu Marcel Mauss, titulaire d'une chaire d'histoire des religions à l'École pratique des hautes études en 1901, associé à l'historien Henri Hubert, publia de nombreuses études. Ainsi en 1904 celle, fameuse, de la magie où la croyance-sensation toute subjective et consciente qu'ils nommaient « mana » tenait une place centrale[53]. La contribution propre de Hubert fut également très importante[54]. Enfin Robert Hertz, mort au combat en 1916, semblait promis à un bel avenir dans ces domaines[55].

Mais il y a plus : ce que les sociologues vont montrer aux psychologues, ce n'est pas seulement l'influence des croyances collectives sur le comportement individuel, c'est surtout qu'au delà de tout contenu, ce sont les catégories elles-mêmes de la pensée qui sont des constructions sociales. Le point de repère est ici la parution, en 1903, de l'article de Durkheim et Mauss, « De quelques formes primitives de classification. » L'enjeu est fort : « les psychologues pensent que le simple jeu de l'association des idées, des lois de contiguïté et de similarité entre les états mentaux, suffisent à expliquer l'agglutination des images, leur organisation en concepts, et en concepts classés les uns par rapport aux autres[56]. » Mais, alors, d'où vient que tant de sociétés aient pu imaginer tant de modèles différents pour classer les choses en genre et en espèce, pour se nommer et se définir ? Ne faut-il pas en déduire que « toute classification implique un ordre hiérarchique dont ni le monde sensible ni notre conscience ne nous offrent le modèle[57] » ? Les sociologues montrent ici com-

---

représentations. » La suite de l'intervention de Worms est un bel exposé des idées de Durkheim que Worms reprend à son compte. À cette époque, la domination de l'école durkheimienne est déjà très claire et elle tient moins au caractère précurseur de positions qui feront assez vite consensus chez les sociologues qu'au fait qu'elle ne constitue pas simplement un discours mais véritablement un programme de recherche.

52. *Cf.*, par exemple, les éloges de H. BERR, « Les progrès de la sociologie religieuse », *Revue de synthèse historique*, 1906, vol. XII, n° 1, p. 16-43.

53. M. MAUSS, H. HUBERT, « Esquisse d'une théorie générale de la magie », *Année sociologique*, 1902-1903, vol. VII ; repris *in* M. MAUSS, *Sociologie et anthropologie*, Presses Universitaires de France, Paris, 1983, p. 1-141 (8e édition).

54. *Cf.* F.A. ISAMBERT, « Henri Hubert et la sociologie du temps », *Revue française de sociologie*, 1979, vol. XX, p. 183-204.

55. *Cf.*, par exemple, R. HERTZ, « Contribution à une étude sur la représentation collective de la mort », *Année sociologique*, 1905-1906, vol. X, p. 48-137. La plupart de ses études sont réunies *in* R. HERTZ, *Sociologie religieuse et folklore*, Alcan, Paris, 1928.

56. É. DURKHEIM, M. MAUSS, « De quelques formes primitives de classification. Contribution à l'étude des représentations collectives », *Année sociologique*, 1903, vol. VI ; repris *in* M. MAUSS, *Essais de sociologie*, Minuit, Paris, 1968, p. 163.

57. *Ibid.*, p. 166.

ment, chez les « primitifs », les concepts qui servent à décrire, organiser et finalement penser le monde, sont directement fondés sur la manière dont les hommes se groupent entre eux en clans et en fratries ; comment dans les cosmogonies primitives, la parenté des choses dans l'univers est calquée sur la parenté réelle dans la société. Il existe donc « un lien étroit entre le système logique et le système social. » Et ceci se comprend aisément si l'on conçoit que les choses du monde ne sont pas de simples éléments de connaissance mais ressortissent avant tout de rapports affectifs et en particulier de ce qu'ils nomment des « émotions religieuses » : « les choses sont avant tout sacrées ou profanes, pures ou impures, amies ou ennemies, favorables ou défavorables [...]. Les différences et les ressemblances qui déterminent la façon dont elles se groupent sont plus affectives qu'intellectuelles[58]. » Et nos sociologues de suggérer en conclusion que :

> « La même méthode pourrait aider également à comprendre la manière dont se sont formées les idées de causes, de substance, les différentes formes de raisonnement, etc. Toutes ces questions, que métaphysiciens et psychologues agitent depuis si longtemps, seront enfin libérées des redites où elles s'attardent, du jour où elles seront posées en termes sociologiques. Il y a là du moins une voie nouvelle qui mérite d'être tentée[59]. »

Et cette voie allait être progressivement explorée par Durkheim, Mauss, Hubert, Hertz et enfin Lévy-Bruhl qui, à partir de 1903, laissa un peu de côté l'histoire de la philosophie pour suivre les sociologues et publier en 1910 un ouvrage qui a beaucoup compté.

Enfin, le dernier livre de Durkheim, consacré à la religion, tente d'élaborer de manière systématique une théorie sociologique de la connaissance. Durkheim montre à nouveau que les catégories essentielles qui « dominent notre vie intellectuelle » et forment « l'ossature de l'intelligence » sont d'origine religieuse et par là sociale[60]. Non seulement les catégories de temps, d'espace, de nombre, de genre et de substance, mais encore l'idée de vérité et l'idée d'âme, « expression symbolique de la personnalité », lui semble relever de la sociologie[61]. De plus, notre raison elle-même est sociale : c'est par l'universalité socialement relative du concept que nous pouvons communiquer. Notre langue nous transmet ce système de concepts par lequel nous pouvons rendre nos sensations intelligibles à autrui ; le langage exprime « la manière dont la société dans son ensemble se représente les objets de l'expérience[62]. » Durkheim était conscient de renouveler ainsi complètement les théories de la connaissance :

---

58. *Ibid.*, p. 227.
59. *Ibid.*, p. 230.
60. É. DURKHEIM, *Les Formes élémentaires de la vie religieuse*, Presses Universitaires de France, Paris, 1985, p. 12-14.
61. *Ibid.*, p. 388-389.
62. *Ibid.*, p. 620.

> « Jusqu'ici, on était placé en face de cette alternative : ou bien expliquer les facultés supérieures et spécifiques de l'homme en les ramenant aux formes inférieures de l'être, la raison aux sens, l'esprit à la matière, ce qui revenait à nier leur spécificité ; ou bien les rattacher à quelque réalité supra-expérimentale que l'on postulait mais dont aucune observation ne pouvait établir l'existence. [...] Mais du moment où l'on a reconnu qu'au-dessus de l'individu il y a la société et que celle-ci n'est pas un être nominal et de raison mais un système de forces agissantes, une nouvelle manière d'expliquer l'homme devient possible[63]. »

L'INFLUENCE DE LA SOCIOLOGIE SUR LA PSYCHOLOGIE

Pas un des grands noms de la psychologie de la première moitié du XXe siècle n'a ignoré l'ouverture que constituait le travail des sociologues. Après une brève indifférence de départ, un dialogue est né autour de la volonté de fonder une nouvelle discipline, la psychologie collective, qui n'a pourtant pas réussi à s'imposer.

De l'indifférence à la reconnaissance (1900-1920)

À lire les deux principales revues de psychologie, on pourrait croire que, jusqu'à la Première Guerre mondiale, la sociologie n'a guère intéressé les psychologues. Le *Journal de psychologie normale et pathologique* de Janet et Dumas (les deux principaux élèves de Ribot) passe toute la période dans une presque totale indifférence pour les recherches sociologiques. Une simple rubrique bibliographique tournée vers les autres sciences humaines reléguait la sociologie derrière la linguistique et la science des religions, les travaux de l'*Année sociologique* étant rarement signalés. Pour l'*Année psychologique*, la situation de départ est différente. Son directeur Alfred Binet (1857-1911) est à première vue très favorable au développement des recherches psychosociales. Influencé par Bernheim comme Tarde (avec lequel il se lie tardivement et qu'il fait entrer à la Société libre pour l'étude psychologique de l'enfant, créée en 1900), Binet lie hypnose et vie sociale[64]. D'autre part, dans ses recherches sur le développement et l'intelligence des enfants, il reconnaissait pleinement l'importance des facteurs sociaux[65]. Enfin, il accueillit dans sa revue des recherches de criminologie et de « psychologie judiciaire. » En 1909, dans un bilan de la psychologie, il appelait donc logiquement au développement des recherches en psychologie sociale qu'il plaçait parmi les quatre grands domaines de la psychologie[66]. Toutefois, Binet jugeait ces études « encore

---

63. *Ibid.*, p. 637-638.
64. A. BINET, *La Suggestibilité*, Schleicher, Paris, 1900.
65. A. BINET, *L'Étude expérimentale de l'intelligence*, Schleicher, Paris, 1903.
66. A. BINET, « Le bilan de la psychologie en 1908 », *Année psychologique*, 1909, p. VIII-XI.

trop théoriques » et ne citait aucun auteur français (ses références étant les Américains Baldwin, Royce et McDougall). C'est qu'en réalité, Binet ne considérait comme scientifiques que les seules recherches expérimentales et qui visent avant tout à relever les différences psychologiques individuelles, afin d'aboutir par la mesure à une classification des caractères[67]. On est donc très loin de la sociologie qui, quels que soient les auteurs, se donne à cette époque pour objet principal des groupes et non des individus. Ceci explique le peu d'intérêt que Binet lui manifesta.

Lorsque Piéron prit les commandes de la revue à la mort de Binet, la psychologie sociale fut cette fois complètement écartée. Proche du béhaviorisme de Watson et de la réflexologie de Pavlov, Piéron ne conçut comme scientifique, tout au long de sa vie, que la seule psychophysiologie, intégrant l'ensemble de la psychologie dans « les sciences biologiques[68] », niant toute « causalité propre à l'acte conscient[69]. » En 1913, son arrivée à la tête de l'*Année psychologique* fut pour lui une occasion supplémentaire de réaffirmer sa position. Pourtant, lorsque Piéron aborda la question des rapports avec la sociologie, s'il refusa d'admettre avec Durkheim que « les principes de formation de la pensée » ont une origine sociale, il concéda cependant que

> « la mentalité collective [...] joue un rôle énorme dans ce qui nous paraît être la pensée individuelle. On ne peut concevoir le langage complexe, la science établie, l'art, la religion, etc., sans le milieu social[70]. »

La percée intellectuelle des sociologues

De la part d'un des psychologues dont les positions théoriques étaient parmi les plus réductrices de leur époque, cet article qui reconnaît que le dialogue avec la sociologie peut constituer « un ferment actif du progrès de la psychologie » est significatif de la percée intellectuelle que les sociologues durkheimiens sont en train de réussir. En effet, en deçà de l'indifférence officielle, des signes d'une évolution de la psychologie universitaire se lisent par petites touches depuis le début du siècle. En 1900 tout d'abord, au IVe Congrès international de psychologie, on constate que

67. A. BINET, V. HENRI, « La psychologie individuelle », *Année psychologique*, 1896, n° 2, p. 411-465 ; A. BINET, « La mesure en psychologie individuelle », *Revue philosophique*, 1898, n° 2, p. 113-123 ; A. Binet, *L'Étude expérimentale de l'intelligence*, *op. cit.* ; G. AVANZINI, *Alfred Binet et la pédagogie scientifique*, Vrin, Paris, 1969, p. 17-27.

68. H. PIÉRON, « L'évolution du psychisme et l'étude objective du comportement », *Revue du mois*, 1908, mars, p. 291-310.

69. H. PIÉRON, « Compte rendu de W. MCDOUGALL : "The Use and Abuse of Instinct in Social Psychology", *Journal of Abnormal Psychology*, 1922, vol. XVI, n° 5-6, p. 285-333 », *Année psychologique*, 1922, p. 352-353. Notre attention a été attirée sur ce texte : P. FOULQUIÉ, *La Psychologie contemporaine*, Presses Universitaires de France, Paris, 1951, p. 112.

70. H. PIÉRON, « Le domaine psychologique », *Année psychologique*, 1913, p. 13.

plusieurs contributions relevaient de psychologie collective même si aucun des grands représentants de celle-ci n'y était convié[71]. En 1905, ensuite, dans un nouveau livre, Ribot annonçait qu'il allait traiter « une question de psychologie, individuelle en apparence mais tout autant collective, puisque les groupes humains se forment et se maintiennent par la communauté de croyances, d'opinions, de préjugés, et que c'est la logique des sentiments qui sert à les créer et à les défendre[72]. » Durkheim ne manquait pas l'occasion de s'en féliciter :

> « Il [Ribot] a ainsi démontré, avec l'autorité qui s'attache à tout ce qu'il fait, que les formes complexes de la vie psychique des individus sont inexplicables en dehors de leurs conditions sociales, c'est-à-dire que la psychologie, quand elle est parvenue à un certain degré de son développement, devient inséparable de la sociologie[73]. »

La suite sera plus éloquente encore. Il semble en effet que les deux grands livres de Lévy-Bruhl et de Durkheim en 1910 et 1911 ne sont pas, loin s'en faut, passés inaperçus. La preuve en est la réaction de Charles Blondel qui demande à ses confrères d'opérer avec lui une véritable révolution intellectuelle :

> « Si la sociologie a raison, notre psychologie s'égarerait le plus souvent en un domaine qui n'est pas le sien. Partie à la découverte des mécanismes et des lois de la pensée individuelle, elle aboutirait à des affirmations qui ne seraient en réalité valables que pour l'homme en société et même plus précisément que pour les membres d'une société donnée. [...] Si la pensée discursive n'est pas œuvre individuelle, si notre vie affective et notre conduite ne sont pas directement révélatrices de notre originalité propre, si rien de ce qui brille au soleil de notre conscience n'est spécifiquement nôtre, que devient l'effort des Locke, des Hume, des Stuart Mill et des Taine ? [...] nous n'avons eu d'yeux que pour la machine et, la voyant produire ce que nous appelons nos pensées, nous avons imaginé qu'elle était nôtre et même qu'elle était en nous, alors que, en réalité, elle est seulement installée en nous par la société pour exploiter les matières premières extraites de nos consciences individuelles[74]. »

En 1910, la réaction de Blondel est encore isolée dans son enthousiasme et son caractère public, mais nombre de psychologues partagent en réalité déjà la même impression. Après la guerre, la reconnaissance va se faire au grand jour. Pour en mesurer l'importance, il n'est pas de meilleur

71. P. JANET (dir.), *Comptes rendus et mémoires du IVe Congrès international de psychologie*, Alcan, Paris, 1901.

72. Th. RIBOT, *La Logique des sentiments*, Alcan, Paris, 1905, p. X.

73. É. DURKHEIM, « Compte rendu de Th. RIBOT : *La Logique des sentiments*, Alcan, Paris, 1905 », *Année sociologique*, 1906, vol. IX, p. 158.

74. Ch. BLONDEL, « Les fonctions mentales dans les sociétés inférieures d'après un livre récent », *Journal de psychologie normale et comparée*, 1910, p. 540-541.

indice que la lecture des deux gros volumes du *Traité de psychologie* que dirigea Georges Dumas et qui constitua la première somme de la psychologie universitaire française[75]. Publié définitivement en 1923, cet ouvrage fut en fait lancé dès avant-guerre et Ribot, deux ans avant sa mort (1914), lui avait donné une préface qui, certes, réaffirmait l'enracinement de la psychologie dans la physiologie mais en reconnaissait aussi la limite : « les auteurs de ce traité n'ont pas commis l'erreur de certains psychologues qui, à mon avis, vont trop loin » en niant « le caractère original du fait social[76]. » Ribot consacrait à nouveau la sociologie durkheimienne dont l'influence se lit aisément dans les contributions de Dumas, de Lalande, de Wallon, de Delacroix et plus encore de Blondel.

Un indice majeur : le *Traité de psychologie* de Dumas en 1923

Dans son introduction générale à la psychologie, le philosophe André Lalande notait que

> « deux grandes influences, dans ces dernières années, ont agi en sens inverse de la psychologie indépendante : 1°) celles des doctrines qui relèvent l'importance du sentiment et de l'intuition, et, plus que tout autre, celle du bergsonisme. [...] 2°) celle de la sociologie, spécialement celle des travaux et de l'enseignement de Durkheim : faisant dépendre de la vie sociale, réalité *sui generis*, les fonctions psychiques les plus importantes et les plus élevées[77]. »

Lalande posait désormais pour acquis

> « [qu']il y a incontestablement des phénomènes psychologiques collectifs qui appartiennent au groupe social en tant qu'il forme un tout, et non pas seulement en tant que ces phénomènes se rencontrent chez la plupart ou même chez la presque totalité des individus qui le composent [...]. On sent quel large domaine des investigations de ce genre ouvrent à *la psychologie sociologique*[78]. »

Georges Dumas donna également à la sociologie une place de choix. Il montra notamment que les émotions ne sauraient se comprendre en dehors de « l'état de la civilisation dans lequel nous vivons, de notre position so-

---

75. Notre recherche était achevée lorsqu'a paru l'article de G. VERMÈS, F. SELLIER, A. OHAYON, « Des psychologies sociales en France entre 1913 et 1947 », *Sociétés contemporaines*, 1993, n° 13, p. 197-208, sur la psychologie sociale en France dans l'entre-deux-guerres. Les auteurs ont bien vu certains points que nous développons ici (par exemple, l'influence du durkheimisme sur les auteurs du *Traité de psychologie*). Leur texte est toutefois assez bref.

76. Th. RIBOT, « Préface », *in* G. DUMAS (dir.), *Traité de psychologie*, Alcan, Paris, 1923, vol. I, p. XII.

77. A. LALANDE, « La psychologie, ses divers objets et ses méthodes », *in* G. DUMAS (dir.), *Traité de psychologie*, Alcan, Paris, 1923, vol. I, p. 5.

78. *Ibid.*, p. 38-39, je souligne.

ciale et de notre éducation[79]. » Henri Wallon, à qui avait échoué le délicat problème de la conscience, concluait sans détour que la psychologie restait totalement muette sur le contenu de la conscience. En effet,

> « dans la perception la plus brute sont impliqués déjà des interprétations, des idées, des systèmes de croyances et de représentations par lesquels l'homme participe à l'existence de son *groupe social.* [...] Or c'est au moyen de telles représentations que la conscience parvient à formuler ce qu'elle peut atteindre de ses processus les plus intimes et les plus personnels[80]. »

Il laissait donc « à d'autres » (nous savons qui) « la connaissance des fonctions qui se développent selon des lois dépassant l'individu[81]. » De son côté, Henri Delacroix semblait certes un peu agacé par les « exagérations » de Durkheim et refusait de dire qu'en définitive « la société crée l'intelligence. » Mais il n'en concédait pas moins trois apports majeurs :

> « 1°) la vie commune, la réunion en société, l'état collectif exaltent les puissances individuelles. [...] 2°) la société agit en puissance conservatrice, comme tradition [...]. En ce sens, il est juste de parler de représentations qui préexistent à l'individu, s'imposent à lui et lui survivent. [...] 3°) la structure sociale se reflète jusqu'à un certain point dans la pensée des individus. [...] le langage reflète l'histoire de la société ; les sens successifs d'un mot nous renseignent souvent sur les conditions dans lesquelles ce mot a été créé et sur les variations de l'organisation sociale et de l'organisation domestique. Il y a du reste des conditions sociologiques de la raison [...][82]. »

Enfin, la contribution la plus durkheimienne fut celle de Blondel pour qui tout est socialisé chez l'homme. Depuis que l'enfant a appris le langage, la société a pénétré en lui :

> « Savoir parler, c'est sans doute être en état de communiquer sa pensée à autrui, mais c'est plus encore être en état de la rendre communicable, c'est-à-dire de transposer immédiatement en termes d'expérience collective les données de notre expérience sensible. Ainsi, presque dès l'origine, nos tendances et nos instincts, pris dans un tout de représentations collectives, cessent irrévocablement d'être vécus, d'être sentis, de se réaliser dans leur pureté organique. En vérité, nous sommes presque en droit de nous

---

79. G. DUMAS, « L'expression des émotions », *in* G. DUMAS (dir.), *Traité de psychologie*, *op. cit.*, vol. I, p. 639.

80. H. WALLON, « Le problème biologique de la conscience », *in* G. DUMAS (dir.), *Traité de psychologie*, *op. cit.*, vol. I, p. 227.

81. *Ibid.*, p. 228.

82. H. DELACROIX, « Les opérations intellectuelles », *in* G. DUMAS (dir.), *Traité de psychologie*, Alcan, Paris, 1923, vol. II, p. 144-145.

demander s'il est encore dans l'activité humaine des actions proprement et purement individuelles[83]. »

Et Blondel de conclure que « l'activité psycho-organique ne devient activité volontaire qu'à la condition de se sublimer pour ainsi dire sous l'action de représentations collectives[84]. » Ainsi ce qui exprime le plus profondément ce vouloir-vivre dont parle Schopenhauer, cette énergie spirituelle qu'invoque Bergson, ce « fiat » cher à William James, cette conscience de l'engagement volontaire, c'est en définitive la sociologie qui donne les moyens de le comprendre :

> « L'activité volontaire ne tient pas ses caractères les plus essentiels des moyens physiologiques par lesquels elle s'exerce, ni d'une activité proprement psychologique qui se constituerait à elle-même son expérience, mais bien du système de concepts et d'impératifs que la collectivité nous impose et qui, introduisant dans le flux mouvant et fuyant de nos états de conscience leur rigidité et leur universalité, assurent à notre expérience et à notre personnalité l'unité, la continuité et la cohérence[85]. »

Pour finir, écoutons à nouveau Henri Delacroix, professeur de psychologie à la Sorbonne et bientôt doyen de la faculté des lettres de Paris, « l'autorité principale » de l'époque en psychologie selon Parodi[86] :

> « Il n'y a rien à objecter à la science sociologique. Sa valeur est indiscutable. Les services qu'elle a rendus à la psychologie sont immenses. Elle y a introduit des faits nouveaux et des méthodes nouvelles [...]. Elle a étendu et approfondi singulièrement la « nature humaine », elle a empêché la psychologie de verser dans la pure métaphysique ou dans la pure physiologie [...]. Et elle a ajouté à la psychologie une dimension nouvelle. Le psychologue doit dorénavant penser les faits psychologiques selon la dimension sociale[87]. »

Ce n'est pas un succès, c'est un triomphe. Mais l'ampleur même et la rapidité de ce renversement ne doivent-elles pas nous questionner ? Pour quelles raisons cette « sorte de rapprochement et comme d'alliance entre la psychologie et la sociologie » avait pu apparaître à un observateur bien informé comme l'un des deux faits majeurs du milieu scientifique et philosophique de l'après-guerre[88] ? L'explication de Parodi est intéressante :

---

83. Ch. BLONDEL, « Les volitions », *in* G. DUMAS (dir.), *Traité de psychologie*, *op. cit.*, vol. II, p. 342.

84. *Ibid.*, p. 344.

85. *Ibid.*, p. 422-423; *cf.* aussi Ch. BLONDEL, « La personnalité », *in* G. DUMAS (dir.), *Traité de psychologie*, *op. cit.*, vol. II, p. 522-574 ; G. DAVY, « La sociologie », *in* G. DUMAS (dir.), *Traité de psychologie*, *op. cit.*, vol. II, p. 765-810.

86. D. PARODI, « La philosophie française de 1918 à 1925 », *Revue philosophique*, 1925, n° 1, p. 362.

87. H. DELACROIX, *Le Langage et la pensée*, Alcan, Paris, 1924, p. 75.

88. D. PARODI, « La philosophie française de 1918 à 1925 », art. cit., p. 359. L'autre événement est la diffusion de la théorie de la relativité d'Einstein !

> « La sociologie se présente comme une science proprement dite, de tendance toute positive et de méthode strictement objective : en recourant à des explications sociologiques là où ne peut plus suffire l'explication biologique, on a donc l'impression de rester encore fidèle à l'esprit de la science et de se bien garder contre tout soupçon de métaphysique. [...] c'est ainsi que la sociologie en vient à apparaître [...] comme un Deus ex-machina et qu'elle est acceptée comme capable seule de résoudre les difficultés où échouent toutes les autres théories[89]. »

En effet, comme nous l'avons vu, au tout début de ce travail, la psychologie scientifique est née en France en réaction contre le spiritualisme et sa théorie des facultés de l'âme et s'était ainsi peu à peu enfermée dans un réductionnisme biologique exclusif. On mesure, aux déclarations des auteurs du *Traité de psychologie* et en particulier au rapprochement que faisait Lalande entre Durkheim et Bergson, l'épaisseur du vide intellectuel qu'avait créé cette psychophysiologie de la fin du XIXe siècle. C'est dans cette faille que la notion de représentation collective et la théorie durkheimienne de la religion ont trouvé toute leur pertinence. Parodi suggère avec raison qu'elles permettaient aux psychologues de dépasser le clivage matérialisme/spiritualisme en trouvant une manière scientifique de traiter des faits relevant du domaine de la conscience et de la spiritualité.

Toujours est-il que, *en théorie*, la psychologie collective était née. Même un critique régulier du durkheimisme s'écriait : « Nul doute que nous assistons à l'élaboration d'une doctrine dont la constitution sera l'un des faits marquants de l'histoire de la psychologie dans la première moitié du XXe siècle[90]. »

Vers une psychologie collective (1920-1940)

De fait, un réel débat scientifique s'est développé dans l'entre-deux-guerres autour de la psychologie collective. Les acteurs principaux furent Blondel et Dumas chez les psychologues ; Halbwachs, Lévy-Bruhl et Mauss chez les sociologues. Les seconds rôles mirent en scène d'autres durkheimiens (Granet, Davy) et quelques philosophes (Lalande, Essertier). Les auteurs du dialogue entre psychologie et sociologie dans l'entre-deux-guerres sont donc relativement peu nombreux (une dizaine) mais comptent parmi les plus importants savants de leur époque. Quant aux institutions qui l'ont porté, la principale fut la *Société de psychologie de Paris*, en liai-

89. *Ibid.*, p. 365.

90. R. LACOMBE, « La thèse sociologique en psychologie », *Revue de métaphysique et de morale*, 1926, p. 352.

son avec le *Journal de psychologie* qui devint son « organe officiel » à partir de 1920[91]. Ses animateurs sont principalement Dumas et Meyerson.

Normalien, agrégé de philosophie, docteur en médecine et en lettres, chargé de cours de psychologie expérimentale puis professeur de psychopathologie à la Sorbonne, Georges Dumas (1866-1946) joue un rôle central dans le dispositif parisien. Directeur du *Traité de psychologie* (2 volumes, 1923-1924) puis du *Nouveau traité de psychologie* (10 volumes, 1930-1948), ce disciple direct de Ribot fut sans doute, dans l'entre-deux-guerres, avec Piéron, le psychologue le plus influent en France et le plus invité à l'étranger. Quant à Ignace Meyerson (1888-1983), il fut au départ un pont entre Dumas et Piéron puisqu'il était à la fois le secrétaire de la rédaction de l'*Année psychologique* et le secrétaire général permanent de la Société de psychologie. Enfin c'est lui qui, à la mort de Dumas, prendra, avec Paul Guillaume, la direction du *Journal de psychologie*.

La Société de psychologie et le *Journal* furent donc les principaux lieux du dialogue officiel de la psychologie avec la sociologie. Mauss fut élu président de ladite société en 1924, Halbwachs pendant la Seconde Guerre mondiale. De leur côté, Blondel et Dumas furent membres de l'Institut de sociologie créé en 1924 par les durkheimiens[92].

La contribution des sociologues

Trois sociologues durkheimiens ont joué un rôle essentiel dans la tentative de constituer un territoire commun aux deux disciplines : Mauss, Halbwachs et Lévy-Bruhl.

Quelques années après une guerre où sont tombés de nombreux jeunes sociologues, Mauss (1872-1950) reprend en 1924 la publication de l'*Année sociologique* et apparaît comme le continuateur direct de son oncle Durkheim[93]. Or, pour lui, toutes les frontières disciplinaires jalousement construites et défendues à la fin du XIXe siècle doivent à présent être dépassées pour permettre la compréhension de « l'homme total », « l'homme physio-psycho-sociologique. » À ce titre, il insiste systématiquement sur l'importance de l'alliance entre la sociologie et la psychologie. En janvier 1924, il lançait à ses amis de la Société de psychologie :

> « Aucun des progrès que vous réalisez dans l'analyse des éléments de la conscience, ou dans l'analyse du groupement de ces éléments ne nous est

91. Le *Journal* publiait chaque mois, d'une part, la plupart des communications faites à la Société (et parfois les discussions qui les suivaient), d'autre part, les principales informations sur la vie de la Société (renouvellement annuel du bureau directeur, élections de nouveaux membres, activités communes avec d'autres institutions, etc.).

92. *Cf.* J. HEILBRON, « Note sur l'Institut français de sociologie (1924-1962) », *Études durkheimiennes*, 1983, n° 9, p. 9-14.

93. *Cf.* J. HEILBRON, « Les métamorphoses du durkheimisme, 1920-1940 », *Revue française de sociologie*, 1985, vol. XXVI, p. 203-237.

indifférent. C'est pourquoi Durkheim, élève de Wundt et de Ribot, Espinas, l'ami de Ribot, et nous autres, qui avons suivi ces maîtres, nous n'avons jamais cessé d'être prêts à accepter les progrès de la psychologie. Car elle seule, à côté de nos propres élaborations, nous fournit les concepts nécessaires, les mots utiles qui dénotent les faits les plus nombreux et connotent les idées les plus claires et les plus essentielles[94]. »

Ces propos, considérés comme fondateurs par Roger Bastide[95], ouvraient des discussions concrètes sur la nature de la psychose et des délires ou hallucinations, sur le concept d'instinct, sur la notion de symbole et « l'activité essentiellement symbolique de l'esprit[96]. » Mauss esquissait donc ici un programme de psychologie collective et, comme on dit aujourd'hui, d'ethno-psychiatrie. Il souhaitait même qu'on reprenne les études des caractères psychiques collectifs, cette psychologie des peuples ou « éthologie collective » qu'avait autrefois initiée Taine[97]. Jusqu'à la guerre, il continuera à apporter des contributions à ces nouveaux champs d'études et à fréquenter la Société de psychologie[98]. Parfois, il devra naturellement réaffirmer les différences et dire son désaccord. Ainsi, par exemple, de même que Malinowski (1927) voulut apprendre à Freud (1923) que son complexe d'Œdipe n'était pas aussi universel qu'il le croyait, Mauss, dès 1931, expliquera à Piaget que ses stades de développement de l'enfance sont ceux de l'enfant européen, celui qu'il observe, et non ceux de l'enfance en général[99]. Comme Durkheim l'avait dit dès 1893, toutes les soi-disant facultés et catégories universelles de l'esprit doivent en réalité être relativisées en fonction de chaque culture et de chaque milieu social.

Maurice Halbwachs (1877-1945) est un sociologue dont le nom était presque oublié jusqu'à ces dernières années. Ce normalien, agrégé de philosophie, docteur en droit et en lettres, élève de Bergson et de Durkheim, fut pourtant l'un des plus productifs et des plus inventifs sociologues de sa

94. M. MAUSS, « Rapports réels et pratiques de la psychologie et de la sociologie », *Journal de psychologie normale et pathologique*, 1924 ; repris *in* M. MAUSS, *Sociologie et anthropologie*, *op. cit.*, p. 292.

95. R. BASTIDE, « Sociologie et psychologie », *in* G. GURVITCH (dir.), *Traité de sociologie*, Presses Universitaires de France, Paris, 1958, vol. I, p. 71.

96. M. MAUSS, « Rapports réels et pratiques de la psychologie et de la sociologie », art. cit., p. 294-295.

97. M. MAUSS, « Divisions et proportions des divisions de la sociologie », *Année sociologique*, 1927 ; repris *in* M. MAUSS, *Œuvres*, *op. cit.*, p. 228-232.

98. *Cf.* M. MAUSS, « Effet physique chez l'individu de l'idée de mort suggérée par la collectivité », *Journal de psychologie normale et pathologique*, 1926 ; repris *in* M. MAUSS, *Sociologie et anthropologie*, *op. cit.*, p. 310-330 ; M. MAUSS, « Une catégorie de l'esprit humain : la notion de personne, celle de "Moi" », *Journal of the Royal Anthropological Institute*, 1938 ; repris *in* M. Mauss, *Sociologie et anthropologie*, *op. cit.*, p. 331-362.

99. M. MAUSS, « Débats sur les rapports entre la psychologie et la sociologie », *in L'Individualité. IIIe semaine de synthèse*, Alcan, Paris, 1933 ; repris *in* M. MAUSS, *Œuvres*, Minuit, Paris, 1969, vol. III, p. 299-301.

génération. Dans son œuvre composite, on peut distinguer deux grands axes : d'une part, la sociologie des groupes sociaux et des classes sociales, d'autre part, la psychologie collective[100]. On peut dire qu'à partir de 1920 c'est cette dernière qui est devenue sa principale préoccupation. La mémoire collective en constitue bien entendu le cœur. Dès 1925, s'adressant aux psychologues, il en expose les principes :

> « On est assez étonné lorsqu'on lit les traités de psychologie où il est traité de la mémoire, que l'homme y soit considéré comme un être isolé. [...] Cependant c'est dans la société que, normalement, l'homme acquiert ses souvenirs, qu'il se les rappelle, qu'il les reconnaît et les localise. [...] le rappel des souvenirs n'a rien de mystérieux. Il n'y a pas à chercher où ils sont, où ils se conservent, dans mon cerveau, ou dans quelque réduit de mon esprit où j'aurais seul accès, puisqu'ils me sont rappelés du dehors, et que les groupes dont je fais partie m'offrent à chaque instant les moyens de les reconstruire, à condition que je me tourne vers eux et que j'adopte au moins temporairement leurs façons de penser. [...] C'est en ce sens qu'il existerait une mémoire collective et des cadres sociaux de la mémoire, et c'est dans la mesure où notre pensée individuelle se replace dans ces cadres et participe à cette mémoire qu'elle serait capable de se souvenir[101]. »

Mais Halbwachs s'est aussi intéressé aux rêves, aux représentations de l'âme et du double, aux croyances religieuses, aux mythes et aux légendes de toutes sortes. Sur tous ces faits, dans tous ces domaines de réflexion, il est venu rappeler « la façon dont l'esprit collectif, enveloppant les hommes associés, des groupes et leurs organisations complexes, donne à la conscience humaine accès à tout ce qui a été accompli en matière de pensées, de sentiments, d'attitudes et de dispositions mentales dans les divers groupes sociaux où il s'incarne[102]. »

Le troisième personnage central dans ce dialogue est Lucien Lévy-Bruhl (1857-1939). Publié dans la collection des travaux de l'*Année sociologique*, se réclamant de la théorie durkheimienne des représentations collectives, son premier grand livre l'avait fait passer pour un membre de l'École sociologique française. Il conservera toujours cette image malgré les critiques que Durkheim lui-même avait portées à l'encontre de certaines de ses conclusions[103]. Directeur de la *Revue philosophique* après la

100. *Cf.* G. FRIEDMAN, « Préface », *in* M. HALBWACHS, *Esquisse d'une psychologie des classes sociales*, Marcel Rivière, Paris, 1964, p. 9-23.

101. M. HALBWACHS, *Les Cadres sociaux de la mémoire*, Alcan, Paris, 1925, p. XVI ; M. HALBWACHS, *La Topographie légendaire des évangiles en terre sainte. Étude de mémoire collective*, Presses Universitaires de France, Paris, 1941 (2e édition : 1971) ; M. HALBWACHS, *La Mémoire collective*, Presses Universitaires de France, Paris, 1950.

102. M. HALBWACHS, « Conscience individuelle et esprit collectif », *American Journal of Sociology*, 1939 ; repris *in* M. HALBWACHS, *Classes sociales et morphologie*, Minuit, Paris, 1972, p. 163.

103. É. DURKHEIM, « Compte rendu de L. LÉVY-BRUHL, *Les Fonctions mentales dans les sociétés inférieures*, Alcan, Paris, 1910 », *Année sociologique*, 1913, vol. XII, p. 35, estime que

mort de Ribot, co-directeur de l'Institut d'ethnologie, président de l'Académie des sciences morales et politiques en 1928, membre de la Société de linguistique et de la Société de psychologie, au cœur des réseaux dreyfusards qui avaient joué un rôle si important pour cette génération, Lévy-Bruhl est une figure marquante de l'entre-deux-guerres. Son ouvrage de 1922 lui assure une place de choix dans les débats autour de la psychologie collective, tant par les éloges dont il est couvert que par les débats sur les mentalités et sur les stades de développement intellectuel qu'il va susciter chez les sociologues et les psychologues[104]. Ces théories, largement diffusées par Blondel[105], Davy[106] et Essertier[107], intégrées par Bergson[108], malgré quelques critiques[109], vont fortement influencer certains psychologues[110]. On voit bien que ces sociologues, loin de négliger la psychologie, n'ont donc pas cessé de vouloir dialoguer avec elle. Dans le cas de Halbwachs, nous assistons même à une tentative de fonder une véritable psychologie collective[111]. Mais les psychologues ont-ils manifesté la même volonté ?

La contribution des psychologues

Dessinées au lendemain de la Première Guerre mondiale, les lignes de partage intellectuel de la psychologie n'ont guère changé jusqu'à la Seconde. À Paris, on retrouve clairement deux principaux milieux. Dans le premier, animé par Piéron au travers de l'*Année psychologique*, l'idée de psychologie collective n'a pas d'audience. Piéron a beau jouer l'éclectisme avec une rubrique bibliographique consacrée à la « Psychologie ethnologi-

---

Lévy-Bruhl part des mêmes principes que lui mais qu'il va trop loin dans sa distinction du prélogique et du logique : « Nous estimons au contraire que ces deux formes de la mentalité humaine, si différentes qu'elles soient, loin de dériver de sources différentes, sont nées l'une de l'autre et sont deux moments d'une même évolution. »

104. L. LÉVY-BRUHL, *La Mentalité primitive*, Alcan, Paris, 1922 ; I. MEYERSON, « La mentalité primitive », *Année psychologique*, 1922, p. 214-222.

105. Ch. BLONDEL, *La Mentalité primitive*, Stock, Paris, 1926.

106. G. DAVY, « La psychologie des primitifs d'après Lévy-Bruhl », *Journal de psychologie normale et pathologique*, 1930, p. 112-176.

107. D. ESSERTIER, *Psychologie et sociologie. Essai de bibliographie critique*, Alcan, Paris, 1927.

108. H. BERGSON, *Les Deux sources de la morale et de la religion*, Alcan, Paris, 1932, p. 105-108.

109. *Cf.* D. MERLLIÉ, « Le cas Lévy-Bruhl », *Revue philosophique*, 1989, n° 4, p. 427-428.

110. Toutefois, l'article apologétique du secrétaire de la *Revue philosophique*, Paul MASSON-OURSEL (P. MASSON-OURSEL, « Disciples ou élèves de Lévy-Bruhl », *Revue philosophique*, 1939, n° 1, p. 258-260, exagère beaucoup cette influence en faisant de Piaget et de Granet des disciples de Lévy-Bruhl. Le seul véritable disciple fut peut-être Blondel.

111. Nous soupçonnons que Halbwachs est à l'origine de la création de l'éphémère Société de psychologie collective dont nous soupçonnons l'existence sans toutefois avoir encore retrouvé un seul document la concernant.

que et sociale », il ne publiera jamais un seul article dans ce domaine[112]. Au plan théorique, la seule psychologie sociale qui l'intéressât un moment fut celle de McDougall car elle reposait sur la notion biologique d'instinct[113].

Du côté du *Journal* et de la Société de psychologie, les choses sont évidemment très différentes. Dans leur éditorial de rentrée, en 1920, Dumas et Janet annoncent que leur revue « continuera d'être l'intermédiaire des philosophes, des psychologues, des juristes, des éducateurs, des sociologues[114]. » Dès cette première année, un numéro double est tout entier consacré à la psycho-sociologie, on y retrouve certaines des contributions du *Traité de psychologie* en préparation. Dans les années qui suivent et jusqu'à la guerre, on lira dans le *Journal de psychologie* des contributions de sociologues (Mauss, Halbwachs, Granet, Davy) ou d'auteurs proches de cette conception (les sociolinguistes Meillet et Vendryes, l'ethnographe Van Gennep, les historiens théoriciens de l'art Luquet et Lalo), ainsi que des comptes rendus souvent très élogieux (particulièrement ceux des contributions de Mauss et Lévy-Bruhl). Doublé par les séances de la Société de psychologie dont le *Journal* rendait systématiquement compte, le dialogue entre les sociologues et les psychologues s'est donc ici instauré. Pour autant, peut-on dire de ces psychologues qu'ils tentèrent vraiment de fonder une psychologie collective comme il y avait une psychophysiologie et une psychopathologie ? Un homme seulement y a employé l'essentiel de ses forces.

Charles Blondel (1876-1939) fut, comme Halbwachs du côté des sociologues, le principal artisan et promoteur d'une psychologie collective à part entière. Ce normalien, agrégé de philosophie, docteur en médecine fut, nous l'avons déjà vu, très tôt marqué par les idées des sociologues durkheimiens. Dès sa thèse de psychiatrie, en 1913, il en tirait deux idées fondamentales : d'une part, qu'une conscience normale n'était au fond qu'une conscience correctement socialisée, d'autre part, qu'il y avait en quelque sorte une « mentalité morbide » comme il y a une « mentalité prélogique » selon Lévy-Bruhl, que le malade mental n'était décrit comme illogique et irrationnel que parce qu'on n'avait pas compris qu'il vit sa

---

112. Piéron animera seul cette rubrique bibliographique jusqu'en 1923, ensuite le relais sera assuré par des collaborateurs plus proches de ce domaine d'investigation : notamment Meyerson et Georges-Henri Luquet (spécialiste de l'art primitif qui fera toujours l'éloge des travaux de M. Mauss). Ces deux hommes seront aussi des membres actifs de la Société de psychologie.

113. *Cf.* H. PIÉRON, « Compte rendu de W. MCDOUGALL : "The Use and Abuse of Instinct in Social Psychology", *Journal of Abnormal Psychology*, 1922, vol. XVI, n° 5-6, p. 285-333 », *Année philosophique*, 1920, p. 365-366.

114. G. DUMAS, P. JANET, « Au lecteur », *Journal de psychologie normale et pathologique*, 1920, p. 2.

propre logique exprimée dans son propre langage[115]. Les notions de représentation et de mentalité collectives lui ont fait prendre conscience du caractère réducteur de la psychologie traditionnelle. Il ne cessera de le répéter :

> « La psychologie est tout entière à refaire. [...] elle nous présente encore trop souvent la vie mentale comme un assemblage de facultés décapitées. Derrière les découpages réalisés au sein de la conscience pour les nécessités de la vie, la psychologie n'a que trop rarement encore retrouvé les ensembles réels dont l'étude seule donnerait scientifiquement les fruits[116]. »

Or ces ensembles, ces cadres, ces schémas – on dira bientôt ces formes (*Gestalten*) – c'est dans la vie collective qu'il faut les chercher. Guillaume et Meyerson résument bien la pensée de Blondel :

> « L'*homo psychologicus* est une abstraction ; toutes nos façons d'être émus, de penser, de nous souvenir et même de percevoir s'éduquent dans un certain milieu dont nous subissons la pression et la suggestion. L'individu ne peut être complètement compris que par la psychologie collective[117]. »

Et Blondel s'efforcera, sans succès, de fonder cette nouvelle science en diffusant les idées de Lévy-Bruhl[118], en entretenant un dialogue polémique constant avec son grand rival Halbwachs[119], enfin et surtout en publiant le premier manuel de ce nom[120].

La psychologie collective ou psychosociologie a conquis ses lettres de noblesse en France dans l'entre-deux-guerres. Elle était reconnue légitime dans les classifications et plans d'organisation intellectuelle de la psychologie comme de la sociologie. Elle a eu ses débats, ses contributions, son manuel et de prestigieux promoteurs. Dès 1927, Essertier recensait 622 travaux se rapportant à ce domaine[121]. Elle n'a pourtant pas réussi à s'institutionnaliser. Les deux savants qui auraient pu en faire réellement

---

115. Ch. BLONDEL, *La Conscience morbide. Essai de psychopathologie générale*, Alcan, Paris, 1914.

116. Ch. BLONDEL, « Psychologie pathologique et sociologie », *Journal de psychologie normale et pathologique*, 1925, p. 358-359.

117. P. GUILLAUME, I. MEYERSON, « Charles Blondel », *Journal de psychologie normale et pathologique*, 1938, p. 322.

118. Ch. BLONDEL, *La Mentalité primitive*, *op. cit.*

119. Ces débats soulèvent des problèmes de fond très importants et méritent une analyse approfondie que nous ne pouvons mener ici. Pour situer les choses, rappelons seulement que, nommés tous les deux professeurs à la nouvelle et très dynamique faculté des lettres de Strasbourg en 1919, Blondel et Halbwachs se répondront de livre en livre et de compte rendu en compte rendu sur un ton de plus en plus distant. À propos des troubles du langage ou du suicide, Blondel finira même par ressortir la classique accusation d'« impérialisme sociologique » devant les propositions d'Halbwachs (cette analyse sera réalisée par la suite : c'est le chapitre 8 du présent ouvrage).

120. Ch. BLONDEL, *Introduction à la psychologie collective*, A. Colin, Paris, 1924.

121. D. ESSERTIER, *Psychologie et sociologie*, *op. cit.*

leur succession n'ont pas pu avoir d'héritiers. Blondel, à Strasbourg puis à la Sorbonne derrière Dumas, a toujours occupé des chaires correspondant à sa spécialité première : la psychopathologie. Quant à Halbwachs, on a aujourd'hui souvent oublié que lorsqu'il fut élu au Collège de France en 1941, ce fut, à sa demande, dans une chaire nouvelle intitulée « Psychologie collective. » Mais il devait disparaître presque aussitôt et n'avoir lui aussi de postérité apparente que pour la première partie de son œuvre : la sociologie urbaine et la sociologie des classes sociales. En 1945, la première psychologie collective française est morte avec ceux qui l'avaient inventée. Mais l'influence de la sociologie n'en est pas moins diffuse dans l'œuvre des plus importants psychologues de l'époque.

UNE GÉNÉRATION DE PSYCHOLOGUES DÉCOUVRE L'INFLUENCE DU SOCIAL

Le fait est qu'en comparant l'évolution intellectuelle globale des grands psychologues des années 1890-1940, on constate que la plupart ont évolué vers une psychologie intégrant la dimension sociale de l'humain : Janet, Paulhan, Wallon, Meyerson. Jugeant l'ensemble de son œuvre, Meyerson écrit de Pierre Janet (1859-1947) :

> « Parti d'une conception à la fois behavioriste avant la lettre et un peu empiriste, Janet a été conduit, par l'observation des faits, à élargir sa base primitive. Nous avons vu les notions qui s'y sont ajoutées : la notion d'effort spirituel, proche des conceptions de Maine de Biran et de Bergson ; celles d'actions et d'interactions collectives : si dans le détail Janet n'a pas toujours été d'accord avec les sociologues, il n'a pas cessé de suivre leurs travaux; celle de développement de l'esprit, de stade et de différence entre ces stades : les études de J.M. Baldwin et de Lévy-Bruhl[122]. »

Et, en effet, Janet attribuait aux réactions sociales qui passent par les symboles et les signes un rôle essentiel dans les débuts de l'intelligence des enfants[123]. De manière générale, il était bien conscient que « les conduites intellectuelles que nous avons à étudier se sont développées chez des hommes et même chez des animaux vivant en société et les animaux qui montrent le moins d'intelligence sont ceux qui vivent isolément[124]. » C'est pourquoi, dès 1925, il entérinait le fait qu'après la psychopathologie et la psychologie de l'enfant, « une troisième psychologie s'était développée un peu plus tard sous le nom de sociologie[125]. » Enfin, il montrait la

122. I. MEYERSON, « Pierre Janet et la théorie des instincts », *Journal de psychologie normale et pathologique*, 1947, p. 17.

123. P. JANET, *L'Intelligence avant le langage*, Flammarion, Paris, 1936, p. 73-98 ; P. JANET, « Les conduites sociales », *in Actes du XIe Congrès international de psychologie*, Alcan, Paris, 1937, p. 138-149.

124. P. JANET, *Les Débuts de l'intelligence*, Flammarion, Paris, 1935, p. 58.

125. P. JANET, *De l'angoisse à l'extase. Étude sur les croyances et les sentiments*, Alcan, Paris, 1925, vol. I, p. 202.

convergence de ces trois psychologies puisque « les études de cette psychologie sociologique arrivent elles aussi à déclarer que la pensée des hommes n'est pas toujours et partout la même, que dans son évolution elle a traversé une série d'étapes ; [...] qu'en un mot, il y a des stades du développement psychologique[126]. »

Normalien, agrégé de philosophie et docteur en médecine, Henri Wallon (1879-1962) débuta ses recherches par la psychopathologie. En 1913, son ami Piéron l'intégrait à son équipe de l'*Année psychologique*. Mais à partir des années 1920, Wallon allait se tourner vers l'étude de l'enfance, terrain qu'il ne quittera plus et qui le portera au Collège de France en 1937. Or cette orientation intellectuelle s'accompagne chez Wallon de la reconnaissance pleine et entière de la dimension sociale de l'humain. En effet, le fait psychologique primitif est l'émotion que Wallon définit : « ce qui soude l'individu à la vie sociale par ce qu'il peut y avoir de plus fondamental dans sa vie biologique[127]. » Toutes les structures biologiques dont on ne saurait négliger l'étude ont pour but de préparer la socialisation. Selon la formule de son élève René Zazzo : « le social a capté le physiologique pour en faire du psychologique[128]. » L'émotion ouvre la voie à la représentation et au concept que façonne le langage, c'est-à-dire la société :

> « La parole est l'appel au concours des autres. À tous les niveaux elle est réalité sociale. [...] elle ne fait pas qu'en appeler à l'activité d'autrui ; elle vivifie celle de chacun par l'expérience et le savoir collectifs. [...] Par le mot et par le concept s'opère la copénétration réciproque de l'expérience individuelle et de l'expérience collective. Il n'y a pas de concept, si abstrait soit-il, qui n'implique quelque image sensorielle, et il n'y a pas d'image, si concrète qu'elle soit, qu'un mot ne sous-tende et qui ne fasse entrer les limites de l'objet dans celles du mot : c'est en ce sens que nos expériences les plus individuelles sont déjà moulées par la société[129]. »

« Sans activité collective pas de connaissance, pas de langage, pas de symbolisme possible[130]. » Ainsi, chez Wallon, le développement de l'enfant, basé certes sur des structures physiologiques, est socialement relatif. C'est pourquoi, comme Mauss, il ne pouvait entièrement accepter les théories de Freud et surtout de son grand rival Piaget chez qui les stades de développement sont biologiquement programmés et par là même

126. *Ibid.*, p. 203.

127. H. WALLON, « L'organique et le social chez l'homme », 1953 ; repris *in Enfance*, 1963, n° 1, p. 64 ; sur l'imbrication du biologique et du social, *cf.* aussi H. WALLON, *L'Évolution psychologique de l'enfant*, A. Colin, Paris, 1941, p. 34-47.

128. R. ZAZZO, *Psychologie et marxisme. La vie et l'œuvre d'Henri Wallon*, Denoël/Gonthier, Paris, 1975, p. 38.

129. H. WALLON, *De l'acte à la pensée. Essai de psychologie comparée*, Flammarion, Paris, 1942, p. 248-249.

130. H. WALLON, *Les Origines du caractère chez l'enfant*, Boivin, Paris, 1934, p. 91.

immuables[131]. Parce que l'enfant est « un être primitivement et totalement orienté vers la société », son évolution est relative au milieu social dans lequel elle se construit ; sans verser pour autant dans le sociologisme de Durkheim, c'est donc principalement sur la sociologie que la psychologie de l'enfant doit s'appuyer[132].

Parti lui aussi d'une formation de médecin renforcée par la fréquentation de Piéron qui lui fait faire de la psychophysiologie, ayant passé près d'une dizaine d'années à étudier les grands singes avec Paul Guillaume, Ignace Meyerson (1888-1983) va pourtant peu à peu évoluer vers la psychologie collective. Ami de Paul Rivet, Maurice Leenhardt, Georges-Henri Luquet et Charles Lalo, connaissant bien Mauss, Meillet, Granet et Gernet, Meyerson a fréquenté pendant tout l'entre-deux-guerres les milieux de sociologues ethnologues et en particulier les durkheimiens. Le déclic semble avoir eu lieu à la fin des années 1930. En 1941, ayant fui Paris, il crée la Société toulousaine de psychologie comparée et organise des discussions auxquelles participent Marcel Mauss, Lucien Febvre, Marc Bloch, Georges Friedman[133]. De retour à Paris, il reprend la publication du *Journal de psychologie* avec Guillaume et réaffirme à cette occasion que la psychologie se définit dans son double rapport d'une part à la physiologie, d'autre part aux sciences sociales[134]. Et surtout, il se consacre au fameux ouvrage de psychologie historique qui paraîtra en 1948 et qui est aussi pour son auteur une manière de montrer « comment s'établit le rapprochement de la psychologie et de la sociologie : utilisation réciproque des faits et des conclusions aujourd'hui ; convergence progressive demain[135]. »

Paroles pleines d'espoir ! Et pourtant il faut y voir les derniers soubresauts d'une dynamique intellectuelle française déjà sexagénaire et qui ne

---

131. H. WALLON, *De l'acte à la pensée*, *op. cit.*, p. 25-49.

132. *Cf.* H. WALLON, « L'étude psychologique et sociologique de l'enfant », *Cahiers internationaux de sociologie*, 1947, vol. III, p. 3-23 ; H. WALLON, « Sociologie et éducation », *Cahiers internationaux de sociologie*, 1951, vol. X, p. 19-33.

133. L'une des journées organisées par cette société fut publiée en 1948 dans le *Journal de psychologie*. I. MEYERSON, « Avant-propos : le travail, une conduite », *Journal de psychologie normale et pathologique*, 1948, p. 7, y rappelle au passage les principes intellectuels qui l'animaient : « La Société d'études psychologiques de Toulouse s'est fondée en mai 1941. Elle s'est assignée un but comparatiste : essayer de saisir le mieux possible la plénitude des conduites, spécialement des actes, des tâches et des œuvres complexes de l'homme, et par là comprendre l'homme total. Si chez l'animal un comportement partiel ne se comprend bien que par l'ensemble biologique vie et milieu, une conduite humaine, une œuvre humaine, qui joue à l'intérieur d'une marge biologique fort large pour elle, ne se comprend que par sa signification et par sa place dans l'ensemble des conduites. Elle doit être vue chaque fois avec les séries auxquelles elle appartient et les groupes humains dont elle traduit les besoins, les habitudes et les innovations, les normes. »

134. P. GUILLAUME, I. MEYERSON, « Reprendre l'effort », *Journal de psychologie normale et pathologique*, 1946, p. 5-6.

135. I. MEYERSON, *Les Fonctions psychologiques et les œuvres*, Vrin, Paris, 1948, p. 114.

durera plus que par ce personnage résistant mais un peu marginalisé que fut Meyerson, soutenu par son élève Jean-Pierre Vemant. En réalité, au lendemain de la Seconde Guerre mondiale, la première psychologie collective française est morte en tant que dynamique de recherche. Ses progrès les plus intéressants se feront désormais ailleurs, notamment dans une discipline que ces débats ont profondément marqué : l'histoire[136].

Au lendemain de la Seconde Guerre mondiale, tous ceux qui avaient enrichi ce territoire commun de la psychologie et de la sociologie ont disparu ou se sont retirés de la scène intellectuelle. Formée à la fin du siècle précédent sur les bancs de l'École normale et de la Sorbonne, enthousiasmée par l'affaire Dreyfus et attirée par le socialisme jauressien, portée par la volonté de fonder de nouvelles sciences, c'est véritablement une génération intellectuelle qui disparaît. La facilité avec laquelle l'oubli que nous constations au départ de cette recherche a recouvert leurs œuvres s'explique en partie par ce décalage intellectuel et politique propre à la succession des générations[137]. Toutefois, si c'est bien sur le modèle expérimental américain que, à partir de la fin des années 1950, la psychologie sociale a dû reconquérir ses lettres de noblesse en France, si ce fait objectif justifie que les publications postérieures accordent la prépondérance à ces travaux, cela ne suffit pas à expliquer l'amnésie complète, la disparition pure et simple de plus d'un demi-siècle de réflexion française sur la matière, liée au contresens complet sur l'influence de la sociologie durkheimienne. Il faudrait donc, mais ce travail déborderait trop les limites de cet article, prolonger l'enquête dans l'après-guerre, en examinant les clivages intellectuels, les rivalités d'auteurs et les stratégies individuelles de légitimation des chercheurs qui ont reconstruit la psychologie sociale et sa mémoire. Nous observerons simplement ici la rapidité du phénomène.

Du côté des sociologues, si le premier manuel de psychologie sociale de l'après-guerre mettait à la place d'honneur les travaux français et se moquait même un peu du chauvinisme américain en la matière[138], si Georges Gurvitch (1894-1965) prolongeait encore à sa manière la conception

---

136. En effet, Blondel et Halbwachs trouvèrent à Strasbourg deux interlocuteurs intéressants et intéressés : Marc Bloch et Lucien Febvre, les fondateurs des *Annales d'histoire économique et sociale*. *Cf.* J. CRAIG, « Maurice Halbwachs à Strasbourg », *Revue française de sociologie*, 1979, vol. XX, p. 273-292 ; A. BURGUIÈRE, « La notion de "mentalité" chez Marc Bloch et Lucien Febvre : deux conceptions, deux filiations », *Revue de synthèse*, 1983, IIIe série, n° 111-112, p. 333-348.

137. *Cf.* J.F. SIRINELLI (dir.), « Générations intellectuelles. Effets d'âges et phénomènes de générations dans le milieu intellectuel français », *Cahiers de l'IHTP*, 1987, n° 6, p. 5-28.

138. MAISONNEUVE, *La Psychologie sociale*, Presses Universitaires de France, Paris, 1950, p. 7-10. Toutefois, lorsque l'auteur (qui devint en 1958 l'assistant de Jean Stoetzel) opèrera dans les années 1960 une refonte de son manuel, les références françaises d'avant-guerre disparaîtront curieusement.

durkheimienne de la psychologie collective[139] et Bastide n'y voyait pas de contradiction fondamentale avec les travaux américains de Moreno, Linton ou Mead[140], Jean Stoetzel (1910-1987), qui occupa la première chaire universitaire de psychologie sociale en 1955 et joua un rôle important dans l'organisation de la discipline, en fut par contre un adversaire constant[141]. Sa critique du Durkheim des seules *Règles de la méthode sociologique* lui permit de faire l'impasse sur le reste de l'œuvre ainsi que sur l'ensemble du travail de Mauss, Blondel et Halbwachs dont les noms n'apparaissent pas une fois dans le chapitre historique de son manuel[142]. De même, il se permettra d'écrire : « j'ai moi-même donné, à partir de 1947, les premiers cours français de psychologie sociale », « oubliant » ainsi ceux de Halbwachs au Collège de France[143]. Il y a là, semble-t-il, un phénomène assez clair d'occultation volontaire.

Du côté des psychologues, l'oubli fut encore plus rapide. En 1951, Blondel et Halbwachs étaient déjà totalement absents du panorama de Foulquié[144]. Et en 1957, lorsque Maurice Reuchlin, élève de Piéron, écrira le premier manuel d'histoire de la psychologie, il présentera également la psychologie sociale comme une création américaine, rendant seulement grâce à Meyerson encore vivant[145]. Mais ce dernier disparaîtra à son tour des ouvrages de Mueller[146].

Ainsi, dès le début des années 1960, psychologues et sociologues avaient perdu la mémoire de cette première psychologie collective française. Pourtant, c'est au même moment qu'elle allait être redécouverte par un courant de recherche initié notamment par Serge Moscovici[147]. S'intéressant à nouveau et fondamentalement au problème de la construction sociale des processus cognitifs et revenant à la notion centrale de «représentation sociale », ce courant important de la psychologie sociale

---

139. *Cf.* notamment G. GURVITCH, *La Vocation actuelle de la sociologie*, Presses Universitaires de France, Paris, 1950, p. 44-50 et 105-116.

140. R. BASTIDE, « Sociologie et psychologie », art. cit.

141. *Cf.* Ch. BLONDIAUX, « Comment rompre avec Durkheim ? Jean Stoetzel et la sociologie française de l'après-guerre (1945-1958) », *Revue française de sociologie*, 1991, vol. XXXII, p. 411-441.

142. J. STOETZEL, *La Psychologie sociale*, Flammarion, Paris, 1963, p. 11-28. Et ceci est d'autant plus étonnant que, sur le fond, ce livre qui recourt beaucoup à l'ethnologie est très proche des problématiques et des conceptions de Mauss et Halbwachs, abondamment utilisées dans le corps du texte.

143. J. STOETZEL, « Préface », *in* R. DAVAL, F. BOURRICAUD, Y. DELAMOTTE, R. DORON, *Traité de psychologie sociale*, Presses Universitaires de France, Paris, 1963, vol. I, p. XVII.

144. P. FOULQUIÉ, *La Psychologie contemporaine*, Presses Universitaires de France, Paris, 1951.

145. M. REUCHLIN, *Histoire de la psychologie*, Presses Universitaires de France, Paris, 1957, p. 104-122.

146. F.L. MUELLER, *La Psychologie contemporaine*, Payot, Paris, 1963 ; F.L. MUELLER, *Histoire de la psychologie de l'Antiquité à nos jours*, Payot, Paris, 1968.

147. S. MOSCOVICI, *La Psychanalyse, son image et son public*, Presses Universitaires de France, Paris, 1961.

reconnaît ainsi aujourd'hui en Durkheim son « ancêtre théorique[148]. » Il faudra faire un jour l'étude précise de l'émergence de ces nouvelles recherches, soumises aussi à des influences américaines. Je passe ici le relais.

---

148. *Cf.* C. HERZLICH, « La représentation sociale », *in* S. MOSCOVICI (dir.), *Introduction à la psychologie sociale*, Larousse, Paris, 1972, vol. I, p. 303-325 ; D. JODELET (dir.), *Les Représentations sociales*, Presses Universitaires de France, Paris, 1989.

II

La science dans son contexte : conflits, controverses, concurrences

6

La critique durkheimienne de l'anthropologie raciale dans le contexte de l'affaire Dreyfus*

Définitivement déconsidérée en ethnologie au lendemain de la Seconde Guerre mondiale, car associée au racisme puis au colonialisme, la notion de « race » avait déjà fait l'objet d'un rejet scientifique précoce à la fin du XIXe siècle, à l'initiative des sociologues durkheimiens. C'est au récit de cet aspect central et pourtant peu connu de l'arrivée de la sociologie dans le champ intellectuel de l'époque que ce travail est consacré. Nous nous efforcerons d'en saisir la trame analytique dans le discours des membres du groupe constitué par Durkheim autour de la revue l'*Année sociologique*, tout en précisant le rôle du contexte politico-intellectuel (l'antisémitisme et l'affaire Dreyfus) et celui du contexte scientifique de concurrence entre les divers groupes (anthropologues, anthropo-sociologues, sociologues de diverses obédiences) prétendant au magistère intellectuel en matière d'explication des comportements collectifs.

LA CENTRALITÉ DE LA NOTION DE RACE DANS L'ANTHROPOLOGIE DU XIXe SIÈCLE

L'anthropologie française s'est très largement construite intellectuellement autour du concept de race à partir du premier tiers du XIXe siècle. Lorsque le physiologiste et linguiste William Edwards fonde la Société ethnologique de Paris en 1839, il définit son programme : « l'étude des races humaines. » De sorte que ethnologie devient alors synonyme de raciologie[1]. Prolongeant le processus de « naturalisation intégrale de l'homme » perceptible dès la génération des idéologues dans la mesure où

* Article paru initialement dans *Gradhiva. Revue d'histoire et d'archives de l'anthropologie*, 1997, n° 21, p. 77-95, sous le titre « Sociologie *versus* anthropologie raciale. L'engagement des durkheimiens dans la contexte 'fin de siècle' (1885-1902) ».

1. C. BLANCKAERT, « On the Origins of French Ethnology. William Edwards and the Doctrin of Race », *in* G.W. STOCKING (dir.), *Bones, Bodies, Behavior. Essays on Biological Anthropology*, University of Wisconsin Press, Madison, 1988, p. 18-55.

elle suppose que l'ensemble des comportements et des pensées soient inscrits dans l'organisation physiologique[2], la raciologie romantique à dominante polygéniste se caractérise par une essentialisation des inégalités : désormais « la race est fixe, héréditaire, discrète, elle témoigne d'une ascendance directe, alors que la variété des hommes, telle qu'étudiée [jadis] par Buffon ou Blumenbach, atteste la plasticité de leur organisation[3]. » La race apparaît donc comme le concept clef de cette nouvelle discipline, remplaçant celui d'Homme pour introduire une hiérarchisation historicisée permettant de définir une échelle de la civilisation au bas de laquelle le « sauvage » voisine avec le singe anthropoïde, tandis qu'à l'opposé l'homme blanc civilisé représente la fin de l'histoire. Pour Paul Broca, fondateur de la Société d'anthropologie de Paris en 1859, le principe est le même :

> « La description particulière et la détermination de ces races, l'étude de leurs ressemblances et de leurs dissemblances, sous le rapport de la constitution physique comme sous le rapport de l'état intellectuel et social, la recherche de leurs affinités actuelles, de leur répartition dans le présent ou dans le passé, de leur rôle historique, de leur parenté plus ou moins probable, plus ou moins douteuse, et de leur position respective dans la série humaine : tel est l'objet de la partie de l'anthropologie que l'on désigne sous le nom d'ethnologie[4]. »

Certes, la fixité des races postulée par le polygénisme se heurte à l'histoire, au constat des innombrables brassages, croisements et métissages. Mais l'argument n'a pas valeur de réfutation. Broca peut bien dire que la fixité n'est pas absolue, il n'en maintient pas moins – et prêtons attention à la sémantique des mots – que l'anthropologue doit retrouver la « pureté », « l'ordre naturel » derrière les « déguisements » qui résultent de croisements du reste géographiquement limités. Pour lui, les peuples donnés ne sont pas les véritables réalités scientifiques que l'anthropologue doit découvrir par la comparaison et en reconstruisant les filiations[5]. Pourtant, en 1879, désirant faire le point sur l'usage scientifique de cette notion anthropologique cardinale, Paul Topinard (1830-1911), alors directeur-adjoint du Laboratoire d'anthropologie (créé par Broca en 1868), produit dans la *Revue d'anthropologie* un mémoire de soixante-dix pages faisant l'histoire et le point chiffré du sujet. Ses conclusions sont on ne peut plus nettes :

---

2. S. MORAVIA, *Il pensiero degli ideologhi. Scienza e fiolosofia in Francia (1780-1815)*, La Nuova Italia, Firenze, 1974.

3. C. BLANCKAERT, « Le système des races », *in* I. POUTRIN (dir.), *Le XIXe siècle. Science, politique et tradition*, Berger-Levrault, Paris, 1995, p. 23.

4. P. BROCA, *Mémoires d'anthropologie*, Reinwald, Paris, 1871, vol. I, p. 9.

5. P. BROCA, *Le Programme de l'anthropologie*, Masson, Paris, 1876, p. 11-12.

« La race pure n'est qu'une notion abstraite de type ainsi fixé, mais dans l'état actuel de l'humanité ce n'est qu'un rêve. On a bien dit : “Qui a vu un Toda les a tous vus” ; mais on en disait autant des Indiens de l'Amérique du Sud avant d'y avoir regardé de près. On l'a répété pour les Andamans, mais nous n'en possédons qu'une douzaine de crânes en Europe qu'aucun observateur n'a vus tous à la fois, et des voyageurs ont déclaré que dans les Îles Mincopies il en existe plusieurs types. Les Esquimaux qui ont l'un des types les plus accusés connus, présentent aussi des divergences parfois considérables ; leur dolichocéphalie se transforme insensiblement en brachycéphalie, en allant de l'Est à l'Ouest ; au Groenland même, en laissant de côté sa partie méridionale où des croisements de date connue expliqueraient leur différence, il y a des tailles, des formes de nez et d'yeux très anormales. Les populations soumises à notre étude sont donc des agglomérations complexes et non des races ; les races, ce sont leurs éléments constituants ; mais ces éléments étaient eux-mêmes des peuples qui, à leur tour, étaient formés de races que l'on retrouve de même à l'état de peuples dans le passé. Les races sont des abstractions dont nous établissons les types par voie d'analyse. Les peuples c'est tout ce qui est au moment de l'observation, les races c'est ce qui a été par rapport à ces peuples[6]. »

Nous sommes en 1879... Soixante-dix ans avant le fameux cycle de conférence de l'UNESCO (« La question raciale devant la science moderne »). Les conclusions de l'expertise de Topinard auraient dues être rédhibitoires, indiquant clairement la distance qui sépare le sens commun d'une construction scientifique, appelant une remise en cause profonde de la pertinence du concept de race en etnologie. Or il n'en fut rien. Il nous semble clair que le socle épistémologique tout entier de l'anthropologie en aurait été ébranlé, sa prétention même à être la science de l'homme, à s'occuper aussi d'ethnologie et non seulement de physiologie.

Ce débat fondamental – dont l'absence aura, nous le verrons, des conséquences intellectuelles gravissimes – fut d'autant mieux évité qu'un autre n'allait pas tarder à occuper tous les esprits. En effet, au cours des années 1870, avec les découvertes de la préhistoire et les débats retentissants suscités par Darwin avec la publication de l'*Origine des espèces* (traduit en 1862), la communauté anthropologique française est progressivement centrée sur la question du transformisme. Broca, on le sait, lui est hostile, son polygénisme est atemporel[7]. Armand de Quatrefages et ceux qui restent de l'école monogéniste chrétienne le sont naturellement aussi. Pourtant, la mouvance libre-penseuse et matérialiste qui domine progressivement la Société d'anthropologie de Paris puis l'École d'anthropologie de Paris (créée en 1875) va rapidement parvenir à concilier polygénisme et

6. P. TOPINARD, « De la notion de race en anthropologie », *Revue d'anthropologie*, 1879, p. 651.

7. C. BLANCKAERT, « L'anthropologie personnifiée. Paul Broca ou la biologie du genre humain », *in* P. BROCA, *Mémoires d'anthropologie*, Jean-Michel Place, Paris, 1989, p. I-XLIII.

transformisme et faire de « l'évolution des races humaines » un programme de recherche très cohérent[8]. Les travaux de Gabriel de Mortillet en préhistoire, Abel Hovelacque en linguistique, Charles Letourneau en ethnographie et sociologie, André Lefèvre en histoire des religions, peuvent être regardés comme autant d'applications de ce que l'on pourrait appeler le « paradigme évolutionniste racial » porté par ce groupe.

LE PARADIGME ÉVOLUTIONNISTE RACIAL EN SOCIOLOGIE : L'ŒUVRE DE LETOURNEAU

L'œuvre de Charles Letourneau (1831-1902) constitue une première tentative d'extension systématique du paradigme évolutionniste racial à la sociologie. À la fin des années 1870, celle-ci n'est encore qu'un mot, forgé par Auguste Comte en 1839. En 1872, son disciple Émile Littré avait certes fondé la première Société de sociologie qui, « conformément aux principes propres à la philosophie positive, [...] admet que ses travaux doivent avoir exclusivement pour base l'examen des lois naturelles qui règlent la constitution et la marche des sociétés[9] » (article 2). Mais, aux dires de Georges Wyrouboff (co-directeur de la revue *La Philosophie positive* avec Littré), la Société a disparu dès 1875, les quelques réunions n'ayant rien donné sinon le constat que les études empiriques n'existant pas, il était impossible d'organiser un travail collectif sur la base d'une méthode acceptée par tous[10]. À ce moment-là, la sociologie semblait donc mal partie. Toutefois, le succès de la République et le rôle qu'y jouent les positivistes (Littré, Ferry, Gambetta) allaient remettre rapidement le mot au goût du jour à la fin des années 1870. Tandis que les *Principes de sociologie* de Spencer commencent à être traduits (1878 et 1879 pour les deux premiers volumes), en 1878 Espinas soutient sa thèse sur *Les Sociétés animales* qui apparaît aux contemporains comme un manifeste pour la sociologie évolutionniste. Alfred Fouillée le discute deux ans plus tard en compagnie de

8. Les engagements scientifiques, politiques et philosophiques de ce groupe matérialiste ainsi que leur domination progressive dans les institutions créées par Broca sont bien connus : *cf.* les travaux de M. HAMMOND, « Anthropology as a Weapon of Social Combat in Late Nineteenth-Century France », *Journal of the History of the Behavioral Sciences*, 1980, n° 16, p. 118-213 ; J. HARVEY, « L'évolution transformée : positivistes et matérialistes dans la Société d'anthropologie de Paris du Second Empire à la Troisième République », *in* B. RUPP-EISENREICH (dir.), *Histoires de l'anthropologie (XVIe-XIXe siècles)*, Klincsieck, Paris, 1984, p. 387-410 ; N. RICHARD, « La Revue *L'homme* de Gabriel de Mortillet. Anthropologie et politique au début de la Troisième République », *in* C. BLANCKAERT, A. DUCROS, J.J. HUBLIN (dir.), *Histoire de l'anthropologie : hommes, idées, moments (bulletins et mémoires de la Société d'anthropologie de Paris)*, 1989, n° 3-4, p. 231-256.

9. La liste des 26 membres fondateurs ne comprend, à l'exception du Docteur Bertillon et du russe Eugène de Roberty (qui est alors correspondant étranger en compagnie de Stuart Mill), aucun acteur directement impliqué dans l'histoire que nous allons retracer (ANONYME, « Société de sociologie », *La philosophie positive*, 1872, n° 1, p. 298-301).

10. G. WYROUBOFF, « La sociologie et sa méthode », *La Philosophie positive*, 1881, p. 5-6.

Comte et Spencer dans *La Science sociale contemporaine*, la même année Charles Letourneau édite *La Sociologie d'après l'ethnographie*. Enfin paraissent l'année suivante *La Sociologie* d'Eugène de Roberty, *Les Colonies animales* d'Edmond Perrier (qui vient appuyer Espinas) et *L'Homme et les sociétés* de Gustave Le Bon dont le deuxième volume est entièrement consacré à la constitution de la « science sociale. »

C'est donc dans ce contexte que Letourneau tente d'imposer sa conception évolutionniste et polygéniste comme cadre conceptuel pour cette sociologie qu'il présente en 1881 dans l'article « Anthropologie » du *Dictionnaire des sciences anthropologiques* comme « le département le plus vaste et de beaucoup le plus intéressant des districts anthropologiques[11]. » L'année suivante, il suscite à la Société d'anthropologie de Paris la rédaction d'un questionnaire de sociologie et d'ethnographie que Topinard accueille comme « une lacune qu'il est temps de combler, aujourd'hui surtout qu'un mouvement important se produit autour de nous en ce sens[12]. » Letourneau essaye même à ce moment de donner un organe d'expression indépendant à la future discipline, si l'on en croit le commentateur anonyme (Letourneau ?) du lancement de la *Revue internationale de sociologie* de Worms : « il y a une douzaine d'années, l'un des professeurs de l'École [d'anthropologie] se hasarda à proposer successivement un projet de revue de sociologie à deux des principaux éditeurs de Paris » mais l'idée n'aboutit point[13]. Qu'à cela ne tienne, Letourneau obtiendra en 1884 la création à son bénéfice d'une Chaire d'Histoire des civilisations à l'École d'anthropologie de Paris et il y professera ses idées jusqu'à sa mort en 1902.

Le schéma évolutionniste qui guide son œuvre est par exemple exprimé d'une façon toute positiviste dans l'article « Sociologie » du *Dictionnaire des sciences anthropologiques* :

> « Les sociétés humaines suivent, dans leur développement progressif, une marche sensiblement la même, quels que soient le pays, la race, le

11. Ch. LETOURNEAU, « Anthropologie », *in Dictionnaire des sciences anthropologiques*, Doin/Marpon/Flammarion, Paris, 1881, p. 99.

12. C. BLANCKAERT, « Le premesse dell'antropologia "culturale" in Francia. Il dibattito sul "Questionnaire de sociologie et d'ethnographie" di Charles Letourneau (1882-1883), *La ricerca folklorica*, 1995, n° 32, p. 51.

13. ANONYME, « Compte rendu de R. WORMS : "Le second congrès de l'Institut international de sociologie", *Revue internationale de sociologie*, 1895, n° 3, p. 877 », *Revue mensuelle de l'École d'anthropologie de Paris*, 1893, n° 3, p. 170.

temps. Toutes, elles passent par une série d'étapes déterminées, avec plus ou moins de rapidité suivant qu'elles sont plus ou moins bien douées, plus ou moins bien favorisées par le milieu physique et les circonstances[14]. »

Toutefois l'évolutionnisme progressif de Letourneau (qui vise aussi à déduire les conditions d'accès à une société socialiste) est logiquement tempéré en permanence par son polygénisme. C'est une contradiction qui traverse toute son œuvre. Ainsi, en 1880, dans *La Sociologie d'après l'ethnographie*, il insiste tout autant sur l'aspect naturaliste de son programme, sur ce polygénisme sériaire rigide qui lui fournit le cadre tout tracé de l'analyse historique puisque à ses yeux il va de soi que :

> « Jamais une race anatomiquement inférieure n'a créé une civilisation supérieure. Sur une telle race pèse une malédiction organique dont le poids ne peut être allégé que par des efforts bien plus que millénaires, par une lutte pour le mieux soutenue pendant des cycles géologiques. Or, sous le rapport de la noblesse organique, les races humaines sont fort dissemblables ; les unes sont élues, les autres sont réprouvées[15]. »

Malgré l'infinie diversité que l'on observe à la surface de la terre, explique le naturaliste, « en ne tenant compte que des très gros caractères, on peut grouper, *anatomiquement et sociologiquement*, les types de l'humanité actuelle en trois divisions maîtresses » :

> « 1°) *L'homme nègre*, au cerveau réduit, surtout dans la région frontale, qui est étroite et fuyante ; au crâne allongé ou dolichocéphale. Corrélativement les mâchoires sont prognathes, c'est-à-dire saillantes en museau rudimentaire ; le nez est plus ou moins épaté. En outre la peau est noire. [...]
>
> 2°) *L'homme jaune*, mongol ou mongoloïde, s'écarte davantage de l'animalité. Son cerveau, plus développé chez les Mongols asiatiques, très réduit encore chez les mongoloïdes américains, est mieux conformé. La région frontale, où réside surtout l'intelligence, est moins sacrifiée ; elle est même relativement très développée chez les Mongols d'Asie. Le crâne est large et court, brachycéphale ; le prognathisme bien moins accusé ; [...] la peau jaune et les yeux bridés.
>
> 3°) *L'homme blanc* a gravi encore quelques degrés de plus dans la hiérarchie organique. Son cerveau s'est épanoui, son front s'est élargi et redressé ; ses maxillaires se sont réduits et il n'y a plus chez lui de prognathisme et de bouche lippue. Les yeux sont droits, bien ouverts, de nuance tantôt claire, tantôt obscure, tandis qu'ils étaient presque invariablement noirs chez les types précédents. De même la chevelure, au lieu

---

14. Ch. LETOURNEAU, « Sociologie », *in Dictionnaire des sciences anthropologiques*, Doin/Marpon/Flammarion, Paris, 1881, p. 1014.

15. Ch. LETOURNEAU, *La Sociologie d'après l'ethnographie*, Schleicher, Paris, 1892, p. 3 (1ère édition : 1880).

d'être toujours noire, revêt des teintes diverses, du blond au noir de jais. La peau est plus ou moins blanche et les cheveux tantôt droits, souvent bouclés, ne sont jamais crépus[16]. »

Un océan sépare ainsi les bas-fonds de l'humanité que représente le nègre qui « n'a su créer de civilisation élevée » tandis que,

> « en dépit de ses imperfections, de ses faiblesses et de ses vices, la race blanche, sémitique et indo-européenne, tient cependant, pour le présent, la tête, dans le *steeple-chase* des groupes humains. C'est dans le sein des groupes ethniques de race blanche que l'énergie intellectuelle a pris l'essor le plus varié, le plus luxuriant ; c'est là que l'art, la noblesse morale, la science, la philosophie se sont le plus largement épanouis. En résumé, la race blanche, dans toutes ses variétés, est actuellement la moins rétive au progrès[17]. »

Dans ces quelques phrases, le titulaire de la Chaire d'Histoire des civilisations à l'École d'anthropologie de 1884 à 1902 a condensé le fond de sa science. L'ensemble de son œuvre qui représente une douzaine de volumes invariablement intitulés « L'évolution de tel phénomène (mariage, famille, droit, commerce, guerre, religion, etc.) dans les diverses races », reproduit sans cesse le même schéma. L'ordre racial évolutionniste fournit le cadre chronologique et le plan des livres avec des chapitres qu'il n'y a plus qu'à remplir d'exemples empruntés aux récits de voyages et aux livres d'histoire les plus connus.

En 1881, Letourneau avait certes échoué dans son projet de revue sociologique. Mais quinze ans plus tard, René Worms allait lui donner l'occasion d'apparaître au premier plan de la vie institutionnelle de la discipline. On le sait[18], ce juriste et philosophe est l'organisateur des premières institutions durables de la sociologie française : une revue (la *Revue internationale de sociologie* en 1893), une collection (chez Giard et Brière, la même année), un institut (l'Institut international de sociologie, la même année) et une société savante (la Société de sociologie de Paris en 1895). Dans cette entreprise, Worms affichait un éclectisme intellectuel total, recherchant des soutiens et des auteurs dans tous les courants de la sociologie et dans toutes les autres sciences humaines. Or si ses liens avec les facultés de droit sont bien connus, ses relations avec l'anthropologie le sont beaucoup moins. Elles sont pourtant essentielles. Worms a notamment entretenu des relations étroites avec Letourneau et Manouvrier. Ainsi, nous apprenons au détour d'un compte rendu que les séances des pre-

---

16. *Ibid.*, p. 3-4.

17. *Ibid.*, p. 4.

18. T.N. CLARK, « Marginality, Eclectism and Innovation : René Worms and the *Revue internationale de sociologie* from 1893 to 1914 », *Revue internationale de sociologie*, 1967, vol. III, p. 12-27 ; R. GEIGER, « René Worms, l'organicisme et l'organisation de la sociologie », *Revue internationale de sociologie*, 1981, n° 22, p. 345-360.

miers congrès de l'Institut international de sociologie se tinrent, grâce à Manouvrier, dans la salle des séances de la Société d'anthropologie[19]. De son côté, Worms fera nommer Letourneau vice-président de l'Institut en 1895 et bientôt président de la Société de sociologie. Par ailleurs, il ne cessera de louer les mérites de l'anthropologie dans les comptes rendus de sa revue. En 1895, il rend ainsi hommage collectivement aux animateurs de la *Revue mensuelle de l'École d'anthropologie de Paris* (le haut lieu de la raciologie évolutionniste) « cette revue inspirée par un esprit scientifique excellent et où les sociologues peuvent trouver beaucoup à apprendre[20]. » De même, en 1897, il appuiera Letourneau, « un des trop rares sociologues qui se sont unis à l'étude détaillée des faits ethnographiques et historiques. C'est là le grand mérite de la série déjà imposante des ouvrages qu'il a consacrés aux principales institutions humaines[21]. »

Ces précisions nous permettent de comprendre que Letourneau sera d'autant plus volontiers choisi comme cible par les durkheimiens que le coup était double : en dénonçant les faiblesses scientifiques de l'anthropologue, ils affaiblissaient aussi le sociologue qui le soutenait : leur rival Worms.

LE PREMIER TEMPS DE L'OFFENSIVE DURKHEIMIENNE : LA CRITIQUE MÉTHODOLOGIQUE

En 1895, quelques semaines après la parution des *Règles de la méthode sociologique* et alors qu'il s'apprête à mettre sur pied une équipe de jeunes chercheurs, Durkheim publie en Italie un premier état de lieux des études sociologiques en France qui, malgré les quelques dissimulations volontaires qu'il comporte, révèle assez clairement les positionnements critiques de son entreprise[22]. Le tout premier adversaire désigné par celui qui allait devenir la figure centrale de la nouvelle discipline est « Le groupe anthropologique et ethnographique » organisé depuis 1859 par Broca. Il s'agit bien là d'un groupe prétendant au magistère en sociologie car, explique Durkheim,

> « si, à l'origine, on a pu croire qu'elle [l'anthropologie] se limiterait aux études d'anatomie, elle ne tarda pas cependant à élargir son champ de recherche. Les limites mal définies de ce qu'on appelle anthropologie se

19. R. WORMS, « Le second congrès de l'Institut international de sociologie », *Revue internationale de sociologie*, 1895, n° 3, p. 877.

20. R. WORMS, « Compte rendu de la *Revue mensuelle de l'École d'anthropologie de Paris* », *Revue internationale de sociologie*, 1895, n° 3, p. 258.

21. R. WORMS, « Compte rendu de Ch. LETOURNEAU : *L'Évolution du commerce dans les divers races humaines*, Vigot, Paris, 1897 », *Revue internationale de sociologie*, 1897, n° 5, p. 922.

22. L. MUCCHIELLI, « Pourquoi réglementer la sociologie ? Les interlocuteurs de Durkheim », *in* M. BORLANDI, L. MUCCHIELLI (dir.), *La Sociologie et sa méthode. Les* Règles *de Durkheim un siècle après*, L'Harmattan, Paris, 1995, p. 15-47 (chapitre 9 du présent livre).

prêtaient à cette extension. C'est ainsi que la sociologie, ou, du moins, une section de la sociologie, put y être admise ; ce fut la sociologie ethnographique. Le terme d'ethnographie servit d'intermédiaire entre l'anthropologie et la sociologie proprement dite. Comme on avait affirmé, d'une part, que l'anthropologie s'occupe surtout des races et qu'on avait admis, d'autre part, que la civilisation varie selon les races, la civilisation – matière sociale par excellence – ne devait-elle pas être considérée comme une partie naturelle de l'anthropologie ?[23]. »

Ainsi Durkheim a bien saisi le glissement d'une anthropologie de l'homme physique vers une anthropologie des civilisations qui s'opère par le biais de la théorie raciale. Et dès ce moment il désigne également à juste titre son principal interlocuteur potentiel en la personne de Letourneau. À cette date, il s'agit d'ailleurs d'une vieille connaissance pour Durkheim. Dès 1888, dans son cours d'introduction à la sociologie de la famille, il signalait le livre de l'anthropologue consacré à cette question[24] comme un exemple caricatural d'observation des peuples primitifs conduite sans méthode par des préjugés idéologiques[25]. Sept ans plus tard, tout en reconnaissant le « travail considérable » que représente la série de livres consacrée par Letourneau à l'évolution des différentes institutions sociales dans l'histoire, il réitère d'abord sa critique méthodologique de l'usage incontrôlé de sources trop anciennes et concernant trop exclusivement les sociétés primitives :

« Ses livres sont des répertoires de documents qui peuvent être utilement consultés par des sociologues à la recherche d'informations. Malheureusement, les matériaux ainsi réunis, sont plus remarquables par leur abondance que par leur valeur, l'auteur n'ayant pas toujours soumis à une critique approfondie la façon dont il les a choisis. [...] Un sociologue qui se fonderait exclusivement ou principalement sur des récits de voyage risque d'être taxé de fantaisiste. [...] La prépondérance accordée aux sociétés sur lesquelles nous n'avons pas de renseignements très précis s'explique par une espèce de simplisme révolutionnaire qui est à la base de la doctrine[26]. »

Pour Durkheim, Letourneau est fasciné par ce qu'il imagine être le « communisme » authentique des sociétés primitives, et il ne voit dans l'évolution postérieure des sociétés historiques qu'un long fourvoiement dont seul le socialisme contemporain pourrait constituer enfin une issue heureuse. Or une telle attitude est contraire à toute méthode scientifique :

23. É. DURKHEIM, « Lo stato attuale degli studi sociologici in Francia », *La riforma sociale*, 1895, n°2, p. 607-622 et 691-707 ; repris *in Textes*, Minuit, Paris, 1975, vol. I, p. 76.

24. Ch. LETOURNEAU, *L'Évolution de la morale dans les diverses races humaines*, Reinwald, Paris, 1886.

25. É. DURKHEIM, « Introduction à la sociologie de la famille », *Annales de la Faculté de lettres de Bordeaux*, 1888, p. 257-281 ; repris *in* É. DURKHEIM, *Textes*, Op.cit, vol. III, p. 17.

26. *Ibid.*, p. 77-78.

> « c'est substituer à l'enseignement des faits une théorie *a priori*. [...] Telle est, en effet, la véritable explication de cette méthode. Letourneau affronte l'étude des phénomènes sociaux avec des préjugés pratiques qui, d'avance, déterminent ses conclusions. [...] Son simplisme est évident, car elle [cette conception] nie toute raison d'être aux formes complexes de civilisation ; mais ce simplisme lui-même a pour origine le besoin de faire table rase de l'état social actuel, la conviction que l'humanité ne peut être sauvée qu'à la condition d'être libérée[27]. »

Nous avons cité longuement cette analyse de Durkheim car elle fournit aussi le canon d'une critique que nous retrouverons par la suite invariablement – et en général beaucoup plus durement – sous la plume des collaborateurs de l'*Année sociologique*. Ainsi, dès le premier volume de la revue, deux nouveaux essais évolutionnistes encyclopédistes de Letourneau sur l'histoire de l'esclavage et l'histoire du commerce[28] provoquent les critiques d'Albert Milhaud qui met l'accent sur les sources puisées dans une ethnographie dépassée : « Pourquoi citer Sully-Prudhomme ? [...] Cook ? On ne cite plus Prescott pour le Pérou, lorsqu'on a Markham et Middendorf[29]. » Passé le tournant du siècle, pour des raisons que nous verrons dans un instant, cette critique prendra des allures de relégation définitive et méprisante. Le ton de Marcel Mauss, en 1901, ne trompe pas : « chose curieuse, les livres de M. Letourneau marquent tous la même date dans l'histoire de la science. La sociologie resta toujours pour lui une subdivision d'une anthropologie toute philosophique et

27. *Ibid.*, p. 80.

28. Ch. LETOURNEAU, *L'Évolution de l'esclavage dans les diverses races humaines*, Vigot, Paris, 1897 ; Ch. LETOURNEAU, *L'Évolution du commerce dans les diverses races humaines*, *op. cit.*

29. A. MILHAUD, « Compte rendu de Ch. LETOURNEAU : *L'Évolution du commerce dans les diverses races humaines*, Vigot, Paris, 1897 », *Année sociologique*, 1898, n° 1, p. 516. Au même moment, Letourneau est attaqué plus durement encore par Gaston Richard dans la *Revue philosophique*. Richard loue certes l'intention de Letourneau, il partage ses convictions socialistes et estime que c'est bien évidemment une bonne chose que de rappeler que le commerce, loin d'être depuis toujours une forme d'échange moderne ayant facilité l'avènement de la démocratie et de la liberté, est au contraire une des plus anciennes formes de domination politique et demeure souvent lié à des phénomènes d'impérialisme. Mais pour le reste, Letourneau lui apparaît comme l'archétype du pseudo-savant à dépasser : « On sait quelle est, nous ne dirons pas sa méthode, mais sa manière de procéder : une thèse adoptée avant examen, une croyance d'origine sentimentale ou un jugement préconçu sur les sociétés actuelles, au lieu d'une vérification, un choix arbitraire entre les témoignages des voyageurs et quelques citations historiques puisées dans des ouvrages de troisième main ; au terme intervient le *Capital* de Marx prononçant la sentence de la société capitaliste [...]. De telles œuvres n'ont rien de commun avec la science [...]. L'expression de banqueroute de la science ne serait pas trop forte si jamais M. Letourneau avait représenté la science. [...] des travaux classiques, tels que celui de Cauchy, ne sont même pas cités. [...] À vrai dire cette tâche a [déjà] été faite, et de main de maître, par Sumner Maine, que M. Letourneau ne fera certes pas oublier » (G. RICHARD, « Compte rendu de Ch. LETOURNEAU : *L'Évolution du commerce dans les diverses races humaines*, Vigot, Paris, 1897 », *Revue philosophique*, 1898, n° 1, p. 205-207).

toute de vulgarisation[30]. » L'avant-dernier livre de l'auteur (« qui, après tout, eut son heure scientifique ») ne mérite même pas l'analyse : « la faiblesse des généralisations historiques de M. Letourneau est assez connue, et nous préférons jeter une sorte de voile sur tous les chapitres qui traitent de la mentalité sémitique, de la mentalité romaine, hellénique et enfin médiévale[31]. » De plus, la critique méthodologique touchera aussi des auteurs assez semblables à Letourneau comme André Lefèvre, autre matérialiste évolutionniste que Mauss balayera dans les *Notes critiques-Sciences sociales* de François Simiand comme un exemple typique « des ouvrages d'un genre vieilli, d'une science inexistante, d'une érudition banale, et qui n'ont d'autre mérite que d'exploiter un sujet sur lequel les travaux de vulgarisation n'abondent pas[32]. » Enfin, en 1904, Durkheim tirera lui aussi un trait sur le passé à propos du dernier livre (posthume) de Letourneau consacré à l'histoire de l'évolution de la condition féminine dans les sociétés humaines :

> « On ne peut pas n'être pas effrayé de la masse énorme de problèmes complexes que soulève une telle étude. Ce n'est pas en un livre de 500 pages qu'il est possible de les traiter avec quelque méthode. Aussi le travail de M. Letourneau ne se présente-t-il que comme une revue sommaire de faits, pris à toutes les sources, sans critique aucune, et interprétés à la lumière du transformisme le plus simpliste[33]. »

Pour être complet, il faut d'ailleurs ajouter que la critique méthodologique de Letourneau s'est toujours accompagnée d'un rappel – et, à l'occasion, d'un respect sinon d'un soutien – des positions socialistes de l'auteur. En les explicitant d'une manière laissant entendre leur adhésion au principe, les durkheimiens pouvait d'autant mieux mener parallèlement une critique méthodologique dévastatrice. Cela étant, il faut remarquer que, dans tous ces textes, les durkheimiens s'attaquent à la méthode et la philosophie de l'histoire de Letourneau, non à son évolutionnisme racial. Et on peut y voir une stratégie, bien plus efficace qu'une critique plus directe des fondements raciologiques de l'anthropologie. Durkheim en avait pourtant ouvert la possibilité dès 1897.

---

30. M. MAUSS, « Compte rendu de Ch. LETOURNEAU : *La Psychologie ethnique*, Schleicher, Paris, 1901 », *Année sociologique*, 1901, n° 4, p. 150.

31. *Ibid., p.* 151.

32. M. MAUSS, « Compte rendu de A. LEFÈVRE : *Germains et slaves*, Paris, 1902 », *Notes critiques-Sciences sociales*, 1903, n° 3, p. 196.

33. É. DURKHEIM, « Compte rendu de Ch. Letourneau : *La Condition de la femme dans les diverses races et civilisations*, Schleicher, Paris, 1903 », *Année sociologique*, 1904, p. 434.

UNE RÉFUTATION DU FACTEUR RACIAL

Sans revenir ici sur les pages De la division du travail *social* consacrées à la réfutation du rôle primordial de l'hérédité dans la vie sociale[34], le seul texte dans lequel Durkheim se soit véritablement employé à réfuter explicitement l'importance de la race au plan sociologique est le chapitre II du Livre premier du *Suicide*. Citant le monogéniste Quatrefages puis le polygéniste Broca, Durkheim rappelle d'abord habilement que « non seulement le vulgaire, mais les anthropologistes eux-mêmes emploient le mot dans des sens assez divergents[35]. » Et il n'a ensuite aucun mal à montrer que, si l'on met de côté les questions d'origine (insolubles en l'état actuel des connaissances) pour s'en tenir à la définition consensuelle de la race comme population d'individus partageant les mêmes caractères somatiques distinctifs et se les transmettant invariablement de génération en génération, les peuples s'étant tellement mélangés depuis la nuit des temps, « il n'est pas sûr qu'il y ait aujourd'hui des races humaines qui répondent à cette définition[36]. » En réalité,

> « un type humain que l'on constitue uniquement à l'aide de quelques renseignements, souvent indécis, sur la grandeur de la taille et la forme du crâne, n'a pas assez de consistance ni de détermination pour qu'on puisse lui attribuer une grande influence sur la marche des phénomènes sociaux. Les types plus spéciaux et de moindre étendue qu'on appelle les races au sens large du mot ont un relief plus marqué, et ils ont nécessairement un rôle historique, puisqu'ils sont des produits de l'histoire beaucoup plus que de la nature. Mais il s'en faut qu'ils soient objectivement définis. Nous savons bien mal, par exemple, à quels signes exacts la race latine se distingue de la race saxonne. Chacun en parle un peu à sa manière sans grande rigueur scientifique[37]. »

Dès lors le futur directeur de l'*Année sociologique* prévient ses troupes :

> « Ces observations préliminaires nous avertissent que le sociologue ne saurait être trop circonspect quand il entreprend de chercher l'influence des races sur un phénomène social quel qu'il soit. Car, pour pouvoir résoudre de tels problèmes, encore faudrait-il savoir quelles sont les différentes races et comment elles se reconnaissent les unes des autres. Cette réserve est d'autant plus nécessaire que cette incertitude de l'anthropologie pourrait bien être due à ce fait que le mot de race ne correspond plus actuellement à rien de défini. D'autre part, en effet, les races originelles n'ont plus guère qu'un intérêt paléontologique et, de l'autre, ces groupements plus restreints que l'on qualifie aujourd'hui de ce nom, semblent n'être que des peuples

34. É. DURKHEIM, *De la division du travail social*, Alcan, Paris, 1902, p. 291-310.
35. É. DURKHEIM, *Le Suicide. Étude de sociologie*, Alcan, Paris, 1897, p. 54.
36. *Ibid.*, p. 55.
37. *Ibid., p.* 57.

ou des sociétés de peuples, frères par la civilisation plus que par le sang. La race ainsi conçue finit presque par se confondre avec la nationalité[38]. »

À ces arguments déjà forts, Durkheim va enfin ajouter une démonstration statistique déterminante. Certains auteurs ayant prétendu qu'il existait une disposition raciale au suicide, il va montrer par exemple qu'il ne peut pas être constitutif de la race allemande de se suicider davantage puisque les émigrés allemands vivant en Autriche se comportent différemment[39]. C'est donc bien le milieu social, non la constitution physiologique, qui détermine le comportement.

Au moment où Durkheim rédige ces pages, le thème racial n'est encore qu'une théorie générale qui sert de fondement paradigmatique aux anthropologues évolutionnistes qu'il a présentés en 1895. Les choses auraient pu en rester là, les sociologues durkheimiens auraient pu développer leurs hypothèses de leur côté et continuer la critique des livres du genre de ceux de Letourneau sans se soucier directement de l'évolution de l'anthropologie. Mais le thème racial va prendre une dimension politique nouvelle avec la montée de l'antisémitisme qui culmine durant l'affaire Dreyfus. C'est sans doute une des raisons qui inciteront les durkheimiens à combattre de front l'anthropologie raciale avec une stratégie bien définie et qui se révélera payante.

LA NOUVELLE DIMENSION POLITIQUE DE LA NOTION DE RACE

À la suite de la grande dépression économique qui touche la France au début des années quatre-vingt s'ouvre une vague de racisme dont les premières victimes sont les travailleurs immigrés belges et italiens. Mais en 1882, le krach de la banque *L'Union générale* déclenche aussi les premières grandes réactions antisémites, notamment orchestrées par les instances catholiques[40]. Composante profonde de l'imaginaire politique français, l'antisémitisme se trouve ainsi ranimé[41]. En 1883 est lancé l'hebdomadaire *L'Antisémitique* dont l'audience est encore faible : il ne survit pas plus d'une année[42]. Toutefois, après 1885, les choses s'accélèrent de nouveau, surtout à partir de ce « coup de tonnerre » qu'est la parution des deux épais

38. *Ibid.*, p. 58.

39. *Ibid.*, p. 60-62.

40. J. VERDÈS-LEROUX, *Scandale financier et antisémitisme catholique. Le krach de l'Union Générale*, Le Centurion, Paris, 1969.

41. Bouc-émissaire rêvé du catholicisme depuis le Moyen Âge, la figure du Juif est de surcroît devenue, au XIXe siècle, un élément constitutif de la rhétorique socialiste qui dénonce l'aspect le plus laïc du Juif : sa réussite financière. Les Juifs détiennent le capital, ils en profitent en aliénant les travailleurs français. Telle est la vulgate dont le fouriériste Toussenel fut, en 1845, le premier grand théoricien (M. WINOCK, *Nationalisme, antisémitisme et fascisme en France*, Seuil, Paris, 1990, p. 186-217).

42. Z. STERNHELL, *La Droite révolutionnaire. Les origines françaises du fascisme. 1885-1914*, Seuil, Paris, 1978, p. 180-184.

volumes de *La France juive* d'Édouard Drumont[43]. L'expression n'est sans doute pas trop forte pour qualifier le succès de ce livre dont les éditeurs vendent peut-être 150 000 exemplaires au cours de la première année et qui connaîtra près de 200 rééditions jusqu'à la guerre de 1914[44]. Malgré quelques critiques secondaires, l'ouvrage est célébré tant par le père de Pascal dans *La Croix* que par Benoît Malon, Auguste Chirac et Albert Regnard dans la *Revue Socialiste*. La force et le succès de Drumont résident ainsi dans la synthèse qu'il opère : « il a su unifier, dans une perspective historique – tour à tour sociale, religieuse, politique – les trois sources principales des passions anti-juives : l'antisémitisme chrétien, l'anticapitalisme populaire et le racisme moderne[45]. » Mieux, à travers le mythe juif, Drumont amalgame toutes les inquiétudes de son temps : la dégénérescence de la race, la corruption du régime, la crise économique, l'exploitation du peuple par le capitalisme, le déclin des folklores et des traditions[46]. Enfin Drumont aura toujours soin, et ceci nous intéresse particulièrement ici, de donner à son antisémitisme une allure scientifique. En 1886, se réclamant de Renan, il systématise le couple Aryen/Sémite pour en faire la clef d'une explication méta-historique. Pour lui, ce sont bien deux races dont les caractères sont constants depuis la nuit des temps et que tout oppose, tant le caractère que la physionomie et l'anatomie cérébrale. Et si, en 1886, ses descriptions sont encore totalement imprégnées des clichés mythiques véhiculés par les ouvrages catholiques (que Drumont a beaucoup lus depuis sa récente conversion[47]), par la suite son discours prendra l'allure de l'abstraction savante : « le Juif est un être très particulier, organisé d'une façon distincte de la nôtre, [...] ayant des aptitudes, des conceptions, un cerveau qui le différencient absolument de nous[48]. »

En 1892, le scandale de Panama connaît un énorme retentissement et vient encore renforcer et organiser la propagande antisémite au point qu'on a pu y voir une véritable répétition générale préparant l'affaire Dreyfus[49]. Fort du succès de ses livres et du journal *La libre parole* qu'il

---

43. É. DRUMONT, *La France juive*, Flammarion, Paris, 1886 (2 volumes).

44. M. WINOCK, *Nationalisme, antisémitisme et fascisme en France*, *op. cit.*, p. 117 *sq*.

45. *Ibid.*, p. 121.

46. M. ANGENOT, *Ce qu'on dit des Juifs en 1889. Antisémitisme et discours social*, Presses Universitaires de Vincennes, Paris, 1989, p. 24-26.

47. Ainsi : « les principaux signes auxquels on peut reconnaître le Juif restent donc : ce fameux nez recourbé, les yeux clignotants, les dents serrées, les oreilles saillantes, les ongles carrés, le pied plat, les genoux ronds, la cheville extraordinairement en dehors, la main moelleuse et fondante de l'hypocrite et du traître ; ils ont souvent un bras plus court que l'autre » (E. DRUMONT, *La France juive*, *op. cit.*, vol. I, p. 34).

48. E. DRUMONT, *La Dernière Bataille. Nouvelle étude psychologique et sociale*, Dentu, Paris, 1890, p. XVI.

49. J.Y. MOLLIER, *Le Scandale de Panama*, Fayard, Paris, 1991, p. 11.

lance en 1892, Drumont apparaît alors véritablement comme le porte-parole de l'antisémitisme français. En 1898, il est élu député d'Alger et reconstitue alors avec Jules Guérin l'ancienne Ligue antisémitique qui publie l'hebdomadaire *L'antijuif* d'août 1898 à décembre 1902[50]. Un seul homme peut, en cette fin de siècle, rivaliser avec lui sur le terrain de l'antisémitisme littéraire et politique : Maurice Barrès. Il est en effet, « l'un des premiers, sinon le premier homme politique français d'envergure à exploiter politiquement, avec un succès considérable, la poussée antisémite des années quatre-vingt[51]. » Élu boulangiste à 29 ans, Barrès représente une nouvelle génération politique et intellectuelle. Derrière Boulanger, il veut « régénérer » la France (en 1897, son roman *Les déracinés* fera grand bruit). Ses premiers arguments antisémites sont ceux de Drumont. Mais peu à peu, « l'influence décisive de Jules Soury l'amènera vers un antisémitisme physiologique et racial[52]. »

Jules Soury est en effet un auteur important dans le champ scientifique du moment. Proche des anthropologues matérialistes, collaborateur de Ribot dès les débuts de la *Revue philosophique*, traducteur de Lange et de Haeckel, Jules Soury est de tous les coups contre le spiritualisme dans les années 1870-1880. Ce sont ses amitiés républicaines qui lui valent en 1881 la création d'une chaire de psychologie physiologique à l'École pratique des hautes études. Dans les années 1890, il mène des travaux reconnus de psychophysiologie. Sa monumentale synthèse sur *Le Système nerveux central* est une apologie du déterminisme scientifique où s'annonce déjà une mystique de l'hérédité[53]. Et dans ses cours, il n'hésite pas à dévoiler une philosophie pessimiste de l'histoire fondée sur la dégénérescence de la race, l'appauvrissement de l'hérédité dont les lois gouverneraient le monde, les êtres n'étant que « des automates » mus par « les instincts héréditaires[54]. » En 1894, Soury se lance dans la campagne nationaliste antisémite, il en sera encore un des principaux théoriciens pendant l'affaire Dreyfus, proclamant :

> « Le fait de l'irréductibilité morale et intellectuelle du Sémite et de l'Aryen est parfaitement établi [...]. Les caractères différentiels du Sémite et de l'Aryen ont été souvent étudiés en ethnologie, en anthropologie, en épidémiologie, en clinique. Le sémite réagit autrement que l'Aryen à la plupart des maladies infectieuses [...] et présente, ainsi que Charcot aimait à le répéter dans ses leçons, une neurologie (névroses, psychoses, affec-

50. Z. STERNHELL, *La Droite révolutionnaire*, *op. cit.*, p. 177-178.
51. *Ibid.*, p. 207.
52. Z. STERNHELL, *Maurice Barrès et le nationalisme français*, A. Colin, Paris, 1972, p. 233.
53. J. SOURY, *Le Système nerveux central. Structure et fonctions. Histoire critique des théories et des doctrines*, Carré et Naud, Paris, 1889.
54. Z. STERNHELL, « Le déterminisme physiologique et racial à la base du nationalisme de Maurice Barrès et de Jules Soury », *in* P. GUIRAL, E. TÉMINE (dir.), *L'Idée de race dans la pensée politique contemporaine*, Éditions du CNRS, Paris, 1977, p. 124-125.

tions organiques des centres nerveux) profondément distincte de celle de l'Aryen », ceci découlant logiquement « des caractères anatomiques et physiologiques différents relativement à la structure et à la texture des tissus des divers systèmes d'organes, du système nerveux en particulier[55]. »

Ainsi la race juive forme bien, selon la formule de Renan, « une combinaison inférieure de l'espèce humaine » dont Soury dresse le portrait physiologique en terme de dégénérescence et d'atavisme. Et de cette croyance en la toute-puissance de la race, découleront ces deux terribles conséquences : d'une part la culpabilité de Dreyfus n'aura pas besoin d'être prouvée car, au fond, « elle se déduit de sa race[56] » ; d'autre part l'universalisme de la Déclaration des Droits de l'Homme est une illusion (« il n'y a de justice qu'à l'intérieur d'une même espèce ») car les valeurs morales sont propres à chaque race. En l'espèce le cas de Dreyfus ressort moins de la justice française que d'une « chaire d'ethnologie comparée » dira Barrès. Et, durant l'affaire Dreyfus, le nationaliste ira même jusqu'à proclamer ouverte « La guerre des races[57]. »

Ainsi l'antisémitisme n'est plus en 1898 le banal préjugé discriminant qu'il était encore vingt ans plus tôt. Drumont et Barrès, en assurant la fusion du boulangisme, du nationalisme et de l'antisémitisme, ont « élevé le mythe juif à la hauteur d'une idéologie et d'une méthode politiques[58]. » Ils ont même tenté de lui donner un fondement scientifique avec Soury et ils pourront bientôt aussi invoquer le nom de Vacher de Lapouge.

LA RACIOLOGIE ARISTOCRATIQUE ET LA MÉTAPHYSIQUE HÉRÉDITARISTE DE GOBINEAU À VACHER DE LAPOUGE

Formé par Blanchard, Duval et Mortillet à l'École d'anthropologie de Paris[59], grand admirateur de Galton, Georges Vacher de Lapouge (1854-1936) conçoit au début des années 1880 le projet d'une nouvelle science sociale entièrement fondée sur les lois de l'hérédité. Il anime à partir de 1886 un cours libre d'anthropologie à la Faculté des sciences de Montpellier où il n'obtiendra pourtant jamais de chaire et restera bibliothécaire toute sa vie[60]. Il publie à partir de 1885 ses théories dans la *Revue d'anthropologie* de Topinard ; et de 1890 à 1893 il fait paraître des études

55. J. SOURY, *Campagne nationaliste. 1894-1901*, Maretheux, Paris, 1902, p. 140-141 ; cité par Z. STERNHELL, « Le déterminisme physiologique et racial », art. cit., p. 132.

56. Cité par Z. STERNHELL, « Le déterminisme physiologique et racial », art. cit., p. 132.

57. Z. STERNHELL, *La Droite révolutionnaire*, *op. cit.*, p. 118.

58. M. WINOCK, *Nationalisme, antisémitisme et fascisme en France*, *op. cit.*, p. 132.

59. P.A. TAGUIEFF, « Théorie des races et bio-politique sélectionniste en France. Aspects de l'œuvre de Vacher de Lapouge », *in* R. THALMANN (dir.), *Sexe et race : aspects du darwinisme social du XIXe au XXe siècles*, CERG-Univeristé Paris VII, Paris, 1989, p. 13.

60. G. THUILLIER, « Un anarchiste positiviste : Georges Vacher de Lapouge », *in* P. GUIRAL, E. TÉMINE (dir.), *L'Idée de race dans la pensée politique contemporaine*, Éditions du CNRS, Paris, 1977, p. 48-65.

de crâniologie moderne et préhistorique dans *L'anthropologie* de Cartailhac, Hamy et Topinard. Enfin, à partir de 1893, il est accueilli par deux des principales revues de science sociale : la *Revue d'économie politique* et la toute nouvelle *Revue internationale de sociologie* de Worms. Lapouge est donc connu et reconnu dans l'ensemble du champ scientifique.

Lapouge conçoit toute l'histoire de l'Europe comme la lutte entre deux races (brachycéphale et dolichocéphale) aux qualités bien distinctes qui donnent des caractères humains opposés. La théorisation raciale et la mesure crâniométrique viennent une fois de plus rationaliser des préjugés socioculturels issus du sens commun :

> « Le brachycéphale est frugal, laborieux, au moins économe. Il est remarquablement prudent et ne laisse rien à l'incertain. Sans manquer de courage, il n'a point de goût belliqueux. [...] Rarement nul, il atteint rarement au talent. [...] Il est très méfiant, mais facile à piper avec des mots, sous lesquels sa logique exacte ne prend point la peine de rechercher les choses ; il est l'homme de la tradition, et de ce qu'il appelle le bon sens. [...] En religion, il est volontiers catholique ; en politique, il n'a qu'un espoir, la protection de l'État, et qu'une tendance, niveler tout ce qui dépasse, sans éprouver le besoin de s'élever lui-même[61]. »

Bien entendu, le dolichocéphale détient les qualités symétriquement inverses : « Il a de grands besoins », il est « aventureux », son intelligence est vive et « peut aller jusqu'au génie », il ne parle pas : il agit, il est protestant, libéral, « il croit être avant peu le maître incontesté de la terre. » Par le biais économique, la guerre entre les deux races est ouverte et les «populations blondes» sont en train de marquer les premiers points. Ainsi, quoique sa théorie de la division du monde en deux races le distingue nettement au sein du monde anthropologique du moment, la notion même de race fonctionne avec lui plus que jamais comme une catégorie essentialisée. La race, transmise par l'hérédité, est l'alpha et l'oméga de l'être humain : « avec une impérieuse nécessité, les lois de l'hérédité condamnent chaque homme à être ce que veut sa naissance » car « l'étendue de l'hérédité est aussi universelle et sa force aussi irrésistible que celle de la pesanteur[62]. »

À partir des *Sélections sociales*[63], on peut relever chez Lapouge et ses émules une référence constante à Gobineau comme « précurseur » de l'anthroposociologie. C'est une tendance naturelle d'une doctrine cherchant à se donner de l'importance que de s'enraciner dans une tradition

61. G. VACHER DE LAPOUGE, « La dépopulation de la France », *Revue d'anthropologie*, 1887, p. 80.

62. G. VACHER DE LAPOUGE, « Le darwinisme dans les sciences sociales », *Revue internationale de sociologie*, 1893, p. 419-420 et 430.

63. G. VACHER DE LAPOUGE, *Les Sélections sociales*, Fontemoing, Paris, 1896.

historique nationale. Après son maître, Muffang présenta donc Gobineau comme un précurseur « très oublié en France, mais singulièrement apprécié à l'étranger[64] » dont le « chef-d'œuvre » aurait influencé Renan et Taine[65]. Certes, ni la mort du Comte Arthur de Gobineau en 1882, ni la réédition de son *Essai sur l'inégalité des races humaines* en 1884 (1ère édition : 1855) n'avaient fait grand bruit. Pourtant ce nom va devenir familier des intellectuels français à partir du tournant du siècle. Une telle doctrine ne pouvait, on s'en doute, que donner des arguments aux doctrinaires du nouveau nationalisme raciste[66]. Toujours est-il que c'est à partir de ce moment-là que le nom bien oublié de Gobineau redevient connu et utilisé dans le champ intellectuel, ainsi qu'en témoigne la parution de plusieurs essais exposant et critiquant sa pensée[67].

---

64. H. MUFFANG, « L'anthroposociologie », *Année sociologique*, 1899, n° 2, p. 565.

65. H. MUFFANG, « L'anthroposociologie », *Année sociologique*, 1898, n° 1, p. 519-538 ; *in* O. AMMON, « Histoire d'une idée. L'anthroposociologie », *Revue internationale de sociologie*, 1898, n° 6, p. 145. Présentant officiellement l'histoire de l'anthroposociologie, Ammon écrit alors (avec la complicité de Muffang qui l'a traduit) : « Son compatriote [celui de Lapouge], le Comte de Gobineau, un homme qui est lui-même un exemple de l'ardeur investigatrice et du besoin de vérité du type aryen, avait publié en 1854 un grand ouvrage sous le titre "Essai sur l'inégalité des races humaines" dans lequel la même idée était développée avec une bien plus grande richesse d'exemples historiques. Le livre de Gobineau tomba dans l'oubli [...]. C'est en 1894 que G. de Lapouge fut amené à lire l'œuvre de Gobineau et il n'hésita pas à [lui] exprimer sa plus complète admiration » (O. AMMON, « Histoire d'une idée », art. cit., p. 149-150). Ammon ajoutait à la liste le nom de Nietzsche qui deviendra en effet familier de certains nationalistes français comme Henri Massis et Alfred de Tarde qui se cachaient sous le pseudonyme d'« Agathon » pour attaquer la Sorbonne dreyfusarde (C.E. FORTH, « Nietzsche, Decadence and Regeneration in France, 1891-1895 », *Journal of the History of Ideas*, 1993, vol. 54, n° 1, p. 97-117).

66. Toutefois Gobineau comme Lapouge étant des théoriciens de l'aryanisme, c'est-à-dire de la race nordique sinon de la race allemande – et c'est bien la raison de la vogue allemande de Gobineau (H.S. Chamberlain, L. Schemann, R. Wagner) –, il ne sera jamais très apprécié de certains des chefs du nationalistes français comme Maurras.

67. *Cf.* notamment É. SEILLIÈRE, *Le Comte de Gobineau et l'aryanisme historique*, Plon-Nourrit, Paris, 1903 ; R. DREYFUS, *La Vie et les prophéties du Comte de Gobineau*, Calmann-Lévy, Paris, 1905. Il s'agissait pour ces auteurs de montrer la vraie nature du gobinisme : « beaucoup moins une formule scientifique qu'une philosophie morale et politique » comme le dira Gaston Richard (G. RICHARD, « Compte rendu de É. SEILLIÈRE : *Le Comte de Gobineau et l'aryanisme historique*, Plon-Nourrit, Paris, 1903 », *Revue philosophique*, 1904, n° 2, p. 434). Le durkheimien s'élevait par ailleurs avec force contre « ces théories d'éleveurs que les enfants perdus du néodarwinisme voudraient introduire dans la législation et la politique », ajoutant : « néanmoins cette conspiration pseudo-scientifique contre la Justice est plus malintentionnée qu'elle n'est réellement malfaisante. Si ces auteurs raisonnaient mieux, ils s'apercevraient qu'ils condamnent l'inégalité des races au nom du seul critère qui fasse loi pour eux, le succès historique, la puissance acquise, l'adaptation aux conditions de l'existence. Ils veulent mettre la société démocratique en opposition avec les lois naturelles des faits sociaux et malgré eux ils donnent à la démocratie l'appui d'un phénomène naturel et universel, le métissage, condition De la division du travail social. S'il est exagéré de dire qu'ils bénissent ce qu'ils voudraient maudire, tout au moins démontrent-ils involontairement la solidité de l'édifice dont ils prétendent ruiner les fondements » (*ibid.*, p. 435-436).

Nous n'avons pas besoin d'explorer ici plus avant la biopolitique de Vacher de Lapouge[68]. Nous devons surtout insister sur le fait que ces travaux ont été intégralement publiés dans les grandes revues de l'anthropologie française. On comprend certes assez bien que, dans la *Revue de l'École d'anthropologie* dominée par les raciologues évolutionnistes, Collineau[69] puisse faire le plus grand éloge de cette « lecture captivante », cette « troublante éloquence » qui « invite à la méditation. » La référence transformiste le contentant pleinement et suffisant à ses yeux à situer Lapouge dans le champ scientifique. Mais Topinard puis Hamy et Cartailhac ont fait plus encore en publiant pendant près de dix ans les textes de Lapouge dans leurs revues. On peut se demander du reste quelles étaient leurs motivations. Certes, les travaux de Lapouge avaient l'apparence scientifique que donne la crâniométrie, mais Topinard était expert en ce domaine, il avait déjà critiqué Le Bon[70] et il aurait dû être le premier à contester la pertinence des constructions de Lapouge. De même il est difficile d'interpréter la complaisance de Hamy et Cartailhac (en tant que directeurs de *L'anthropologie*) face à une doctrine si contraire à certains de leurs principes (la revue publie même Otto Ammon en 1892).

En fin de compte, il nous semble clair que, profitant de l'état d'éclatement du champ anthropologique et de l'absence de contrôle de la production intellectuelle, Vacher de Lapouge avait réussi à la fin du XIXe siècle à se donner une autorité intellectuelle dans le champ scientifique. Or il est par ailleurs établi qu'il était en correspondance avec Drumont qui célébra son livre de 1896[71] dans *La libre parole* du 18 octobre 1897 et qui s'en servira encore à des fins antisémites pendant l'affaire Dreyfus[72]. En 1898, au moment où Durkheim lance la revue l'*Année sociologique*, alors que l'affaire Dreyfus arrive à son point culminant, il est normal que Lapouge lui apparaisse comme un adversaire total en même temps qu'un interlocuteur incontournable. C'est à l'étude précise de leurs rapports qu'il nous faut à présent nous attacher.

---

68. On se reportera pour cela aux travaux de A. BÉJIN, « Le sang, le sens et le travail : Georges Vacher de Lapouge darwiniste social et fondateur de l'anthroposociologie », *Cahiers internationaux de sociologie*, 1982, vol. LXXIII, p. 324-343 ; P.A. TAGUIEFF, « Théorie des races et bio-politique sélectionniste en France », art. cit., 1989 ; P.A. TAGUIEFF, « Théorie des races et bio-politique sélectionniste en France. Aspects de l'œuvre de Vacher de Lapouge », *in* R. THALMANN (dir.), *Sexe et race. Discours et formes nouvelles d'exclusion au XXe siècle*, CERG-Université Paris VII, Paris, 1990, p. 3-33 ; P.A. TAGUIEFF, « L'introduction de l'eugénisme en France : du mot à l'idée », *Mots. Les langages du politique*, 1991, n° 26, p. 23-45 ; P.A. TAGUIEFF, « Eugénisme ou décadence ? L'exception française », *Ethnologie française*, 1994, vol. 24, n° 1, p. 81-103.

69. D. COLLINEAU, « Compte rendu de G. VACHER DE LAPOUGE : *Les Sélections sociales*, Fontemoing, Paris, 1896 », *Revue mensuelle de l'École d'anthropologie de Paris*, 1898, p. 35.

70. P. TOPINARD, « La mensuration de la capacité du crâne d'après les registres de Broca », *Revue d'anthropologie*, 1882, n° 5, p. 385-411.

71. G. VACHER DE LAPOUGE, *Les Sélections sociales*, *op. cit.*

72. P.A. TAGUIEFF, « L'introduction de l'eugénisme en France », art. cit., p. 38-40.

L'ENGAGEMENT DE CÉLESTIN BOUGLÉ[73]

À partir de 1897, tandis que Durkheim évitera autant que possible l'engagement publique autre que strictement scientifique, Bouglé va se poser en adversaire constant de l'anthropologie raciale et de ses théories inégalitaires. Pour lui la nouvelle anthroposociologie, comme l'ancienne phrénologie de Gall, postule sans aucun fondement un lien de causalité direct entre une donnée physiologique (en l'occurrence la conformation des crânes) et une donnée psychosociologique. Un tel raisonnement vicie toute l'entreprise :

> « Expliquer n'est pas seulement constater entre deux phénomènes une relation fréquente, c'est montrer comment l'un produit l'autre et dérouler la série des intermédiaires grâce auxquels l'un sort de l'autre. Or quelle série d'intermédiaires il resterait à découvrir pour permettre à l'esprit de passer de ce phénomène extérieur et simple qui est la brachycéphalie, à ce phénomène intérieur et complexe qui est l'idée d'égalité, on paraît l'oublier trop facilement. [...] si la constitution anatomique d'un individu implique bien certaines aptitudes très générales, c'est le milieu social qui les détermine [...]. Parce qu'elle néglige les causes prochaines de la formation des idées, l'anthroposociologie ne saurait fournir une véritable explication du progrès des tendances démocratiques : ses "lois" les mieux vérifiées pourront toujours être soupçonnées de ne pas énoncer autre chose que de vastes coïncidences. C'est par une autre méthode, c'est en définissant les conditions psychologiques de la formation de l'idée d'égalité et en signalant l'action des phénomènes sociaux sur ces conditions mêmes qu'on trouverait peut-être, du succès de cette idée, des raisons vraiment déterminantes[74]. »

On voit bien la force de la critique : Bouglé ne conteste nullement que les individus aient à la naissance des facultés différentes, c'est une évidence qu'il n'était point besoin de montrer avec tant d'acharnement dit-il en substance. Mais le rôle de la nature s'arrête là. Au delà, c'est dans la société que s'élaborent les principes qui organisent le comportement de ces individus. Et surtout, quoi qu'il en soit, les principes qui gèrent l'organisation sociale relèvent de l'idéal et non de la science :

---

73. Ardent défenseur de la sociologie depuis sa sortie de l'École Normale Supérieure, Célestin Bouglé (1870-1940) fut l'un des piliers de la sociologie durkheimienne avant 1914 et joua également un rôle capital dans l'enseignement et l'incitation à la recherche durant l'entre-deux-guerres depuis son poste de directeur de direction à l'ENS. Il fit par ailleurs une carrière politique et journaliste dans la mouvance radicale de gauche. Pourtant, parce qu'il ne fut pas un pur chercheur comme Mauss, Granet ou Halbwachs, il est très injustement méconnu et négligé par les historiens de la sociologie.

74. C. BOUGLÉ, « Anthropologie et démocratie », *Revue de métaphysique et de morale*, 1897, n° 5, p. 450. Dès cette première intervention, Bouglé s'appuie déjà sur des textes de Manouvrier, anthropologue important dont nous reparlerons tout à l'heure.

« S'il est vrai que, en déclarant les hommes égaux, nous portons un jugement non sur la façon dont les a faits la nature, mais sur la façon dont la société doit les traiter, les crâniométries les plus précises ne sauraient nous donner ni tort ni raison. En croyant qu'il appartient à des observations scientifiques de juger, en dernier ressort, de la valeur de cette idée pratique, l'anthropologie oublie que les questions sociales ne sont pas seulement "questions de faits" mais encore et surtout "questions de principes"[75]. »

À ces deux objections méthodologiques capitales, Bouglé ajoutera des critiques issues de l'examen attentif des faits biologiques. En 1904, avec *La démocratie devant la science,* il y consacrera un livre entier, très documenté, dans lequel il entrera de plein-pied dans les discussions et montrera aisément les contradictions de la soi-disant « loi de brachycéphalisation croissante » comme la réalité historique du métissage généralisé. Après Espinas, Perrier, Durkheim et tant d'autres promoteurs de l'idée de solidarité, il contestera que la concurrence soit le seul moteur de l'évolution. Pour autant il ne cherchera pas à tout prix à démontrer le contraire, constatant simplement que la solution n'est pas univoque et que cette équivocité même ne fait une fois de plus que justifier le rôle primordial de l'éthique :

« Ce qui se dégage de plus net de nos recherches sur les leçons de la biologie, c'est l'extrême difficulté où est l'homme de "laisser parler la nature" pour enregistrer son conseil : la conseillère parle plusieurs langages et varie les réponses suivant les idées préconçues des enquêteurs. Il reste qu'en attirant l'attention sur la multiplicité des sens ou des modes de l'évolution organique et en limitant la vérité du darwinisme, nous avons libéré notre idéal des prophéties fatalistes dont on le poursuivait[76]. »

Au total, de 1897 à la guerre, c'est plus d'une vingtaine de livres, d'articles et de comptes rendus que Bouglé a rédigé contre l'anthroposociologie. Ses trois grands livres de la période sont tous, d'une certaine manière, des réfutations de l'anthropologie raciale. Ainsi sa thèse de doctorat de lettres, *Les idées égalitaires*[77] est une démonstration socio-logique que le progrès des idées démocratiques ne peut pas être lié à l'accroissement numérique des brachycéphales dans les villes :

« Est-il besoin de dire que, malgré les nombreuses statistiques que manient MM. Ammon et Vacher de Lapouge, de pareilles propositions se dérobent à toute vérification ? La dolichocéphalie ne semble avoir garanti de la démocratie aucun peuple moderne. Pour être sensiblement dolichocéphale, l'Angleterre possède-t-elle rien, dans ses institutions, qui trahisse qu'elle répugne, plus que la France ou l'Amérique, à l'esprit que nous avons défini [démocratique] ? Bien plus, une des "lois" les plus intéres-

75. *Ibid.*, p. 461.

76. C. BOUGLÉ, *La Démocratie devant la science. Études critiques sur l'hérédité, la concurrence et la différenciation*, Alcan, Paris, 1904, p. 228.

77. C. BOUGLÉ, *Les Idées égalitaires. Étude sociologique*, Alcan, Paris, 1899.

santes de nos auteurs ne se retourne-t-elle pas contre leur thèse ? Ils ont prouvé que les dolichocéphales se concentrent dans les villes ; mais si nous prouvons que les villes, comme elles sont des foyers de concentration pour les cerveaux dolichoïdes, sont aussi des foyers d'expansion pour les idées démocratiques, que deviendra le parallélisme établi entre l'égalitarisme et la brachycéphalie ?[78]. »

De même, les résultats du premier et dernier grand travail empirique de Bouglé, consacré au régime des castes en Inde, sont encore à plusieurs reprises dirigés contre les théories anthroposociologiques et même contre l'anthropologie raciale en général[79]. Dans le livre qu'il publie finalement en 1908, un très long chapitre est consacré à l'examen détaillé de plusieurs volumes de mesures crâniométriques prises en Inde par des anthropologies anglais ; et il se clôt sur le constat que

> « D'une part, les mensurations anthropométriques, appliquées à des sujets de castes différentes, ne nous ont pas permis de conclure que la hiérarchie des castes correspondait exactement à une hiérarchie des races. D'autre part, la transformation de la société hindoue par la civilisation anglaise ne nous a pas permis de conclure que la spécialisation héréditaire avait déposé, chez les fils des différentes castes, des facultés essentiellement différentes. En un mot, entre les différences physiques, les différences sociales et les différences mentales, les corrélations nettes continuent à nous manquer. Après comme avant l'observation du monde hindou, les thèses maîtresses de la philosophie des races, transformées en anthroposociologie, restent indémontrables et invraisemblables[80]. »

CONTRE LE RACISME ET L'ANTISÉMITISME

Au cours de l'affaire Dreyfus, les théories anthropologiques ont souvent été évoquées pour servir de caution à l'antisémitisme et c'est un point sur lequel Bouglé va à nouveau intervenir à plusieurs reprises, aux côtés cette fois de Durkheim.

Répondant à l'enquête d'Henri Dagan sur l'antisémitisme en 1897, en pleine affaire Dreyfus, Durkheim met en évidence le rôle de bouc-émissaire des Juifs : « quand la société souffre, elle éprouve le besoin de trouver quelqu'un à qui imputer son mal, sur qui elle se venge de ses déceptions. [...] ce sont les parias qui servent de victimes expiatoires[81]. »

78. *Ibid.*, p. 73-74.

79. Bouglé s'en prend notamment fréquemment au vieux Topinard qui, avec des intentions politiques et des conclusions pratiques différentes, soutenait lui aussi que « les réalités objectives de la science sont en contradiction avec les aspirations subjectives de l'humanité » (P. TOPINARD, *L'Anthropologie et la science sociale*, Masson, Paris, 1900, p. 370).

80. C. BOUGLÉ, *Essais sur le régime des castes*, Alcan, Paris, 1908, p. 123.

81. É. DURKHEIM, « Antisémitisme et crise sociale », *in* H. DAGAN, *Enquête sur l'antisémitisme*, Stock, Paris, 1899, p. 59-63 ; repris *in* É. DURKHEIM, *Textes*, Minuit, Paris,

Mais encore une fois c'est Bouglé qui, dans ses conférences populaires et ses articles rassemblés notamment dans l'ouvrage intitulé *Pour la démocratie française*[82], se fera l'adversaire le plus combatif des théoriciens racistes. Dans sa thèse il se montrait déjà catégorique : « tout ce qu'on enlève à l'influence du “génie des races” pour l'attribuer à des circonstances précises est autant de gagné pour la science[83]. » Et dès la fin de l'année 1898, Bouglé s'était lancé dans la campagne dreyfusarde. Un des thèmes de prédilection de ses multiples conférences populaires est la dénonciation des fausses théories raciales qui justifient l'antisémitisme, la réponse à Drumont qui a fait de la race « son cheval de bataille » et à Barrès qui a « mis à la mode les dissertations ethnologiques[84]. » « La philosophie de l'antisémitisme est une des branches de la métaphysique des races » et Bouglé en retrace la genèse historique : l'idée de race tire sa force du fait qu'elle a symbolisé et condensé la puissance du sentiment national des peuples européens en guerre. Plus profondément encore il la rapproche du besoin qu'éprouvent les peuples primitifs de fonder la fraternité sur le sang. Tout cela a pu trouver des justifications scientifiques dans la première moitié du siècle, dit-il, mais la science n'en est plus là :

> « L'alliance des historiens et des anthropologues est aujourd'hui dénoncée ; l'explication “par la race” n'apparaît plus que comme un pis-aller. “C'est au moment où elle est chassée du cabinet des savants, dit M. Darlu, que l'idée de race descend dans la rue”. Un fatalisme mystique et un matérialisme paresseux, voilà ce qu'il y a au fond de la métaphysique des races [...]. Des phrases vagues, tant qu'on en voudra, des substantifs imposants, des symboles ingénieux, l'anthropologie chère aux antisémites peut encore en fournir ; mais des explications scientifiques satisfaisantes, jamais[85]. »

Bouglé se livre donc sans retenue dans la campagne. En effet il a parfaitement vu le danger que représentait la pression des ligues et du groupe antisémite à la Chambre des députés et dénonce : « l'avènement de l'antisémitisme comme parti politique français[86]. » L'enjeu est désormais éminemment politique et Bouglé trouve en 1899 des mots hélas prophétiques car ils pourraient aussi bien dater de 1940 :

> « Nous demander, au nom de la diversité des races, des lois spéciales contre une catégorie de citoyens parce qu'ils sont plus ou moins dolichocéphales que la majorité des autres ; nous presser de les exclure de nos

---

1975, vol. II, p. 253. Durkheim éprouve cependant le besoin de concéder sans précision que la « race juive » a « certains défauts », même s'ils « sont compensés par des qualités incontestables. » Le texte vise surtout à dénoncer la « folie publique », ceux qui l'entretiennent ainsi que la passivité des pouvoirs publics.

82. C. BOUGLÉ, *Pour la démocratie française*, Édouard Cornély, Paris, 1900.

83. C. BOUGLÉ, *Les Idées égalitaires*, *op. cit.*, p. 70-71.

84. C. BOUGLÉ, *Pour la démocratie française*, *op. cit.*, p. 45-46.

85. *Ibid.*, p. 62.

86. *Ibid.*, p. 43.

droits, c'est donc, il faut s'en rendre compte, nous inviter à renier ce rationalisme généreux qui est la tradition de la France. [...] Lors donc que les antisémites prennent le masque du "nationalisme", invoquant "la vieille tradition française", en appellent au "génie du pays", ce n'est qu'une ironie sanglante. Rendez à l'Allemagne des idées importées d'Allemagne, c'est nous qui aurions le droit de vous dire : votre philosophie ne choque pas seulement l'esprit scientifique, elle heurte les idées qui sont l'âme de la France. Parce que vous n'avez su comprendre ni le progrès de la science, ni la logique nationale, vous n'êtes pas seulement des philosophes aveugles, mais des Français égarés[87]. »

L'*ANNÉE SOCIOLOGIQUE* ET L'ANTHROPOSOCIOLOGIE

Les trois premiers volumes de l'*Année sociologique* (1898-1900) contenaient une rubrique « Anthroposociologie », placée dans la sixième section (« Divers ») aux côtés de la « Socio-géographie » et de la démographie, et dont la rédaction est confiée à Henri Muffang (1864-?), principal disciple français de Lapouge. Après tout ce que nous venons de dire, le fait peut surprendre et ne doit pas être interprété trop hâtivement. Pourquoi Durkheim choisit-il de faire à son tour de la publicité à des idées radicale-ment opposées aux siennes ? Une des raisons est exprimée assez claire-ment dans l'« Avertissement » qui précède la rubrique tenue par Muffang (et auquel une note renverra dans chacun des volumes suivants) :

> « Il a pu sembler parfois que l'anthroposociologie tendait à rendre inutile la sociologie. En essayant d'expliquer les phénomènes historiques par la seule vertu des races, elle paraissait traiter les faits sociaux comme des épiphénomènes sans vie propre et sans action spécifique. De telles tendances étaient bien faites pour éveiller la défiance des sociologues. Mais l'*Année sociologique* a, avant tout, pour devoir de présenter aux lecteurs un tableau complet de tous les courants qui se font jour dans tous les domaines de la sociologie[88]. »

La stratégie de Durkheim est assez claire. Lapouge est un auteur incontournable dans le champ scientifique. Et il est important de rappeler ici qu'il a été très bien accueilli dans la *Revue internationale de sociologie* de Worms, le grand concurrent de Durkheim. Lapouge y écrit régulièrement[89] ; Muffang y publie aussi[90] et renforce encore la légitimité de l'an-

---

87. *Ibid.*, p. 69-70.

88. É. DURKHEIM, « Avertissement », *Année sociologique*, 1898, n° 1, p. 519.

89. G. VACHER DE LAPOUGE, « Le darwinisme dans les sciences sociales », art. cit ; G. VACHER DE LAPOUGE, « La vie et la mort des nations », *Revue internationale de sociologie*, 1894, n° 2, p. 421-436 ; G. VACHER DE LAPOUGE, « Transmutation et sélection par éducation », *Revue internationale de sociologie*, 1895, n° 3, p. 169-190.

90. H. MUFFANG, « Études d'anthroposociologie : écoliers et paysans de Saint-Brieuc », *Revue internationale de sociologie*, 1897, n° 5, p. 789-803.

throposociologie en traduisant ses défenseurs étrangers, Otto Ammon[91] et Carlos Closson[92], qui viennent à leur tour expliquer la hiérarchie des races et l'opposition des dolichocéphales et des brachycéphales. Enfin, en 1897, René Worms dans sa revue et Frédéric Paulhan (proche collaborateur de Ribot) dans la *Revue scientifique*, ont offert au livre de Lapouge, *Les Sélections sociales*[93], un accueil favorable. Certes ils ont noté tous les deux que le propos est « unilatéral » et devait être complété par d'autres ; mais il n'en demeure pas moins qu'à leurs yeux « les théories de l'auteur [...] s'imposent à l'étude de quiconque s'intéresse à la sociologie scientifique[94]. » On comprend donc que Durkheim ne pouvait, au seuil d'une nouvelle revue à prétention d'impartialité, de critique méthodologique mais non doctrinale, condamner directement une théorie admise dans le champ. Mais il ne voulait pas non plus paraître y adhérer. Son texte est donc un compromis et, malgré ses précautions de forme, il est très clair sur le fond[95]. Enfin, l'existence d'une telle rubrique dans ces conditions (la publication avec réserve de principe confiée à un sympathisant de la dite doctrine) s'explique aussi par un hasard : le fait que Muffang et Bouglé se soient connus au lycée de Saint-Brieuc où ils enseignaient tous deux[96]. Si Durkheim n'avait eu sous la main un tel collaborateur, on peut penser qu'il aurait laissé Bouglé s'occuper de ce domaine dans la première partie (Sociologie générale) de l'*Année*.

Au total, la rubrique tenue par Muffang en 1898, 1899 et 1900 ne tient guère de place dans l'*Année* : au plan quantitatif, en moyenne 2 % du nombre total de pages. Au plan qualitatif, on constate d'abord que les recherches françaises sont très rares : en dehors de celles de Lapouge et de Muffang lui-même, seul le docteur Collignon, médecin-major à l'École Supérieure de guerre de Paris, effectue systématiquement des calculs d'indices céphaliques[97]. Les autres auteurs sont étrangers ; il s'agit essen-

---

91. O. AMMON, « Histoire d'une idée », art. cit.

92. C.C. CLOSSON, « La hiérarchie des races européennes », *Revue internationale de sociologie*, 1898, n° 6, p. 416-429.

93. G. VACHER DE LAPOUGE, *Les Sélections sociales*, *op. cit.*

94. F. PAULHAN, « Compte rendu de G. VACHER DE LAPOUGE : *Les Sélections sociales*, Fontemoing, Paris, 1896 », *Revue scientifique*, 1897, n° 2, p. 13 ; R. WORMS, « Compte rendu de G. VACHER DE LAPOUGE : *Les Sélections sociales*, Fontemoing, Paris, 1896 », *Revue internationale de sociologie*, 1897, n° 5, p. 330.

95. Au titre des précautions, notons que Bouglé souhaitait évidemment un avertissement encore plus combatif et rentrant dans la critique de fond ; mais Durkheim l'en dissuade dans une lettre du 27 septembre 1897 (*in* É. DURKHEIM, *Textes*, Minuit, Paris, 1975, vol. II, p. 411).

96. La correspondance (maigre) atteste que, jusqu'à l'affaire Dreyfus, les relations entre Muffang et Bouglé étaient courtoises. Elles se dégradent évidemment à la fin du mois de janvier 1898 quand Muffang refuse de signer les pétitions demandant la révision du procès [je remercie Philippe Besnard qui m'a permis de consulter cette correspondance non publiée].

97. Il est notamment l'auteur d'une « Carte de l'indice céphalique en France » publiée dans les *Annales de géographie* de Vidal de la Blache en 1896 (le reste est antérieur et parut surtout dans les *Bulletins et mémoires de la Société d'anthropologie de Paris*).

tiellement du Suisse Chalumeau, des Américains Closson et Ripley (ce dernier étant beaucoup plus nuancé), de l'Anglais Beddoe, des Italiens Sergi, Livi et Niceforo.

Les trois premiers volumes paraissent ainsi sans surprise. Pourtant, lors du volume IV de l'*Année* paru en 1901, la rubrique « anthroposociologie » disparaît sans explication. Le désaveu implicite est certes évident, mais l'on aurait pu s'attendre à un commentaire officiel. Heureusement, face à ce silence officiel, les correspondances livrent les raisons d'une disparition annoncée, c'est-à-dire d'une offensive qui n'attendait que les conditions favorables pour se déclencher. De fait, à partir de 1900, d'une part les dreyfusards ayant gagné la partie (ils ont obtenu la révision puis l'acquittement et bientôt la réintégration de Dreyfus), d'autre part les événements politiques n'ont pas laissé indifférents les anthropologues qui réagissent à leur tour aux idées professées par Lapouge.

Concernant Muffang et sa rubrique, les choses sont assez simples. Le 10 mars 1900, Durkheim prévient Henri Hubert : « je songe à faire quelques économies sur l'anthroposociologie[98]. » Le 13 juin, il annonce à Bouglé : « j'ai écrit à Muffang que je supprimais la rubrique. [...] on fera à la fin une courte rubrique Anthropologie dont je partage les éléments. Le Lapouge est entre les mains de Hubert qui s'en est déjà occupé[99]. » Enfin le 25 juin de la même année, il avertit Hubert : « J'ai donc informé Muffang que nous n'aurons plus rien à lui envoyer. Ce qui fait d'ailleurs que nous n'avons personne de compétent pour traiter ces questions. Seconde raison pour les écarter. Il est vrai que je ne puis pas les écarter aussi entièrement que je le voudrais parce que j'ai reçu quelques ouvrages qui se rapportent à ces questions (vous en avez un) mais je n'en demanderais pas moi-même. Je mettrai une note à ce sujet dans l'*Année*[100]. » Or, la dite note ne paraîtra pas. Pour autant, on n'en conclura pas que les durkheimiens ont hésité devant l'adversaire, ils ont au contraire choisi une stratégie plus englobante encore. Pour le comprendre, il faut savoir qu'entre temps un élément nouveau est survenu.

AVANT ET APRÈS MANOUVRIER

En 1900, Léonce Manouvrier (1850-1927) est professeur d'anthropologie physiologique à l'École d'anthropologie de Paris. Dernier élève de Broca, il est l'un des espoirs de sa génération. Mais il est surtout le premier, sinon à avoir compris, du moins à avoir clairement reconnu et inté-

98. É. DURKHEIM, « Lettres à Henri Hubert », *Revue française de sociologie*, 1987, vol. XXVIII, p. 504.

99. É. DURKHEIM, « Lettres à Célestin Bouglé », *Revue française de sociologie*, 1976, vol. XXVII, p. 174.

100. É. DURKHEIM, « Lettres à Henri Hubert », art. cit., p. 509.

gré dans son travail le fait que l'anthropologie ne pouvait plus prétendre expliquer fondamentalement l'Homme par l'étude de sa constitution biologique. C'est pourquoi, il est très tôt un adversaire résolu des théories criminologiques de Lombroso[101]. De même, il s'oppose fortement à l'usage extensif de la notion de race lors d'une séance du deuxième congrès de l'Institut international de sociologie en 1896. Son intervention fait suite à une communication qui, invoquant notamment l'autorité de Gustave Le Bon, déclarait : « la race est pour nous l'unité anthropologique distincte à laquelle correspond l'état social particulier ; c'est une unité immuable et fixe qui détermine les événements sociaux[102]. » Elle répond aussi à celle de Charles Limousin qui affirmait l'évidence de l'infériorité biologique des races noires. Lors des discussions qui suivirent, Manouvrier contesta ces idées reçues en rappelant que, si les races blanches comportaient bien un grand nombre d'individus supérieurement constitués,

> « cette élite profite d'un grand nombre de conditions sociologiques étrangères à sa supériorité physiologique et résultant d'un état de civilisation, à la production duquel chaque individu pris à part et considéré physiologiquement n'a apporté qu'une infime contribution. [...] Il ne faut donc pas attribuer à une vertu originelle et inhérente à la race toute la supériorité de production que manifeste, dans des conditions plus ou moins rares, une minime partie de cette race. Il ne faut pas attribuer à une race le monopole de cette supériorité parce que des conditions manifestement extrinsèques auront réalisé la formation, parmi les individus les mieux doués de cette race, d'un plus ou moins grand nombre d'acrobates de l'intelligence[103]. »

L'opposition de Manouvrier à la raciologie façon Vacher de Lapouge se situe donc dans la continuité de sa pensée. De fait, dans l'*Année psychologique* en 1898 et surtout dans la *Revue de l'École d'anthropologie* en 1899, il intervient violemment pour établir « la nullité scientifique » de ces thèses « où s'étale un simplisme effrayant[104]. » Contre cela, Manouvrier se fait le défenseur d'une sociologie en charge de rendre compte d'un niveau de complexité des phénomènes humains qui échappe à l'anthropologie : « il faut se garder de croire que la biologie soit capable de fournir l'explication immédiate des phénomènes sociaux[105]. » Quant à ces notions

---

101. C. BLANCKAERT, « L'anthropologie des criminels. 1850-1900 », *in* L. MUCCHIELLI, Dir., *Histoire de la criminologie française*, L'Harmattan, Paris, 1994, p. 70-75 ; M. RENNEVILLE, « La réception de Lombroso en France », *in* L. MUCCHIELLI, Dir., *Histoire de la criminologie française*, Op.cit, p. 118-124.

102. M. GOLDBERG *in* « La race. Discussion », *Annales de l'Institut international de sociologie*, 1896, vol. II, p. 345.

103. L. MANOUVRIER *in* « La race. Discussion », Op.cit, p. 370-371.

104. L. MANOUVRIER, « L'indice céphalique et la pseudo-sociologie », *Revue mensuelle de l'École d'anthropologie de Paris*, 1899, p. 234.

105. *Ibid.*, p. 235.

de race et d'hérédité, il explique que « les aptitudes trans-missibles héréditairement sont des aptitudes purement physiologiques et élémentaires [...] ne permettant en aucune façon de prévoir les actes qui seront accomplis[106]. » Il faut donc désacraliser ces notions auxquelles le sens commun donne une valeur explicative que la science doit rejeter :

> « En réalité l'explication par la voie du sang n'a pas eu besoin de deve-nir elle-même une voix de sang pour être facilement acceptée. Elle a tout simplement l'avantage d'être simple et de satisfaire l'esprit sans effort[107]. »

Enfin Manouvrier en vient à contester l'usage de l'indice céphalique dans la nouvelle théorie anthroposociologique des races (qu'il voue au même discrédit que la phrénologie de Gall et l'angle facial de Camper). En effet, un usage dévoyé des mots « brachycéphalie » et « dolichocéphalie » se répand dangereusement dans le public qui finit par croire « qu'il existerait une race supérieure entre toutes et qu'elle serait dolichocéphale et blonde[108]. » Or rien n'est moins prouvé, rappelle Manouvrier en dénonçant « les élucubrations d'une phrénologie nouvelle[109] », d'une mauvaise « aryanologie » et de sa « sinistre prédiction[110]. » Il conclut sans détour : « c'est de la pseudo-science[111]. »

Ce long texte de Manouvrier est essentiel car il ne passa pas inaperçu. Dans les années qui suivirent, il sera presque impossible de citer Lapouge sans nommer immédiatement son sublime critique[112]. Et les durkheimiens en firent immédiatement un très bon usage. Dans le nouveau bilan de la sociologie française qu'il publiait dans la *Revue bleue* en 1900, Durkheim écartait ainsi aisément Lapouge :

---

106. *Ibid.*, p. 237.

107. *Ibid.*, p. 240-241.

108. *Ibid.*, p. 251-252.

109. *Ibid.*, p. 253.

110. *Ibid.*, p. 283. Manouvrier fait ici allusion au texte dans lequel Lapouge avait déclaré: « je suis convaincu qu'au siècle prochain on s'égorgera par millions pour un ou deux degrés de plus ou de moins dans l'indice céphalique » (G. VACHER DE LAPOUGE, « La dépopulation de la France », art. cit., p. 151).

111. L. MANOUVRIER, « L'indice céphalique et la pseudo-sociologie », art. cit., p. 296.

112. Manouvrier prolongea sa réfutation l'année suivante par une mise au point très technique sur la construction et l'usage des statistiques (L. MANOUVRIER, « Généralités sur l'anthropométrie », *Revue mensuelle de l'École d'anthropologie de Paris*, 1900, p. 413-439).

> « Nous ne nous sommes pas arrêtés davantage à M. Lapouge et à l'anthroposociologie. D'abord on pourrait se demander si cette école a bien sa place dans une histoire des progrès de la sociologie, puisqu'elle a pour objet de faire s'évanouir cette science dans l'anthropologie. Ensuite les bases scientifiques sur lesquelles repose tout ce système sont par trop suspectes, comme vient de le montrer M. Manouvrier[113]. »

POUR EN FINIR AVEC L'ANTHROPOLOGIE RACIALE

La disparition de la rubrique anthroposociologie, expliquée en partie par Durkheim dans ce texte de 1900, est un premier point qu'il était assez facile de comprendre en s'informant du contexte intellectuel et scientifique immédiat. Mais il y a plus encore à dire dans cette affaire. En effet, la lecture exhaustive de l'*Année sociologique* ainsi que la connaissance du champ scientifique (sociologique et anthropologique) permettent aussi de saisir que les durkheimiens ont tiré profit de la situation bien au delà du simple écartement de Lapouge et de son anthroposociologie.

En effet, le quatrième volume de l'*Année sociologique* (1901) dans lequel la rubrique de Muffang a disparu, contient dans sa première section (Sociologie générale) une rubrique nouvelle baptisée pour la circonstance « Anthropologie et sociologie », dans laquelle interviennent exceptionnellement non pas Bouglé mais Aubin, Hubert et Mauss et où, cette fois-ci, ce sont les bases mêmes de l'anthropologie raciale qui sont contestées. Autrement dit, tout se passe comme si, profitant du discrédit de Lapouge et surtout de la profondeur des remises en cause acceptées par un anthropologue officiel comme Manouvrier, les durkheimiens s'en prenaient enfin à l'anthropologie raciale en tant que telle. Ainsi, dans son compte rendu du dernier livre de Lapouge, *L'Aryen et son rôle social*[114] associé explicitement à l'article critique de Manouvrier, Hubert ne se contente pas de contester l'anthroposociologie ; il étend considérablement le champ de sa critique et estime que désormais « l'on doit poser en principe qu'un caractère anatomique assez fixe pour être un caractère de race doit être dépourvu de signification intellectuelle ou morale[115]. »

Dans la même rubrique, Abel Aubin – jeune agrégé de philosophie formé par Durkheim à Bordeaux – rend tout d'abord compte du livre de Topinard *L'anthropologie et la science sociale* en des termes clairement hostiles sur le fond de la doctrine. Topinard oppose un homme animal et un homme social à la manière de Rousseau ; il oppose en réalité une mo-

---

113. É. DURKHEIM, « La sociologie en France au XIXe siècle », *Revue bleue*, 1900, n° 20-21, p. 609-613 et 647-452 ; repris *in* É. DURKHEIM, *La Science sociale et l'action*, Presses Universitaires de France, Paris, 1970, p. 133.

114. G. VACHER DE LAPOUGE, *L'Aryen, son rôle social*, Fontemoing, Paris, 1899.

115. H. HUBERT, *Année sociologie*, 1901, n° 4, p. 144.

rale naturelle (égoïsme) et une morale sociale (altruisme). Or c'est là « une façon archaïque de poser le problème » liée à la théorie anthropologique même de l'auteur qui conçoit la famille primitive comme « fondée sur des rapports physiologiques » et par conséquent comme simple « prolongement de la famille animale[116]. » À nouveau, il s'agit d'une critique de fait qui vise le principe : ce sont les prétentions même de l'anthropologie en matière sociale qui sont contestées. Par contre et pour les mêmes raisons, Mauss fait l'éloge du livre de Jean Deniker[117] qui établit que :

> « Les idées de races, d'espèces, de variétés, ne comportent pas dans l'étude du genre homo la même acception que dans le reste des études zoologiques. [...] si ces caractères (morphologiques) permettent de classer les races et de faire peut-être quelques hypothèses sur leurs généalogies, ils ne peuvent en aucune façon servir à constituer une science complète de l'humanité. Même pour constituer une théorie des races humaines, les caractères somatiques sont encore insuffisants. Chaque groupe a plusieurs caractères divers, et tout ce que l'on peut saisir, ce sont des rapports, des ensembles de caractères [...]. Il n'existe pas, en effet, de groupe géographiquement isolé, ni de race pure de tout croisement ; sur les confins il y a toujours des types de transition[118]. »

Cet éloge isolé d'un anthropologue qui abandonne clairement la référence au modèle racial est capital et il aura du reste des conséquences très importantes au plan social. En effet, Deniker est alors bibliothécaire au Muséum, proche de Hamy (le successeur de Quatrefages), opposé par conséquent au courant raciologique évolutionniste de l'École d'anthropologie. En somme, Deniker et Mauss ont un adversaire commun – que représente par exemple Letourneau que Mauss balaye dix pages plus loin comme un pâle vulgarisateur[119]. Et il faut sans doute voir dans ce

116. A. AUBIN, « Compte rendu de P. TOPINARD : *L'Anthropologie et la science sociale*, Masson, Paris, 1900 », *Année sociologique*, 1901, n° 4, p. 124.

117. J. DENIKER, *Les Races et les peuples de la Terre*, Reinwald, Paris, 1900.

118. M. MAUSS, « Compte rendu de J. DENIKER : *Les Races et les peuples de la Terre*, Reinwald, Paris, 1900 », *Année sociologique*, 1901, n° 4, p. 139-140.

119. M. MAUSS, « Compte rendu de C. LETOURNEAU », art. cit. Mauss ne semble pas avoir remarqué que, dans ce livre de vieillesse, Letourneau était revenu sur un point fondamental de sa doctrine évolutionniste raciale : la frontière entre l'animalité et l'humanité. Loin de continuer à répéter que certaines races humaines vivaient sans foi ni loi pratiquement comme des singes, il accordait aux sociétés les plus primitives « quelques précieuses qualités morales dont l'absence ou la rareté relative dans les races et les sociétés moins anciennes et très policées sont assurément très regrettables » (C. LETOURNEAU, *La Psychologie ethnique*, Schleicher, Paris, 1901, p. 77). Se rangeant manifestement aux théories durkheimiennes, il écrivait que « le premier type social réalisé par les hommes a été à la fois familial et communautaire ; c'est celui du clan, c'est-à-dire d'une petite agglomération républicaine, cimentée par une solidarité des plus étroites. C'est dans le sein de ces petits groupes primitifs qu'ont dû se former les rudiments des langues et des mythes ; c'est là surtout que nos plus anciens ancêtres ont été dressés à la sociabilité, à la moralité, même et surtout à l'altruisme » (*ibid.*, p. 77).

compte rendu l'un des premiers signes d'un rapprochement intellectuel qui, grâce une nouvelle fois aux réseaux dreyfusards (au sein desquels Lévy-Bruhl et les frères Reinach jouent un rôle considérable), se traduira bientôt dans les institutions[120].

LA FORCE D'UNE ÉQUIPE ET L'ÉTENDUE D'UN RÉSEAU

La lecture de l'*Année sociologique* entre 1902 et 1912 ne livre aucune information importante supplémentaire sur les débats que nous venons d'analyser. Après la phase de combat, c'est en somme celle de la gestion de la victoire, de la vigilance critique. Ainsi, en 1902, Hubert approuve Ripley mais critique Sergi[121] ; en 1903 il critique les Allemands Schrader et Much[122] ; enfin en 1906 il appuie les anti-lapougiens Colajanni et Finot[123]. Et derrière Hubert, c'est l'ensemble des membres de l'*Année* qui se donnent la main pour tenter d'en finir avec l'anthroposociologie en faisant notamment de la publicité systématique à tous les livres participant à la critique de ce courant. Ainsi, Aubin[124] puis Bouglé[125] appuient, malgré leur faiblesse sociologique, les ouvrages du néo-lamarckien Jean-Louis de Lanessan[126], hostile au darwinisme social[127]. En 1906, Simiand démonte l'analyse de Niceforo[128] qui prétendait faire « l'étude naturelle » des ouvriers « comme la zoologie fait l'étude de l'animal ou la botanique celle des plantes » et imposer aux sciences sociales une explication biologique des inégalités. Simiand dénonce une méthode qui consiste à bâtir une compilation de seconde ou troisième main autour de préjugés non questionnés, et il renverse aisément l'analyse : ce sont les inégalités économiques et sociales qui produisent les différences physiques constatées, c'est l'anthropologie qui a besoin des sciences sociales si elle veut réellement

---

120. L. MUCCHIELLI, *La Découverte du social. Naissance de la sociologie en France (1870-1914)*, La Découverte, Paris, 1998, p. 483-489.

121. H. HUBERT, « Le milieu social et la race », *Année sociologique*, 1902, n° 5, p. 185-188.

122. H. HUBERT, *Année sociologique*, 1903, n° 6, p. 155-158.

123. H. HUBERT, « Races et sociétés », *Année sociologique*, 1906, n° 9, p. 167-168. H. Hubert estime à présent que la question de la race « n'est pas un problème scientifique. Les réponses diverses qui lui sont données ne le sont pas davantage. » Il approuve le sens du livre de Jean Finot (J. FINOT, *Le Préjugé de races*, Alcan, Paris, 1905) mais critique son amateurisme, ses erreurs grossières (Finot est un journaliste).

124. A. AUBIN, « Compte rendu de J.L. DE LANESSAN : *La Lutte pour l'existence et l'évolution des sociétés*, Alcan, Paris, 1903 », *Année sociologique*, 1904, n° 7, p. 174-175.

125. C. BOUGLÉ, « Compte rendu de J.L. DE LANESSAN : *La Concurrence sociale et les devoirs sociaux*, Alcan, Paris, 1904 », *Année sociologique*, 1905, n° 8, p. 178-180.

126. J.L. DE LANESSAN, *La Lutte pour l'existence et l'évolution des sociétés*, *op. cit.* ; J.L. DE LANESSAN, *La Concurrence sociale et les devoirs sociaux*, *op. cit.*

127. Sur Lanessan et d'autres biologistes hostiles au darwinisme social au tout début du XXe siècle, *cf.* A. LA VERGATA, « Les bases biologiques de la solidarité », *in* P. TORT (dir.), *Darwinisme et société*, Presses Universitaires de France, Paris, 1992, p. 56-87.

128. A. NICEFORO, *Les Classes pauvres. Recherches anthropologiques et sociales*, Giard et Brière, Paris, 1905.

expliquer. Mentionnons enfin la recension du livre anti-lapougien de l'anthropologue belge Houzé[129] qui permet à René Chaillé[130] de conclure que « l'anthroposociologie n'est qu'une pseudo-science, bâtie sur des erreurs fondamentales et des déductions puériles. »

L'extension du regard en direction du reste du champ intellectuel, par le biais du dépouillement des revues, permet ensuite de repérer que, par le biais des réseaux dreyfusards, les durkheimiens sont également intervenus dans d'autres lieux. Ainsi en 1902, Georges Bourgin (frère d'Hubert Bourgin, proche collaborateur de Simiand et d'Halbwachs) rend compte de *Der erbliche rassen und volkscharacter*[131] de Steinmetz dans la *Revue de synthèse historique* d'Henri Berr[132]. L'auteur est, avec Simmel, un des sociologues allemands avec lequel les durkheimiens ont souvent dialogué. En l'espèce, son livre contient surtout une critique serrée de Lapouge. C'est aussi Henri Hubert qui, en 1902, sous le pseudonyme de Henri Pierre, signe un nouveau compte rendu de *L'Aryen, son rôle social* cette fois dans la *Revue historique* de Gabriel Monod[133]. C'est en tant que spécialiste de mythologie et d'archéologie qu'Hubert intervient pour dénoncer « la fausse science » de Lapouge. Il note d'abord que sa classification des races n'est pas conforme à celle des anthropologues Mortillet, Topinard, Sergi et Ripley. Il montre ensuite qu'il commet de nombreuses erreurs et imprudences dans son histoire des Aryens (venus d'Europe du Nord et non d'Asie selon Lapouge), de même que ses connaissances en assyriologie et en linguistique sont pour le moins superficielles[134]. Enfin « les statistiques dont il se sert et dont, nous devons le dire d'ailleurs, il corrige quelque fois les résultats, par trop grossiers, ne sont pas faites avec toute la rigueur qui

---

129. E. HOUZÉ, *L'Aryen et l'anthroposociologie. Étude critique*, Institut Solvay-Mirch et Thron, Bruxelles, 1906.

130. M. CHAILLÉ, « Compte rendu de E. HOUZÉ : *L'Aryen et l'anthroposociologie. Étude critique*, Institut Solvay-Mirch et Thron, Bruxelles, 1906 », *Année sociologique*, 1907, n° 10, p. 203.

131. G. BOURGIN, *Revue de synthèse historique*, 1902, vol. V, p. 253-254.

132. Revue et personnage avec lesquels les durkheimiens entretiennent par ailleurs des relations de concurrence très courtoise d'anciens camarades normaliens (*Cf.* L. MUCCHIELLI, « Psychologie des peuples, région, race et milieu social. Problèmes scientifiques et enjeux disciplinaires d'une théorie de l'histoire autour d'Henri Berr et de la *Revue de synthèse historique* (1890-1925) », *in* A. BIARD, D. BOUREL, E. BRIAN, dir., *Henri Berr et la culture du XXème siècle*, Albin Michel, Paris, 1997, p. 81-110).

133. Le directeur de la *Revue historique*, Gabriel Monod, fut un dreyfusard particulièrement actif (M. RÉBÉRIOUX, « Histoire, historiens et dreyfusisme », *Revue historique*, 1976, vol. 518, p. 407-432). Par ailleurs Henri Hubert, qui était agrégé d'histoire, avait connu Monod à l'École pratique des hautes études et avait déjà publié dans sa revue en 1899.

134. I. STRENSKI (« Henri Hubert, Racial Science and Political Myth », *Journal of the History of the Behavioral Sciences*, 1987, n° 21, p. 353-367) a suggéré que toute l'œuvre mythologique et tous les remarquables travaux de Hubert sur les Celtes et les Germains (publiés dans la collection d'Henri Berr), qui se poursuivront jusque dans les années 1930, sont aussi des prolongements de sa critique des théories raciales.

serait nécessaire pour leur donner une signification quelconque[135]. » Les autres arguments sont ceux déjà énoncés dans l'*Année sociologique* : la race ne représente plus grand-chose en anthropologie, les bases sont infimes par rapport aux conclusions qu'on prétend tirer.

À L'AVANT-GARDE DU CHAMP INTELLECTUEL

Après 1907, les polémiques semblent s'apaiser. On ne relève plus que quelques allusions de Parodi dans son livre sur le traditionalisme[136] et dans une commande anglaise de Bouglé[137]. Peu de choses donc. En réalité, il semble bien que la crise politique passée, le problème des races est considéré comme sinon résolu, du moins dépassé. Dés 1906, rappelant les travaux des zoologie d'Espinas, de Houssay et de Vuillemin, ainsi que les réflexions des philosophes Bouglé, Fouillée et Kropotkine, Théodore Ruyssen[138] avait titré dans la *Revue du mois* sur « Le recul du darwinisme social. » Et puis surtout, dans le dernier volume d'avant-guerre de la revue, Bouglé[139] reprochait à Novicow son simplisme anti-darwinien et ne prenait même plus la peine d'attaquer Lapouge pour son nouveau livre[140]. De même dans la très dreyfusarde *Revue de métaphysique et de morale*, le commentateur (Halévy ?) se montrait agacé par l'insistance de Novicow et écrivait significativement : « le darwinisme social n'a pas tant d'adeptes ni tant d'autorité qu'il soit nécessaire de lui opposer une si copieuse réfutation[141]. » Dès les années 1907-1908, Lapouge semble donc totalement isolé et, de l'avis général, nos sociologues y sont pour beaucoup[142]. Certes, ils ne furent pas les seuls intellectuels qui

135. H. HUBERT, « Compte rendu de G. VACHER DE LAPOUGE : *L'Aryen, son rôle social*, Fontemoign, Paris, 1899 », *Revue historique*, 1902, n° 1, p. 164.

136. D. PARODI, *Traditionnalisme et démocratie*, A. Colin, Paris, 1909.

137. C. BOUGLÉ, « Le darwinisme en sociologie », *Revue de métaphysique et de morale*, 1910, n° 18, p. 79-92. À l'origine ce texte est un mémoire envoyé à l'Université de Cambridge pour le Livre d'or composé à l'occasion du Centenaire de la naissance de Darwin (*cf.* C. BOUGLÉ, « Darwiniens à Cambridge », *Revue de Paris*, 1909, p. 107-120).

138. T. RUYSSEN, « Le recul du darwinisme social », *Revue du mois*, 1906, n° 2, p. 558-579.

139. C. BOUGLÉ, « Compte rendu de J. NOVICOW : *Critique du darwinisme social*, Alcan, Paris, 1910 », *Année sociologique*, 1913, n° 12, p. 18-19.

140. G. VACHER DE LAPOUGE, *Race et milieu social. Essais d'anthroposociologie*, Rivière, Paris, 1909.

141. ANONYME, *Revue de métaphysique et de morale*, 1910, n° 18, p. 6.

142. *Cf.* par exemple, T. RUYSSEN (« Le recul du darwinisme social », art. cit., p. 558) considérant le travail de C. BOUGLÉ (*La Démocratie devant la science*, *op. cit.*) comme une réfutation décisive de l'anthroposociologie.

s'impliquèrent dans cette affaire[143]. Rares furent pourtant les auteurs qui le firent aussi tôt et aussi fortement que Célestin Bouglé, et avec autant de précision et de constance que l'équipe de l'*Année sociologique*.

Marginal en 1897, le rejet de la raciologie deviendra courant dans la communauté sociologique, passé 1901. Seul René Worms tardait encore à s'en apercevoir. Au début de l'année 1901, il laissait ainsi le nietzschéen anti-socialiste Georges Palante faire dans sa revue l'éloge de *L'Aryen* de Lapouge : « l'auteur est un remarquable psychologue social. [...] Ses vues sur l'esprit grégaire et sur la solidarité sont profondes. [...] Il y a dans ce livre plus d'un passage qui semble être une transposition en langage philosophique des idées de Frédéric Nietzsche. C'est de part et d'autre la même estime de l'individualité libre et forte, le même mépris de la médiocrité et de la lâcheté grégaire[144]. » Pourtant, quelques mois plus tard, le congrès de l'Institut international de sociologie – dont Worms assurait comme toujours le secrétariat général – consacrait une de ses séances à la notion de race. Le vieux positiviste Eugène de Roberty[145] condamnant fortement l'usage dévoyé de la notion de race à des fins antisémites, la plupart des participants à la discussion (Coste, De la Grasserie, Kovalewski, Novicow) s'accordèrent avec lui contre Ch. Limousin pour reconnaître que la notion de race n'a plus grand sens en anthropologie du fait des métissages historiques constants et elle a donc encore moins de sens en sociologie[146]. Il était temps. Convaincu jusqu'à la fin de sa vie de l'importance de la biologie en matière de sociologie, Worms s'était allié avec Letourneau et les raciologues de l'École d'anthropologie, il avait soutenu jusqu'à la fin Lapouge, Ammon, Closson et Niceforo. C'est l'ensemble de cette stratégie

143. Manouvrier mis à part, rappelons les critiques exprimées par Jacques NOVICOW (*L'Avenir de la race blanche. Critique du pessimisme contemporain*, Alcan, Paris, 1897) et Alfred FOUILLÉE (« L'anthroposociologie », *Revue internationale de sociologie*, 1898, n° 6, p. 368-371). Sans remettre en cause la raciologie de Lapouge, Fouillée montrait justement le décalage entre les données établies et les généralisations sociologiques : « les dolichocéphales-blonds semblent avoir plus de volonté énergique et même violente, une humeur plus inquiète et plus entreprenante, peut-être une intelligence plus inventive. Fonder tout un système historique et politique sur des données aussi peu précises, c'est s'aventurer beaucoup » (A. FOUILLÉE, « L'anthroposociologie », art. cit., p. 369). Il montrait aussi certains artifices rhétoriques : « Voilà pour l'anthropologiste une ressource commode : vous êtes intelligent et brachycéphale : c'est que vous êtes pseudo-brachycéphale. Comment distinguer ici le "vrai" du "faux" ? (...) [les écarts statistiques sont en réalité minimes]. Comment donc se mettre martel en tête pour quelques degrés de plus ou de moins dans l'indice, alors que toutes ces prétendues "lois" s'enchevêtrent et s'annulent ? » (*ibid.*, p. 369).

144. G. PALANTE, *Revue internationale de sociologie*, 1901, n° 9, p. 143.

145. E. DE ROBERTY, « Les préjugés de la sociologie contemporaine », *Annales de l'Institut international de sociologie*, 1901, vol. VII, p. 239-259.

146. COLLECTIF, « Discussion », *Annales de l'Institut international de sociologie*, 1901, vol. VII, p. 259-272.

qu'il payait progressivement car, de l'autre côté, l'histoire donnait raison aux durkheimiens.

CONCLUSIONS

Au terme de l'examen de ces multiples débats croisés que nous avons tenté d'analyser dans leur synchronicité et dans leurs contextes à la fois intellectuel et social, il nous semble intéressant d'observer que, à côté de leurs convictions d'hommes et de citoyens, la lutte contre les modèles anthropologiques a de surcroît constitué pour les sociologues durkheimiens un quadruple enjeu :

1°) au sein même de leur groupe, ils ont renforcé de façon décisive une toute récente et encore fragile collaboration en affirmant une forte cohérence scientifique autour de la doctrine de Durkheim ainsi qu'une complicité idéologique traduite au plan politique dans le dreyfusisme. Terry Clark et Philippe Besnard l'avaient déjà remarqué il y a une vingtaine d'années, il faut y insister davantage encore : à coup sûr, il s'est agi là de l'élément le plus déterminant de leur cohésion de départ.

2°) dans le champ de la discipline sociologique, ils se démarquaient de leur principal adversaire René Worms et montraient la voie pour une construction pleine et autonome de la sociologie. Tandis que ce dernier avait bâti sa stratégie de développement sur la cohabitation éclectique des théories et de méthodes, accordant ainsi à l'anthropologie raciale une place au même titre que n'importe quel autre type de savoir existant, les durkheimiens se faisaient les défenseurs de la sociologie contre des doctrines qui prétendaient l'englober ou l'asservir théoriquement à l'avance.

3°) ainsi, au regard de l'ensemble du champ des sciences humaines, ils autonomisaient la sociologie par rapport aux modèles naturalistes porté par l'anthropologie et par la psychophysiologie, ils en faisaient véritablement la science du social, de cette dimension sociale irréductible à la connaissance de l'individu biologique ainsi que Durkheim ne cessa de le répéter.

4°) enfin, à la frontière entre le champ scientifique et le champ politique, ils donnaient des fondements scientifiques au solidarisme de Léon Bourgeois et en enlevaient au nationalisme raciste de Maurice Barrès et Charles Maurras. *Last but not least...*

Du point de vue méthodologique, cette étude met donc en évidence l'étroite imbrication entre science, philosophie, morale et politique. Face à l'intensité et à ces multiples dimensions du phénomène, on comprendra que ni l'histoire épistémologique préoccupée des seuls contenus prétendus « scientifiques » (par opposition aux « idéologiques »), ni l'histoire disciplinaire à la recherche du présent dans le passé, ni les approches sociologiques en termes de stratégies de conquête de la légitimité scientifique dans un champ donné, ne suffisent à comprendre le comportement des hommes et à expliquer le déroulement de leur histoire. C'est la totalité des significations existentielles de l'époque qu'il faut tenter de restituer et dont on peut alors évaluer l'importance respective selon les individus et les situations où ils se sont manifestés.

7

Les débuts de la psychologie universitaire*

INTRODUCTION : RIBOT L'OUBLIÉ ?

La psychologie est une des nouvelles sciences humaines qui apparaissent à la fin du XIXe siècle dans le champ universitaire redessiné depuis la fin du Second Empire par le ministre de l'Instruction publique Victor Duruy puis, au début de la Troisième République (de 1884 à 1902), par le directeur de l'Enseignement supérieur Louis Liard. Chose étrange – au regard notamment de la profusion des travaux portant les débuts de la sociologie ou de l'anthropologie –, l'historiographie française n'a guère étudié ces origines de la psychologie universitaire française. L'état d'éclatement intellectuel de la discipline depuis son institutionnalisation massive à partir des années 1950, et l'absence d'un quelconque consensus sur les « pères fondateurs » de la psychologie, expliquent largement cet état de fait. Il est clair en effet que la psychophysiologie (ou « psychologie expérimentale ») d'Henri Piéron et de Paul Fraisse, la psychologie sociale de Robert Pagès et de Jean Stoetzel, la psychologie clinique de Daniel Lagache, n'ont dès cette époque ni les mêmes fondements théoriques, ni les mêmes méthodes. Par conséquent elles ne sauraient avoir le même panthéon de grands ancêtres. Le cas de la psychologie sociale est un peu à part dans la mesure où les artisans de son institutionnalisation se sont surtout inspirés du modèle américain des années 1930-1950 et sont rarement allés se chercher des fondateurs dans l'Europe de la fin du XIXe siècle. Par contre, le phénomène est évident pour les deux branches classiques de la psychologie.

D'un côté, la psychologie dite expérimentale – que, depuis toujours[1], ses représentants désignent souvent eux-mêmes comme la (seule)

---

* Article paru initialement dans *Annals of Science*, 1998, n° 55, p. 263-289, sous le titre « Aux origines de la psychologie universitaire en France (1870-1900). Enjeux intellectuels, contexte politique, réseaux et stratégies d'alliance autour de la *Revue philosophique* de Théodule Ribot ».

1. *Cf.* J. CARROY, R. PLAS, « The Origins of French Experimental Psychology : Experiment and Experimentalism », *History of the Human Sciences*, 1996, n° 1, p. 75-84.

« psychologie scientifique » – a longtemps reconnu son origine française dans l'œuvre d'Henri Piéron (1881-1964)[2]. De fait, la précocité de ses travaux tout autant que sa longévité et son poids institutionnel à partir des années 1920 ont largement contribué à la reconnaissance de ce statut par ses successeurs directs. En 1981, à l'occasion du centenaire de la naissance de Piéron, son principal héritier écrivait ainsi que Ribot, Janet et Binet ont certes « éveillé la pensée française à la nouvelle psychologie », mais que « aucun n'a vraiment cherché à instaurer en France une psychologie objective », ce rôle décisif revenant au seul Piéron[3]. Récemment, le centenaire de l'*Année psychologique* a cependant été l'occasion pour les expérimentalistes de redécouvrir pleinement Alfred Binet et d'en faire le fondateur de cette « psychologie scientifique » à laquelle Piéron donnera surtout ses assises institutionnelles[4]. Dans cet ouvrage, P. Fraisse établit la généalogie de cette psychologie scientifique à travers les trois directeurs successifs de la revue l'*Année psychologique* : Binet, Piéron et... Fraisse. Belle entreprise d'auto-institution.

De l'autre côté, la psychologie dite clinique ou pathologique a été tellement marquée par l'empreinte psychanalytique à partir des années 1930, et de façon pratiquement exclusive dans les années soixante et soixante-dix, qu'elle tend souvent à s'y identifier et donc à faire de Sigmund Freud (1856-1939) son unique père fondateur. Ce faisant, elle a réussi à occulter progressivement la tradition française représentée notamment dès la fin des années 1880 par des hommes aussi importants que Hippolyte Bernheim (1837-1919) et Pierre Janet (1859-1947).

L'un des résultats de cette scission particulièrement profonde au sein de la discipline est le commun oubli d'un homme qui a beaucoup contribué au développement de ces deux branches classiques qu'il concevait comme dépendantes et complémentaires, à tel point qu'il apparaît comme le principal artisan de la psychologie universitaire en France : Théodule Ribot (1839-1916)[5]. C'est à replacer ce maillon initial dans l'histoire de la psy-

---

2. Les successeurs de Piéron situaient cependant l'origine générale de leur tradition en Allemagne, avec d'une part l'œuvre théorique de FECHNER (*Elemente der Psychophysik*, 1860), d'autre part la création du premier laboratoire de psychologie par Wundt à Leipzig en 1879 : M. REUCHLIN, *Histoire de la psychologie*, Presses Universitaires de France, Paris, 1957, p. 14-18 ; P. FRAISSE, *La Psychologie expérimentale*, Presses Universitaires de France, Paris, 1966, p. 9-12.

3. P. FRAISSE, « Henri Piéron : instaurateur de la psychologie scientifique », *Bulletin de psychologie*, 1982, n° 37, p. 280.

4. P. FRAISSE, J. SEGUI (dir.), *Les Origines de la psychologie scientifique : centième anniversaire de l'*Année psychologique *(1894-1994)*, Presses Universitaires de France, Paris, 1994.

5. Les expérimentalistes ont toujours dévalorisé la contribution de Ribot à leur tradition soit en le présentant comme un « philosophe » (le qualificatif étant naturellement péjoratif) ayant seulement eu « le grand mérite de faire connaître les écoles psychologiques anglaise et allemande aux Français » (P. FRAISSE, « L'œuvre d'Alfred Binet en psychologie expérimentale », *Psychologie française*, 1958, n° 3, p. 1), soit comme un personnage certes important mais appartenant à l'histoire de la psychopathologie (M. REUCHLIN, *Histoire de la psychologie*, *op. cit.*, p. 60). De leur côté, les rares cliniciens qui se sont intéressés à Ribot ont certes reconnu

chologie que ce travail est consacré. Nous étudierons d'abord les origines du projet intellectuel de Ribot dans le contexte philosophique et politique des années 1865-1875. Nous tenterons de mettre ensuite en évidence le rôle infra-institutionnel essentiel qu'il a joué à la tête de la *Revue philosophique*, revue à partir de laquelle il a su constituer le cadre paradigmatique et le réseau d'alliance sur la base desquels la nouvelle psychologie s'institutionnalisera tout à la fin du XIXe siècle.

LES COMBATS PHILOSOPHIQUES ET POLITIQUES DE RIBOT

En France, la psychologie demeure, au début des années 1870, un domaine de la philosophie. C'est en réaction contre cette dépendance et son contenu spiritualiste post-cousinien que naît le courant « contestataire » qui se trouve être à l'origine de la psychologie universitaire. Deux personnages incarnent cette réaction dans les années 1870-1880. Le premier est Hippolyte Taine (1828-1893), qui est en quelque sorte la première référence philosophique française de la jeune génération hostile au spiritualisme[6]. Le second est Théodule Ribot qui devient rapidement le principal animateur de ce mouvement. Et si le contenu de sa pensée a fait récemment en Italie l'objet d'un travail historique d'ensemble[7], pour être bien compris dans ses significations d'époque, l'ensemble de cette œuvre militante doit surtout être replacé dans son contexte philosophique et politique.

Le parcours de Théodule Ribot

Ribot fait ses études au collège de Guingamp puis au lycée de Saint-Brieuc. Il n'entre à l'École Normale Supérieure qu'en 1862, après quelques années de travail dans l'administration. Il a alors pour professeurs Elme-Marie Caro et Albert Lemoine, puis Jules Lachelier. En 1865, Ribot est agrégé de philosophie. Il est alors nommé au lycée de Vesoul puis à celui de Laval. Sa correspondance témoigne clairement de son anticléricalisme précoce. Le 5 juillet 1868, il écrit à son ami Alfred Espinas : « Je suis persécuté par le clergé : accusé de scepticisme, pan-théisme... L'aumônier a fait un prône contre moi[8]. » Le déménagement de Vesoul pour Laval ne change rien à cette hostilité : « Voici le revers : tout fort

l'importance de cet aspect de son œuvre – par exemple, H. BEAUCHESNE, *Histoire de la psychopathologie*, Presses Universitaires de France, Paris, 1986, p. 73-79 – mais ils n'ont guère insisté sur l'autre.

6. Son ouvrage principal est ici *De l'intelligence*, Hachette, Paris, 1870 (2 volumes).

7. M. MELETTI-BERTOLINI, *Il pensiero e la memoria. Filosofia e psicologia nella «* Revue philosophique *» di Théodule Ribot*, Angeli, Milan, 1991 ; M. MELETTI-BERTOLINI, « Imagination créatrice et connaissance selon Théodule Ribot », *Revue philosophique*, 1993, n° 1, p. 11-25.

8. R. LENOIR, « Lettres de Théodule Ribot à Espinas », *Revue philosophique*, 1957, n° 1, p. 1-14.

cher, un Évêque, trois séminaires, 5 paroisses et le reste à proportion ; une nuée de prêtres, de jésuites. Un pays pourri de catholicisme. Des élèves nullement déniaisés, bien inférieurs à ceux de l'Est ; des externes gandins, bêtes comme des oies, qui auront chacun 60 à 80.000 francs de rente et dont les parents catholiques lisent et *jugent* mon cours[9]. »

Quant à sa formation intellectuelle, sa correspondance indique qu'à la fin de l'année 1866, Ribot découvre avec enthousiasme John Stuart Mill et surtout Herbert Spencer. Il décide immédiatement de traduire les *Principles of Psychology* de Spencer, « ne fût-ce que pour mon usage personnel » ; c'est en effet « un des ouvrages les plus originaux et les plus intéressants que je connaisse[10]. » Suivant le conseil de Taine et de Renan auxquels il a écrit, il se plonge aussi dans l'histoire. Enfin, dès 1867, il lit la *Psychologie morbide* de Moreau de Tours et se familiarise ainsi avec la physiologie des pathologies mentales[11]. Il lit aussi la physiologie de Müller. Mais c'est décidément ce qu'il assimile encore à un « positivisme anglais » qui l'impressionne le plus. En juillet 1868, il écrit : « Je suis plongé jusqu'au cou dans le positivisme anglais. Je lis (dans le texte) Spencer, Bain, Bailey, Lewes. Tout cela me paraît très fort[12]. » Tandis qu'il est entré en contact avec Spencer pour le traduire, il inaugure aussi une correspondance avec Littré.

En 1869, Ribot a trente ans, ses lectures anglaises sont achevées et ses opinions sont faites. Le 24 décembre 1870, paraît *La philosophie anglaise contemporaine*. L'introduction est une attaque en règle contre la métaphysique introspective. Le ton est polémique : « On a dit ingénieusement que "les métaphysiciens sont des poètes qui ont manqué leur vocation". Plus on y pense et plus le mot paraît juste[13]. » L'observation intérieure individuelle est « une impasse » qui « n'a aucun caractère scientifique », il faut à la psychologie une « méthode objective[14]. » Celle-ci consiste

> « à étudier les états psychologiques du dehors, non du dedans, dans les faits matériels qui les traduisent, non dans la conscience qui leur donne naissance. L'expression naturelle des passions, la variété des langues et des événements de l'histoire sont autant de faits qui permettent de remonter jusqu'aux causes mentales qui les ont produits : les dérangements morbides de l'organisme qui entraînent des désordres intellectuels ; les anomalies,

---

9. *Ibid.*, p. 4.

10. *Ibid.*, p. 2.

11. Jacques Moreau dit Moreau de Tours (1804-1884), ancien élève d'Esquirol, est un des artisans du tournant physicaliste de l'aliénisme dans les années 1830. Cette année-là, Moreau soutenait une thèse intitulée *L'influence du physique relativement au désordre des facultés intellectuelles et en particulier dans cette variété de délire désignée par M. Esquirol sous le nom de monomanie.*

12. R. Lenoir, « Lettres de Théodule Ribot à Espinas », art. cit., p. 3.

13. Th. Ribot, *La Psychologie anglaise contemporaine*, Ladrange, Paris, 1870, p. 18.

14. *Ibid.*, p. 27.

les monstres dans l'ordre psychologique, sont pour nous comme des expériences préparées par la nature [...]. L'étude des instincts, passions et habitudes des divers animaux nous fournit des faits dont l'interprétation (souvent difficile) permet, par induction, déduction ou analogie, de reconstruire un mode d'existence psychologique[15]. »

Ainsi la psychologie pourra découvrir les lois générales de l'esprit dans leur constance et dans les différentes phases de leur développement, car il s'agit aussi d'y introduire les lois de l'évolution. L'ouvrage, globalement bien reçu dans la communauté philosophique, le fait ranger parmi les élèves de Taine. Les comptes rendus sont nombreux et favorables, le livre se vend très bien et, six mois après sa sortie, on demande déjà à Ribot l'autorisation de le traduire. Pour un coup d'essai, c'est un coup de maître.

L'hérédité comme fondement et programme de la psychologie

À Laval, Ribot, qui a désormais une réputation de dangereux matérialiste, ne va pas tarder à s'attirer à nouveau les foudres de l'église locale et de l'administration qui l'emploie. En novembre 1871, il est déjà sermonné mais passe outre. Surchargé de travail entre l'achèvement de sa thèse, la traduction de Spencer et la préparation d'un ouvrage sur Schopenhauer, il décide finalement de claquer la porte du lycée. Ribot vient alors s'installer à Paris et s'inscrit immédiatement à la Faculté de médecine puis à la Faculté des sciences. L'homme est un travailleur acharné. En mai 1872 il a terminé ses deux thèses. La thèse principale porte sur l'hérédité psychologique, la thèse complémentaire sur la philo-sophie de Hartley. Le 1er janvier 1873, il voit Lachelier qui estime le travail mais lui prédit une soutenance difficile. De fait, celle-ci est plu-sieurs fois reportée et le 15 mars Ribot écrit à Espinas : « Lorquet m'a dit qu'on avait parlé de me faire passer presque à huit clos, c'est-à-dire sans annonces préalables. Ils craignent des manifestations positivistes ! (cela est fantastique) et (ce qui est plus sérieux) des clabaudages de journaux dans l'un ou l'autre sens. Caro appelle ma thèse "une provocation en 600 pages"[16]. » De quoi s'agit-il exactement ?

Prolongeant l'introduction de 1870, la thèse de Ribot est une tentative de fonder l'ensemble des prétentions explicatives de la psychologie sur « La loi de l'hérédité[17]. » Il s'efforce de convaincre, en accumulant les affirmations empruntées à ses nombreuses lectures de physiologistes, de naturalistes et d'aliénistes, que rien n'échappe à l'action de l'hérédité : ni les instincts et les facultés sensorielles qu'elle gouverne directement (chapitres I et II), ni la mémoire (chapitre III), ni l'imagination qui prédispo-

15. *Ibid.*, p. 36.
16. *Ibid.*, p. 10.
17. Th. RIBOT, *L'Hérédité. Étude psychologique*, Ladrange, Paris, 1873, p. 198-202.

serait à la profession artistique (chapitre IV), ni l'intelligence qui autoriserait à devenir savant ou lettré (chapitre V), ni les sentiments qui gouvernent la vie morale : l'hérédité règlerait notamment les mœurs sexuelles, le jeu, l'avarice, le vol, l'homicide, la passion et la folie (chapitre VI), ni la volonté qui anime les hommes politiques et les hommes de guerre (chapitre VII), ni le caractère national dont la permanence historique attesterait la transmission héréditaire (chapitre VIII), ni enfin l'ensemble des phénomènes « morbides » : folie, hallucination, monomanie homicide, suicide, possession ou démonomanie, hypocondrie, manie, démence, paralysie générale, etc. (chapitre IX). La force de la loi d'hérédité semble donc à Ribot sans limite. *Toute la psychologie peut fonder sur elle à la fois sa légitimité et son programme*, ce dernier débordant même les conduites individuelles pour s'étendre aux caractéristiques des peuples.

Ribot soutint sa thèse en juin 1873 et la soutenance se déroule mieux que prévue : malgré les oppositions entre les pensées en présence, il est reçu à l'unanimité[18]. Toutefois, comme prévu, l'événement ne passe pas inaperçu. Dans les jours qui suivent, des journaux libre-penseurs comme *La République française* de Challemel-Lacour s'en font l'écho et ridiculisent les membres du jury défendant le spiritualisme[19]. Taine l'ayant aussi encensée dans le *Journal des débats*, la polémique prend de l'ampleur. Ribot l'écrit à Espinas le 9 décembre : « Tu as dû voir dans le *Journal officiel* (3 décembre) et le *Temps* du 8 octobre l'orage épouvantable que mon Hérédité a soulevé à l'Institut. Bersot m'en a fait un récit amusant. [...] Les spiritualistes sont furieux[20]. » Ribot est alors sanctionné. Tandis qu'il avait enfin obtenu un congé payé du ministère, on lui annonce soudain qu'« il n'y a plus d'argent. » Pour trouver quelques subsides, il doit se charger de rédiger des cours pour la *Revue politique et littéraire*. Mais cet homme déterminé à aller jusqu'au bout de son combat intellectuel prépare sa contre-attaque.

18. Le spiritualiste Fernand Papillon nous en fait à sa manière le récit dans la *Revue politique et littéraire*. Tout d'abord, la thèse principale de Ribot aurait impressionné le jury : « c'est certainement une des thèses les plus riches, les plus originales, les plus instructives que la Faculté des lettres ait reçu depuis bien longtemps », F. PAPILLON, « Thèses de M. Th. Ribot », *Revue politique et littéraire*, 1873, n° 1, p. 1216. Ensuite, il semble que Ribot a modéré à l'oral ses propos et que Caro et Janet ont été moins scolastiques que Ribot ne le prétend dans sa correspondance. Ils auraient pointé notamment la faiblesse des nombreux exemples d'hérédité psychologique donnés par Ribot, lui reprochant de les avoir reproduits sans critique et d'avoir privilégié la quantité sur la qualité. Ribot l'aurait du reste admis, reconnaissant qu'il avait pensé un moment mettre cette série d'exemples en annexe, à titre de documents et non de preuves définitives.

19. R. LENOIR, « Lettres de Théodule Ribot à Espinas », art. cit., p. 11.

20. *Ibid.*, 12.

L'INSTRUMENT DÉCISIF : LA *REVUE PHILOSOPHIQUE* ET SES RÉSEAUX

Au début des années 1870, Ribot déploie véritablement une activité débordante. En même temps qu'il soutient sa thèse, il achève la traduction de Spencer dont le premier volume paraît en janvier 1874 chez Baillière, le même éditeur publiant le mois suivant sa présentation de Schopenhauer. Pendant ce temps, Ribot qui, outre ses droits d'auteurs, vit de quelques cours particuliers et d'articles payés, suit de nombreux enseignements à la Faculté de médecine. Ainsi que Taine l'avait fait quelques années auparavant, Ribot veut doubler véritablement sa formation philosophique d'une formation médicale : « il suit les cours de Magnan à Sainte-Anne (1873-1879), ceux de Ball à l'École de médecine, ceux de Luys (1873-74, 1880), de Voisin (1873-1877) et de Charcot (1875-1880 puis 1884-1885) à la Salpêtrière, et en même temps il assiste à la Sorbonne aux leçons de Pouchet (1875) et de Dastre (1876-1885) sur le système nerveux[21]. » Ribot, qui n'est plus un tout jeune étudiant, en profite aussi pour se constituer un véritable réseau. Outre ses bonnes relations avec Taine dont il fréquente régulièrement le salon[22], Ribot se lie plus particulièrement avec le physiologiste Jules Luys[23], rencontre Léon Dumont (dont nous reparlerons) et fait la connaissance du médecin, anthropologue et démographe Jacques Bertillon (membre important de la Société d'anthropologie de Paris fondée et animée par Paul Broca). Avec des anciens camarades normaliens

---

21. L. DUGAS, *Le Philosophe Théodule Ribot*, Payot, Paris, 1924, p. 17-18. La correspondance confirme la réalité de la plupart de ces cours qui enthousiasment Ribot (*cf.* par exemple, les lettres du 18 mai 1873, du 9 décembre 1873 et du 13 janvier 1874). Enfin, à cette liste, il faut ajouter les cours de Baillairger qui sont sans doute pour une part à l'origine de la thèse de Ribot sur l'hérédité, *cf.* C. BÉNICHOU, « Ribot et l'hérédité psychologique », *in* J.L. FISCHER, C. BÉNICHOU (dir.), *L'Ordre des caractères. Aspects de l'hérédité dans l'histoire des sciences de l'homme*, Vrin, Paris, 1989, p. 75.

22. Il paraît impossible de dater avec précision la lecture ou la rencontre de Ribot avec Taine. Toujours est-il que le premier reconnaîtra toujours le rôle précurseur du second dont l'œuvre « marque un moment important dans l'histoire de la psychologie française : celui où elle rentre dans les faits, rompt avec la métaphysique », renoue en somme avec la tradition de Cabanis et Broussais contre « la philosophie surannée de Royer-Collard, Jouffroy et Cousin » et « ce mélange bizarre de Maine de Biran et de Garnier », écrit Th. RIBOT, « M. Taine et sa psychologie », *Revue philosophique*, 1877, n° 2, p. 44-45.

23. Élève de Charles Robin, Jules Luys (1828-1897), est alors chef de service à la Salpêtrière. En 1863, il rédige une thèse intitulée *Des Maladies héréditaires*. Il se lance ensuite dans la physiologie cérébrale qu'il enseigne à partir de 1866 après avoir rédigé un premier ouvrage sur *Le Cerveau et ses fonctions*, Baillière, Paris, 1865, couronné par l'Académie de médecine, R. SEMELAIGNE, *Les Pionniers de la psychiatrie française avant et après Pinel*, Baillière, Paris, 1932, vol. II, p. 139. Luys décrit le cerveau comme une machine animée à la base par l'« automatisme de la cellule nerveuse » qui constitue « un véritable principe de vie », *Leçons sur la structure et les maladies du système nerveux*, Baillière, Paris, 1875. Il explique l'ensemble du fonctionnement mental (y compris bien entendu les troubles mentaux) par l'anatomie et la physiologie cérébrales. En 1877, il sera élu à l'Académie de médecine dans la section d'Anatomie-Physiologie. Enfin, il lancera en 1881 la revue *L'encéphale* avec Benjamin Ball (professeur à la Faculté de médecine, chaire des maladies mentales).

comme Gabriel Compayré et des proches comme Espinas, se met ainsi peu à peu en place un réseau d'alliances destiné à servir le projet de revue que Ribot met en chantier dès la fin de l'année 1874.

Dans cette entreprise, Ribot semble avoir décidé et dirigé essentiellement seul. Du reste, la *Revue philosophique* n'aura pas de comité de rédaction, même informel. Toutefois, malgré toute la volonté de Ribot et le soutien de ses amis, son projet n'aurait sans doute pas abouti sans le concours de son éditeur et ami Gustave Germer Baillière (de deux ans son aîné). Docteur en médecine, républicain anticlérical et homme politique (il sera vice-président du Conseil général de la Seine), cet héritier de la maison Baillière (qui publia en son temps le *Journal de phrénologie*) est en effet un intellectuel particulièrement engagé[24]. Avec ses collections de prestige (la Bibliothèque d'histoire contemporaine, la Bibliothèque de philosophie contemporaine et la Bibliothèque des sciences contemporaines) et ses nouvelles revues (la *Revue des cours littéraires* et la *Revue des cours scientifiques*, puis la *Revue historique* et la *Revue philosophique*), Baillière occupe alors une place centrale sur le marché intellectuel français. Ceci lui a permis de jouer un rôle essentiel dans la diffusion des nouvelles idées scientifiques, en soutenant les projets français et en favorisant la traduction et l'édition d'ouvrages étrangers (notamment anglais et allemands[25]).

Fort de ce soutien, Ribot ne tarde plus. Le 20 avril 1875, le projet de la *Revue philosophique* est définitivement adopté. Ribot l'annonce fièrement à Espinas :

> « Voici une grosse nouvelle. Un projet qui couvait depuis quelques mois vient d'aboutir. Germer Baillière fonde pour paraître au 1er janvier 1876 une *Revue philosophique* (directeur Théodule Ribot). Elle aura pour caractère d'être ouverte ; pas d'esprit de secte (Littré, Renouvier), tu verras prochainement le programme. [...] Ce projet est approuvé sans réserves par Bouillier, Lévêque, Lachelier [...]. Caro se méfie. Janet, très hostile surtout à ma direction, commence à se calmer. Il voulait fonder une revue (essais infructueux en 1868 et 1872), *inde irae*. Je compte sur des articles de Bain, Spencer, Lewes, Taine, Wundt, Luys[26]. »

24. *Cf.* R. CHARTIER, H.J. MARTIN (dir.), *Histoire de l'édition française*, Fayard, Paris, 1990, vol. III, p. 250-251 ; J.Y. MOLLIER, *L'Argent et les lettres. Histoire du capitalisme d'édition, 1880-1920*, Fayard, Paris, 1988, p. 279-297.

25. *Cf.* par exemple, son rôle dans l'entreprise de diffusion des travaux évolutionnistes anglais en France, D. BECQUEMONT, L. MUCCHIELLI, *Le Cas Spencer. Religion, science et politique au XIXe siècle*, Presses Universitaires de France, Paris, 1998, partie 2, chapitre 3.

26. R. LENOIR, « Lettres de Théodule Ribot à Espinas », art. cit., p. 10.

L'irritation des spiritualistes est déjà compréhensible en soi, et le programme de la revue ne va pas les rassurer. Il s'agit en effet d'un « psychologisme conquérant[27] », et surtout d'un anti-spiritualisme militant.

Le programme de 1876 : un manifeste sans ambiguïté

Dans les premiers jours de janvier 1876 paraît donc le premier numéro mensuel de la *Revue philosophique* qui s'ouvre sur une présentation offensive de Ribot. Sans doute, à première vue, la revue se présente-t-elle comme « ouverte à toutes les écoles » et désirant présenter un « tableau du mouvement philosophique actuel, sans exclusion d'école[28]. » Mais dans la manière dont il présente ses objectifs, on comprend que Ribot cherche moins à refléter le mouvement philosophique qu'à l'infléchir dans le sens des principes de « l'École expérimentale. » Il s'agit d'abord de faire totalement disparaître l'ancienne philosophie au profit de la nouvelle psychologie pour parvenir à « la connaissance théorique de l'homme » :

> « Nous n'en sommes plus au temps où l'on soutenait que la psychologie était à peu près faite. On n'oserait plus affirmer qu'il suffit pour la faire de s'étudier intérieurement et l'on reconnaît, en général, que l'anatomie, la physiologie, la pathologie mentale, l'histoire, l'anthropologie sont pour elle d'une utilité directe et immédiate. Il y a donc là un ample champ de recherche, surtout si l'on joint la logique et l'esthétique qui ne sont guère que des parties de la psychologie, l'une étudiant le mécanisme de la raison humaine, l'autre une certaine forme de plaisir, celui que nous cause le beau[29]. »

Ensuite, même la morale doit devenir « une science humaine indépendante de toute conception religieuse » à laquelle il convient d'appliquer « la méthode des sciences positives, recueillant ou interprétant les faits actuels ou passés, cherchant à lui donner une base naturelle[30]. » Faute de « faits » et d'« expérience », la métaphysique est accusée de ne produire que « des arguties de logique, des créations imaginaires ou des effusions mystiques[31]. » On retrouve ici une argumentation typique de ce moment fondateur des sciences universitaires où il s'agit d'opposer la pratique de la science aux simples discours, l'objectivité des faits au dogmatisme des systèmes philosophiques et, d'une certaine manière, le professionnalisme à l'amateurisme[32]. Toutefois, derrière la mise en valeur du fait et de la mé-

---

27. J. THIRARD, « La fondation de la "*Revue philosophique*" », *Revue philosophique*, 1976, n° 4, p. 408.
28. Th. RIBOT, « Préface », *Revue philosophique*, 1876, n° 1, p. 1.
29. *Ibid.*, p. 2.
30. *Ibid.*, p. 2-3.
31. *Ibid.*, p. 3.
32. L'analogie est flagrante avec le programme de la *Revue historique* que Gustave Monod (issu de la même promotion normalienne que Ribot) lance la même année et dans le même état

thode, Ribot se réfère en réalité à la philosophie scientifique qu'il veut opposer au spiritualisme : les sciences naturelles « suggèrent des théories générales qui sont pour nous du plus haut intérêt et entrent directement dans le domaine de la philosophie. Il suffit de rappeler à cet égard les discussions incessantes auxquelles le principe de la corrélation des forces et l'hypothèse de l'évolution donnent lieu [...][33]. »

Ainsi, loin de présenter un « tableau du mouvement contemporain », le but de Ribot est de combattre sur tous les fronts la philosophie spiritualiste. Ainsi qu'il l'écrira au détour d'un compte rendu en avril 1876 : « Entre la psychologie naturelle et la métaphysique, il faut choisir[34]. » Au delà des discours, c'est du reste ce que confirme l'analyse du contenu des premières années de la *Revue philosophique*.

Évolutionnisme, expérimentalisme et naturalisme

L'analyse de contenu d'une revue peut se faire à plusieurs niveaux, en allant du plus revendiqué au moins explicité. On peut d'abord chercher la « politique » de la revue à travers les choix toujours symboliques du recours ou de la valorisation de telle ou telle grande figure de la discipline. On se demandera alors à qui Ribot demande de façon privilégiée des textes et quel genre de textes ?

Tout au long de l'histoire de la revue sous la conduite de Ribot, on trouve ici ou là quelques articles de philosophes spiritualistes parmi les plus connus. Paul Janet, le plus modéré d'entre eux et le plus ouvert aux nouvelles sciences, est logiquement le plus présent. Il offre à Ribot, pour son premier numéro, un extrait de son ouvrage *Les Causes finales* (1876). Lachelier et Bouillier lui donnent également un article au cours de l'année 1876. Toutefois ces textes sont rares à côté de ceux émanant des représentants de l'« École expérimentale. » À tout seigneur tout honneur, c'est Taine qui ouvre ainsi la revue en janvier 1876 avec un article pionnier en

---

d'esprit : *cf.* L. MUCCHIELLI, « Aux origines de la Nouvelle Histoire en France : l'évolution intellectuelle et la formation du champ des sciences sociales (1880-1930) », *Revue de synthèse*, 1995, n° 1, p. 58-62 (chapitre 4 du présent ouvrage). Ces attitudes ont souvent été qualifiées de « positivistes », ce qui constitue un anachronisme dans la mesure où le positivisme désigne à cette époque la pensée d'Auguste Comte qui passe précisément elle aussi pour un *système* philosophique aux yeux des jeunes intellectuels comme Ribot ou Monod.

33. Th. RIBOT, « Préface », art. cit., p. 3.

34. *Revue philosophique*, 1876, n° 1, p. 424. Les visées polémiques sous-jacentes du programme de Ribot apparaissent plus clairement encore dans le texte qu'il rédige parallèlement en anglais pour la revue *Mind* d'Alexander Bain. Derrière une présentation d'ensemble de la philosophie française, Ribot désigne clairement son adversaire, le spiritualisme éclectique hérité de Victor Cousin, pour lequel il n'a pas de mots assez durs : « The psychology of Eclectism was, however, very superficial ; it was only a literary expansion of the truths of common sense ; the few facts to be met with in it were borrowed from the Scotch », Th. RIBOT, « Philosophy in France », *Mind*, 1877, n° 2, p. 366-386.

matière de psychologie de l'enfant, où il défend un évolutionnisme fondé sur la loi de récapitulation de Haeckel :

> « En général l'enfant présente à l'état passager des caractères mentaux qui se retrouvent à l'état fixe dans les civilisations primitives, à peu près comme l'embryon humain présente à l'état passager des caractères physiques qui se retrouvent à l'état fixe dans des classes d'animaux inférieurs[35]. »

L'évolution du langage a suivi celle de la pensée, qui elle-même a suivi celle du cerveau. Taine défend le paradigme évolutionniste :

> « Avant la période des racines, il y a eu celle des interjections et des imitations, comme, avant la période des haches en pierre, il y a eu celle des haches en silex grossièrement taillées [...]. Par conséquent, ce qui distingue l'homme des animaux c'est que [...] il arrive aux racines où les animaux n'arrivent pas. Or il n'y a là qu'une différence de degré, analogue à celle qui sépare une race bien douée comme les Grecs d'Homère ou les Aryens des Veddas, d'une race mal douée comme les Australiens ou les Papous, analogue à celle qui sépare un homme de génie d'un lourdaud. [...] Si l'on cherche la condition psychologique de cette supériorité, on la trouvera dans une plus grande aptitude aux idées générales. Si l'on en cherche la raison physiologique, on la trouvera dans un développement plus grand et dans une structure plus fine de l'encéphale[36]. »

L'article de Janet sur les causes finales est pris entre celui de Taine et celui de Spencer qui a donné à traduire une conférence publiée parallèlement dans le *Journal of the Royal Anthropological Institute*. Il s'agit à nouveau d'un exposé d'ensemble du modèle évolutionniste et du réductionnisme biologique qui l'accompagne. À travers six critères relatifs à la constitution du système nerveux (le volume, la complexité, le degré de développement, la plasticité, la variabilité et l'impulsion), Spencer prétend pouvoir différencier les races humaines et les sexes. La logique déductive de son système s'illustre par exemple ainsi :

> « Conformément à la loi biologique d'après laquelle plus les organismes sont parfaits, plus longtemps ils mettent à se développer, on peut s'attendre à ce que l'évolution mentale se complète plus rapidement chez les membres des races humaines inférieures. Or nous avons la preuve qu'il en est ainsi. Les voyageurs, quelles que soient les contrées qu'ils aient visi-

35. H. TAINE, « Note sur l'acquisition du langage chez les enfants et dans l'espèce humaine », *Revue philosophique*, 1876, n° 1, p. 5-23.
36. *Ibid.*, p. 22-23.

tées, appellent l'attention, tantôt sur la très grande précocité des enfants chez les peuples sauvages ou demi-civilisés, tantôt sur l'arrêt soudain de leur développement mental[37]. »

Enfin, après Taine et Spencer, arrive Wundt, le champion allemand de l'expérimentalisme aux yeux de Ribot[38]. Son article, qui ouvre le numéro de février, s'intitule « Mission de la philosophie dans le temps présent » ; il porte la même revendication que celle exprimée dans le programme de Ribot :

> « La science de la nature est à la veille de s'arroger ou du moins de se faire céder une part d'un domaine scientifique attribué jusqu'ici à la philosophie. Comme on a appliqué les méthodes d'observation et d'expérimentation des sciences naturelles à l'expérience interne, la physiologie des sens a produit la science nouvelle de la psychologie expérimentale qui semble être appelée à relier entre elles les sciences de la nature et de l'intelligence[39]. »

La philosophie est donc morte en tant que savoir distinct. Son devoir est désormais d'accompagner la science qui est en train de réaliser « une conception unitaire de l'univers[40]. »

Spencer, Taine et Wundt, constituent en quelque sorte le trio fondateur pour Ribot. Derrière eux, viennent les personnalités du même bord mais de second rang. G.H. Lewes intervient d'abord à deux reprises pour soutenir Helmholtz et son hypothèse de l'énergie spécifique des nerfs, ce qui l'amène ensuite à dire que le matérialisme est la conséquence inévitable des découvertes de la psychologie moderne[41]. J.S. Mill est également présent avec un texte de Berkeley en mars. Enfin, Ribot viendra rappeler à ceux qui ne la connaissaient pas déjà « La psychologie de Herbart » dont l'intérêt pour les nouveaux psychologues est également bien résumé par Wundt : « Parmi les successeurs de Kant, c'est Herbart qui s'est le plus rapproché de la manière de voir des naturalistes. Sa tentative de renouveler la monadologie de Leibniz sur le terrain préparé par la critique de la raison de Kant et par l'analyse de la conscience de Fichte offrait d'une part des points de contact avec la théorie atomistique, et semblait d'autre part ouvrir à la méthode mathématique, familière aux savants, une entrée inatten-

---

37. H. SPENCER, « Esquisse d'une psychologie comparée de l'homme », *Revue philosophique*, 1876, n° 1, p. 45-61. Sur le système évolutionniste de Spencer, nous nous permettons de renvoyer à la première partie de notre ouvrage : D. BECQUEMONT, L. MUCCHIELLI, *Le Cas Spencer*, *op. cit.*

38. *Cf.* Th. RIBOT, *La Psychologie allemande contemporaine*, Baillière, Paris, 1879.

39. W. WUNDT, « Mission de la philosophie dans le temps présent », *Revue philosophique*, 1876, n° 1, p. 113-124.

40. *Ibid.*, p. 122-124.

41. G.H. LEWES, « Spiritualisme et matérialisme », *Revue philosophique*, 1876, n° 1, p. 568-600.

due dans la psychologie[42]. » Ribot privilégie donc très nettement les auteurs appartenant au courant évolutionniste, tout comme il s'efforce de valoriser l'ensemble de la tradition historique de l'expérimentalisme[43]. Quant aux deux autres courants de la philosophie française (hormis le spiritualisme) : le positivisme est totalement absent, le criticisme est tenu respectueusement à distance[44].

Par le biais des articles (et au moins autant par celui des comptes rendus), Ribot n'a donc cessé au cours des premières années de sa revue de diffuser tous les auteurs et tous les livres défendant l'évolutionnisme. Au sommet de cette pyramide trône logiquement son maître Spencer dont il a publié vingt articles (qui sont pratiquement autant de chapitres des *Principes de sociologie*) entre 1876 et 1881, ce chiffre constituant pour une période si courte un record absolu dans la revue, toutes catégories d'auteurs (aussi bien français qu'étrangers) confondues[45].

Causalité physiologique, mesure mathématique et observation pathologique

Taine intervient à nouveau en mars 1876 pour présenter et commenter la traduction du livre de Krishaber (*De la Névropathie cérébro-cardiaque*, 1873) prouvant de façon décisive à ses yeux que la dissolution du moi fréquemment constatée chez les malades mentaux provenait d'« une

42. W. WUNDT, « Mission de la philosophie dans le temps présent », art. cit., p. 121 ; *cf.* aussi Th. RIBOT, « La psychologie de Herbart », *Revue philosophique*, 1876, n° 2, p. 68-85.

43. Ainsi, tandis que Jules Soury encense l'histoire de la philosophie expérimentale depuis Bacon écrite par K. FISCHER (*Revue philosophique*, 1876, n° 1, p. 102-104), le spiritualiste F. Papillon écrit une *Histoire de la philosophie moderne dans ses rapports avec la philosophie de la nature* qui tend au contraire à déprécier cette tradition scientifique. Ribot réagit vivement (*ibid.*, p. 426-427) et publie un très long résumé de Jules Soury (1876, n° 1, p. 446-467 ; n° 2, p. 486-518 et 608-640) sur l'histoire du matérialisme de Lange, parue l'année précédente. De la même manière, Ribot surveille les moindres événements de la vie philosophique. Il est ainsi le premier à lancer une souscription à l'occasion du bicentenaire de la mort de Spinoza (Th. RIBOT, « La psychologie de Herbart », art. cit., n° 1, p. 320).

44. Bien qu'ils aient un adversaire commun, les positivistes n'ont guère apprécié l'arrivée de Ribot sur la scène philosophique, sachant que derrière lui se profilait l'évolutionnisme de Spencer. N'avouant pas leurs vraies raisons, les directeurs de *La philosophie positive* écrivent en 1876 que la *Revue philosophique* « n'a pas sa raison d'être », son « éclectisme » ne présentant aucun intérêt. Ribot leur réplique simplement avec humour, *Revue philosophique*, 1876, n° 1, p. 632. Du côté du criticisme, les choses sont par contre plus complexes. Certes, Renouvier ne partage pas ce qu'il appelle justement « la métaphysique déterministe de l'hérédité » de Ribot : C. RENOUVIER, « Des rapports du physique et du moral, suivant la thèse de M. Th. Ribot », *La critique philosophique*, 1873, n° 2, p. 202-208, 313-320 et 357-363. Mais cela ne l'empêche pas d'accueillir avec bienveillance la nouvelle revue : *La critique philosophique*, 1877, n° 1, p. 59-64. De son côté, Ribot sera toujours courtois vis-à-vis de Renouvier dont il fera rendre compte positivement des ouvrages et dont il contribuera même à faire mieux connaître la doctrine par le biais des longs articles de Beurier en 1877.

45. Sur le détail des relations entre Ribot et Spencer, *cf.* D. BECQUEMONT, L. MUCCHIELLI, *Le Cas Spencer*, *op. cit.*, partie 2, chapitre 3.

contracture des vaisseaux qui nourrissent le centre sensitif cérébral où se forment les sensations brutes. » Après un long récit d'observation de cas, il conclut : « ceci est décisif et [...] plus instructif qu'un volume de métaphysique sur la substance du moi[46]. » Ce texte est emblématique du bénéfice que Ribot escompte retirer d'une alliance avec la physiologie. Dès la première année, en marge des articles occupés surtout par des déclarations de principes, l'observation de la politique des comptes rendus confirme cette volonté d'ancrer véritablement la psychologie dans la causalité physiologique et dans l'observation pathologique[47]. Ribot ne cesse de le rappeler en faisant l'éloge du psychophysiologiste allemand A. Horwicz, de l'aliéniste français P. Despine, du neurologue anglais J.H. Jackson, de son ami le physiologiste et aliéniste français J. Luys et enfin de H. Maudsley que Ribot considère avec Wundt comme le meilleur psychophysiologiste de son temps[48]. Il fait par ailleurs, dès 1876, intervenir plusieurs spécialistes sur le thème de la physiologie de l'esprit (notamment Horwicz et Hertzen). Enfin, signe suprême de la scientificité à ses yeux, Ribot va lui-même soutenir dès mars 1876 l'introduction de la mesure en psychophysiologie. Le ton soudainement éloquent de ce texte dit bien l'importance symbolique du sujet :

> « Le problème qui fait l'objet de cet article nous a paru l'un des plus propres à faire comprendre quelle marche la psychologie doit suivre pour devenir une science précise. Cette méthode, ramenée à ses traits essentiels, consiste d'abord à choisir une seule question, bien déterminée, à partir des données vulgaires de la conscience, sans lesquelles, quoi qu'on en ait dit, aucune recherche physiologique n'est possible ; à les interpréter ensuite à l'aide de notre réflexion et de tous les faits que nous fournit l'expérience des autres ; enfin à arriver, quand cela est possible, par l'expérimentation réelle et l'emploi de la mesure, à la période vraiment scientifique qui consiste en affirmations objectives et véritables[49]. »

Au terme de son étude sur la durée des actes psychiques, Ribot est fier de présenter les conclusions suivantes :

> « 1°) Le fait de conscience a, comme tout autre phénomène, une durée précise, variable, mesurable [...].
>
> 2°) Le fait de conscience n'a pas une durée absolue. Cette durée varie suivant les conditions intérieures [il faut lire « extérieures »] (nature et or-

46. H. TAINE, « Sur les éléments et sur la formation de l'idée du moi », *Revue philosophique*, 1876, n° 1, p. 289 et 294.

47. Sur la comparaison des idées de Taine et de Ribot sur ce point, *cf.* J. CARROY, R. PLAS, « La méthode pathologique et les origines de la psychologie française au XIXe siècle », *Revue internationale de psychopathologie*, 1993, n° 12, p. 603-612.

48. *Cf.* Th. RIBOT, *Revue philosophique*, 1876, n° 1, p. 62-71, 72-78, 214-216, 406-410 et 516-519.

49. Th. RIBOT, « De la durée des actes psychiques d'après des travaux récents », *Revue philosophique*, 1876, n° 1, p. 267-288.

dre des excitations, etc.) ; suivant des conditions intérieures dont la principale est le degré d'attention ; et suivant des conditions de nature mixte (exercice, habitude).

3°) Le temps physiologique [...] varie, d'après la diversité des sensations, entre 1/5 et 1/12 de seconde.

4°) Toutes les circonstances propres à compliquer l'acte psychique augmentent sa durée.

5°) L'ordre des faits internes ne correspond pas toujours à l'ordre des faits externes. Une simultanéité objective peut se changer subjectivement en une succession [...].

6°) Le temps nécessaire pour la reproduction par la mémoire est en général plus long que le temps nécessaire pour la production actuelle d'un état de conscience[50]. »

On le voit, les résultats empiriques sont faiblement instructifs par rapport aux « données vulgaires de la conscience » dont Ribot parlait en commençant. Mais les enjeux sont sans doute ailleurs. L'objectif principal du texte n'est pas de nous apprendre un fait nouveau et important sur le fonctionnement mental, mais de prouver que l'on peut atteindre expérimentalement et mesurer les données de la conscience. C'est en ce sens que Ribot voit dans ces résultats, dont il s'auto-glorifie, une « promesse de succès[51]. »

La ligne éditoriale, la politique scientifique de la revue étant en place, il nous faut à présent étudier son fonctionnement. La production de la *Revue philosophique* est en effet sous-tendue par l'existence de réseaux d'auteurs potentiels.

Les premiers réseaux de la *Revue philosophique*

En 1875, lorsqu'il s'agit de récolter la matière des quelques 1 200 pages qui composeront les douze numéros mensuels de la première année de la revue (et, de la même manière, pour les années futures), Ribot doit pouvoir s'appuyer sur un vaste réseau de collaborateurs. C'est ici que l'ensemble des relations qu'il a nouées en France et à l'étranger vont jouer un rôle essentiel. Elles lui apportent de nombreuses promesses d'articles d'auteurs prestigieux. Toutefois, ceci ne suffit pas car Ribot ne peut assumer seul la rubrique bibliographique, ni demander à des auteurs consacrés de rédiger de modestes comptes rendus. Il lui faut donc s'assurer aussi le concours immédiat de jeunes collaborateurs. Il lui faut enfin susciter des recherches en vue des publications futures.

---

50. *Ibid.*, p. 286-287.

51. *Ibid.*, p. 287-288. On remarquera que l'expression « promesse de succès » est aussi celle qu'utilise Thomas Kuhn pour désigner les nouvelles théories « paradigmatiques » faisant, à un moment donné, consensus au sein d'une « communauté scientifique. »

Évolution décennale du réseau d'auteurs de la Revue philosophique *(1876-1895)*[52]

Auteurs	**1876-1887**	**1888-1895**	**Total**
Binet	14	28	42
Paulhan	21	11	33
Richet	26	6	32
Tannery	26	5	31
Delbœuf	21	7	28
Tarde	16	12	28
Fouillée	12	14	26
Spencer	21	1	22
Ribot	18	4	22
Janet (Paul)	9	7	16
Beaunis	8	4	12
Dauriac	5	6	11
Janet (Pierre)	4	7	11
Espinas	7	3	10
Henri Ch.	-	9	9
Bourdon	-	9	9
Pérez	7	2	9
Lévêque	7	1	8
Guyau	8	-	8
Sorel	-	8	8
Penjon	6	2	8
Brochard	7	1	8
Regnaud	-	8	8
Beaussire	5	2	7
Bouillier	6	1	7
Durkheim	-	7	7
Roberty (de)	-	6	6
Lalande	-	6	6
Marillier	-	6	6
Bénard	5	1	6
Marion	5	-	5
Carrau	5	-	5
Compayré	5	-	5
Dugas	-	5	5
Total	**274**	**187**	**461**

Le tableau ci-dessus permet d'une part d'identifier certains des principaux acteurs et de mesurer leur présence, d'autre part d'observer

52. Sont seulement pris en compte les articles de fond et les auteurs ayant publié au moins cinq fois dans l'une des deux périodes (soit au moins un article tous les deux ans). Les articles écrits en commun ont été crédités à chacun des auteurs.

l'évolution de cette présence dans le temps. Nous en tirerons un certain nombre d'enseignements. Complété d'une part par le dépouillement de la revue qui permet de prendre également en compte les auteurs de comptes rendus, d'autre part par les renseignements que fournit la correspondance de Ribot, ce tableau permet d'objectiver les réseaux d'auteurs et les stratégies d'alliance du directeur de la *Revue philosophique*.

Le réseau normalien

Ribot s'est d'abord appuyé sur un réseau philosophique composé principalement d'anciens camarades normaliens devenus professeurs de philosophie. Entre ces auteurs subsiste à l'évidence une solidarité malgré une assez grande hétérogénéité intellectuelle. Ribot les a surtout utilisés comme critiques à travers les comptes rendus (d'où parfois leur absence dans le tableau ci-dessus). Cinq auteurs sont particulièrement présents :

– Alfred Espinas (promotion 1864) est le plus ancien collaborateur de Ribot, le co-traducteur des *Principes de psychologie* de Spencer, un auteur reconnu à partir de sa soutenance de thèse en 1877 qui le situe immédiatement dans la lignée des adversaires du spiritualisme[53]. Ribot lui confie d'abord deux domaines bibliographiques : la sociologie et la philosophie évolutionniste italienne (Espinas introduisant aussi par là l'anthropologie criminelle de E. Ferri et C. Lombroso). En 1881, Espinas se fera aussi l'historien de la philosophie écossaise et le vulgarisateur des travaux de sociologie et de psychologie animales (Perrier, Romanes). En tout, il a publié dix articles dans les vingt premières années d'existence de la revue.

– Jules Tannery (promotion 1866) devient rapidement le spécialiste de l'histoire des sciences et de l'histoire de la philosophie dans la revue de Ribot. Avec vingt-six articles au cours de la première décennie, il est le premier auteur de la revue, *ex aequo* avec Richet. Ribot lui doit donc beaucoup.

– Gabriel Compayré, professeur de philosophie à Valenciennes, est également un ancien camarade de Ribot (de même que Beurier de la promotion 1863). Il traduit Bain, aide Ribot dans la diffusion de la pensée anglaise en rédigeant notamment plusieurs articles sur la pédagogie de Spencer (il se spécialise peu à peu dans cette matière puis dans la psychologie de l'enfant) et sept articles au cours de la première décennie.

---

53. En effet, Espinas a remis le manuscrit de sa thèse sur *Les sociétés animales* en septembre ou octobre 1876. Toutefois, après bien des tractations, il n'obtient tardivement le visa de l'administration universitaire nécessaire pour la soutenir qu'à la condition de supprimer la longue introduction historique dans laquelle il rappelait notamment les mérites de Comte et de Spencer : *cf.* R. LENOIR, « Lettres de Théodule Ribot à Espinas », *Revue philosophique*, 1962, n° 3, p. 339-340. La soutenance a lieu au tout début de juin 1877 et l'ouvrage est publié rapidement dans la *Bibliothèque de philosophie contemporaine* chez Baillière.

– Désiré Nolen (promotion 1858) intervient surtout dans les comptes rendus de philosophie allemande (il a traduit notamment *La Philosophie de l'inconscient* de Hartmann en 1877).

– A. Penjon (promotion 1863) rédige six articles ainsi que de nombreux comptes rendus, il traduit par ailleurs *The Data of Ethics* de Spencer en 1879.

Ribot obtient par ailleurs les services épisodiques de deux jeunes philosophes proches de Renouvier : Henri Marion (promotion 1865) qui rédige cinq articles et de nombreux comptes rendus ; Louis Liard (promotion 1866), déjà professeur de philosophie à la Faculté des Lettres de Bordeaux, qui donne plusieurs articles extraits de ses deux livres sur *Les Logiciens anglais contemporains* (1878) et *La Science et la métaphysique* (1879). Également proches de Renouvier, Lionel Dauriac (promotion 1867) et Victor Brochard (promotion 1868) interviendront assez régulièrement au cours de la première décennie.

Enfin, il faut mentionner à part le cas d'Alfred Fouillée, successeur de Boutroux comme professeur de philosophie à l'École Normale Supérieure, et de son gendre Jean-Marie Guyau décédé de façon précoce en 1888. Le tandem procure vingt articles à Ribot au cours de la première décennie.

L'ensemble de ces auteurs constituent en somme le pôle philosophique moderne de la revue, à côté des « anciens » que sont Janet, Levêque, Beaussire et Bouillier (ces trois derniers auteurs disparaissant du reste presque totalement au cours de la deuxième décennie). Il s'agit pour la plupart de vieilles connaissances de Ribot. On peut les distinguer d'une deuxième série d'auteurs qui ont également au moins en partie une formation philosophique mais qui n'étaient pas directement connus de Ribot avant le lancement de la revue.

Le réseau des nouveaux psychologues évolutionnistes

Le deuxième réseau central dans la production de la *Revue philosophique* est constitué d'auteurs partageant le même engouement pour la psychophysiologie, que Ribot a rencontré plus tardivement, certains même seulement après le lancement de la revue. Nous proposons de l'appeler le « réseau des nouveaux psychologues évolutionnistes » dans la mesure où la théorie de l'évolution est leur commune bannière, certains revendiquant plus ou moins ouvertement un matérialisme d'où dérive une volonté de réduire l'étude des phénomènes psychiques à des jeux de forces physiques.

En ce qui concerne les psychophysiciens, la *Revue philosophique* n'est en réalité qu'un des pôles du réseau déjà constitué autour de la *Revue scientifique* d'Émile Alglave et des différentes collections de Baillière. Ribot est entré dans ce réseau à l'occasion de sa traduction des *Principes de psychologie* de Spencer et c'est par ce réseau qu'il rencontre

– probablement à la fin de l'année 1872 – Léon Dumont (1837-1877) qui n'est encore qu'un jeune avocat et un grand lecteur de philosophie allemande. Initié au matérialisme et à l'évolutionnisme par Alexandre Büchner – le frère du célèbre théoricien allemand du matérialisme, alors professeur au Lycée de Valenciennes –, Dumont s'oriente rapidement dans cette voie et devient un collaborateur d'Alglave[54]. En 1873, il rédige un manuel pour diffuser les théories allemandes de l'évolution, mais il participe lui aussi à la diffusion du positivisme anglais et se lance dans la physiologie des sensations et l'étude des « actions cérébrales réflexes » sur le modèle de Luys[55]. Sur ces deux derniers terrains, Dumont va rencontrer Joseph Delbœuf (1831-1896), philosophe belge, professeur à l'Université de Gand puis à celle de Liège, auteur de travaux de psychophysique se situant (de façon critique) dans la lignée de ceux de Fechner[56], mais qui s'intéresse aussi de très près à l'hypnotisme et qui séjourne à Nancy auprès de Bernheim qu'il défend à plusieurs reprises dans la *Revue philosophique* contre les attaques des partisans de l'École de la Salpêtrière[57]. En tout, il y publie vingt et un articles dans la première décennie, ce qui le place en troisième position derrière Tannery et Richet, au même niveau de Spencer et Paulhan[58].

La psychophysiologie est donc pour ces auteurs un centre commun d'intérêt et la théorie de l'évolution une référence globale[59]. Mais pour Alglave et Dumont comme pour Ribot, l'évolutionnisme représente davantage encore, c'est l'étendard dans le combat des hommes de sciences républicains contre le « parti religieux » dominant l'université et les académies et soutenant les régimes autoritaires. Dans ce combat, ces auteurs semblent dès lors les alliés naturels d'un autre groupe mieux constitué

54. *Cf.* J. DELBŒUF, « Léon Dumont et son œuvre philosophique », *Revue philosophique*, 1877, n° 1, p. 609-626.

55. L. Dumont, *Les Théories de l'évolution en Allemagne*, Baillière, Paris, 1873 ; L. Dumont, *Théorie scientifique de la sensibilité*, Baillière, Paris, 1875 ; L. Dumont, « La métaphysique positive en Angleterre. M. Georges H. Lewes », *Revue scientifique*, 1875, n° 1, p. 1053-1059 et 1155-1158 ; L. Dumont, « De l'habitude », *Revue philosophique*, 1876, n° 1, p. 321-366.

56. J. DELBŒUF, *Étude psychophysique. Recherches théoriques et expérimentales sur la mesure des sensations et spécialement des sensations de lumière et de fatigue*, Imprimerie de l'Académie des sciences, Bruxelles, 1873 ; J. DELBŒUF, *La Psychologie comme science naturelle : son présent et son avenir*, Baillière, Paris, 1876. Sur cet aspect de l'œuvre de Delbœuf, *cf.* S. NICOLAS, « Delbœuf et la psychologie comme science naturelle », *Corpus. Revue de philosophie*, 1997, n° 32, p. 29-70.

57. *Cf.* les contributions de M. BORCH-JACOBSEN, P.H. CASTEL, J. CARROY, F. DUYCKAERTS, J.M. PETOT et S. SHAMDASANI dans le numéro spécial « Delbœuf et Bernheim. Entre hypnose et suggestion », *Corpus. Revue de philosophie*, 1997, n° 32.

58. Dans le même esprit, Ribot rallie à sa cause A. Hertzen, professeur de psychologie à l'université de Florence et traducteur de sa *Psychologie anglaise*. Hertzen est l'auteur d'une *Physiologie de la volonté* (1874) et publie plusieurs articles dans les premières années de la revue.

59. Par exemple, L. DUMONT, « la *Revue scientifique* est acquise à la doctrine de l'évolution », *Revue scientifique*, 1876, n° 2, p. 314.

encore : les matérialistes. Toutefois, la plupart des collaborateurs de Ribot n'apprécient guère la qualité des ouvrages de combat publiés en particulier par les médecins militants[60].

Au sein de ce réseau des psychologues évolutionnistes, à côté des psychophysiciens matérialistes, il faut en effet distinguer un groupe moins homogène et qui s'est constitué progressivement. Ces auteurs n'ont qu'exceptionnellement des contacts entre eux au départ, mais des liens interindividuels peuvent apparaître au fil des années, ainsi que des commentaires mutuels. Trois de ces auteurs se dégagent plus particulièrement de par la quantité et la qualité de leur production intellectuelle.

François Paulhan (1856-1931) écrit à Ribot en mars 1880. Il est lui aussi entré en psychologie sous la bannière de la physiologie et il livre en 1880 un ouvrage intitulé *La Physiologie de l'esprit* que l'on peut considérer avec Ribot comme le premier ouvrage de synthèse de la nouvelle « psychologie scientifique » en France[61]. Toutefois, dès 1887, conscient de la complexité des processus mentaux, Paulhan se démarquera « du parti des psychologues qui font de la conscience un phénomène accompagnant simplement certaines actions cérébrales réflexes[62]. » Il déclarera surtout que la question des phénomènes affectifs est peut-être la plus importante et pourtant la moins étudiée par les psychologues. En 1889, il trouvera enfin dans la société un facteur décisif de « synthèse mentale », annonçant par là les travaux des sociologues durkheimiens dans un milieu psychologique où il était, pour le moment, encore marginal aux côtés de Tarde[63].

Ribot est également en rapports étroits avec Bernard Pérez lequel peut être considéré comme le premier psychologue de l'enfant dans la tradition scientifique. Ernest Haeckel, spécialiste d'embryologie et évolutionniste

---

60. Ainsi Espinas juge-t-il durement le matérialisme doctrinal de Büchner : « la valeur scientifique de l'ouvrage est faible, précisément parce que l'auteur subordonne tout à sa propagande scientifique », *Revue philosophique*, 1881, n° 2, p. 638. En 1882, commentant *La Renaissance du matérialisme* d'André Lefèvre, Paulhan émet également un jugement dans lequel pourraient se retrouver beaucoup d'intellectuels de sa génération : « Leurs discussions des autres systèmes sont incomplètes et superficielles en bien des endroits. Ils font de la polémique militante plutôt que de la discussion sérieuse et ne se donnent pas toujours la peine de bien comprendre et de bien apprécier les arguments de leurs adversaires. [...] je serais assez disposé, pour ma part, à me dire matérialiste [...] si l'on débarrasse le système des obscurités et des contradictions même qu'il renferme encore, en lui donnant une forme mieux définie et plus cohérente. [...] Qu'on l'appelle actuellement phénoménisme ou matérialisme, cela importe peu, et ces noms sont aussi acceptables l'un que l'autre. Nous dirons d'eux ce que M. Lefèvre dit de l'athéisme : ils ne restent que comme protestation contre d'autres doctrines et disparaîtront le jour, si ce jour arrive, où, l'erreur éliminée peu à peu, les différents systèmes se réuniront, s'intègreront en un seul, qui ne sera ni le matérialisme, ni le positivisme, ni l'idéalisme, et qui aura pour nom le titre que M. Lefèvre donne à sa seconde partie de son ouvrage : la philosophie », F. Paulhan, « La renaissance du matérialisme », *Revue philosophique*, 1882, n° 1, p. 481-499.

61. Th. RIBOT, *Revue philosophique*, 1880, n° 1, p. 569-570.

62. F. PAULHAN, *Les Phénomènes affectifs et les lois de leur apparition. Essai de psychologie générale*, Alcan, Paris, 1887, p. 11.

63. F. PAULHAN, *L'Activité mentale et les éléments de l'esprit*, Alcan, Paris, 1889.

bien connu en France à partir des années 1870, est le premier à formuler une célèbre loi de récapitulation au terme de laquelle « durant sa courte évolution, l'individu (en fait l'embryon) reproduit les plus importantes métamorphoses que ses ancêtres ont subies, durant la lente et longue évolution paléontologique, conformément aux lois de l'hérédité et de l'adaptation[64]. » La voie était donc tracée pour les psychologues de l'enfant et, en France, après les réflexions présentées par Taine dans le premier numéro de la *Revue philosophique*, Pérez est le premier à l'exploiter systématiquement. En 1878, dans son ouvrage sur *Les Trois premières années de l'enfant*, il se réfère en effet à la théorie de l'évolution pour considérer que l'histoire de la vie mentale de l'enfant récapitule celle de l'humanité[65]. Ce livre attire l'attention de Ribot qui publiera son auteur à sept reprises dans la première décennie et lui confiera même la revue des périodiques italiens en 1882[66].

Enfin, il faut placer ici le personnage de Gabriel Tarde (1843-1904). Ce dernier prend contact avec Ribot en 1878 et, en 1880, il publie son premier article de psychologie dans la *Revue philosophique* (« La croyance et le désir. La possibilité de leur mesure »). Mais ce sont surtout ses articles de criminologie, en particulier ses positions critiques face à l'école anthropologique italienne, qui le font rapidement connaître avant que la parution des lois de l'imitation, en 1890, fasse de lui une figure majeure du champ intellectuel étiquetée désormais comme un théoricien de la sociologie[67]. Nous ne nous y attarderons donc pas davantage ici (pas plus que sur Durkheim qui commence à publier dans la revue de Ribot en 1885).

Le réseau des médecins

Dans les années 1877-1880, Ribot fait trois rencontres décisives dans le milieu médical, qui vont le rapprocher davantage encore des aliénistes et des neurologistes et considérablement développer les thèmes de l'hypnotisme et du somnambulisme dans la *Revue philosophique*.

Ribot se rapproche d'abord de Charles Richet (1850-1935). Celui-ci est un physiologiste réputé : après sa thèse en 1877 consacrée à la physiologie des nerfs et des sensations, il obtient le Prix de physiologie de l'Académie des sciences en 1878 pour ses recherches sur le suc gastrique chez l'homme et les animaux. Par ailleurs, il se passionne d'une part pour la

---

64. E. HAECKEL, *Anthropologie et histoire du développement de l'homme*, Reinwald, Paris, 1877, p. 1.

65. B. PÉREZ, *Les Trois premières années de l'enfant*, Baillière, Paris, 1878, p. IX. Sur Pérez, *cf.* P. MENGAL, « Psychologie et loi de la récapitulation », *in* P. MENGAL (dir.), *Histoire du concept de récapitulation*, Masson, Paris, 1993, p. 93-109.

66. R. LENOIR, « Lettres de Théodule Ribot à Espinas », *Revue philosophique*, 1970, n° 3, p. 342.

67. F. PAULHAN, *Revue philosophique*, 1890, n° 2, p. 170 *sq.*

psychophysiologie, d'autre part pour l'hypnose, le somnambulisme et déjà le spiritisme. Il est ainsi l'auteur en 1875 de l'article qui va relancer les recherches médicales sur le somnambulisme et influencer en ce sens Charcot dont il est alors l'interne[68]. Toutefois Ribot le sollicite d'abord pour leur conception commune de la psychophysiologie que Richet vient défendre pour la première fois dans la *Revue philosophique* en janvier 1878, répondant à une attaque récente d'un spiritualiste :

> « En somme, si l'opinion exclusive de M. Egger venait à triompher, ce serait un pas en arrière. Laisser la science de l'homme aux logiciens qui dédaignent la méthode expérimentale et les résultats de cette méthode, c'est le contraire du progrès. Ceux qui sont plus que tous autres à même d'étudier et de connaître les facultés de l'intelligence, ce sont ceux qui, cherchant la vérité dans le domaine des faits, étudient les fonctions de l'organe de l'intelligence. C'est aux aliénistes comme Esquirol, c'est aux physiologistes comme Claude Bernard, non pas à l'exclusion des philosophes, mais de concert avec ceux-ci, qu'il appartient de fonder une science qui n'existera que si elle se soumet à l'autorité suprême de l'observation et de l'expérience[69]. »

La même année, il intervient à nouveau pour livrer cette fois quelques chiffres complémentaires sur le problème que Ribot affectionne tout particulièrement : la durée des actes psychiques[70]. Les deux hommes semblent ainsi parfaitement complices et Richet va rapidement devenir un pilier de la revue, publiant vingt-six articles dans les dix premières années[71].

---

68. C. RICHET, « Du somnambulisme provoqué », *Journal de l'anatomie et de la physiologie normale et pathologiques de l'homme et des animaux*, 1875, n° 2, p. 348-377 ; C. RICHET, « Du somnambulisme provoqué », *Revue philosophique*, 1880, n° 2, p. 337-374 et 462-484. Sur Richet dans ce contexte, *cf.* D. BARRUCAND, *Histoire de l'hypnose en France*, Presses Universitaires de France, Paris, 1967, p. 53 ; H. ELLENBERGER, *À La Découverte de l'inconscient. Histoire de la psychiatrie dynamique*, SIMEP Éditions, Villeurbanne, 1974, p. 79.

69. C. RICHET, « Sur la méthode de la psychologie physiologique », *Revue philosophique*, 1878, n° 1, p. 29-33.

70. Ils se soutiendront mutuellement de la même manière pour promouvoir le thème des mouvements cérébraux et de leur influence sur les sensations, les idées, la mémoire, etc. *Cf.* Th. RIBOT, « Les mouvements et leur importance », *Revue philosophique*, 1879, n° 2, p. 371-386 ; C. RICHET, « De l'influence des mouvements sur les idées », *Revue philosophique*, 1879, n° 2, p. 610-615 ; C. RICHET, « De l'influence des mouvements sur les sensations », *Revue philosophique*, 1880, n° 1, p. 438-543 ; C. RICHET, « De la mémoire élémentaire », *Revue philosophique*, 1881, n° 1, p. 540-545.

71. Richet publiera également deux livres de psychophysiologie à vocation générale. Après *L'homme et l'intelligence* dans lequel il prétend faire « l'analyse méthodique, physiologique pour ainsi dire, des divers états de l'âme humaine », C. RICHET, *L'Homme et l'intelligence. Fragments de physiologie et de psychologie*, Alcan, Paris, 1884, p. V ; C. Richet publie en 1887 un *Essai de psychologie générale* fondé sur l'idée qu'« à toutes les forces psychiques, ou instinctives, ou intellectuelles, nous pouvons assigner l'humble origine de l'action réflexe élémentaire », C. RICHET, *Essai de psychologie générale*, Alcan, Paris, 1887, p. 3. Pas plus qu'il n'y a de différences tranchées entre l'homme et l'animal, il n'y a de hiatus entre l'instinct et l'intelligence. Certes, à l'instinct l'homme ajoute la mémoire et un système nerveux surdéveloppé, « mais si complexe que soit l'appareil, chaque acte est déterminé par des conditions

Le deuxième médecin qui prendra une place essentielle dans le dispositif de Ribot est Henry Beaunis (1830-1921). Auteur en 1863 d'une thèse d'anatomie et en 1867 d'un manuel d'anatomie et d'embryologie, Beaunis est nommé en 1872 dans la chaire de physiologie de la nouvelle Faculté de médecine de Nancy[72]. Dès 1876, il publie une première volumineuse synthèse de physiologie générale dans la préface de laquelle il déclare :

> « L'auteur n'a pas cru non plus que la physiologie dût laisser de côté, pour l'abandonner aux philosophes, la partie psychologique de la physiologie cérébrale ; pour lui, en effet, à l'exemple de l'École anglaise, la psychologie trouve dans la physiologie sa base la plus sûre et la plus solide ; aussi n'a-t-il pas craint de traiter, en s'appuyant sur les données physiologiques, les questions des sensations, des idées, du langage, de la conscience, de la volonté, etc., et si les limites de ce livre lui ont interdit de s'étendre sur ces sujets, il espère en avoir assez dit pour en préciser nettement les points essentiels[73]. »

À cette qualité de « physiopsychologue » pourrait-on dire, Beaunis ajoute bientôt celle de spécialiste des phénomènes d'hypnose et de suggestion. Il a en effet pour collègue à Nancy le célèbre Hippolyte Bernheim, et une collaboration s'est établie dans les années 1880 entre ces deux hommes (ainsi que le juriste Liégeois). Pour Beaunis, l'hypnotisme n'a rien de mystérieux, c'est même un moyen privilégié d'étudier certains mécanismes cérébraux, c'est une des méthodes de la psychologie expérimentale[74]. Ce sont donc ces deux compétences que Beaunis viendra présenter à huit reprises dans la *Revue philosophique* entre 1883 et 1888 (la rencontre avec Ribot datant de 1879).

Le troisième personnage important que rencontre Ribot est un atypique : Alfred Binet (1857-1911). Ayant découvert Taine, Ribot, Spencer, Bain, Mill et les autres en 1879, Binet décide d'abandonner ses études de droit et de faire une thèse sur la psychologie du raisonnement en appliquant les principes de la psychologie associationniste[75]. Dès 1880, Ribot lui ouvre les colonnes de sa revue et s'établit alors une collaboration essentielle entre les deux hommes, Ribot ayant publié 42 articles de Binet (en comptant les co-signatures) entre 1880 et 1895, ce qui constitue le record absolu dans la *Revue philosophique*[76]. En 1882, Binet rejoint aussi l'équipe de Charcot à la Salpêtrière, par l'intermédiaire de son ami

---

fatales, lois des mouvements réflexes, lois d'inhibition, loi d'excitation, loi d'association » (*ibid.*, p. 176).

72. S. Nicolas, « Henry Beaunis (1830-1921). Directeur-fondateur du laboratoire de psychologie physiologique de la Sorbonne », *Année psychologique*, 1995, n° 95, p. 267-291.

73. H. Beaunis, *Nouveaux éléments de physiologie humaine*, Baillière, Paris, 1876, p. VII.

74. H. Beaunis, « L'expérimentation en psychologie par le somnambulisme provoqué », *Revue philosophique*, 1885, n° 2, p. 1-36 et 113-135.

75. Sur Binet, *cf.* Th. Wolf, *Alfred Binet*, Chicago University Press, Chicago, 1973.

76. Binet dédiera à Ribot son livre sur *Les Altérations de la personnalité* (1892).

d'enfance Joseph Babinski. Il travaille alors au laboratoire de Charcot, s'associant en particulier avec Charles Féré pour l'étude du somnambulisme et du magnétisme selon la doctrine bio-déterministe de Charcot[77]. Les deux hommes soutiendront l'école de la Salpêtrière contre celle de Nancy jusqu'en 1890, date à laquelle, du fait notamment des critiques de Delbœuf, Binet adoptera une position plus nuancée[78]. Binet devient ainsi peu à peu une figure importante du milieu des psycho-physiologistes[79]. Ses activités ne cessent de se déployer. En 1887, il obtient aussi le prix de l'Académie des sciences morales et politiques avec un mémoire sur la perception extérieure[80], et il soutient en 1894 une thèse de doctorat de sciences naturelles intitulée « Contribution à l'étude du système nerveux sous-intestinal des insectes. » La même année, il prend des responsabilités très importantes dans les nouvelles institutions que nous évoquerons ci-dessous.

Enfin, à côté de ces trois figures, il faut signaler l'arrivée tardive mais fulgurante du dernier acteur important de cette phase initiale d'institutionnalisation de la psychophysiologie : Pierre Janet (1859-1947). Entré à l'École normale supérieure en 1879, agrégé de philosophie en 1882, docteur en philosophie en 1889 (*L'Automatisme psychologique*) mais aussi en médecine en 1893 (*Contribution à l'étude des accidents mentaux des hystériques*), Janet a véritablement la double formation de philosophe et d'aliéniste. Grâce à son oncle Paul Janet qui a depuis longtemps noué des liens avec ces milieux[81], le jeune docteur se trouve rapidement propulsé sur les devants de la scène. Il obtient d'abord l'appui de Ribot qui lui ouvre les colonnes de sa revue (Janet rédige onze articles pour la *Revue philosophique* entre 1886 et 1895, essentiellement sur l'hypnose, le somnambulisme et tous ces phénomènes qu'il dira « subconscients ») et l'aide à entrer à la Société de psychologie physiologique où il impressionne très favorablement Charcot. Ce dernier créera

---

77. A. BINET, C. FÉRÉ, *Le Magnétisme animal*, Alcan, Paris, 1887. Charles Féré (1852-1907), médecin et fervent matérialiste, fut notamment interne de Broca. Ensuite, il s'oriente vers la neuropathologie et travaille dans le laboratoire de Charcot. En 1882, il soutient sa thèse de médecine sur « Les troubles fonctionnels de la vision par lésions cérébrales » et devient chef des travaux d'anatomie pathologique à la clinique des maladies nerveuses de la Salpêtrière (en 1887, il sera nommé à la tête de l'infirmerie du dépôt de la préfecture de Police).

78. A. BINET, *Les Altérations de la personnalité*, Alcan, Paris, 1892. Sur les contributions de Binet et Féré à la controverse sur l'hypnotisme, *cf.* D. BARRUCAND, *Histoire de l'hypnose en France*, *op. cit.*, p. 135-141.

79. Pour autant, il se passionnera jusqu'à la fin de sa vie pour la psychopathologie (et même, dans une certaine mesure pour la psychologie sociale), *cf.* R. PLAS, « La psychologie pathologique d'Alfred Binet », *in* P. FRAISSE, J. SEGUI (dir.), *Les Origines de la psychologie scientifique*, *op. cit.*, p. 229-245.

80. *Cf.* l'introduction de B. ANDRIEU à la réédition du manuscrit inédit de Binet : *La Perception extérieure*, Éditions InterUniversitaires, Mont-de-Marsan, 1996, p. XIII-XLVI.

81. En 1863, il participait déjà au premier congrès international des aliénistes à Paris. De façon générale, de tous les spiritualistes qui dominent la Sorbonne et l'Académie des sciences morales et politiques, Janet sera toujours le plus ouvert à la nouvelle psychologie.

pour lui en 1890 le laboratoire de psychologie expérimentale de la Salpêtrière. Ainsi, comme l'écrit justement J. Carroy[82], Janet est en quelque sorte à la fois « l'héritier des ambitions médicales de Ribot et des ambitions psychologiques de Charcot. » De fait, c'est cette première alliance qu'il nous faut à présent évoquer plus longuement.

La Société de psychophysiologie de Paris

C'est d'abord en direction de l'anthropologie que Ribot a, semble-t-il, tenté de nouer des alliances. Le 20 février 1877, il écrit à Espinas qu'il s'est entendu avec le docteur Samuel Pozzi, professeur à la Faculté de médecine et membre important de la Société d'anthropologie de Paris, « qui fera tous les ans une revue critique d'anthropologie dans notre revue[83]. » Ces revues critiques ne parurent pourtant pas. Ribot fait alors d'autres tentatives en publiant notamment plusieurs articles de Gustave Le Bon entre 1877 et 1881. Mais au total, l'essentiel du peu d'anthropologie publié par Ribot sera le fait des criminologues italiens et de leur débat critique avec Tarde. Une incitation directe du « patron » de la Société d'anthropologie de Paris va pourtant relancer un instant la collaboration. Ribot écrit en effet le 26 février 1880 : « T'ai-je dit que Broca avec qui je suis très bien (j'étais au grand banquet donné en son honneur) m'a fourré dans la Société d'anthropologie, que mon entrée pourrait avoir été bien accueillie et que plusieurs, parmi les jeunes surtout, croient qu'il y a lieu de pousser la Société dans la voie de la psychologie expérimentale[84]. » Sans doute aussi la présence de Richet a-t-elle été déterminante. C'est lui qui, en 1884, propose à la Société la création d'une commission en vue de la préparation d'un « questionnaire d'anthropologie physiologique » que la réunion à laquelle participe Ribot transforme en « questionnaire d'hérédité psychologique »[85]. Une alliance aurait pu naître ici et le questionnaire aurait été facilement diffusé dans le réseau des nombreuses revues que tous ces hommes contrôlaient. Pourtant, dès l'année suivante, les matérialistes dominant la Société d'anthropologie annonçaient que la commission n'avait finalement pas été créée[86]. À vrai dire, la chose était sans doute peu importante pour Ribot qui était sur le point de réussir ailleurs une alliance autrement plus importante pour lui et pour la discipline.

---

82. J. CARROY, *Hypnose, suggestion et psychologie. L'invention de sujets*, Presses Universitaires de France, Paris, 1991, p. 115.

83. R. LENOIR, « Lettres de Théodule Ribot à Espinas », *Revue philosophique*, 1964, n° 1, p. 80.

84. R. LENOIR, « Lettres de Théodule Ribot à Espinas », art. cit., p. 170.

85. C. RICHET, « Rapport sur le projet de questionnaire d'hérédité psychologique », *Bulletins de la Société d'anthropologie de Paris*, 1884, p. 734-740.

86. J.L. FAUVELLE, « Des recherches ethnographiques sur la fonction cérébrale », *Bulletins de la Société d'anthropologie de Paris*, 1885, p. 714-831.

Avec Broca, Vulpian, Bernard, Robin et Littré, Jean-Martin Charcot (1825-1893) fait partie de ces grands médecins libres penseurs, anciens quarante-huitards, que consacre l'avènement de la Troisième République[87]. Dans les années 1860-1870 il acquiert déjà une notoriété pour ses travaux sur le ramollissement du cerveau, la paralysie agitante ou encore la sclérose en plaques. Il apparaît ainsi comme l'un des plus grands neurologues de son temps. En 1870, Charcot reçoit la direction du quartier des épileptiques et des hystériques récemment séparé du service de Delasiauve, il se lance donc dans l'étude des maladies mentales en appliquant ses méthodes neurologiques. Parallèlement, son autorité grandit encore : il succède en 1872 à Vulpian à la chaire d'anatomie pathologique de la Faculté de médecine. Et surtout, en 1882, ses sympathies républicaines lui permettent d'obtenir la création de la première chaire de clinique des maladies nerveuses (l'année suivante il entre à l'Académie des sciences). La même année, Charcot fait une communication retentissante à l'Académie des sciences intitulée « Sur les divers états nerveux déterminés par l'hypnotisation chez les hystériques » qui, on le sait, est le point de départ d'une longue controverse avec Bernheim sur la nature et les origines de l'hypnotisme[88]. Pour toutes ces raisons, Charcot est sans doute le médecin français le plus réputé de son temps et l'un des patrons les plus entourés[89]. C'est donc un homme particulièrement puissant que Ribot trouve comme allié.

Ribot connaissait depuis plusieurs années Charcot et il a certainement assisté à ses célèbres Leçons du mardi au début des années 1880. Mais l'élément déterminant est sans doute le fait que son ami Richet se trouve également être un des principaux collaborateurs de Charcot. Quoi qu'il en soit, le 16 mars 1884, Ribot écrit à Espinas : « Charcot et tous ses élèves (l'école de la Salpêtrière) désirent vivement faire une pointe dans la psy-chologie physiologique. Comme je les vois constamment et que je suis au mieux avec eux, j'ai là un bon point d'appui. Charcot désigne lui-même le plus apte à traiter une question, le surveille, le conseille, le stimule, veille à ce qu'il soit prêt à l'échéance, bref fait ma besogne.[90] » Et un an plus tard : « Il est fortement question de fonder une société de Psychologie physiologique dont Charcot a accepté la présidence. [...] Elle semble devoir se constituer avec MM. Charcot, Richet, Ribot, Féré, P. Richet, Binet, Magnan, Letourneau,

87. *Cf.* J. LÉONARD, *La Médecine entre les savoirs et les pouvoirs*, Aubier, Paris, 1981.

88. J.M. CHARCOT, « Sur les divers états nerveux déterminés par l'hypnotisation chez les hystériques », *Comptes rendus hebdomadaires de l'Académie des sciences*, 1882, n° 44, p. 403-405.

89. H. ELLENBERGER, *À La Découverte de l'inconscient*, *op. cit.*, p. 73-90.

90. R. LENOIR, « Lettres de Théodule Ribot à Espinas », *Revue philosophique*, 1975, n° 1, p. 157.

Gley, Franck (le physiologiste), Beaussire, Tannery, etc., Pouchet (?), Perrier (?)[91]. » L'information est exacte et les choses vont aller très vite. Dès le mois de juin, Ribot peut annoncer dans la *Revue philosophique* que la Société de psychophysiologie de Paris est née, que ses statuts sont « en grande partie modelés sur ceux de la Société de biologie », qu'elle compte trente membres français. Il donne aussi la composition de son bureau : le président est Charcot, Ribot et Janet sont vice-présidents, Richet est secrétaire général, Féré et E. Gley sont secrétaires, Ferrari est trésorier[92]. Enfin, c'est la *Revue philosophique* qui publiera la plupart des communications lues lors des séances de la Société.

Certes, il semble que cette Société ait disparu au début des années 1890. Toutefois, elle aura entre temps lancé l'idée et organisé en 1889 le premier Congrès international de psychologie physiologique à Paris, rassemblant la plupart des grandes figures de ce réseau d'alliance, ainsi que de nombreux aliénistes emmenés par Valentin Magnan. La composition du comité d'organisation est en effet la suivante : le président est toujours Charcot, les vice-présidents sont Magnan, Ribot et Taine, Richet est encore le très actif secrétaire général, enfin un comité de patronage associe Beaunis, Espinas et Janet pour la France[93]. Quant au programme annoncé, il résume en cinq mots les domaines assignés à la psychologie physiologique : sensations, attention, aliénés, hérédité, hypnose[94]. Ce programme reflète en effet les compétences des intervenants. Mais il ne doit pas masquer les motivations des deux principaux initiateurs du congrès, Ribot et Richet. À travers eux, ce sont du reste les deux obsessions des psychologues de cette époque qui s'expriment. Richet incarne la fascina-tion pour l'hypnose, les hallucinations, le spiritisme et tous ces « faits extraordinaires » que collecte la *Society for Psychical Research* fondée à Londres en 1882 par Henry Sidgwick[95]. Ribot exprime pour sa part ses ambitions de toujours : arracher la psychologie des mains des métaphysiciens pour en faire une « science expérimentale » travaillant en « laboratoire de psychophysique », utilisant les statistiques et s'efforçant toujours de « rattacher

91. *Ibid.*, p. 160 (6 mars 1885).

92. Th. RIBOT, « La Société de psychophysiologie de Paris », *Revue philosophique*, 1885, n° 1, p. 591-592.

93. Le congrès associe également toutes les grandes figures de la psychologie occidentale parmi lesquelles Helmholtz et Wundt pour l'Allemagne, Bain et Galton pour l'Angleterre, Meynert pour l'Autriche, Delbœuf pour la Belgique, Lange pour le Danemark, James pour les États-Unis, Lombroso et Morselli pour l'Italie, Herzen et Vogt pour la Suisse, etc. Parmi les auditeurs du congrès, on note aussi la présence de Durkheim, de Freud et de Tarde : *cf. Congrès international de psychologie physiologique*, Bureau des revues, Paris, 1890, p. 1-9.

94. *Revue philosophique*, 1889, n° 2, p. 109-111.

95. C. RICHET, « Les travaux du Congrès de psychologie physiologique », *in Congrès international de psychologie physiologique*, *op. cit.*, p. 33. Sur le rôle de Richet dans l'histoire du spiritisme en France, *cf.* F. PAROT, « Le bannissement des esprits. Naissance d'une frontière institutionnelle entre spiritisme et psychologie », *Revue de synthèse*, 1994, n° 3-4, p. 417-443.

toute modification mentale à l'activité de certains centres déterminés [du système nerveux] »[96].

Au début des années 1890, les efforts déployés par Ribot depuis vingt ans sont donc en passe d'aboutir. À travers sa propre reconnaissance institutionnelle si longtemps attendue, c'est bien sa conception de la « psychologie nouvelle » qui obtient la reconnaissance universitaire.

LA CONSÉCRATION DE RIBOT ET L'INSTITUTIONNALISATION DE LA PSYCHOLOGIE

Vers le Collège de France

Ribot est véritablement un travailleur infatigable[97]. Non content de diriger la *Revue philosophique* à lui seul, il continue d'écrire en permanence des synthèses psychophysiologiques sur les grands thèmes de la discipline. Après la diffusion des travaux anglais et allemands, il se lance au début des années 1880 dans une série de monographies étudiant, au double point de vue physiologique et pathologique, la mémoire (1881), la volonté (1884), la personnalité (1885) et l'attention (1889). Les principes de ses démonstrations sont toujours les mêmes. La mémoire lui apparaît fondamentalement comme un processus de « nutrition cellulaire », de même que l'attention révèle son origine profonde dans l'« instinct de conservation. » En bref, les processus les plus compliqués de la conscience seraient toujours « en germe » dans « les processus primaires : appétits, sensations, émotions primitives[98]. »

Malgré cette intense activité, la reconnaissance universitaire tardait toujours à venir. En 1881, Jules Soury obtient la création d'une chaire d'histoire des doctrines psychologiques à l'École pratique des hautes études, grâce à son amitié avec le nouveau ministre de l'Instruction publi-que, Paul Bert, et malgré l'opposition des professeurs de l'école[99]. Ribot, qui était leur candidat, est furieux que le poste ait été confié à ce « fumiste » (Soury) qui, de plus, serait « devenu complètement catholique[100]. » Il devra encore attendre quatre ans pour obtenir une première modeste reconnaissance et, ensuite, à nouveau quatre années pour être enfin consacré véritablement par ses pairs.

---

96. « Discours de M. Ribot, président », *Congrès international de psychologie physiologique*, *op. cit.*, p. 30-31.

97. On sait qu'il est aussi un peintre connu et apprécié à cette époque.

98. Th. RIBOT, *L'Évolution des idées générales*, Alcan, Paris, 1897, p. 243-244.

99. Paul Bert est lui-même médecin, franc-maçon et libre-penseur. Il est nommé ministre de l'Instruction publique en 1881.

100. R. LENOIR, « Lettres de Théodule Ribot à Espinas », art. cit., p. 342-343.

En juillet 1885, Ribot apprend que Louis Liard, en charge de l'enseignement supérieur depuis l'année précédente, désire réparer cette injustice et créer pour lui un cours complémentaire de psychologie à la Sorbonne. Ribot n'est pas enchanté par cette manière d'entrer à l'université par la petite porte, mais il l'accepte tout de même et ouvre son cours sur un nouveau manifeste de la « psychologie nouvelle[101]. » Il estime hélas rapidement que ce cours libre ne lui donne pas véritablement les moyens de propager ses idées et encore moins de former des élèves. En effet, son auditoire serait composé aux cinq sixièmes d'un public non universitaire et, dès ce moment, il songe à se mettre à nouveau en congé[102]. Mais le 1er novembre 1887, la nouvelle tombe : « Voici ce qui m'arrive brusquement. Hier Renan m'a mandé au Collège de France et m'a fait savoir que Franck a demandé sa retraite, qu'on ne veut à aucun prix de Joly, que l'on va transformer la chaire en "psychologie" et que l'on veut me transférer de la Sorbonne au Collège. Tel est le vœu du ministre, si toutefois le Collège y consent. » De fait, par dix-neuf voix contre neuf, le Collège vote début décembre la transformation de la chaire désormais intitulée « Psychologie expérimentale et comparée. » La suite n'est plus qu'une formalité. Au début de janvier 1888, le Collège de France présente Ribot en première ligne par vingt voix contre huit pour Henri Joly[103]. Liard s'empressant de faire ratifier cette proposition, Ribot pourra commencer ses cours en avril 1888.

L'élection de Ribot au Collège de France (bientôt suivie par celle à l'Académie des sciences morales et politiques) change la nature de son influence car il a à présent la stature d'un véritable maître à penser, et ses propos vont désormais trouver un auditoire autrement plus intéressé. Ce dernier compte moins de prêtres et de femmes qu'à la Sorbonne, « en revanche beaucoup de vieux types décorés constituant le mobilier du Collège de France », mais surtout : « bon nombre de jeunes médecins, surtout aliénistes ; des candidats à diverses agrégations (non philosophiques), de jeunes naturalistes qui ont l'air très anti-spiritualistes fieffés, car ils sourient aux plus légères malices contre la doctrine classique. J'ai commencé à Pâques avec cent vingt environ et fini avec soixante ou soixante-dix[104]. » Enfin, ultime victoire, Ribot a obtenu la création d'un laboratoire de psychologie physiologique ouvert officiellement en janvier

101. Th. RIBOT, « Leçon d'ouverture. La psychologie nouvelle », *Revue scientifique*, 1885, n° 2, p. 781 *sq*.

102. Il s'en plaint à plusieurs reprises dans sa correspondance. Le 13 avril 1887 : « Auditoire presque entièrement extra-universitaire (ceux-ci figurent pour 7 ou 8). Il y a aussi 4 prêtres stables. La moitié se compose d'étrangers Russes (des deux sexes), Allemands, Américains, une petite roumaine, un Japonais, plus ce public flottant qui arrive à Paris par divers trains » (R. LENOIR, « Lettres de Théodule Ribot à Espinas », art. cit., p. 163).

103. *Ibid*., p. 164-165.

104. *Ibid*., p. 166.

1889. Avec l'accord de Liard, Ribot (qui se sait trop peu praticien) en confie la direction à Beaunis qui fera bientôt la connaissance de Binet à qui il cèdera la direction en 1894. Binet dirige alors une véritable petite équipe composée de Jules Courtier, Charles Henry, Victor Henri, Jacques Larguier des Bancels, Jean Philippe, Théodore Simon, Nicolas Vaschide, avec lesquels collaborent fréquemment Benjamin Bourdon, Marcel Foucault[105]. Les travaux sont suffisamment nombreux pour que Binet lance en 1893 le *Bulletin des travaux du laboratoire* qui devient en 1894 l'*Année psychologique*, première revue consacrée exclusivement à la psychologie expérimentale.

Depuis sa chaire du Collège de France, Ribot assure donc à la fin du siècle la formation intellectuelle générale des jeunes psychologues de demain tels B. Bourdon, G. Dumas et V. Henri, tandis que Beaunis et Binet leur enseignent la recherche expérimentale au Laboratoire. Ces deux institutions sont les symboles de la réussite de Ribot, au bout de vingt ans d'effort. Aussi comprenons-nous mal pourquoi Brooks s'évertue à tenter de montrer que, en France, la psychologie de Ribot et Janet n'a jamais pu s'arracher à la philosophie et se rapprocher de la médecine[106]. Son argument central est que, contrairement à la situation d'autres pays, la France souffrait de « contraintes structurelles » dans son système d'enseignement supérieur, que la psychologie n'a *donc* pas pu trouver une identité autonome entre les facultés des lettres et celles de médecine. Le thème n'est du reste pas nouveau. Il s'agit d'une reprise – certes beaucoup plus érudite – des analyses de Ben David et Collins qui présentaient déjà Ribot comme un « speculative philosopher », Janet comme un simple « psychiatrist », estimant globalement que, pour ces fameuses raisons institution-nelles, « they did not attempt, therefore, to create a coherent and systematic "paradigm", and to transmit it to the next generation[107]. » Il nous semble que ce genre d'analyses macro-sociologiques, qui *déduit* les contenus, les motivations des acteurs et les résultats de leur action d'une étude sommaire des structures des systèmes d'enseignement et de recherche, ne convient pas à l'analyse de l'activité scientifique. Les grandes institutions sont certes des phénomènes de structure difficiles à transformer, mais ce ne sont que des contraintes avec lesquelles les acteurs composent. L'analyse des réseaux infra-institutionnels (revues, sociétés savantes, etc.) est autrement plus fructueuse. Elle seule permet, avec

105. H. CARPINTERO, J. MOLTO, « L'*Année psychologique* et la naissance de la psychologie expérimentale en France (1894-1945) », *in* P. FRAISSE, J. SEGUI (dir.), *Les Origines de la psychologie scientifique*, *op. cit.*, p. 15-34.

106. J.I. BROOKS, « Philosophy and Psychology at the Sorbonne, 1885-1913 », *Journal of the History of the Behavioral Sciences*, 1993, n° 29, p. 123-145.

107. J. BEN DAVID, R. COLLINS, « Social Factors in the Origins of a New Science : the Case of Psychology », *American Journal of Sociology*, 1966, n° 31, p. 451-465.

l'analyse des contenus des textes (dont ces auteurs croyaient, à tort, pouvoir se passer), de comprendre les stratégies des acteurs, les véritables enjeux (no-tamment politiques) de leurs initiatives, et d'évaluer les résultats de leurs actions. C'est ce type d'analyse que nous avons présenté ici sommairement, sans prétendre avoir épuisé le sujet. Une enquête beaucoup plus poussée, utilisant des fonds d'archives institutionnelles et privées encore inexplorés, analysant systématiquement le contenu des œuvres et reconstituant dans le détail les trajectoires de l'ensemble des acteurs évoqués ici, permettrait seule de considérer que ce moment fondateur de la psychologie universitaire française est définitivement bien connu. Pour l'heure, nous pouvons cependant esquisser quelques conclusions générales sur le rôle de Ribot.

Le principal artisan de la psychologie universitaire en France

À notre sens, sans être un psychologue d'une grande originalité sur le plan intellectuel, cet homme n'en a pas moins joué un rôle clef dans l'institutionnalisation de la psychologie dans l'université française ; il fut même son principal artisan. On ne peut toutefois le considérer comme son « père fondateur » selon l'expression courante. Il est certes trop restrictif de voir seulement en lui un « témoin, initiateur et guide » de la nouvelle psychologie universitaire[108]. Mais il est inversement abusif de le désigner comme le chef d'une « école de Paris » comme l'écrivait jadis Georges Dwelsheuvers en l'associant à Binet, Paulhan et Janet, dans la mesure où, d'une part cette liste est très incomplète, d'autre part ces personnages ne sont pas liés directement au seul Ribot comme des disciples à un maître à penser[109]. Ribot eut sans doute une grande influence, mais, contrairement aux véritables chefs d'école que furent par exemple Durkheim ou Freud, ses lecteurs comme plus tard ses élèves n'ont pas reçu de lui un système complet de pensée. Ribot a seulement consacré tous ses efforts à installer la communauté des psychologues dans un cadre paradigmatique très général que l'on peut selon nous définir autour de trois axes :

– la théorie de l'évolution comme cadre théorique global ;

– l'ancrage physiologique de la psychologie comme principe général d'explication ;

– l'expérience de laboratoire et l'observation pathologique comme méthodes.

---

108. D. ESSERTIER, *La Psychologie*, Alcan, Paris, 1929, p. 5.

109. G. DWELSHEUVERS, *La Psychologie française contemporaine*, Alcan, Paris, 1920, p. 126-146.

Ribot, Richet, Beaunis, Binet, Janet, Paulhan, Perez, etc., sont ainsi des auteurs que l'on ne saurait confondre. À l'exception de Binet qui travailla le plus souvent en équipe, chacun d'entre eux a écrit une œuvre personnelle, rendant ici ou là hommage à ses amis, utilisant souvent mais non systématiquement leur travail, exprimant à l'occasion ses désaccords, poursuivant en définitive sa propre trajectoire au sein d'une communauté soudée par la conscience d'un destin commun.

CONCLUSIONS : LES DOMAINES DE LA PSYCHOLOGIE AU TOURNANT DU SIÈCLE

La psychophysiologie et ce que l'on n'appelle pas encore la psychopathologie (qui inclut l'hypnotisme et l'étude plus traditionnelle des maladies mentales) sont donc les deux grands domaines de recherche de la psychologie expérimentale au tournant du siècle. Présentés de concert et conçus comme interdépendants par la plupart des auteurs de cette époque[110], ces deux domaines ne vont pourtant cesser de s'éloigner l'un de l'autre au fil des ans. En effet, la psychologie de laboratoire développée par Binet (et par la suite par Piéron) n'incarne que le premier des deux pôles. Sans doute est-ce au moins une des raisons qui poussent Janet et Dumas à renforcer le deuxième pôle de la psychologie en créant d'une part en 1901 une nouvelle Société de psychologie en remplacement de l'ancienne Société de psychologie physiologique[111], d'autre part en 1903 une nouvelle revue : le *Journal de psychologie normale et comparée*. Toujours est-il que – pour revenir aux questions de construction de la mémoire disciplinaire que nous soulevions en introduisant ce travail – l'héritage des fondateurs de la nouvelle psychologie dite tantôt « objective », tantôt « scientifique », tantôt « expérimentale », ne saurait se réduire à la seule psychophysiologie. La psychopathologie (incluant la métapsychique, au moins jusqu'à son discrédit progressif à partir de 1905) était à l'époque conçue comme tout autant « objective », « scientifique » et « expérimentale. »

110. Même Piéron, qui se forme avec Nicolas Vaschide dans le Laboratoire de psychologie expérimentale créé en 1898 par le psychiatre Édouard Toulouse (1865-1947) à l'hôpital de Villejuif, travaille tout autant en physiologie et en zoologie qu'en psychologie des « phénomènes psychiques » (il étudie notamment, avec Vaschide, le rêve et la télépathie).

111. La société est créée dans le sillage de l'Institut psychologique international, association groupant près de 400 membres, créée par Janet et Richet en 1900 grâce à des fonds anglais et russes dans le but d'étudier scientifiquement les « questions soulevées par l'examen de phénomènes encore considérés comme occultes et qui inquiètent l'opinion publique », écrit P. JANET dans son allocution d'ouverture, *Bulletin de l'Institut général psychologique*, 1900-1902, n° 1-2, p. 134. La Société de psychologie est présidée par Janet, Ribot et F. Raymond (successeur de Charcot à la chaire de clinique des maladies mentales de la Salpêtrière) sont présidents d'honneur, Binet et G. Ballet (co-fondateur de la Société de neurologie, président de la Société médico-psychologique) sont vice-présidents, Dumas est secrétaire général.

Et il y a plus. À partir du milieu des années 1890 et jusqu'à la fin de sa vie, Ribot appellera sans cesse à l'élargissement de la psychologie vers un troisième domaine : la vie sociale. Étudiant désormais de plus en plus les opérations complexes de l'esprit et les phénomènes affectifs, Ribot sent en effet de plus en plus la nécessité de reconnaître et d'étudier la construction sociale (culturelle ou historique, comme l'on voudra) du psychisme. En 1896, dans la préface de la *Psychologie des sentiments*, il affirme certes d'abord son adhésion à « la thèse que j'ai appelée physiologique (Bain, Spencer, Maudsley, James, Lange, etc.) [qui] rattache tous les états affectifs à des conditions biologiques et les considère comme l'expression directe et immédiate de la vie végétative. » Mais il ajoute cette fois aussitôt que « la vie affective ne peut être comprise que si on la suit dans ses transformations incessantes, c'est-à-dire dans son histoire. La séparer des institutions sociales, morales, religieuses, des changements esthétiques et intellectuels qui la traduisent et l'incarnent, c'est-à-dire la réduire à une abstraction vide et morte[112]. » L'histoire lui semble alors être le meilleur « laboratoire » de la psychologie car « si la vie de l'esprit a ses racines dans la biologie, elle ne se développe que dans les faits sociaux[113]. » Déjà une certaine complexité sociale s'impose donc à lui, même s'il ne reconnaît pas d'autonomie de développement (et donc d'explication) aux faits sociaux qu'il ramène toujours à leurs « racines biologiques. »

Cette évolution de Ribot se manifeste plus clairement encore en 1905 lorsque, dans *La Logique des sentiments*, il annonce clairement cette fois qu'il « traite une question de psychologie, individuelle en apparence mais tout autant collective, puisque les groupes humains se forment et se maintiennent par la communauté de croyances, d'opinions, de préjugés, et que c'est la logique des sentiments qui sert à les créer et à la défendre[114]. » Mais, déjà, le discours d'ouverture que Ribot prononce au quatrième congrès international de psychologie (tenu à Paris les 20-26 août 1900 à l'occasion de l'Exposition universelle) a consacré cette évolution. Il est particulièrement significatif que celui qui a le plus œuvré pour ancrer la psychologie dans la physiologie y fasse clairement l'aveu d'une insuffisance. Ribot rappelle en effet solennellement que la physiologie n'est qu'une « science auxiliaire » et que « tant que les phénomènes nerveux n'ont pas été interprétés, traduits en termes empruntés à la conscience, il n'y a pas encore de psychologie. » Il ajoute que les études sur la sensation sont quelque peu « envahissantes », qu'elles tendent logiquement à se constituer en « une province distincte sous le nom de psychophysique » mais qu'elles occupent une place trop souvent « disproportionnée » dans

112. Th. RIBOT, *La Psychologie des sentiments*, Alcan, Paris, 1896, p. VII-VIII.

113. *Ibid.*, 196.

114. Th. RIBOT, *La Logique des sentiments*, Alcan, Paris, 1905, p. X.

les ouvrages de psychologie[115]. Ribot attire au contraire l'attention de ses auditeurs sur « les régions supérieures » de la vie mentale, « ce sujet négligé, presque oublié par la psychologie expérimentale à ses débuts » et qui réclame le secours des sciences sociales :

> « Il n'y a pas, en psychologie, de questions plus délaissées que celles qui touchent aux opérations logiques, au jugement, au raisonnement, à l'imagination créatrice : en un mot, aux manifestations les plus complexes de l'esprit. [...] J'incline à croire que la principale cause de cette abstention est le désir très louable d'éviter la théorie pure, les spéculations vides. [...] [mais] l'anthropologie, l'ethnographie, la linguistique, l'histoire, permettent une interprétation moins subjective que celles de l'introspection ou la pure dialectique[116]. »

Un des derniers textes que Ribot écrivit dans sa vie fut sans doute la préface au *Traité de psychologie* que Georges Dumas publiera au lendemain de la guerre. Tout en réaffirmant que la psychologie devait se conformer à « la méthode des sciences naturelles » par opposition à la métaphysique et que le psychologue était « un *naturaliste* d'une certaine espèce », Ribot réaffirmera une dernière fois que « si la psychologie commence avec la biologie et avec la zoologie, elle a son efflorescence terminale dans la sociologie » et que, pour y parvenir, les psychologues ne doivent pas « méconnaître le caractère original du fait social[117]. »

À présent que la bataille tant intellectuelle qu'institutionnelle était gagnée face aux philosophes, celui qui, depuis un quart de siècle, n'avait eu de cesse de vouloir ramener le complexe (psychique) au simple (physiologique) sentait désormais l'insuffisance d'une telle perspective et appelait de ses vœux son dépassement. Plus qu'une prise de conscience aussi subite que tardive des effets réducteurs de son paradigme initial, cette ultime évolution de Ribot est liée à l'arrivée conquérante de la sociologie dans le champ intellectuel des années 1890 – qu'il a du reste encouragé en publiant très souvent Tarde, Durkheim et d'autres philosophes revendiquant l'étiquette de « sociologues » – puis, plus précisément, à l'influence croissante de l'école durkheimienne à partir des années 1898-1901.

Quoi qu'il en soit, à partir du tournant du siècle, la psychologie distinguera trois domaines inégalement institutionnalisés mais intellectuellement relativement bien identifiés : la psychophysiologie, la psychopathologie et la psychologie collective.

115. Th. RIBOT, « La psychologie de 1896 à 1901 », *in* P. JANET (dir.), *IVe Congrès international de psychologie. Comptes rendus des séances et textes des mémoires*, Alcan, Paris, 1901, p. 40-47.

116. *Ibid.*, p. 44-45.

117. Th. RIBOT, « Préface (1914) », *in* G. DUMAS (dir.), *Traité de psychologie*, Alcan, Paris, 1923, vol. I, p. IX-XII.

8

Pour une psychologie collective
La querelle entre Halbwachs et Blondel[*]

Halbwachs et Blondel sont les héritiers directs de la génération des fondateurs des sciences humaines à l'université. De fait, la question des (r)apports entre leurs deux disciplines a déjà une histoire au moment où ils s'en emparent. De surcroît, ils ne sont pas les seuls auteurs de leur génération à se passionner pour une question dont on peut en réalité dire que son traitement est un enjeu intellectuel et disciplinaire central dans l'entre-deux-guerres. Pour mieux situer ces deux auteurs et leur débat, il faut donc faire quelques rappels et quelques mises en contexte.

Au tournant du siècle, Durkheim et son équipe initiale définissent fondamentalement la sociologie comme une psychologie collective et ils réussissent à intéresser fortement les psychologues de leur époque, au point d'amener progressivement certains d'entre eux à concevoir la nécessité de revisiter la plupart des objets traditionnels de la psychologie à la lumière de l'influence du social[1]. Théodule Ribot – le principal artisan de l'institutionnalisation de la psychologie à la fin du XIXe siècle – ayant donné l'exemple, nombre de jeunes psychologues vont suivre et prolonger ce débat durant l'entre-deux-guerres. Charles Blondel, Georges Dumas puis Ignace Meyerson sont sans doute les plus importants. De leur côté, les héritiers de Durkheim ne cessent de réinvestir cette réflexion sur la psychologie collective. Ainsi, Marcel Mauss, Maurice Halbwachs, Lucien Lévy-Bruhl et Marcel Granet reprennent chacun à leur manière le débat lancé par Durkheim sur le rôle des *représentations collectives* dans la structuration des états de conscience individuels.

Du côté des sociologues, comme de celui des psychologues, ces recherches individuelles participent donc d'une dynamique collective qui appa-

---

* Article paru initialement dans la *Revue d'histoire des sciences humaines*, 1999, n° 1, p. 101-138, sous le titre « Pour une psychologie collective. L'héritage durkheimien d'Halbwachs et sa rivalité avec Blondel durant l'entre-deux-guerres ».

1. L. MUCCHIELLI, *La Découverte du social. Naissance de la sociologie en France (1870-1914)*, La Découverte, Paris, 1998, p. 317-358 ; et le chapitre 7 du présent ouvrage.

raît nettement à travers les multiples contributions composant les deux épais volumes du *Traité de psychologie* dirigé par Georges Dumas, commencé avant la guerre et publié finalement en 1923-1924[2]. Le débat s'exerce au grand jour dans de nombreux lieux de confrontations. Sociologues et psychologues se rencontrent du reste régulièrement lors des réunions de la Société de psychologie de Paris à partir de 1920 et de celles de l'Institut de sociologie à partir de 1924[3]. Signe d'une commune démarche volontaire, le dialogue est officialisé par la participation régulière des uns aux activités des autres en tant que membres de droit et souvent même dans les positions les plus honorifiques. C'est ainsi que Mauss fut élu président de la Société de psychologie pour l'année 1924, et c'est à cette occasion qu'il prononça la fameuse conférence sur les « Rapports réels et pratiques de la psychologie et de la sociologie », rompant avec le ton polémique et dominateur de Durkheim avant la guerre, invitant les représentants des deux disciplines à un dialogue étroit sur des objets précis[4].

Les acteurs de l'époque ont du reste bien perçu l'intensité inédite de ce dialogue. En 1925, commentant l'évolution du champ intellectuel français au lendemain de la guerre, Dominique Parodi va jusqu'à écrire que deux événements scientifiques se dégagent nettement comme des nouveautés : le premier est la discussion de la théorie de la relativité d'Einstein, le second et « le plus curieux » est « une sorte de rapprochement et comme d'alliance entre la psychologie et la sociologie[5]. » Analysant le contenu du *Traité de psychologie* dirigé par Dumas et l'évolution des idées de son temps, Roger Lacombe estime de son côté que : « nul doute que nous assistons à l'élaboration d'une doctrine [psycho-sociologique] dont la constitution sera l'un des faits marquants de l'histoire de la psychologie dans la première moitié du XXe siècle[6]. » C'est dire si la controverse qui allait opposer les deux plus importants théoriciens de cette nouvelle discipline à partir de 1925 doit être située dans un contexte universitaire particulièrement riche. Elle porte en apparence sur des objets précis – la mémoire et le suicide –, en filigrane sur la question théorique générale des rapports entre Individu et Société et *in fine* sur les rapports entre sociologie et psychologie.

---

2. L. MUCCHIELLI, « Psychologie et sociologie en France, l'appel à un territoire commun : vers la psychologie collective (1890-1940) », *Revue de synthèse*, 1994, n° 3-4, p. 461-464.

3. J. HEILBRON, « Note sur l'Institut français de sociologie (1924-1962) », *Études durkheimiennes*, 1983, n° 9, p. 9-14.

4. M. MAUSS, « Rapports réels et pratiques de la psychologie et de la sociologie », *Journal de psychologie*, 1924, n° 21, p. 892-922.

5. D. PARODI, « La philosophie française de 1918 à 1925 », *Revue philosophique*, 1925, n° 1, p. 359 et 365.

6. R. LACOMBE, « La thèse sociologique en psychologie », *Revue de métaphysique et de morale*, 1926, p. 352.

UNE CONCURRENCE INTELLECTUELLE

Être le théoricien des relations entre psychologie et sociologie dans la lignée du durkheimisme : telle est l'ambition commune de deux universitaires qui se sont trouvés de fait en situation de concurrence intellectuelle. Précisons un peu leurs parcours et positions respectifs.

Charles Blondel (1876-1939)

Blondel a, comme beaucoup de psychologues de sa génération, reçu la double formation de lettres et de médecine. Normalien (1900), il sera agrégé de philosophie la même année (1900) puis docteur ès lettres (1914) et enseignera toute sa vie dans des facultés de lettres. Il est également docteur en médecine (1906) et, fort de cette double formation, s'orientera rapidement vers la psychopathologie. À bien des égards, ce parcours est similaire à ceux de Pierre Janet, Georges Dumas et Henri Wallon, les quatre hommes étant les principaux représentants de la psychopathologie universitaire française de l'entre-deux-guerres.

En 1910, Blondel découvre le livre de Lucien Lévy-Bruhl – lui-même fraîchement converti à la sociologie durkheimienne – sur *Les fonctions mentales dans les sociétés inférieures*, et y adhère pleinement[7]. Le compte rendu qu'il rédige pour le *Journal de psychologie normale et pathologique* de Dumas et Janet expose longuement les raisons de ce que l'on peut appeler une conversion au point de vue sociologique, et annonce déjà le fil directeur de sa thèse soutenue en 1914 sur la conscience morbide :

> « Tout de même que l'étude des mentalités inférieures est éminemment de nature à nous faire comprendre et sentir que les formes de notre raison et les lois de notre logique ne sont pas celles d'un homme abstrait et universel, mais sont corrélatives de nos organisations sociales et de nos civilisations, de même l'étude des troubles morbides, considérés dans leur originalité essentielle, fera peut-être éclater à nos yeux ce qu'a d'artificiel le revêtement social qui se confond pour nous avec notre propre pensée et nous aidera à retrouver, derrière la conscience sociale, ce quelque chose de préconceptuel, de prélogique et de prérationnel, de prémorbide et de prénormal aussi en un sens, que peut être la pensée individuelle [...][8]. »

Dans sa thèse, Blondel s'interroge ainsi sur l'existence d'une « logique morbide » qui permettrait de comprendre la pensée des malades mentaux comme un univers fonctionnant de façon radicalement différente de celle des individus normaux, un univers dans lequel les « lignes de démarcation » établies par l'esprit sain entre les réalités physiques et les réalités

7. L. MUCCHIELLI, *La Découverte du social*, *op. cit.*, p. 341 *sq.*

8. Ch. BLONDEL, « Les fonctions mentales dans les sociétés primitives d'après un livre récent », *Journal de psychologie*, 1910, n° 6, p. 548-549.

morales seraient abolies[9]. À la différence de la « conscience normale », la « conscience morbide » n'est pas ou n'est plus socialisée. Les malades ont du reste systématiquement des troubles du langage, ils ne peuvent plus s'exprimer de façon pour nous intelligible. Même leurs mimiques, leurs émotions, l'expression de leurs sentiments, n'étant plus façonnées par les conventions sociales, deviennent incompréhensibles[10]. Les individus sont alors seulement déterminés par leur « psychisme individuel pur », par leur « subconscient[11] », par des sensations organiques, « cénesthésiques », qui envahissent leur conscience et qui rendent les expressions verbales ou comportementales incompréhensibles à autrui.

Blondel s'inspire aussi beaucoup de Bergson dans sa façon d'accorder à l'univers mental du malade la cohérence d'un vécu psychique subjectif. À sa façon, comme Halbwachs, Blondel réalise donc une combinaison du durkheimisme et du bergsonisme. Cela étant, on retrouve dans toute son œuvre cette opposition d'une part entre le normal et le pathologique, d'autre part entre le biologique et le social. De fait – nous y reviendrons longuement –, on retrouve aussi constamment cette difficulté à penser l'individualité propre des êtres autrement que comme leur constitution biologique, par opposition à tout ce qu'ils doivent au conformisme social. D'où cette définition : « notre individualité psychologique est faite de la rencontre en notre conscience de ce qui lui vient de la société et de ce qui lui vient de l'organisme. La psychologie est l'étude de cette rencontre[12]. » Il reste que son œuvre présente la singularité de s'être définie et présentée comme une tentative de répondre au défi intellectuel lancé par Durkheim, de participer à la fondation d'une « psychologie nouvelle » dont « le besoin est senti par tous les esprits[13]. » Dans le *Traité de psychologie* de Dumas, concluant le chapitre sur « Les volitions », Blondel écrivait :

> « L'activité volontaire ne tient pas ses caractères les plus essentiels des moyens physiologiques par lesquels elle s'exerce, ni d'une activité proprement psychologique qui se constituerait à elle-même son expérience, mais bien du système de concepts et d'impératifs que la collectivité nous impose et qui, introduisant dans le flux mouvant et fuyant de nos états de conscience leur rigidité et leur universalité, assurent à notre expérience et à notre personnalité l'unité, la continuité et la cohérence[14]. »

9. Ch. BLONDEL, *La Conscience morbide. Essai de psychopathologie générale*, Alcan, Paris, 1914, p. 237.

10. *Ibid.*, p. 256 *sq.*

11. Blondel s'inspire ici successivement de Bergson et de Janet.

12. Ch. BLONDEL, « Psychologie pathologique et sociologie », *Journal de psychologie*, 1925, n° 21, p. 334.

13. *Ibid.*, p. 359.

14. Ch. BLONDEL, « Les volitions », *in* G. DUMAS (dir.), *Traité de psychologie*, Alcan, Paris, 1923, p. 422-423.

À bien des égards, Blondel peut être qualifié de psychologue durkheimien tant il a adhéré aux bases mêmes du projet théorique du fondateur de « l'école sociologique française. » Du reste, les durkheimiens ne s'y trompent pas. Ainsi, par exemple, en 1923, lorsqu'il prépare le lancement de la deuxième série de l'*Année sociologique*, Mauss pense à lui pour constituer la liste des collaborateurs et Halbwachs l'encourage dans sa tentative de s'attacher les services de son collège de Strasbourg qu'il présente à Mauss comme « très durkheimien[15]. » Trop peut-être car, quatre ans plus tard, tandis qu'il félicite Mauss pour son mémoire sur le programme de la sociologie paru dans l'*Année sociologique*, Halbwachs ne cache pas son soulagement d'y voir figurer en bonne place la morphologie sociale : « Oui, il faut que la sociologie se dégage aussi de ce que Blondel appelle la psychologie collective [...]. C'est bien là que passe la limite qui nous sépare tout de même des psychologues sociologistes ou sociologisants[16]. » Il reconnaît donc explicitement qu'une partie essentielle du programme durkheimien se trouve de fait placée sous concurrence.

Maurice Halbwachs (1877-1945)

Halbwachs est également normalien, agrégé de philosophie en 1901 (reçu premier), docteur en Droit (1909) et en Lettres (1912). Dans sa jeunesse, il reçoit la double influence de Bergson et de Durkheim. Le premier fut son professeur de philosophie au Lycée Henri IV et Halbwachs ira encore l'écouter au Collège de France jusqu'en 1901. Selon un témoignage recueilli par Craig[17], à cette époque Halbwachs voulait être psychologue. Par la suite, il s'éloignera de Bergson (sans jamais cesser, toutefois, de dialoguer avec lui à travers ses travaux). Fréquentant assidûment les milieux normaliens et socialistes, Halbwachs a en effet découvert la sociologie de Durkheim et il rejoint rapidement l'équipe de l'*Année sociologique* par l'intermédiaire de François Simiand. Dès lors, il est et restera l'un des plus fidèles et des plus dynamiques membres de ce que l'on désigne déjà à l'époque comme « l'école sociologique française. » Comme la plupart des jeunes intellectuels qui gravitent dans ou autour de cette équipe, Halbwachs a rapidement compris que le cœur de la sociologie durkheimienne réside dans l'étude des représentations collectives : « nulle proposition n'a

15. Lettre du 21 février 1923, citée par M. FOURNIER, *Marcel Mauss*, Fayard, Paris, 1994, vol. 3, p. 488. De même, lorsque Eubank visite les sociologues français en 1934 et qu'il interroge Bouglé, ce dernier lui déclare qu'en France on peut faire une thèse de sociologie avec « Bouglé, Simiand, Mauss, Fauconnet, Halbwachs ou Blondel » (D. KÄSLER, *Sociological Adventures. Earle Edward's Visit with European Sociologist*, Transaction Publishers, New Jersey, 1991, p. 138).

16. Lettre du 27 février 1927, citée par M. FOURNIER, *Marcel Mauss*, *op. cit.*, vol. 1, p. 538.

17. J.E. CRAIG, « Maurice Halbwachs à Strasbourg », *Revue française de sociologie*, 1979, vol. 20, n° 1, p. 279.

sans doute été mieux établie en sociologie[18]. » En 1918, dans un article présentant « La doctrine d'Émile Durkheim » au lendemain du décès de ce dernier, Halbwachs a une première occasion d'interpréter explicitement le sens du projet scientifique durkheimien – la psychologie collective – et d'indiquer la façon dont il faut le prolonger. Il s'agit de défendre un héritage théorique dont « la portée dépasse la sociologie entendue au sens strict. » En réalité, « il n'est point d'étude se rapportant à la nature humaine qui ne doive sentir l'influence organisatrice et vivifiante de cette doctrine[19]. » En effet, c'est une nouvelle théorie psychologique qui se profile à partir de l'idée de conscience collective :

> « La conscience collective est une réalité spirituelle, et le résultat de la science nouvelle fut de la révéler peu à peu beaucoup plus riche et profonde que toutes les autres, puisque celles-ci en dépendaient et s'y alimentaient. Son action, ses prolongements se suivent en effet dans toutes les régions de la conscience de chaque homme ; son influence sur l'âme se mesure à celle que les facultés supérieures, qui sont les modes de la pensée sociale, exercent sur la vie sensitive[20]. »

Par quels mécanismes cérébraux la conscience collective agit-elle sur les consciences individuelles ? Voilà la grande question de théorie psychologique à laquelle Durkheim avait tenté de répondre par le concept de *représentations collectives* en faisant l'hypothèse d'une mémoire sociale inconsciente agissant automatiquement sur les individus[21]. C'est ici qu'Halbwachs s'oriente vers une sociologie plus concrète, mais qui n'en partage pas moins la même soumission totale de l'individuel au collectif. De ce point de vue, Halbwachs nous semble du reste un disciple moins original qu'on ne l'écrit souvent.

Une rivalité manifeste

Les deux hommes ont en commun nombre de caractéristiques sociales qui prédisposent à une véritable situation de concurrence : ils appartiennent exactement à la même génération (Blondel est l'aîné d'un an), ils ont subi en partie les mêmes influences (Durkheim et Bergson), ils évoluent au cœur du même milieu intellectuel évoqué ci-dessus (ils ont donc les mêmes interlocuteurs et en partie les mêmes sociabilités) et ont connu des carrières étonnamment proches. Normaliens et agrégés de philosophie à un an d'écart (n'appartenant donc pas à la même promotion, mais s'étant connus dès cette époque), ils ont l'un et l'autre enseigné la philosophie au

18. M. HALBWACHS, « Remarques sur le problème sociologique des classes », *Revue de métaphysique et de morale*, 1905, n° 13, p. 900.
19. M. HALBWACHS, « La doctrine d'Émile Durkheim », *Revue philosophique*, 1918, p. 411.
20. *Ibid.*, p. 410.
21. L. MUCCHIELLI, *La Découverte du social*, *op. cit.*, p. 192-198.

lycée avant la guerre. En 1919, tous deux sont nommés professeurs à la Faculté des Lettres de Strasbourg, Blondel en psychologie et Halbwachs en sociologie. Avec les historiens Marc Bloch et Lucien Febvre, ils y formeront un des groupes d'universitaires français les plus importants des années 1920[22]. Ils participeront également à plusieurs projets visant au rapprochement franco-allemand jusqu'au début des années 1930[23]. Enfin, tous deux reviendront à Paris pratiquement au même moment, pour remplacer ou succéder à leurs collègues et amis à la Sorbonne : Halbwachs supplée Bouglé à la chaire d'Histoire de l'économie sociale (1935), obtient la création d'une chaire de logique et de méthodologie des sciences (1937), succède à Fauconnet à la chaire de sociologie (1939) ; Blondel occupe la chaire de psychologie expérimentale (1937) puis remplace Dumas dans la chaire de psychopathologie (1938).

Ces données, alliées à la simple observation de la bibliographie des deux auteurs (qui démontre d'une part qu'ils se commentent mutuellement et d'autre part qu'ils sont les deux principaux théoriciens en ce domaine[24]), permettaient déjà de déduire une situation de concurrence entre les acteurs[25]. Et l'exploration du fonds Halbwachs déposé à l'Institut Mémoire de l'édition contemporaine (IMEC) à Paris le confirme sans équivoque. Le dépouillement du journal manuscrit (une série de quatre « cahiers », généralement datés et paginés) d'Halbwachs fournit en effet nombre d'éléments en ce sens. On y vérifie d'abord que les deux hommes se connaissent depuis l'École normale supérieure, se sont surtout fréquentés durant leur période strasbourgeoise, mais ne sont pas véritablement des proches. Revenus tous deux à Paris, ils peuvent se retrouver à dîner ensemble chez un tiers[26], mais ne semblent guère s'inviter mutuellement. Il faut le décès de Blondel pour qu'Halbwachs se laisse aller à exprimer ses sentiments très respectueux à l'endroit de son rival : « Dimanche 26 février 1939. Blondel (Charles) est mort ce matin [...]. Un psychologue très personnel, retenant beaucoup de Bergson (contre Wallon, Piéron et l'école du comportement), lettré, humaniste, un peu "génial" à sa manière, un des rares parmi nous ayant le don d'écrivain. [...]. Il était de Nîmes, petit méridional, protestant mais non croyant, très sceptique, scrupuleux, poli, correct, courageux devant la vie et le reste. [...] Un peu d'un autre

22. J.E. CRAIG, « Maurice Halbwachs à Strasbourg », art. cit., p. 275-277.

23. *Ibid.*, p. 284-285.

24. Notons aussi que, en 1934, lorsqu'il interroge Halbwachs, Eubank s'entend cette fois répondre que « Docteur Charles Blondel, Professor of Pathological Psychology at the University of Strasbourg, is almost a sociologist, and we work closely together, and in the same direction. With this exception, I am alone in the field » (D. KÄSLER, *Sociological Adventures*, *op. cit.*, p. 114). Halbwachs considère donc Blondel comme son unique concurrent.

25. L. MUCCHIELLI, « Psychologie et sociologie en France », art. cit., p. 470.

26. Évocation d'un dîner chez Carcopino avec « les Blondel » à la fin des années 1930, Cahiers IV (juillet 1940-juillet 1944), p. 58.

âge par la correction, la tenue, les exigences littéraires et intellectuelles. Nous l'avions vu chez lui il y a quinze jours, au milieu de ses amis, les Gilson, les Courbon (sans parler de Montel), les Tonnelat[27]. »

Le journal d'Halbwachs comporte enfin et surtout un extrait datant de 1935 et intitulé « Ma nomination à la Sorbonne », Halbwachs y raconte rien moins qu'un rêve particulièrement révélateur : « En rêve, je vois Lévy-Bruhl et un autre (à la fois Durkheim et doublure de Lévy-Bruhl), tous deux très froids. Je leur apprends que je suis nommé. Mais ils savent d'autre part que Blondel est nommé maître de conférence à Toulouse, et je ne sais comment, ces deux nominations s'équivalent. Je suis très déçu ! »[28]. Point n'est besoin de recourir à une quelconque théorie du rêve pour remarquer d'une part la présence tutélaire des autorités morales que sont la mémoire de Durkheim et le personnage de Lévy-Bruhl, d'autre part la concurrence ouverte entre Halbwachs et Blondel. L'interprétation me semble aisée : devant deux juges suprêmes en matière de psychologie collective, le candidat Halbwachs ne parvient pas à s'imposer seul comme leur digne héritier ; Blondel le concurrence et diminue son mérite. La rivalité a ainsi duré durant tout l'entre-deux-guerres et même après. En 1942, dans son cours à la Sorbonne, Halbwachs continue en effet à dialoguer essentiellement avec Blondel qui, après Durkheim, est l'auteur le plus cité. Dans cette rivalité, cette concurrence même, Halbwachs a eu le dernier mot institutionnel faute de combattant. Mais on imagine sans peine la terrible bataille qui aurait eu lieu au Collège de France en 1943-1944 si Blondel n'était pas décédé quelques années plus tôt et s'il avait candidaté en même temps qu'Halbwachs sur la chaire laissée vacante par la mise à la retraite forcée de Mauss (du fait des lois antisémites de Vichy[29]).

La situation étant donnée, reste à présent à observer le déroulement de ce débat qui culmine en 1925 et 1938, mais se prolongera encore dans l'œuvre d'Halbwachs après la disparition de Blondel.

MÉMOIRE ET APHASIE : PREMIÈRE CONTROVERSE

Les thèses d'Halbwachs

En 1925, Halbwachs fait paraître son premier grand livre de l'après-guerre : *Les cadres sociaux de la mémoire*. Son propos général est bien résumé dans cet extrait de l'introduction :

27. Cahiers III (juillet 1935-octobre 1939), p. 136-137.
28. Cahiers III (juillet 1935-octobre 1939), p. 5.
29. Sur l'élection d'Halbwachs, *cf.*, L. MUCCHIELLI, J. PLUET-DESPATIN, « Halbwachs au Collège de France », *Revue d'histoire des sciences humaines*, 1999, n°1, p. 179-188.

« Si nous examinons d'un peu plus près de quelle façon nous nous souvenons, nous reconnaîtrions que, très certainement, le plus grand nombre de nos souvenirs nous reviennent lorsque nos parents, nos amis, ou d'autres hommes nous les rappellent. On est assez étonné lorsqu'on lit les traités de psychologie où il est traité de la mémoire, que l'homme y soit considéré comme un être isolé. [...] Cependant c'est dans la société que, normalement, l'homme acquiert ses souvenirs, qu'il se les rappelle, qu'il les reconnaît et les localise. [...] le rappel des souvenirs n'a rien de mystérieux. Il n'y a pas à chercher où ils sont, où ils se conservent, dans mon cerveau, ou dans quelque réduit de mon esprit où j'aurais seul accès, puisqu'ils me sont rappelés du dehors, et que les groupes dont je fais partie m'offrent à chaque instant les moyens de les reconstruire, à condition que je me tourne vers eux et que j'adopte au moins temporairement leurs façons de penser. [...] C'est en ce sens qu'il existerait une mémoire collective et des cadres sociaux de la mémoire, et c'est dans la mesure où notre pensée individuelle se replace dans ces cadres et participe à cette mémoire qu'elle serait capable de se souvenir[30]. »

Au delà d'une simple posture théorique, Halbwachs discute dans le détail plusieurs problèmes, dont celui de l'aphasie, maladie du langage (ou plutôt de la parole) caractérisée globalement par la perte plus ou moins complète des souvenirs verbaux. Les recherches menées jusqu'au début du XXe siècle par les neurobiologistes et les psychophysiologues tendent à identifier un ou plusieurs centres nerveux de l'idéation et à expliquer l'aphasie par un dysfonctionnement de ce centre. Or Halbwachs fait remarquer que tous ces médecins persistent à distinguer différents types d'aphasie selon qu'elle porte sur la faculté d'articulation, sur les images visuelles ou sur les images auditives, lors même qu'ils s'accordent généralement pour reconnaître que ces troubles ne se rencontrent jamais « à l'état pur », que lorsqu'une des altérations domine, les autres sont presque toujours également constatables.

Dès lors, en se référant aussi aux doutes anti-localisateurs émis par certains neurologues tels Pierre Marie[31], Halbwachs tranche nettement :

« Il n'est pas possible de constituer en entités cliniques telle ou telle forme d'aphasie [...] : il existe tant de variétés individuelles, les souvenirs des diverses espèces témoignent, dans leur disparition, d'une solidarité ou d'affinités si capricieuses, qu'on a beau compliquer les schémas primitifs

30. M. HALBWACHS, *Les Cadres sociaux de la mémoire*, Albin Michel, Paris, 1994, p. VI (1ère édition : 1925).

31. Marie s'élevait déjà contre la théorie du « tout localisation », distinguait les troubles du langage des troubles de la parole, et avançait l'idée que les troubles du langage renvoyaient à des troubles de l'intelligence (P. MARIE, « Révision de la question de l'aphasie », *La semaine médicale*, 1906, 17 octobre, p. 7-12). Ses positions déclenchèrent un vif débat à la Société de neurologie, le puissant Jules Déjerine défendant la thèse des localisations. C'est dans le service de ce même Déjerine, à la Salpêtrière, que Blondel fit sa thèse de psychopathologie, ce qui contribue sans doute à la position qu'il prendra contre la thèse d'Halbwachs (*cf. infra*).

> et imaginer, à côté du trouble principal, des troubles accessoires qui n'en seraient que le retentissement, on est obligé de s'en tenir à un seul cadre, sans qu'on puisse y distinguer quelques grandes catégories. [...] c'est l'intelligence en général qui se trouve atteinte[32]. »

Et si les troubles du langage renvoient à un trouble général de l'intelligence, c'est que le premier n'est pas seulement l'instrument de la seconde mais qu'en réalité « il conditionne tout l'ensemble de nos fonctions intellectuelles », il est « la fonction collective par excellence de la pensée[33]. »

C'est naturellement sur les travaux du linguiste Antoine Meillet, rallié à la sociologie durkheimienne, qu'Halbwachs s'appuie pour mettre en évidence la nature et la fonction sociales du langage[34]. Il montre d'abord que, vue de l'extérieur, l'aphasie se caractérise par une impossibilité à communiquer avec les autres membres du groupe social qui ne reconnaissent plus dans la parole de l'aphasique les conventions linguistiques en usage. Il rappelle ensuite que des troubles extérieurement semblables à ceux que produit l'aphasie peuvent se rencontrer chez n'importe qui dans certaines situations. C'est par exemple le cas du candidat qui, lors d'un examen, se trouve ému au point de perdre momentanément la mémoire des mots. Dès lors, on peut faire l'hypothèse que l'aphasie ne nécessite nullement la présence d'une lésion cérébrale, mais qu'elle consiste d'abord dans « une altération profonde des rapports entre l'individu et le groupe » :

> « En d'autres termes, il y aurait dans l'esprit de tout homme normal vivant en société une fonction de décomposition, de recomposition et de coordination des images, qui lui permet d'accorder son expérience et ses actes avec l'expérience et les actes des membres de son groupe. Dans les cas exceptionnels où cette fonction se dérègle, s'affaiblit ou disparaît de façon durable, on dit que l'homme est aphasique, parce que le symptôme le plus marqué de cette perturbation, c'est que l'homme ne peut plus se servir des mots[35]. »

Halbwachs en veut pour preuve les travaux contemporains d'Henry Head sur les aphasiques des suites de guerre. Observant de jeunes militaires parfaitement normaux mais blessés à la tête et en ayant développé des troubles aphasiques, Head montrait en effet que leur incapacité à reproduire certains mots énoncés devant eux s'expliquait non pas par la disparition des images mentales ou des souvenirs correspondant à ces mots, mais directement et simplement par l'oubli de ces mots. De même, s'ils ne peuvent plus dessiner certains objets lorsqu'on le leur demande, ce n'est pas

32. M. HALBWACHS, *Les Cadres sociaux de la mémoire*, *op. cit.*, p. 66.

33. *Ibid.*, p. 68.

34. Sur la sociolinguistique de Meillet, *cf.* L. MUCCHIELLI, *La Découverte du social*, *op. cit.*, p. 368-381.

35. M. HALBWACHS, *Les Cadres sociaux de la mémoire*, *op. cit.*, p. 69-70.

du fait de l'absence des facultés intellectuelles de coordination mentale nécessaires puisqu'ils peuvent par ailleurs les dessiner spontanément. C'est parce qu'ils ne peuvent plus se les représenter, invoquer leur forme schématique conventionnelle[36]. C'est donc bien d'une perte des repères sociaux conventionnels (visuels et/ou auditifs) et non des facultés intellectuelles générales, dont souffrent les aphasiques :

> « Ce qui manque à l'aphasique ce sont moins les souvenirs que le pouvoir de les replacer dans un cadre, c'est ce cadre lui-même, sans lequel il ne peut répondre en termes impersonnels et plus ou moins objectifs à une question précise qui lui est posée par le milieu social [...] Pour qu'on puisse sortir de soi et se placer momentanément à la place d'un autre, il faut avoir l'idée distincte de soi, des autres, et des rapports qui existent entre nous et eux : c'est un premier degré de représentation à la fois symbolique et social [...]. La perte des mots [...] n'est qu'une manifestation particulière d'une incapacité plus étendue : tout le symbolisme conventionnel, fondement nécessaire de l'intelligence sociale, lui est devenu plus ou moins étranger[37]. »

De l'organique au psycho-sociologique

L'aphasie mais aussi le rêve et, de façon assez générale, la maladie mentale sont autant de phénomènes qui s'expliquent traditionnellement de façon purement individuelle et biologique[38]. Or le travail d'Halbwachs met en évidence autant de troubles de la conscience sociale, autant de perte des cadres sociaux de la mémoire, du langage, de l'intelligence, de la conscience. Il en tire des leçons épistémologiques générales sur l'autonomie relative du psychique par rapport au physiologique :

> « Les faits psychiques s'expliquent par des faits psychiques, et on complique inutilement l'étude de ces faits lorsqu'on y mêle des considérations d'un autre ordre [biologique]. Lorsqu'on parle de réactions motrices consécutives à des représentations de mouvements ou d'ébranlements nerveux qui prolongent des images, d'une part on construit des hypothèses (puisque, de ces réactions et ébranlements physiques, nous ne connaissons presque rien par observation directe), d'autre part on détourne son attention de ce qu'on pourrait appeler l'aspect psychique de ces faits [...]. Or, nous ne savons pas en quoi consiste le mécanisme cérébral du langage, mais nous sentons, lorsque nous parlons, que *nous attribuons aux mots et aux phrases une significatio*n, c'est-à-dire que notre esprit n'est pas vide, et que nous sentons d'autre part que *cette signification est conventionnelle.* [...] On se trompe, lorsqu'on cherche la cause d'un tel trouble dans une lé-

36. *Ibid.*, p. 70-73.
37. *Ibid.*, p. 76-77.
38. *Cf.* aussi le texte, tardif, sur la mémoire collective des musiciens : M. HALBWACHS, « La mémoire collective chez les musiciens », *Revue philosophique*, 1939, n° 121, p. 136-165.

> sion cérébrale, ou dans une perturbation psychique limitée à la conscience individuelle du malade[39]. »

Plus loin, discutant à nouveau Bergson, Halbwachs réinterprète les vues du « grand psychologue » et, à travers elles, toute la psychophysiologie traditionnelle à laquelle il oppose une véritable psychologie qui conçoit la conscience non comme un simple système sensori-moteur, mais comme un « système de notions » et de « représentations psychiques » :

> « Tout ce qu'il y a de psychique dans le souvenir ne dérive pas du corps, mais doit être supposé donné d'avance, comme quelque chose de "tout fait" et d'achevé, dans l'inconscient. *Le rôle du corps est purement négatif. C'est l'obstacle qui doit s'écarter pour laisser passer le souvenir*. Or notre prise sur lui est incomplète, tâtonnante, incertaine. Les modifications qui s'y produisent sont dans une large mesure l'effet du hasard. [...] Mais *reproduire n'est pas retrouver : c'est, bien plutôt, reconstruire*. Ce qui était vrai du corps, savoir qu'on n'en peut tirer un souvenir, ne l'est plus du système de nos représentations actuelles : celles-ci [...] suffisent dans certains cas sinon à recréer un souvenir, du moins à en dessiner le schéma qui, pour l'esprit, en est l'équivalent. Il n'est donc pas nécessaire que le souvenir soit demeuré, puisque *la conscience possède en elle-même et retrouve autour d'elle les moyens de le fabriquer*[40]. »

On le voit dans ces extraits, c'est une leçon de méthode générale pour la psychologie qui se dégage des réflexions d'Halbwachs. Les hommes agissent en conscience, et d'abord en fonction de la *signification* qu'ils donnent à leurs comportements et à ceux des autres. Or, ce sens est d'abord fourni par les conventions sociales, les habitudes et les valeurs de la collectivité dont l'individu est membre. La mémoire, l'intelligence et l'identité individuelles sont façonnées par l'apprentissage réalisé dans un groupe au sein duquel la communication est assurée principalement par le langage. Par suite, c'est dans l'absence ou le dérèglement de son rapport à ce groupe qu'il faut d'abord chercher les causes de l'éventuel dysfonctionnement psychique de l'individu, plutôt que de faire des conjectures simplificatrices et invérifiables sur l'état de son organisme cérébral. Celui-ci ne nous renseigne que sur les supports, les instruments de la construction de ces facultés psychiques et par suite, sauf bien entendu dans l'hypothèse de leur destruction partielle ou totale, l'étude des structures physiologiques de l'organisme humain ne livrera jamais la clef du fonctionnement mental en tant qu'il détermine directement le comportement de l'individu. La sociologie est bien, ainsi que l'avait annoncé Durkheim, « un point de vue nouveau sur la nature humaine » qui est appelé à renouveler la psychologie en

---

39. M. HALBWACHS, *Les Cadres sociaux de la mémoire*, *op. cit.*, p. 68-69, je souligne.
40. *Ibid.*, p. 91-92, je souligne.

écartant un certain nombre de conceptions neurobiologiques et psychiatriques traditionnelles.

Les critiques de Blondel

Il n'est pas exact que *Les Cadres sociaux de la mémoire* d'Halbwachs constituent « an application of Blondel's ideas[41]. » Non seulement les développements de la psychologie collective d'Halbwachs ne doivent rien à Blondel (ils se sont manifestés à propos des classes sociales dès 1905, soit plusieurs années avant que ce dernier se convertisse à la sociologie), mais encore ce dernier les accueillit avec une admiration mêlée de crainte et d'agacement. Dans le compte rendu que rédige Blondel, s'il reconnaît pleinement la valeur de la démonstration d'Halbwachs quant à la construction collective des mémoires individuelles, s'il loue clairement une démonstration établie avec « bien de l'ingéniosité et de la force », il s'interroge déjà sur la disparition de toute dimension individuelle, de toute « intuition sensible » dans laquelle il voit « le préambule indispensable et la condition *sine qua non* » du souvenir personnel[42]. Blondel développe alors un exemple personnel sur lequel Halbwachs reviendra :

> « Je me souviens qu'étant enfant il m'est arrivé une fois, en explorant une maison abandonnée, de m'enfoncer brusquement jusqu'à mi-corps au milieu d'une pièce obscure dans un trou au fond duquel était de l'eau et je retrouve plus ou moins aisément où et quand la chose s'est passée, mais c'est ici mon savoir qui est tout entier secondaire à mon souvenir. En ce cas, j'ai bien besoin de reconstituer l'environnement de mon souvenir, je n'ai nullement besoin de le reconstituer lui-même. Il semble vraiment que, dans les souvenirs de ce genre, nous ayons un contact direct avec le passé, qui en précède et conditionne la reconstitution historique[43]. »

De surcroît, la signification disciplinaire de la démonstration d'Halbwachs ne lui plaît guère : « dans ces conditions, la sociologie tend non seulement à éclairer, à compléter et à définir la psychologie, mais à l'absorber toute entière. Sans doute Halbwachs reconnaît que la psychophysiologie "a son domaine, la psychologie sociologique a le sien". Il n'en vise pas moins au fond à déloger la psychophysiologie de ses positions les mieux établies et à en contester les données les plus essentielles[44]. » À cette ambition, le psychologue entend alors mettre un point d'arrêt. L'aphasie sera le prétexte idéal : « Cette affirmation [la cause de l'aphasie

41. F. FUENTENEBRO, G.E. BERRIOS, « Introduction to Charles Blondel "The Morbid Mind" », *History of Psychiatry*, 1997, n° 8, p. 278.

42. Ch. BLONDEL, « Compte rendu de M. HALBWACHS : *Les Cadres sociaux*, Albin Michel, Paris, 1925 (réédition : 1994) », *Revue philosophique*, 1926, n° 101, p. 296.

43. *Ibid.*, p. 297.

44. *Ibid.*

n'est pas une lésion cérébrale] aura du moins le privilège de rallier contre elle l'unanimité des neurologistes, si contradictoires que soient les interprétations proposées par eux des lésions cérébrales qui se rencontrent dans *tous* les cas authentiques d'aphasie[45]. » Suit alors un argument d'autorité priant Halbwachs de ne pas empiéter sur un territoire qui n'est pas le sien :

> « La sociologie n'a pas à trancher en passant des questions qui si manifestement ne sont pas de sa compétence. Mieux vaudrait éviter des hardiesses ou des imprudences de langage heureuses moins que jamais à un moment où, non sans raison, je crois, nombre d'esprits verraient volontiers se constituer une Société des sciences morales au Conseil de laquelle la sociologie tiendrait une des premières places, mais qui ne veulent à aucun prix entendre parler ni d'impérialisme sociologique, ni de pansociologisme[46]. »

L'allusion à une société savante (qui ne verra pas le jour) se comprend dans le contexte strasbourgeois du moment. Mais au delà de ce prétexte immédiat, nous trouvons dans le commentaire de Blondel ce souci inquiet du respect des frontières disciplinaires qui lui permet de clore prématurément le débat. À aucun moment, il n'a en effet discuté le fond de la théorie de l'aphasie d'Halbwachs, la jugeant *par principe* inadmissible. Ce refus de dialogue resurgira à propos de l'explication du suicide par Halbwachs.

Réponse et réponse à la réponse...

À partir de la parution des *Cadres sociaux de la mémoire* (1925), la rivalité entre les deux hommes est donc manifeste, même si pour le moment elle semble surtout préoccuper Blondel[47]. En effet, ce dernier est alors manifestement en train d'amorcer un repositionnement dans le champ intellectuel en investissant pleinement la problématique durkheimienne de la fabrication sociale du psychisme individuel, au détriment du champ psychiatrique où il intervenait si souvent avant guerre[48]. La première mani-

45. *Ibid.*, p. 298.

46. *Ibid.*

47. « Il était assez jaloux, à juste titre, qu'on se souvînt de la nouveauté qu'avaient eu certaines de ses thèses, depuis développées par d'autres » écrira H. WALLON, « Un psychologue humaniste : Charles Blondel », *Journal de psychologie*, 1939, n° 36, p. 9). Cette allusion visait certainement Halbwachs et il est donc possible que l'on puisse même parler d'une petite querelle de priorité entre les deux hommes.

48. Nous l'avons dit, Blondel avait recueilli les matériaux de sa thèse dans le service de Jules Déjerine à l'hôpital de la Salpêtrière à Paris. Par ailleurs, la bibliographie établie par son ami le Docteur P. COURBON (« Charles Blondel (1876-1939) », *Annales de l'université de Paris*, 1939, n° 3, p. 316-320) indique que, entre 1909 et 1914, Blondel a massivement investi le champ psychiatrique en présentant une vingtaine de communications devant la Société de psychiatrie, les Congrès des médecins aliénistes et neurologistes de France de 1909 et 1910, ou encore la Société de psychologie. Après la guerre et son affectation à Strasbourg, il prendra des contacts avec le service de Courbon à Stephansfeld (Alsace) et communiquera en 1922 à la Société de médecine de Basse-Alsace. Mais, si l'on met à part sa critique de la psychanalyse

festation de ce positionnement est, nous l'avons dit, son importante contribution au *Traité de psychologie* dirigé par Dumas[49]. En 1925, il donne dans le *Journal de psychologie* un article intitulé « Psychologie pathologique et sociologie » qui participe de la même lignée. L'année suivante, il publie un résumé des théories de Lévy-Bruhl sur la pensée primitive[50]. Enfin, deux ans plus tard, Blondel publie une ambitieuse *Introduction à la psychologie collective* dans laquelle il distingue la psychologie collective tant de la psychologie des foules que de l'interpsychologie de Tarde « auxquelles on tend trop souvent à la réduire[51]. » On croirait lire Durkheim ou Mauss lorsque Blondel écrit que : « L'idéal auquel se doit de tendre la psychologie collective est la constitution d'une histoire objective de l'esprit humain[52]. » Le même Blondel qui modèrera plus tard les ardeurs d'Halbwachs s'écrie ici : « loin d'être simplement un complément, une annexe de la psychologie, la psychologie collective, ainsi conçue, en deviendrait bien plutôt le centre et le nœud » ; « il convient de porter au compte de la psychologie collective une très grande partie de ce qui, sous les rubriques de psychologies de l'intelligence, de la volonté et même de l'affectivité, est considéré encore aujourd'hui comme relevant de droit de la psychologie individuelle[53]. »

En outre, Blondel a logiquement choisi de consacrer un chapitre à la mémoire et il s'y doit de discuter à nouveau, cette fois-ci en détail, la contribution d'Halbwachs. S'il y reconnaît un « ouvrage capital », s'il admet et reprend très largement les thèses principales d'Halbwachs, cette reconstruction se réalise par des moyens que nous devons à la vie en commun[54] » –, il va cependant redire que, au moins dans le cas de certains souvenirs, « il n'y aurait pas de mémoire si quelque reflet des intuitions sensibles initiales, dont le caractère est tout personnel, ne parvenait à se rouvrir l'accès de la conscience[55]. » Il prend cette fois l'exemple d'une autre de ses peurs enfantines : « je revois confusément, un soir d'été, après un feu d'artifice, dans une rue qui me semble déserte et noire, un bambin aux mollets nus marchant en avant de ses parents et auquel un chien qui aboie cause une grande frayeur[56]. » Selon Blondel, aucun des éléments du contexte (la date, le lieu, le feu d'artifice) n'est déterminant dans le rappel

---

(1924), il ne produit plus rien dans ces domaines entre 1922 et 1931, date à laquelle il rédige un travail de synthèse sur la schizophrénie.

49. Ch. BLONDEL, « Les volitions », art. cit. ; Ch. BLONDEL, « La personnalité », *in* G. DUMAS (dir.), *Traité de psychologie*, Alcan, Paris, vol. II, p. 522-574 ; L. MUCCHIELLI, « Psychologie et sociologie en France », art. cit., p. 463.

50. Ch. BLONDEL, *La Mentalité primitive*, Stock, Paris, 1926.

51. Ch. BLONDEL, *Introduction à la psychologie collective*, A. Colin, Paris, 1928, p. 205.

52. *Ibid.*, p. 201-202 ; *cf.* aussi l'introduction.

53. *Ibid.*, p. 4 et 10.

54. *Ibid.*, p. 134.

55. *Ibid.*, p. 144.

56. *Ibid.*, p. 143.

de cette peur qui, de surcroît, « n'est pas de celles que mes parents s'amusaient à rappeler. » Il faudrait donc admettre ici qu'une « émotion enfantine » fut tellement forte qu'elle est demeurée imprimée dans la mémoire qui peut véritablement et directement la reproduire et non la reconstruire à l'aide des repères sociaux.

Toujours dans la *Revue philosophique*, c'est cette fois Halbwachs qui a la possibilité de faire ses critiques aux démonstrations de Blondel. Or le sociologue – qui n'avait pas, il est vrai, un tempérament polémiste – se montre nettement plus conciliant que son rival. Il ne trouve en effet pas grand-chose à redire et prend même acte d'une très large convergence de vue. Malgré des habitudes de pensée propres les unes au sociologue qui part du groupe pour déduire ce qui s'impose aux individus, les autres au psychologue qui part des individus pour y déceler l'influence des représentations collectives : « Il y a bien là deux méthodes en vue d'atteindre une même sorte de réalité, mais deux méthodes qui convergent [...]. [Blondel] n'a pas besoin des lunettes du sociologue pour apercevoir les représentations collectives et reconnaître la place qu'elles occupent dans notre vie mentale. Mais il n'est nullement étranger à nos préoccupations spéciales, et un sociologue a tout à gagner à le prendre pour guide, jusqu'à ce col où se rejoignent les deux massifs : psychologie et sociologie »[57]. Tout en restant campé sur les étiquettes disciplinaires classiques, il passe donc sous silence les critiques de Blondel et veut surtout souligner ce qui les rapproche. Mais il prépare un autre assaut.

LE DÉBAT SUR LES CAUSES DU SUICIDE

La comparaison générale entre les thèses de Durkheim et celles d'Halbwachs a déjà été proposée[58]. C'est le positionnement de la psychologie collective d'Halbwachs face à la psychiatrie que nous discuterons plus en détail ici en soulignant les points sur lesquels achoppera Blondel.

« Ainsi s'explique le conflit qui met aujourd'hui aux prises sociologues et psychiatres...[59] »

En 1924, dans un livre qui eut un grand succès (*L'Angoisse humaine*), le docteur Maurice de Fleury, membre de l'Académie de médecine, explique que le suicide découle d'une « émotion irrésistible », un « *raptus* an-

57. M. HALBWACHS, « La psychologie collective d'après Charles Blondel », *Revue philosophique*, 1928, n° 106, p. 455-456.

58. L. MUCCHIELLI, M. RENNEVILLE, « Les causes du suicide : pathologie individuelle ou sociale ? Durkheim, Halbwachs et les psychiatres de leur temps (1830-1930) », *Déviance et société*, 1998, vol. 22, n° 1, p. 3-36.

59. M. HALBWACHS, *Les Causes du suicide*, Alcan, Paris, 1930, p. 449.

xieux », qu'il n'a rien de rationnel et conscient[60]. Reconnaissant que Durkheim a laissé « un ouvrage monumental » sur la question, il s'empresse de dire que tout a changé depuis un quart de siècle et que c'est à nouveau de la psychopathologie individuelle qu'il faut attendre toutes les lumières[61]. Le paradoxe est que de Fleury utilise la même logique argumentative que Durkheim : les motifs invoqués dans les statistiques ne sont que des circonstances accidentelles formulées dans le langage du sens commun et enregistrées par des fonctionnaires ignorants. Comme Durkheim, il entend découvrir le « lien caché », la « tendance véhémente, commune à tous, cause profonde, véritable, du geste terminal »[62]. Sa solution, c'est un nouveau concept psychiatrique alors en vogue : « Nous savons aujourd'hui – c'est la gloire de Kraepelin, de Kahlbaum, de Deny, de nous l'avoir appris – qu'il s'agit là d'un seul et même déséquilibre mental, constitutionnel, qu'il faut nommer psychose maniaque-dépressive ou cyclothymie »[63]. À mesure que la vie avance, les sujets atteints de cette maladie connaîtraient des phases dépressives de plus en plus intenses, ce qui expliquerait que le taux de suicide croisse avec l'âge[64]. Ainsi, « seule la psychiatrie apporte une explication satisfaisante de la plupart, sinon de tous les cas de mort voulue[65]. » Le reste n'a aucun intérêt :

> « Chagrins d'amour ou chagrins de famille, perte d'emploi ou perte de procès, ruine au jeu, souffrances physiques, contrariétés diverses, comme disent nos statistiques, tous ces pauvres petits motifs qui donnent à sourire, n'agissent, ne peuvent déterminer la prodigieuse rupture de l'instinct de conservation, que chez ceux que je viens de dire[66]. »

En définitive l'épistémologie de Fleury est à la fois simple et péremptoire, son information statistique d'autant plus faible qu'elle lui importe peu. Mais la *croyance* des médecins de l'époque dans l'hérédité des comportements morbides[67] est si forte, que les plus modérés d'entre eux ne peuvent que reconnaître que les propos de Fleury sont seulement « trop exclusifs » et que le social et le biologique sont généralement mêlés, le second semblant néanmoins souvent plus déterminant[68].

---

60. M. DE FLEURY, *L'Angoisse humaine*, Les Éditions de France, Paris, 1924, p. 104-105.
61. *Ibid.*, p. 110-111.
62. *Ibid.*, p. 117.
63. *Ibid.*, p. 123.
64. *Ibid.*, p. 121.
65. *Ibid.*, p. 131.
66. *Ibid.*, p. 124.
67. C'est ce que l'on appelle la « doctrine des constitutions » développée alors en France par Ernest Dupré (1862-1921), titulaire de la prestigieuse Chaire de clinique des maladies mentales à l'hôpital Sainte-Anne, dont de Fleury est un des admirateurs.
68. G. DUMAS, « Compte rendu de M. DE FLEURY : *L'Angoisse humaine*, Les Éditions de France, Paris, 1924 », *Journal de psychologie*, 1926, n° 22, p. 1058.

Ce n'est donc pas sans raison qu'Halbwachs consacre à la discussion des thèses psychiatriques près de soixante-quinze pages de son ouvrage, et que le seul chapitre qu'il en extrait pour le publier séparément est précisément celui-ci[69]. C'est également à juste titre qu'il partage le monde psychiatrique en deux thèses : l'une, modérée, associe la dépression et des motifs objectifs issus de la vie sociale et reconduit la vieille idée que, « pour les suicidés exempts de tares psychopathiques, l'explication sociale garde toute sa valeur[70] », l'autre, maximaliste, réduit l'enchaînement des causes à une pathologie spécifique agissant sur l'individu de façon irrépressible.

Face à la première thèse, Halbwachs conteste le principe même et la fausse simplicité du débat sur les proportions respectives du biologique et du social dans l'explication du suicide[71]. Pour lui si l'on appelle suicide ces deux catégories d'actes, c'est bien qu'il s'agit d'une seule et même chose dans notre regard. En réalité, si l'on s'évertue à distinguer *sur le papier* deux formes de suicides, l'un totalement impulsif, l'autre mûrement réfléchi, l'un bio-psycho-pathologique, l'autre socio-pathologique, « c'est que le sens commun aime les distinctions nettes et les types bien tranchés. Or [...] le sens commun a tort de considérer comme typiques ces formes de suicide qui, en réalité, sont rares, sinon tout à fait exceptionnelles. Ce sont des extrêmes, mais la masse des cas se trouve dans l'intervalle, et ne se prête pas à une distinction aussi nette[72]. » Il lui semble de meilleure méthode de considérer que le suicidaire est à la fois pleinement pathologique et pleinement normal au plan social : « nous admettrions sans peine que chez tout individu qui se tue on trouverait, au moment où il se suicide, et peut-être dans les quelques heures et même les quelques jours qui précèdent, un trouble plus ou moins profond, mais toujours effectif, des fonctions nerveuses et cérébrales, d'où doit résulter un état psychique voisin de ceux que l'on constate dans la névrose d'angoisse, la dépression, etc.. » En effet, tous les ébranlements soudains dans la vie familiale ou professionnelle, dans la santé, le statut social..., « toutes ces causes déterminent, à la longue ou brusquement, un état de déséquilibre nerveux. L'opinion commune ne s'y trompe pas : l'on dira de quelqu'un qu'il est égaré par la passion, aveuglé par le chagrin, ivre de fureur, hors de lui, fou de douleur...[73]. » Que devient la frontière entre les normaux et les malades si

69. M. HALBWACHS, « Le suicide et les maladies mentales », *Revue philosophique*, 1929, n° 108, p. 321-360.

70. G. DUMAS, « Compte rendu de M. DE FLEURY », art. cit., p. 1058.

71. M. HALBWACHS, *Les Causes du suicide*, *op. cit.*, p. 406-407.

72. *Ibid.*, p. 411-412.

73. *Ibid.*, p. 408. Halbwachs peut ici s'appuyer sur Pierre Janet qui qualifiait le suicide de « forme morbide de la réaction à l'échec » et mettait pareillement en question la frontière entre le normal et le pathologique : « On parle trop souvent de la mélancolie comme d'une maladie

la folie est accessible à n'importe quel individu placé dans des conditions de vie insupportables ? Il est plus sage de considérer que :

> « La santé est un équilibre instable, qui comporte bien des oscillations. Ce que l'on observe chez le psychopathe n'est souvent qu'une exagération, en intensité et en fréquence, de troubles auxquels la plupart des organismes, malgré leur santé apparente, sont aussi exposés. Sans doute il y a une différence en ce que le malade est mal adapté aux conditions du milieu normal, qu'il en souffre et que cette souffrance est assez forte pour le pousser dans certains cas jusqu'au suicide. L'homme normal, au contraire est adapté au milieu normal. Mais que le milieu change, pour quelque raison que ce soit, ce sera un milieu anormal, auquel l'homme normal ne sera plus adapté. Il sera dans la situation même où était, et où sans doute est resté le psychopathe[74]. »

Ainsi arrive cette conclusion qui s'adresse directement aux psychologues comme Blondel : « Il ne faut pas croire qu'il y a deux catégories de suicides, dont chacune s'explique par un déterminisme différent, que tantôt, et suivant les individus, c'est le déterminisme organique qui joue, et tantôt le déterminisme social. En réalité le suicide, tout suicide, peut être envisagé de deux points de vue. Suivant que l'on se place à l'un ou à l'autre, on y verra l'effet d'un trouble nerveux, qui relève de causes organiques, ou d'une rupture de l'équilibre collectif, qui résulte de causes sociales[75]. »

Face à la thèse maximaliste du déterminisme biologique univoque, Halbwachs rappelle d'abord avec ironie que Montesquieu attribuait déjà le suicide des Romains à la coutume et celui des Anglais à « un défaut de filtration du suc nerveux. » Il constate que les mots ont changé (on dirait désormais « un défaut de sécrétion des glandes endocrines »), mais que chez beaucoup de psychiatres l'idée est demeurée aussi simpliste[76]. Or il faut se défier de ces « explications » qui ne reposent en réalité que sur des mots auxquels les psychiatres attribuent une force magique : « sur quoi se

---

qui doit se prolonger un certain temps et conserver une certaine unité [...]. Je ne vois pas pourquoi les individus dont parle Durkheim, épuisés par les efforts et les craintes que font naître de mauvaises affaires, par des ruines et des responsabilités terribles, ne tomberaient pas dans des états mélancoliques de courte durée, capables d'amener des suicides considérés à tort comme normaux. Les troubles pathologiques ne doivent pas être séparés des fonctionnements que l'on considère assez arbitrairement comme normaux » (P. JANET, *De l'Angoisse à l'extase*, Alcan, Paris, 1928, vol. II : *Les Sentiments fondamentaux*, p. 369).

74. *Ibid.*, p. 410.

75. M. HALBWACHS, *Les Causes du suicide*, *op. cit.*, p. 449.

76. M. HALBWACHS, *Les Causes du suicide*, *op. cit.*, p. 375. Il y a là un « préjugé populaire » qui résiste, au terme duquel « le suicide semble un acte si anormal qu'on n'admet pas volontiers qu'il ait pu être accompli par quelqu'un d'autre qu'un malade » (*ibid.*, p. 379). En outre, Halbwachs s'explique cette position par le fait que les psychiatres d'hôpitaux n'observent en effet que les individus gravement malades et qu'ils en tirent des généralisations abusives.

fonde-t-on pour soutenir qu'un malade mental en état de dépression n'est plus sensible à aucune des influences sociales qui s'exercent sur l'homme normal ? Suffit-il de déclarer qu'il était psychopathe, ou qu'il s'est tué sous le coup de l'ivresse, pour que tout soit dit[77] ? » Au demeurant, selon leurs propres descriptions, le déprimé ne se tue pas au premier accès de dépression, instantanément, sans avoir eu le temps de réfléchir à sa condition. « L'acte du suicidé ne se produit pas par une sorte de déclenchement automatique. Ce n'est pas un processus purement organique, ni une réaction machinale. Mais il suppose une activité consciente, si confuse soit-elle. Rien ne nous permet d'admettre que le malade ne sait pas qu'il se donne la mort au moment où il se tue[78]. »

La sociologie compréhensive d'Halbwachs

On peut voir dans *Les Causes du suicide* l'esquisse d'une compréhension à la fois sociologique et phénoménologique du suicide et, au delà, de la personnalité : « L'homme est bien obligé de s'adapter au monde, et le paradoxe c'est de vouloir que le monde change sans que lui-même, c'est-à-dire son attitude en face du monde, change aussi[79]. » Les hommes dits normaux se suicident toujours après un événement qui a pour effet de les isoler de leur milieu social. Ils peuvent perdre l'affection, l'honneur, la considération, le statut, etc., et ont de ce fait un point commun :

> « Tous voient s'abaisser leur niveau social. Ils sont dans une certaine mesure des déclassés. Or qu'est-ce que se déclasser ? C'est passer d'un groupe qu'on connaît, qui vous estime, dans un autre qu'on ignore et à l'appréciation duquel on n'a aucune raison de tenir. On sent alors se creuser autour de soi un vide. Ceux qui vous entouraient autrefois, avec qui vous aviez tant d'idées communes, tant de préjugés en commun, dont tant d'affinités vous rapprochaient parce que vous vous retrouviez en eux comme eux en vous, s'éloignent soudain. Vous disparaissez de leurs préoccupations et de leur mémoire. Ceux au milieu desquels vous vous retrouvez ne comprennent ni votre dépaysement, ni votre nostalgie et vos regrets. Détaché d'un groupe par un ébranlement soudain, vous êtes incapable, ou, du moins, vous vous croyez incapable de retrouver jamais dans un autre quelque appui, ni rien qui remplace ce que vous avez perdu. Mais lorsqu'on meurt ainsi à la société, on perd le plus souvent la principale raison qu'on a de vivre[80]. »

Ainsi, quoi qu'ait pu en dire Durkheim au prix d'une construction typologique très théorique, il n'y a bien qu'un seul suicide, celui de l'homme non intégré. Tous ces motifs « si différents qu'ils nous paraissent, ont le

77. *Ibid.*, p. 435.
78. *Ibid.*, p. 436.
79. *Ibid.*, p. 414.
80. *Ibid.*, p. 417.

même caractère. Ce sont des faits ou des circonstances, des sentiments ou des pensées qui isolent l'homme de la société[81]. » La statistique la plus fine ne fait que vérifier cette évidence que la solitude est la clef de la compréhension aussi bien sociologique que psychologique du suicide. Et dès lors, pourquoi exclure les individus réputés psychopathes de cette analyse : « n'est-ce pas pour une raison analogue que les délirants et les déprimés se tuent ? Certes, à la différence de beaucoup de malades, les psychopathes en période de dépression ne font pas appel à la sympathie compréhensive des autres. Ils cachent plutôt leur maladie et leur souffrance, comme s'ils en éprouvaient quelque honte. Il semble que, comme des patients désespérés, ils se sentent d'emblée retranchés du reste du monde. Ce sont bien des isolés. En ce sens [...], ils ne représenteraient qu'un cas particulier d'un phénomène général. Les psychopathes, eux aussi, se tuent parce qu'ils sont en marge de la société et qu'ils ne peuvent plus trouver ailleurs qu'en eux-mêmes un point d'appui[82]. » En fin de compte, nous jugeons si un homme est ou non raisonnable du dehors, avec nos normes et notre état de « gens bien portants. » Nous qualifions de malades et de délirants des individus qui exagèrent des perceptions, déforment des propos, inventent des agressions ou des hostilités, mais dans leur logique, dans leurs perceptions, ne ressentent-ils pas le même isolement, la même incompréhension, la même solitude :

> « Ainsi les états psychopathiques produisent le même effet que les autres motifs du suicide. Il n'y a rien qu'une pensée formée par la société soit moins capable de regarder en face que le vide social. C'est cet état d'angoisse et de terreur qui importe seul, et en deçà duquel il n'y a pas lieu de remonter, quand on veut expliquer le suicide. Entre le déprimé psychasthénique, l'homme ruiné, exposé au déshonneur, gravement atteint dans son amour-propre, privé d'un être qu'il aime, il y a sans doute bien des différences, pour qui examine le genre spécial de trouble qui s'est emparé de chacun d'eux. [...] Mais cet état lui-même, c'est-à-dire le sentiment d'une solitude définitive et sans recours, est la cause unique du suicide[83]. »

Et ce sentiment est bien encore et toujours proprement social puisque c'est devant le miroir de notre vie avec les autres qu'il se détermine négativement : « Le désespéré réfléchit, il interroge silencieusement les êtres et les choses qui l'entourent, il reçoit des réponses négatives et décourageantes qui ne sont que l'écho de sa tristesse, et il les interprète comme un encouragement à quitter la vie[84]. »

---

81. *Ibid.*, p. 419.
82. *Ibid.*, p. 421.
83. *Ibid.*, p. 425.
84. *Ibid.*, p. 469.

Ainsi la question de l'individualité qui se posait tout à l'heure dans le cas de la mémoire a ici disparu. Halbwachs ne pose pas le déterminisme collectif général et le déterminisme individuel singulier comme des alternatives exclusives l'une de l'autre. Nous avons vu qu'il reconnaît que « les suicidés sont plus impressionnables que la moyenne des hommes, puisque, dans les mêmes conditions, un petit nombre d'hommes seulement se tuent, tandis que le plus grand nombre ne se tuent pas. » Mais il montre que les pathologies individuelles par lesquelles les psychiatres expliquent le suicide se caractérisent à leur tour par un même « vide social » qui peut être lu par le sociologue comme la cause expliquant le trouble mental aussi bien que la prédisposition au suicide qu'il implique fatalement.

La réponse de Blondel

Une nouvelle fois, Blondel va répondre directement à Halbwachs en rédigeant un petit ouvrage qui paraît à Strasbourg en 1933. Il présente le livre du sociologue comme ayant « réveillé un conflit » qui ne serait lui-même qu'un « épisode bien significatif de la grande querelle qui met aux prises, depuis bientôt un siècle, l'étude de l'individu et celle de la société[85]. » Le psychologue se pose à son tour en arbitre et en homme de synthèse : « Disons-le tout de suite. En cette querelle les partis extrêmes semblent tous deux dans leur tort. [...] La réalité se moque des doctrines et des méthodes. Ce qu'elle nous offre, avec la vie humaine, c'est une intrication indissoluble du physiologique et du sociologique, et elle nous invite ainsi à supposer dans le régime des causes la même intrication que dans celui des effets[86]. » Comment Blondel conçoit-il cette « intrication indissoluble du physiologique et du sociologique » ? C'est toute la question.

Dans sa critique des prétentions de la sociologie incarnées par Halbwachs, Blondel utilise différentes sortes d'arguments intellectuels. Il va ainsi recourir à nouveau à une certaine rhétorique visant à affirmer le caractère non professionnel du discours adverse, laissant clairement entendre que les sociologues ne connaissent pas la psychiatrie, ce qui est normal car elle ne s'apprend pas dans les livres[87]. Passons ensuite sur quelques discussions statistiques sans grand enjeu pour considérer le cœur de ses critiques. Au fond, Blondel reproche avant tout à la sociologie du suicide d'ignorer la distinction du normal et du pathologique. Pour lui, il existe trois sortes d'individus :

85. Ch. BLONDEL, *Le Suicide*, Librairie Universitaire d'Alsace, Strasbourg, 1933, p. 3.
86. *Ibid.*, p. 3-4.
87. *Ibid.*, p. 108.

1°) les gens normaux qui supportent les drames de l'existence,

2°) les « psychopathes » ou « déséquilibrés » qui exagèrent simplement la portée de ces drames et se suicident en somme dans une combinaison d'influences sociales et pathologiques,

3°) les victimes de « troubles mentaux », véritables « aliénés » qui s'inventent des motifs mais sont en réalité délirants ou maniaques-mélancoliques et prêts à se tuer sur n'importe quelle impulsion[88].

Dans le cas des aliénés (surtout les « mélancoliques anxieux »), « osons dire que la part du social nous paraît nulle[89]. » Par contre, elle est grande dans le cas des psychopathes et des déséquilibrés : « C'est sur [eux] que courants suicidogènes du premier [Durkheim] et motifs sociaux du second [Halbwachs] exercent pleinement leur action. L'armée des suicidés, si l'on peut dire, se recrute par engagement volontaire ; le genre de vie propre à chaque groupe social particulier en fixe le contingent annuel, et le nombre des déséquilibrés et des psychopathes est toujours assez grand pour que le chiffre de ce contingent soit atteint. Ainsi les théories sociologiques nous rendent compte d'une manière fort satisfaisante de l'ensemble des suicides et de la constance de leur nombre pour une société donnée durant une période donnée[90]. » Toutefois, Blondel ajoute immédiatement cette réserve décisive : la généralité ne permet pas de prévoir au niveau de l'individu – « tous les amoureux déçus, tous les maris trompés, tous les commerçants en déconfiture, tous les rentiers ruinés ne se suicident pas. C'est donc que les particularités du milieu social et les accidents de la vie sont bien, le plus souvent, une condition nécessaire du suicide, mais n'en sont pas une condition suffisante[91]. »

Exprimée ici dans une partie consacrée explicitement à la discussion des thèses sociologiques, l'idée semble incontestable (ni Durkheim, ni Halbwachs ne l'auraient du reste contestée). Toutefois, l'argument se trouve pris dans une démonstration générale de structure différente et aboutit à des conclusions tout autres. Le même Blondel qui écrivait tout à l'heure que « les théories sociologiques rendent compte d'une manière fort satisfaisante de l'ensemble des suicides et de la constance de leur nombre », conclut à présent que la société ne peut fournir à l'individu que « l'occasion et le prétexte » de son geste, ce qui ne vaut « rien[92]. » En effet, « Banales ou rares, les épreuves de la vie ne sont rien dans le suicide, l'aptitude à les subir est tout[93]. » Dès lors, Blondel peut écrire que « Qui se

88. *Ibid.*, p. 117-119.
89. *Ibid.*, p. 122.
90. *Ibid.*, p. 124.
91. *Ibid.*
92. *Ibid.*, p. 53.
93. *Ibid.*, p. 55.

suicide cède à son mal, non aux circonstances[94] », mieux encore : « Une société sans aliénés ni psychopathes, même en ses pires moments, ne connaîtrait pas pratiquement la mort volontaire[95]. »

À l'appui de telles affirmations, il faut à Blondel une explication. Le psychologue va la livrer en la situant dans – en la justifiant par – l'histoire de la psychiatrie, nous faisant pénétrer par là même dans sa vision générale de la psychiatrie.

Sans doute, Blondel a-t-il raison de penser que, en 1930, l'idée que le suicide (n')est (qu')une pathologie « plus vivante que jamais » dans la communauté médicale. L'historique qu'il propose des théories médicales du suicide est certes rapide, mais néanmoins assez fondé dans ses grandes lignes. Il est exact que les psychiatres de la première moitié du XIXe siècle raisonnaient dans le cadre d'une épistémologie plus ouverte sur les contextes sociaux[96]. Ainsi, rappelle Blondel, Esquirol pouvait donner de nombreux exemples de suicides d'aliénés, mais il concevait tout aussi bien les suicides de gens normaux agissant sous le coup de l'émotion, d'un « accès de fureur », d'une « détermination délirante », d'un « désordre affectif. » À cela des motifs précis : l'ambition, la cupidité, la jalousie, la haine, la colère, l'orgueil humilié, le remords, l'amour contrarié, etc. Dans tous ces cas, « ce sont les conditions sociales particulières dans lesquelles se trouvait l'individu qui expliquent la crise morbide qu'il a traversée et le drame auquel elle a abouti[97]. » Enfin Esquirol avait déjà remarqué l'importance de « causes sociales générales » tel l'état du gouvernement ou même l'état de la civilisation sur l'importance numérique des suicides. Il annonçait par là les « grandes commotions sociales » dont parlera Durkheim. Mais, estime Blondel, cette époque est révolue car, depuis, la biologie triomphe :

> « Depuis Esquirol, tout l'effort de la psychiatrie a tendu à diminuer l'importance du "réactif" et du "psychogène", et même à les éliminer plus ou moins radicalement. La découverte de la paralysie générale, l'identification des troubles mentaux dus à l'alcoolisme, le rattachement de la manie et de la mélancolie à un trouble inné du rythme psychique, la cyclothymie, pour nous en tenir à trois des faits qui dominent l'histoire de la psychiatrie contemporaine, ont amené la majorité des esprits à considérer que toute psychose devait être soit organique, comme la paralysie générale, soit toxique, comme l'alcoolisme, soit constitutionnelle, comme la psychose maniaque-dépressive[98]. »

94. *Ibid.*, p. 56.
95. *Ibid.*, p. 53.
96. L. MUCCHIELLI, M. RENNEVILLE, « Les causes du suicide », art. cit., p. 6-10.
97. Ch. BLONDEL, *Le Suicide*, *op. cit.*, p. 43-44.
98. *Ibid.*, p. 48.

En bref, « ne devient pas aliéné qui veut. » Comme pour les syphilitiques ou les alcooliques, « il faut que leur organisme, que leur cerveau s'y prêtent[99]. » Dès lors les causes sociales « descendent nettement au rang soit de prétextes [...], soit d'épisodes accessoires [...]. » Il conclut : « Ne se suicide pas qui veut ; ne se suicident que les aliénés et les prédisposés[100]. »

Reste à savoir quelle est l'explication clinique de cette prédisposition générale de certains individus au suicide : « l'expérience clinique nous a appris que le suicide implique un état d'anxiété impulsive[101]. » Cet état « se rencontre essentiellement dans deux ordres de cas » :

1°) chez les aliénés : « Toutes les maladies mentales [...] comportent dans leur symptomatologie des épisodes de dépression anxieuse et comptent le suicide parmi leurs réactions éventuelles » ;

2°) chez les psychopathes : « Instables, hyperexcitables, émotifs et impulsifs, ils sont, par excellence, sans raison bien apparente ou sous le moindre prétexte, sujets à des raptus anxieux qui aboutissent trop souvent au suicide. »

Cette dernière catégorie est fort large, mais qu'à cela ne tienne, nous dit en fin de compte Blondel : tous sont mélancoliques (« cyclothymiques » ou « émotifs »), « tous, quelles que soient l'évidence et l'intensité de leur trouble mental, quelles que soient les causes qu'ils invoquent pour se donner la mort, appartiennent à la même famille. »

Ainsi le suicide se ramène en définitive à une seule et même cause : la maladie mélancolique, qui touche certains individus plus que d'autres. L'explication du suicide est donc fondamentalement individuelle et non collective, Blondel tient bien sur le fond une position totalement opposée à celle d'Halbwachs. Et ceci ne doit pas nous surprendre au vu du cadre épistémologique global dans lequel se meut toute sa pensée.

Le modèle épistémologique du microbe et du bouillon de culture

Le modèle épistémologique des rapports entre l'individu déviant et le milieu social que met en œuvre Blondel est des plus traditionnels. Il est hérité directement du XIXe siècle. La conception criminologique d'Alexandre Lacassagne en est le modèle canonique, exprimé à d'innombrables reprises entre 1870 et 1914[102]. La formule *princeps* est la suivante : « le milieu social est le bouillon de culture de la personnalité ; le

99. *Ibid.*, p. 49.

100. *Ibid.*

101. *Ibid.*, p. 49-52 pour le développement qui suit.

102. L. MUCCHIELLI, « Hérédité et "milieu social". Le faux antagonisme franco-italien. La place de l'École de Lacassagne dans l'histoire de la criminologie », *in* L. MUCCHIELLI (dir.), *Histoire de la criminologie française*, L'Harmattan, Paris, 1994, p. 189-214 ; M. RENNEVILLE, « Alexandre Lacassagne. Un médecin-anthropologue face à la criminalité (1843-1924) », *Gradhiva. Revue d'histoire et d'archives de l'anthropologie*, 1995, n° 17, p. 127-140.

microbe c'est le criminel, un élément qui n'a d'importance que le jour où il trouve le bouillon qui le fait fermenter. » Une telle conception, héritée chez Lacassagne tant de la phrénologie que de l'hygiénisme, permet de tenir à la fois pour essentielles les évolutions du « milieu social » tout en conservant l'idée que certains individus portent en eux, dans les dérèglements de leur organisation physique et mentale, la *cause* de leur déviance. Tel est bien le fond de la pensée de Blondel qui s'excuse presque de commencer son analyse en rappelant les « truismes » et les « lapalissades » suivants :

> « Il y aurait péril, tout autant, à méconnaître le rôle du pathologique qui peut avoir des causes sociales, qui peut être également social par ses effets, mais qui en lui-même n'a rien de social. Une mauvaise hygiène générale, qui est chose sociale, peut provoquer une épidémie de fièvre typhoïde ; une amélioration des conditions hygiéniques peut l'enrayer ; on peut rêver de progrès dans l'aménagement de l'existence qui suppriment pratiquement la fièvre typhoïde. Mais la fièvre typhoïde, en elle-même, est une maladie infectieuse qui n'a absolument rien de social. Elle n'existerait pas s'il n'y avait pas de bacille d'Eberth, et toutes les représentations collectives, toutes les coutumes, toutes les institutions, toutes les organisations sociales conjurées ne sauraient faire apparaître le moindre bacille pathogène dans un bouillon de culture ou dans un intestin qui n'aurait pas été préalablement ensemencé[103]. »

Tel est le « noyau dur » des convictions de Blondel, autour duquel gravitent des phrases plus ou moins diplomatiques, des modérations destinées à ne pas paraître intransigeant ou sectaire : il admet ici qu'il existe sans doute « des suicides qui ne sont pas pathologiques[104] », il fait là l'éloge des recherches sociologiques. Mais, suggère-t-il, au fond tout médecin le sait bien et n'a rien à apprendre de ces ambitieux sociologues car « ses maîtres, ses livres, sa propre expérience lui ont appris que le suicide est le plus souvent, sinon toujours un acte pathologique[105]. » Ainsi se trouvent inextricablement mêlés le reçu et le vécu, la croyance et l'expérience, le tout dessinant les contours de ce que l'on pourrait appeler aussi bien – selon les auteurs que l'on préfère – la *vision du monde* de ce médecin, son système d'*habitus*, sa *mentalité* professionnelle ou scientifique. Quant à nous, l'expression de *mentalité scientifique* nous convient bien pour les raisons qu'avait exposées l'historien de la biologie Jacques Roger : « il s'agit bien de mentalités, car ces attitudes mentales sont devenues inconscientes, "spontanées", "naturelles" et indiscutées. [...] Lorsque le Président de l'Association américaine pour l'avancement des sciences s'écrie : "Nous n'avons pas à donner des preuves de l'évolution, car l'évolution c'est la

103. Ch. BLONDEL, *Le Suicide*, *op. cit.*, p. 4-5.
104. *Ibid.*, p. 5.
105. *Ibid.*, p. 34.

science et la science, c'est la vérité", nous sortons de l'histoire intellectuelle pour entrer dans l'histoire des mentalités. C'est-à-dire que nous avons affaire à des attitudes qui sont devenues des automatismes[106]. » En effet, Blondel ne doute pas ; il ne peut pas imaginer que les choses aillent autrement qu'il le croit, son point de vue lui semble exprimer la vérité nécessaire, l'ordre des choses, l'*ordre naturel des choses* pourrait-on dire. En effet, la prédisposition (biologique) au suicide lui semble la théorie non seulement « scientifiquement la plus probante » mais aussi « moralement la plus satisfaisante[107]. » Au fond, dans la vision du monde qu'il partage, il est dans l'ordre des choses que seuls des fous puissent se suicider.

Absence de dialogue

Halbwachs répondra deux fois à Blondel. Dans la *Revue philosophique*, il fera un assez court compte rendu, sur un ton toujours modéré, en affirmant implicitement l'impossibilité du dialogue : « En somme, Blondel est très près de reconnaître que le suicide, phénomène collectif, est une chose, que le suicide, fait individuel, en est une autre. Dès lors serait sans objet le débat engagé à ce propos entre sociologues et psychiatres, puisqu'il apparaîtrait que les uns et les autres n'étudient pas en réalité les mêmes faits, alors même qu'ils parlent et s'occupent en même temps du suicide. Blondel n'a pas été jusque là [...][108]. » Une telle attitude paraît cependant essentiellement défensive. En effet, nous avons vu que Blondel a souligné d'emblée l'« intrication indissoluble du physiologique et du sociologique » et a tenté d'articuler les deux points de vue. Tout comme Halbwachs, il a cherché à montrer que son modèle d'explication domine et englobe celui de son adversaire en le ramenant au rôle d'explication secondaire connexe. En réalité, en répondant de la sorte, Halbwachs clôt donc la discussion en constatant que des approches sont inconciliables, chacun reconnaissant la validité du point de vue de l'autre mais croyant le sien seul déterminant.

C'est en fin de compte le philosophe proche des durkheimiens, Albert Bayet, qui donnera du débat la conclusion la plus équilibrée et la plus consensuelle reprenant au passage une formulation d'Halbwachs :

> « En gros, l'on peut dire que le psychologue cherche à expliquer le sui-cide par le suicidé, tandis que le sociologue cherche à expliquer le suicide par le milieu social. On a trop longtemps voulu essayer d'opposer ces deux explications, comme si l'une excluait l'autre. Ou

106. J. ROGER, 1993, *Les Sciences de la vie dans la pensée française au XVIIIe siècle*, Albin Michel, Paris, p. XXXVII (1ère édition : 1963).

107. Ch. BLONDEL, *Le Suicide*, *op. cit.*, p. 35.

108. M. HALBWACHS, « Compte rendu de Ch. BLONDEL : *Le Suicide*, Librairie Universitaire d'Alsace, Strasbourg, 1933 », *Revue philosophique*, 1933, n° 115, p. 474-475.

> bien encore on a pensé qu'il y avait deux catégories de suicides dont l'une s'expliquait par le dé-terminisme organique, l'autre par le déterminisme social. M. Halbwachs écrit, beaucoup plus sagement : "En réalité, le suicide, tout suicide, peut être envisagé de deux points de vue. Suivant que l'on se place à l'un ou à l'autre, on y verra l'effet d'un trouble nerveux, qui relève de causes orga-niques, ou d'une rupture de l'équilibre collectif, qui résulte de causes so-ciales". Je crois qu'on ne saurait mieux dire. Des phénomènes sociaux agissent sur le fait social qu'est la modification du taux des suicides. Mais la question de savoir pourquoi un accroissement dû à des causes sociales portera sur tel individu plutôt que sur d'autres est du ressort de la psycho-logie. Des études comme celles de M. Blondel complètent donc, loin de les contredire, les recherches de Durkheim et d'Halbwachs, et le fait que ces deux séries de recherches sont également fécondes nous rappelle que la science n'étudie jamais que des faits "construits", c'est-à-dire artificielle-ment découpés au sein de la réalité pour la commodité des recherches[109]. »

Nous ignorons si Blondel y souscrit (c'est probable), mais nous savons qu'Halbwachs l'entérinera puisque, cette fois-ci dans les *Annales sociologiques*, en guise de compte rendu du livre de Blondel, il reprendra telles quelles et sans plus de commentaires les conclusions de Bayet[110]. Autant dire que tous ces échanges furent en fin de compte assez vains et se soldèrent par la reconnaissance mutuelle officielle (chacun maintenant néanmoins ses positions de son côté) d'un partage des compétences et des territoires : au sociologue la société, au psychologue l'individu. Si l'on se souvient que l'ambition initiale des deux auteurs était précisément de transcender ce vieux partage et de jeter des ponts entre les deux disciplines – et même de constituer une nouvelle discipline issue de leur fusion au moins partielle : la psychologie collective –, on admettra que le constat général est plutôt celui d'un échec ou d'une stérilité. À cela il est plusieurs raisons : la rivalité entre les deux hommes et leurs positionnements disciplinaires bien entendu, mais aussi leurs dispositifs intellectuels ou leurs épistémologies qui ont en commun une impossibilité de penser l'historicité et la singularité mentale de chaque individu, de chaque personne, à penser en somme l'*individualité psychique*. Et c'est un dernier point qui mérite d'être creusé.

---

109 A. BAYET, « Compte rendu de M. HALBWACHS : *Les Causes du suicide*, Alcan, Paris, 1933 » et « Compte rendu de Ch. BLONDEL : *Le Suicide*, Librairie Universitaire d'Alsace, Strasbourg, 1933 », *Revue philosophique*, 1933, n° 116, p. 297.

110. M. HALBWACHS, « Compte rendu de Ch. BLONDEL : *Le Suicide*, Librairie Universitaire d'Alsace, Strasbourg, 1933 », *Annales sociologiques*, 1935, série C, fascicule n° 1, p. 180-181.

ENTRE BIOLOGIE ET SOCIOLOGIE : QUELLE PLACE POUR UNE PSYCHOLOGIE DE L'INDIVIDU ?

Je fais ici l'hypothèse que Blondel et Halbwachs sont tous deux héritiers d'une tradition philosophique qui les empêchaient de concevoir la place et le contenu d'une véritable psychologie de l'individu, c'est-à-dire une psychologie étudiant non pas les influences biologiques et sociales qui façonnent l'individu mais la *personnalité* de l'individu telle qu'elle résulte d'une synthèse originale et dynamique de l'ensemble des influences reçues du fait de sa nature et de l'histoire de sa vie en société[111]. Dans cette difficulté, il semble que Blondel et Halbwachs soient les héritiers directes de la tradition comtienne. En effet, dans leurs contributions générales définissant ce qu'est la psychologie collective, ils présentent tous deux un historique qui commence avec Auguste Comte[112]. Sur l'essentiel, de quoi sont-ils donc héritiers ? Dès la fin des années 1820, et par la suite dans la première leçon du *Cours de philosophie positive* (1830) puis à nouveau dans la 45e leçon consacrée aux « fonctions intellectuelles ou morales, et cérébrales », Comte exprima sans ambiguïté son rejet de la psychologie comme science positive. Pour lui, dans le contexte philosophique de l'époque, la psychologie n'était en réalité que le dernier refuge de la métaphysique et de la théologie. Partant du principe que l'on ne saurait observer son propre esprit ni celui des autres de façon autre que subjective et donc non scientifique, Comte divise l'étude des fonctions mentales en deux ordres de recherches correspondant à deux disciplines scientifiques : d'une part la biologie (chargée d'expliquer « l'innéité des diverses fonctions fondamentales, soit affectives, soit intellectuelles »), d'autre part cette nouvelle science qu'il baptise dans la 47e leçon la sociologie (chargée d'expliquer tout ce qui découle de la « sociabilité fondamentale de l'homme », tout ce qui fait sa « civilisation »). C'est à la rencontre de ces deux ordres de savoirs que se détermine la science de l'homme, ce que par la suite, dans le *Système de politique positive* (1851-1854), il nommera l'« anthropologie » ou, mieux encore, la « morale » : « la véritable science finale, c'est-à-dire la morale, peut systématiser la connaissance spéciale de notre nature individuelle, suivant une combinaison convenable entre les deux points de vue, biologique et sociologique, qui s'y rapportent nécessairement[113]. »

111. Au fond, ce n'est pourtant qu'une question de point de vue : regarder non pas ce qui est reçu mais celui qui reçoit. Mais ce point de vue est alors surinvesti par des querelles philosophiques.

112. Ch. BLONDEL, *Introduction à la psychologie collective*, *op. cit.*, p. 13-35 ; M. HALBWACHS, *La Psychologie collective*, Centre de Documentation Universitaire, Collection « Les cours de la Sorbonne », Paris, 1942, 2e leçon.

113. Cité par A. PETIT, « Quelle place pour la psychologie dans le positivisme ? », *Revue de synthèse*, 1994, n° 3-4, p. 407.

Ainsi, dans le système comtien, il n'y a point de place pour une psychologie individuelle spécifique. L'individu est en réalité un être dual, physique et social, que l'on doit étudier selon ces deux points de vue hétérogènes mais qui n'a pas de consistance propre. Dans le *Système*, il va jusqu'à énoncer cette phrase lapidaire : « une *société* n'est pas plus décomposable en *individus* qu'une surface géométrique ne l'est en lignes ou une ligne en points[114]. » Durkheim a très largement reconduit à sa manière ce point de vue comtien. Blondel et Halbwachs n'y ont pas non plus échappé.

Absence d'une psychologie individuelle chez Blondel

Dans l'argumentation de Blondel, il apparaît que le raisonnement finit toujours par buter sur la même interrogation : qu'est-ce qu'un individu ? Certes, il oppose sans cesse à la sociologie d'Halbwachs la nécessité de prendre en compte l'existence d'un facteur de détermination proprement individuel. De même, dans son *Introduction à la psychologie collective*, il propose un découpage de la psychologie en trois domaines : la psychophysiologie étudiant l'homme dans son organisation physiologique universelle, la psychologie collective étudiant l'homme en société et enfin la psychologie différentielle étudiant en somme le mélange ou la rencontre de ces deux dimensions censée produire quelque chose d'original[115]. Mais, précisément, quel est ce « quelque chose d'original » que serait l'individualité psychique ? Dans sa thèse initiale sur *La Conscience morbide*, Blondel définissait simplement la singularité individuelle des malades mentaux par un certain nombre de « sensations cénesthésiques » (organiques) émergeant du « subconscient[116]. » Dans *Le Suicide*, nous avons vu qu'il ramenait toute l'explication vers une prédisposition à la mélancolie touchant les « aliénés » et les « psychopathes. » Mais cette prédisposition elle-même, d'où vient-elle ? La réponse de Blondel est éloquente : « Cette aptitude tient quelque peu à l'éducation première, mais elle est essentiellement le fait du tempérament, du caractère, de l'hérédité, de toute une physiologie individuelle et familiale, inconnue mais indéniable[117]. » À nouveau, c'est donc une vague biologie qui, *in fine*, tient lieu d'explication ; qui plus est une biologie toute hypothétique, toute en croyance magique dans un pouvoir qui s'exercerait de façon « indéniable » bien qu'« inconnue ».

---

114. Cité par A. PETIT, « De comte à Durkheim : un héritage ambivalent », *in* M. BORLANDI, L. MUCCHIELLI (dir.), *La Sociologie et sa méthode. Les* Règles *de Durkheim un siècle après*, L'Harmattan, Paris, 1995, p. 65.

115. Ch. BLONDEL, *Introduction à la psychologie collective*, *op. cit.*, p. 191 *sq.*

116. Ch. BLONDEL, *La Conscience morbide*, *op. cit.*, p. 280.

117. Ch. BLONDEL, *Le Suicide*, *op. cit.*, p. 55.

En 1925, Blondel écrivait : « notre individualité psychologique est faite de la rencontre en notre conscience de ce qui lui vient de la société et de ce qui lui vient de l'organisme. La psychologie est l'étude de cette rencontre[118]. » On peut dire que toute sa vie il a discuté « de ce qui vient de la société et de ce qui vient de l'organisme » mais qu'à aucun moment il n'a pu donner un contenu propre à « cette rencontre. » Le social et le biologique apparaissent chez lui comme les deux faces d'une médaille dont la tranche n'a aucune épaisseur ; l'individu est une somme de pensées et de comportements explicables tantôt par sa constitution biologique, tantôt par les multiples pressions et influences sociales qu'il a subies. Et de ce point de vue, la position d'Halbwachs n'est guère différente.

Absence d'une psychologie individuelle chez Halbwachs

Nous avons rappelé dans notre première partie les critiques que Blondel avait adressées aux *Cadres sociaux de la mémoire*. La question centrale qu'il posait était celle de la possibilité de survivance au moins partielle de traces mnésiques fondamentalement individuelles. Halbwachs n'y répondit pas immédiatement. Toutefois, sa réponse sur le fond est contenue dans le premier chapitre de *La mémoire collective*, livre inachevé qui paraîtra en 1950, cinq ans après sa disparition, mais qu'Halbwachs a commencé à écrire en 1926 (peut-être en réponse à la réaction de Blondel après la parution des *Cadres sociaux de la mémoire*) et complété en plusieurs étapes dans les années trente puis pendant la guerre[119]. Le sociologue revient en effet sur le premier exemple pris par Blondel : la chute dans un trou d'eau dans une maison abandonnée et l'angoisse qui aurait imprimé cette image de façon définitive dans sa mémoire (*cf. infra*). À cet âge, le groupe qui structure l'enfant est sa famille. Or, suggère Halbwachs, si elle est physiquement absente de ce souvenir, la famille est peut-être présente d'une autre façon :

> « N'est-ce pas parce qu'il était un enfant, c'est-à-dire un être plus étroitement près de l'adulte, dans le réseau des sentiments et pensées domestiques, qu'il s'est trouvé soudain en détresse ? Mais alors il pensait aux siens et n'était seul qu'en apparence. [...] C'est la pensée de la famille absente qui fournit le cadre, et l'enfant n'a pas besoin, comme dit M. Blondel, de "reconstituer l'environnement de son souvenir", puisque le souvenir se présente dans cet environnement. Que l'enfant ne s'en soit pas aperçu, [...] que plus tard lorsque l'homme se rappelle ce souvenir d'enfance, il ne le remarque pas non plus, cela n'a rien qui doive nous étonner. Un "courant de pensée" sociale est d'ordinaire aussi invisible que

118. Ch. BLONDEL, « Psychologie pathologique et sociologique », art. cit., p. 334.
119. G. NAMER, « Un demi-siècle après sa mort... Préface », *in* M. HALBWACHS, *La Mémoire collective*, Albin Michel, Paris, 1997, p. 12.

> l'atmosphère que nous respirons. On ne reconnaît son existence que quand on lui résiste, mais un enfant qui appelle les siens, et qui a besoin de leur aide, ne leur résiste pas[120]. »

La peur solitaire de l'enfant ne serait en somme que le sentiment cruel de l'absence des parents, ceux-ci demeurant par conséquent omniprésents. C'est le Nous qui permettrait au Moi de s'éprouver. L'existence du souvenir d'enfance de Blondel ne serait donc pas une réfutation. Il ne reste alors que la dernière objection de Blondel : « à ces formes que sont les cadres collectifs imposés par la société aux pensées individuelles, il faut bien une matière[121]. » Dit autrement, « Pourquoi ne pas admettre tout simplement que cette matière existe en effet et n'est autre que tout ce qui, précisément, dans le souvenir, est sans rapport avec le cadre, c'est-à-dire les sensations et intuitions sensibles qui revivraient dans ce tableau ?[122]. » Halbwachs répond que, l'enfant s'étant trouvé dans une situation d'adulte (affrontant seul des dangers), il s'agit en partie d'un souvenir d'adulte : « le contenu original de tels souvenirs, qui les détache de tous les autres, s'expliquerait donc par le fait qu'ils se trouvent au point de croisement de deux ou de plusieurs séries de pensées, par lesquelles ils se rattachent à autant de groupes différents[123]. » De là « l'illusion » de différence entre les cadres et les contenus du souvenir, lors même qu'il s'agit de deux cadres différents dont « l'un empêche [l'individu] de voir l'autre et réciproquement[124]. » Le sociologue concluera plus loin :

> « Nous dirions volontiers que chaque mémoire individuelle est un point de vue sur la mémoire collective, que ce point de vue change suivant la place que j'y occupe, et que cette place elle-même change suivant les relations que j'entretiens avec d'autres milieux. Il n'est donc pas étonnant que, de l'instrument commun, tous ne tirent pas le même parti. Cependant, lorsqu'on essaie d'expliquer cette diversité, on en revient toujours à une combinaison d'influences qui, toutes, sont de nature sociale. [...] comme le souvenir reparaît par l'effet de plusieurs séries de pensées collectives enchevêtrées, et que nous ne pouvons l'attribuer exclusivement à aucune d'entre elles, nous nous figurons qu'il en est indépendant, et nous opposons son unité à leur multiplicité. Autant supposer qu'un objet pesant, suspendu en l'air par une quantité de fils ténus et entrecroisés, reste suspendu dans le vide, où il soutient par lui-même[125]. »

On peut considérer que, ce faisant, Halbwachs déplace le problème mais ne le résout pas : en quoi le fait que l'enfant ait été placé dans une

120. M. HALBWACHS, *La Mémoire collective*, Presses Universitaires de France, Paris, 1950, p. 20.

121. Ch. BLONDEL, « Compte rendu de M. HALBWACHS », art. cit., p. 298.

122. M. HALBWACHS, *La Mémoire collective*, *op. cit.*, p. 21.

123. *Ibid.*, p. 22.

124. *Ibid.*, p. 24.

125. *Ibid.*, p. 33-34.

situation d'adulte et que ce serait sa mémoire d'adulte qui commencerait ici à se forger résout-il le problème posé par Blondel ? En quoi la discussion sur la nature du cadre et la pluralité des cadres répond-t-elle à la question de la possibilité de survivance de certains contenus indépendamment de tout cadre collectif ? Au fond, les différentes questions se ramènent à celle-ci : pourquoi la multiplicité des influences sociales empêcherait-elle d'accorder au Moi individuel une véritable épaisseur et une véritable autonomie de sensation et de décision ? On peut faire l'hypothèse que Halbwachs ne répond pas à une question qui n'a pas de sens pour lui. L'impossibilité de concevoir l'individualité psychique autrement que comme le reflet des représentations collectives est une caractéristique de toute sa sociologie, comme elle le fut auparavant de celle de Durkheim. Pour nous en convaincre définitivement, ouvrons quelques-uns de ses derniers travaux.

Dans sa *Morphologie sociale* (1938), Halbwachs atteint le sommet de son art métaphorique en donnant vie et pensée à des représentations collectives fondamentalement structurées par la forme matérielle des groupes sociaux et plus généralement par leur *genre de vie*[126]. Il y décrit des individus entièrement dominés par les représentations formelles de leur groupe social, sortes de « données immédiates de la conscience sociale[127]. » Ici s'effectue la synthèse bergsono-durkheimienne propre à Halbwachs. Nous pouvons certes dire avec J.M. Alexandre que sa sociologie est « phénoménologique » en ce sens que, à la différence de celle de Durkheim, elle s'intéresse aux sensations et motivations conscientes des individus (disons à leurs *vécus*)[128]. Toutefois, il me semble qu'elle les subordonne à tel point aux représentations collectives qu'elle parvient en définitive au même résultat. Pour Halbwachs, en effet, seules ces dernières sont claires et déterminantes. Ce qu'il peut y avoir de proprement individuel dans l'individu se trouve rejeté dans une sorte de magma cognitif confus et inextricable. Dans une phrase de la conclusion de *Morphologie sociale* apparaissent nettement les métaphores opposant le *clair* (« la netteté » de la conscience sociale de l'individu) à l'*obscur* (le « sentiment confus qu'il éprouve quand il pense et agit » en tant qu'individu), ou encore les *représentations conscientes* (celles que l'individu se fait de sa place dans la société) aux *perceptions « très peu sensibles et presqu'inconscientes »* (par lesquelles la société oriente nos comportements d'individus tandis que nous « préférons nous expliquer notre conduite par

126. J.C. MARCEL, L. MUCCHIELLI, « Un fondement du lien social : la mémoire collective selon Maurice Halbwachs », *Technologies, idéologies, pratiques. Revue d'anthropologie des connaissances*, 1999, vol. 13, n° 2, p. 63-88

127. M. HALBWACHS, *Morphologie sociale*, Armand Colin, Paris, 1938, p. 201.

128. J.M. ALEXANDRE, « Maurice Halbwachs (1877-1945) », *in* M. HALBWACHS, *La Mémoire collective*, Presses Universitaires de France, Paris, 1968, p. XVII-XXII (2e édition).

nos motifs individuels qui nous paraissent clairs[129] »). Et dans son cours de Sorbonne sur *La Psychologie collective* (1942), dernière grande trace que nous ait laissée Halbwachs, on peut voir que cette opposition clair/obscur revient en définitive à une opposition nature/société. Reprenant la distinction kantienne entre formes de la sensibilité et matière sensible, il écrit en effet :

> « Cette matière est une sorte de conscience obscure, telle que la pensée confuse d'un homme qui rêve. Elle ne devient une connaissance que lorsqu'elle entre dans les cadres de la pensée sociale. Mais alors, elle change de nature et se transforme en états collectifs, avec une frange de conscience organique qui se perd dans l'indistinction et l'obscurité de la vie animale. [...] La psychologie serait donc ou collective, ou spécifique (dans le sens de psychophysiologique) [...]. En juxtaposant ces deux sciences, et les éclairant l'une par l'autre, on serait ainsi en mesure d'expliquer la vie psychique dans son ensemble : car notre esprit doit tout ce qu'il est, et tout ce qu'il contient, soit au corps, soit aux groupes sociaux : ces dettes reconnues, sinon acquittées, il faut dire qu'il ne doit plus rien à personne[130]. »

Quel contenu accorder dès lors à la « psychologie individuelle ou différentielle » de Blondel, troisième branche de sa classification des domaines de la psychologie ? Halbwachs répond explicitement à cette question dans l'introduction de l'*Analyse des mobiles dominants qui orientent l'activité des individus dans la vie sociale* (1938) ainsi que dans les dernières pages du cours cité plus haut.

Dans le premier ouvrage[131], Halbwachs écrit que « les influences d'un groupe s'exercent inégalement sur les individus, suivant leur nature personnelle, suivant aussi qu'ils subissent déjà plus ou moins l'action de telles sociétés distinctes de ce groupe[132]. » Le second argument reprend l'idée de rencontre de plusieurs cadres sociaux, tandis que le premier renvoie simplement et directement à la biologie. Dans les pages qui suivent, prenant notamment l'exemple des pratiques religieuses différentielles étudiées l'année précédente par le jeune Gabriel Le Bras, Halbwachs est bien loin de discuter une éventuelle socialisation chez l'enfant des prédispositions individuelles à telle ou telle pratique sociale. Pour expliquer « cette diversité d'attitude », il va au contraire jusqu'à admettre qu'elles peuvent tenir « au tempérament, au caractère, à la disposition d'esprit ; tel *naît* porté au mysticisme, à la méditation intérieure ; tel éprouve *naturellement* le besoin de se plier à des rites, de s'agréger à une confession[133]. » Au sens propre, il

129. M. HALBWACHS, *Morphologie sociale*, *op. cit.*, p. 202 ; je souligne.

130. M. HALBWACHS, *La Psychologie collective*, *op. cit.*, p. 139.

131. Republié en 1955 sous le titre : *Esquisse d'une psychologie des classes sociales*.

132. M. HALBWACHS, *Esquisse d'une psychologie des classes sociales*, Rivière, Paris, 1955, p. 34 (1ère édition : 1938).

133. *Ibid.*, p. 35 ; je souligne.

existerait donc selon Halbwachs une hérédité mystique prédisposant à l'adhésion religieuse offerte par la société. Le choix religieux d'un individu, son vécu mystique, point névralgique s'il en est des philosophies spiritualistes, se trouve donc réduit à la combinaison d'une hérédité biologique prédisposante et d'un conformisme social. Dans ces conditions, Halbwachs peut conclure logiquement que, « si nous voulons passer en revue et décrire les principaux motifs dont s'inspirent les hommes dans la vie sociale [...] nous ne partirons pas d'une liste des mobiles de nos “conduites”, comme disent les psychologues. [...] La marche d'une enquête doit être différente, et même tout autre. [...] Nous devrons fixer notre attention sur les divers groupes humains, reconnaître quelles sont les représentations collectives dominantes dans ces ensembles, quelle est leur force et leur extension, quelles sont leurs limites[134]. »

CONCLUSION : D'UNE GÉNÉRATION INTELLECTUELLE À UNE AUTRE

Qu'est-ce donc qu'un individu ? Blondel et Halbwachs ont tous deux répondu à la question en réactualisant le vieux dualisme comtien. Leur point de vue théorique leur interdisait de concevoir l'individu comme une *personnalité*, résultat d'une *histoire* (et dont le futur n'est pas nécessairement tracé une fois pour toutes à l'avance), douée d'une conscience forgée certes par les groupes dans lesquels elle s'est construite depuis l'origine mais qui n'en existe pas moins comme une entité originale, éprouvant des sensations et des sentiments qui ne sont pas de simples reflets ou de simples conditionnements sociaux, dotée de capacités de réflexion et de mémoire qui s'alimentent nécessairement de celles des groupes sociaux dans lesquelles elle évolue depuis la petite enfance, mais qui n'en ont pas moins forgé au fil du temps une synthèse originale[135]. C'est pourtant cette idée de l'individu qui émerge philosophiquement dans ces années 1930, qui influence déjà la jeunesse intellectuelle du moment et qui s'imposera au lendemain de la Seconde Guerre mondiale dans l'ensemble de la vie in-

134. *Ibid.*, p. 57-58. Dans son cours de 1942, Halbwachs sera plus radical encore en se plaçant sur le terrain de la logique et de la philosophie des sciences. Il rejettera le principe même d'une psychologie individuelle qui porterait en somme une contradiction dans les termes : « on ne peut expliquer scientifiquement l'individuel. Un incendie, une avalanche, la croissance de telle plante, la mort de tel animal, sont des événements uniques, non pas en leur genre, mais en tant que chacun d'eux se distingue de tous les autres du même genre, au même titre que les états complexes d'une conscience individuelle ou les actes par lesquels un être humain manifeste sa personnalité. C'est de l'histoire, et peut-être l'histoire – si l'on entend par là la description des êtres et des faits individuels – commence-t-elle précisément là où la science des faits sociaux finit » (*ibid.*, p. 140). Par là, Halbwachs manifestait à nouveau radicalement cette conception de l'histoire et de la sociologie héritée directement de la tradition comtienne (et indirectement d'une histoire philosophique beaucoup plus longue).

135. La comparaison avec les psychologies génétiques de Piaget et de Wallon, strictement contemporaines, serait certainement instructive à ce propos.

tellectuelle française[136]. Et c'est peut-être une des raisons qui expliquent les ruptures que l'on constatera fréquemment entre la génération intellectuelle d'Halbwachs et Blondel, formée à la fin du XIXe siècle, et celle des Jean-Paul Sartre et autres Raymond Aron qui émerge dans les années 1930.

Cette rupture ne sera cependant que partielle. Certes, du côté des psychologues, la psychologie collective de Blondel est, en tant que telle, pratiquement morte avec sa génération intellectuelle. Son unique grand défenseur après la guerre sera Ignace Meyerson, mais un personnage aussi influent institutionnellement que Henri Piéron y demeurera opposé. Quant à la « psychologie de la vie sociale » que promeuvent Daniel Lagache puis Robert Pagès dans les années 1950, elle n'a plus grand rapport avec celle de Blondel[137]. Cependant, du côté des sociologues, les choses sont moins claires. Certes, on sait qu'au lendemain de la guerre, Jean Stoetzel n'a cessé d'attaquer explicitement cet héritage théorique[138]. Toutefois, l'étude récente de J.-C. Marcel, portant cette fois sur l'ensemble de l'œuvre de Stoezel, a montré que ce dernier fut en réalité profondément influencé par Halbwachs, peut-être sans qu'il s'en rende bien compte lui-même[139].

Ainsi, avant de risquer une conclusion générale sur l'avant et l'après durkheimisme, il faudrait étudier dans le détail l'ensemble de l'œuvre des sociologues formés avant la guerre par les derniers durkheimiens, que ce soit dans les universités (à Strasbourg et à Paris), au Conservatoire des arts et métiers, à l'École normale supérieure, à l'École pratique des hautes études, au Collège de France ou encore à l'Institut d'ethnologie de Paris[140].

---

136. Notons que dès 1929, dans son cours du Collège de France sur la personnalité, Pierre Janet écrivait : « nous marchons vers l'idéal de la personnalité qui est devenue quelque chose d'incomparable, de tout à fait spécial. [...] En somme, ce qui crée l'originalité, c'est le récit biographique. [...] Nous arrivons à un moment où la personnalité d'un individu n'est plus question de science, où elle est une question d'histoire » (P. JANET, *L'Évolution psychologique de la personnalité*, Chahine, Paris, 1929, p. 554-556).

137. Sur la psychologie sociale des années 1950, *cf.* L. MUCCHIELLI, « Alexandre Vexliard (1911-1997) : un pionnier de la recherche sur les processus de désocialisation », *in* A. VEXLIARD, *Le* Clochard, Desclée de Brouwer, Paris, 1998, p. 54-57 (réédition).

138. L. BLONDIAUX, « Comment rompre avec le durkheimisme ? Jean Stoetzel et la sociologie française de l'après-guerre », *Revue française de sociologie*, 1991, vol. 32, n° 2, p. 441-451.

139. J.C. MARCEL, « Jean Stoetzel élève de Maurice Halbwachs : les origines françaises de la théorie des opinions », *Année sociologique*, 1998, vol. 48, n° 2, p. 319-351. Je rappellerais aussi cette intéressante déclaration que m'avait faite Henri Mendras : « je crois que ma génération – l'équipe du Centre d'Études Sociologiques – était durkheimienne sans le savoir » (H. MENDRAS, « Comment j'ai rencontré Durkheim », *in* M. BORLANDI, L. MUCCHIELLI (dir.), *La Sociologie et sa méthode. Les* Règles *de Durkheim un siècle après*, L'Harmattan, Paris, 1995, p. 404).

140. Sur la présence institutionnelle des durkheimiens dans l'entre-deux-guerres, *cf.* J. HEILBRON, « Les métamorphoses du durkheimisme, 1920-1940 », *Revue française de sociologie*, 1985, n° 1, p. 203-237).

Pourquoi réglementer la sociologie ?
Les interlocuteurs de Durkheim[*]

C'est une habitude encore répandue chez les sociologues en quête d'histoire de leur discipline que de concevoir l'œuvre d'Émile Durkheim comme une création intellectuelle apparue *ex nihilo* et une fondation solitaire de la sociologie française. Forte aujourd'hui de plus de vingt-cinq ans de recherches, l'historiographie durkheimienne permet de lever cette illusion d'isolement du « père fondateur[1]. » Elle offre en effet deux séries de recherches indispensables pour penser le texte de Durkheim.

La première est l'étude des sources et des influences. Elle fut inaugurée de façon approfondie par S. Lukes[2] qui a bien marqué l'influence de certains des maîtres du sociologue, en philosophie (Renouvier, Boutroux) et en histoire (Fustel de Coulanges). Ces trois filiations n'ont pas été démenties, mais elles doivent être augmentées de la dette de Durkheim envers ceux qui l'ont précédé sur le terrain même de la sociologie. Après plusieurs contributions anglo-saxonnes (Corning, Jones, J.H. Turner), M. Borlandi[3] a ainsi montré de façon décisive l'importance de la lecture de Spencer. Enfin, celle de Comte, sous-estimée encore récemment par Heilbron[4], est désormais mieux connue[5]. Au total, nous sommes désormais

---

[*] Article paru initialement dans M. BORLANDI, L. MUCCHIELLI, dir., *La sociologie et sa méthode. Les* Règles *de Durkheim un siècle après*, L'Harmattan, Paris, 1995, p. 15-47.

1. Sur la critique de cette notion et la démonstration de la pertinence d'une approche historiciste de l'histoire de la sociologie, *cf.* R.A. JONES, « On Understanding a Sociological Classic », *American Journal of Sociology*, 1977, n° 83, p. 279-319 ; R.A. JONES, « The New History of Sociology », *Annual Review of Sociology*, 1983, n° 9, p. 447-469 ; ainsi que le chapitre 1du présent ouvrage.

2. S. LUKES, *Émile Durkheim. His Life and his Work*, Allen Lane, Londres, 1973.

3. M. BORLANDI, « Durkheim lecteur de Spencer », *in* Ph. BESNARD, M. BORLANDI, P. VOGT (dir.), *Division du travail et lien social. La thèse de Durkheim un siècle après*, Presses Universitaires de France, Paris, 1993, p. 67-109.

4. J. HEILBRON, « Ce que Durkheim doit à Comte », *in* Ph. BESNARD, M. BORLANDI, P. VOGT (dir.), *Division du travail et lien social. La thèse de Durkheim un siècle après*, Presses Universitaires de France, Paris, 1993, p. 59-66.

5. A. PETIT, « De Comte à Durkheim : un héritage ambivalent », *in* M. BORLANDI, L. MUCCHIELLI, dir., *La sociologie et sa méthode. Les* Règles *de Durkheim un siècle après*, *op. cit.*, p. 49-70.

mieux armés en ce qui concerne les sources et la genèse de la pensée de Durkheim.

La deuxième direction des recherches est moins avancée : il s'agit de l'étude du champ intellectuel dans lequel Durkheim a tenté d'imposer sa méthode et ses problématiques. Certes, les travaux d'ensemble de Geiger[6] et Clark[7], les études de la situation universitaire de la sociologie[8], enfin le numéro spécial de la *Revue française de sociologie* coordonné par Ph. Besnard en 1981 sur les « Sociologies françaises au tournant du siècle », ont permis d'identifier certains des concurrents de Durkheim dans le champ sociologique. Il s'agit pour l'essentiel de Tarde et des personnalités regroupées par Worms dans ses institutions (car ni les disciples de Frédéric Le Play, ni Gustave Le Bon n'ont jamais inquiété les durkheimiens). Toutefois cette historiographie témoigne elle-même d'une limite liée à son relatif « présentisme », en ce sens qu'elle prend le champ sociologique comme une donnée établie et tente d'en faire la généalogie interne alors qu'il s'agit en réalité d'une double construction, d'une double autonomisation progressive au sein d'un champ intellectuel plus vaste borné d'un côté par la philosophie traditionnelle, de l'autre par les sciences humaines préexistantes. En 1895, les frontières disciplinaires n'étaient pas nettement établies comme elles le sont aujourd'hui[9]. Aussi la volonté durkheimienne de fondation de la sociologie ne doit pas seulement se comprendre face aux quelques adversaires revendiquant explicitement l'étiquette de « sociologues. » Durkheim lui-même a souvent répété que

> « la sociologie est, avant tout, un point de vue nouveau sur l'homme, un nouvel instrument d'analyse de la nature humaine. Il est donc inévitable qu'elle trouble les idées reçues, les habitudes d'esprit les plus invétérées, qu'elle dissipe bien des fausses évidences et renouvelle les problèmes[10]. »

De fait, c'est par rapport à l'ensemble des sciences s'attribuant le privilège d'expliquer le comportement humain qu'il a positionné sa sociologie : l'anthropologie, la criminologie, la géographie humaine, l'histoire et

6. R. GEIGER, *The Development of French Sociology, 1871-1905*, Ph. Doct. University of Michigan, 1972.

7. T.N. CLARK, *Prophets and Patrons. The French University and the Emergence of the Social Sciences*, Harvard University Press, Cambridge, 1973.

8. V. KARADY, « Durkheim, les sciences sociales et l'université : bilan d'un semi-échec », *Revue française de sociologie*, 1976, vol. 17, n° 2, p. 267-311 ; V. KARADY, « Stratégies de réussite et modes de faire-valoir de la sociologie chez les durkheimiens », *Revue française de sociologie*, 1979, vol. 20, n° 1, p. 49-82 ; G. WEISZ, « L'idéologie républicaine et les sciences sociales. Les durkheimiens et la chaire d'économie sociale à la Sorbonne », *ibid.*, p. 83-112.

9. Il suffit pour s'en convaincre de lire les panoramas de la sociologie naissante qu'offrent les comptes rendus de revues. Ainsi, l'analyse de « L'*Année sociologique* 1894 » de Paul Lapie, en 1895 dans la *Revue de métaphysique et de morale*, regroupe des sociologues déclarés, des philosophes, des historiens et des psychologues.

10. É. DURKHEIM, « Le problème religieux et la dualité de la nature humaine », *Bulletin de la Société française de philosophie*, 1913, n° 13, p. 48.

la psychologie furent ainsi des interlocutrices importantes et c'est par rapport à elles que doivent aussi se penser les principales innovations théoriques durkheimiennes [11].

Comment les effets discursifs de ce caractère doublement limitrophe de la sociologie naissante se retrouvent-ils dans les *Règles* ? C'est ce que nous allons étudier dans cette contribution.

Pour ce faire, le plus simple serait naturellement d'interroger les références de Durkheim. Or, à la différence *De la division du travail* où il cite abondamment ses sources, la seule lecture du texte des *Règles* donnerait à penser que l'auteur intervient dans un champ quasi vierge. De fait, nous mettrons d'abord en évidence la rareté générale des sources affichées et discuterons les raisons de leur concentration sur certaines traditions philosophiques. Mais le système de références explicites choisi par Durkheim reflète-t-il la réalité de ses positionnements critiques ? Rien n'est moins sûr. Il suffit pour s'en convaincre de mettre en parallèle un important article que Durkheim publie en Italie à quelques mois d'intervalle : « Lo stato attuale degli studi sociologici in Francia[12]. » Rédigé très peu de temps après la version finale des *Règles* sous forme de livre, ce texte présente une série d'auteurs et de disciplines qui n'apparaissent pas dans l'ouvrage en question. Du coup, les omissions prennent sens et le caractère apparemment abstrait et impersonnel d'un certain nombre de règles énoncées – et non des moindres – (re)trouve une signification polémique. On comprend d'une part que Durkheim a choisi une stratégie d'intervention dans le champ sociologique en train de naître, d'autre part, que la véritable dimension scientifique de sa sociologie dépasse les limites de cette discipline pour renouveler en réalité quelques-unes des problématiques théoriques et méthodologiques les plus en vue dans le champ des sciences humaines de l'époque.

LES INTERLOCUTEURS « OFFICIELS » DES *RÈGLES*

Le tableau ci-contre répertorie l'ensemble des mentions explicites de noms d'auteurs – à l'exception de Durkheim lui-même – données dans la première édition des *Règles*. Pour respecter la norme adoptée dans l'ensemble de ce livre, nous avons retenu la pagination de la seconde édition, toutefois sans tenir compte des modifications (préface et notes en bas de page) introduites par l'auteur en 1901 dans le système de références initial.

11. Ce qui sera l'objet de la deuxième partie de L. MUCCHIELLI, *La Découverte du social. Naissance de la sociologie en France (1870-1914)*, La Découverte, Paris, 1998.

12. É. DURKHEIM, « Lo stato attuale degli studi sociologici in Francia », *La riforma sociale*, 1895, n° 3, p. 607-622 et 691-707 (repris dans *Textes*, Minuit, Paris, 1975, vol. I, p. 73-108).

Nb de réf.	Auteurs	Pages des références
19	Spencer	IX, 1, 8, 21, 22, 29, 38, 73, 81, 89, 99, 108, 118, 121, 123, 141
18	Comte	IX, 1, 19, 20, 29, 77, 78, 89, 98, 99, 108, 117, 121, 124, 125, 141
6	Mill	1, 24, 125, 126, 127
5	Hobbes	120, 122, 123
4	Bacon	17, 18, 32, 79
4	Garofalo	39, 41, 58, 73
2	Descartes	31
2	Rousseau	120
1	Condillac	30
1	Darmesteter	33
1	Espinas	105
1	Galilée	16
1	Gide	25
1	Locke	30
1	Lubbock	41
1	Machiavel	122
1	Montesquieu	117
1	Pascal	78
1	Socrate	71
1	Tarde	12

De la simple lecture, positive (les présents) et négative (les absents), de ces données se dégagent un certain nombre de constats et, en premier lieu, celui de la rareté générale des sources. En effet, Durkheim ne cite que vingt auteurs pour un total de soixante-douze références[13]. Et il est facile de constater que, par rapport à *De la division du travail social*, ce taux de citation est extrêmement faible. Selon le comptage de M. Borlandi[14], dans sa thèse, Durkheim fait référence à cent cinquante auteurs dont la plupart sont ses contemporains. Et si Spencer et Comte arrivent déjà en tête dans le calcul de fréquence des citations (le second étant cette fois pratiquement au même niveau que le premier), une foule d'auteurs, présents dans la *Division*, ont disparu dans les *Règles*. Nous pouvons déjà en conclure que le tableau ci-dessus ne rend nullement compte de l'étendue des lectures et des positionnements d'un Durkheim dont le système de référence est volontairement très sélectif. C'est ce constat qui autorise les interprétations que nous développerons dans nos deuxième et troisième parties. Mais auparavant, la vingtaine d'auteurs présents doit faire l'objet d'une analyse. De fait, trois phénomènes massivement significatifs seront dès maintenant commentés : la prépondérance de Spencer et Comte, la concentration sur la tradition rationaliste de l'histoire de la philosophie, l'occultation quasi complète des sources scientifiques contemporaines.

13. Il faut donc corriger légèrement à la hausse le précédent comptage de J.M. BERTHELOT (« Introduction » à É. DURKHEIM, *Les Règles de la méthode sociologique*, Flammarion, Paris, 1988, p. 239-243) qui ne donnait que dix-sept auteurs et cinquante-sept références.

14. M. BORLANDI, « Durkheim lecteur de Spencer », art. cit., p. 67-70.

Deux éminents et encombrants prédécesseurs

En citant Spencer et Comte loin devant tous les autres auteurs, Durkheim se situe clairement dans la lignée de la sociologie et du positivisme. Quant au second, il estime d'emblée que les réflexions sur la méthode sociologique n'ont pas progressé fondamentalement depuis les années 1830. Les *Règles* s'ouvrent en effet sur cette affirmation :

> « Jusqu'à présent, les sociologues se sont peu préoccupés de caractériser et de définir la méthode qu'ils appliquent à l'étude des faits sociaux. C'est ainsi que, dans toute l'œuvre de M. Spencer, le problème méthodologique n'occupe aucune place [...]. Mill [...] n'a fait que passer au crible de sa dialectique ce que Comte en avait dit, sans rien y ajouter de vraiment personnel. Un chapitre du *Cours de philosophie positive*, voilà, donc, à peu près, la seule étude originale et importante que nous possédions sur la matière[15]. »

Le reste des références à Comte est certes essentiellement critique, mais cette seule citation – encore renforcée par la dévalorisation de Mill et Spencer qui l'accompagne – suffit à indiquer une filiation que Durkheim n'avait jamais si fortement marquée depuis sa leçon d'ouverture au cours de science sociale de Bordeaux[16]. Toutefois, Durkheim s'est toujours séparé de Comte sur sa philosophie de l'histoire et sa doctrine du Progrès. Il réclame donc une lecture nuancée de Comte, loin de l'orthodoxie des disciples comme de l'allergie de leurs adversaires spiritualistes[17]. En somme, c'est aussi la position de Mill et Spencer qui ne sont pas des disciples de Comte au sens strict, mais qui passent pour des « sympathisants » du positivisme et surtout des amis de la sociologie. Ce dernier qualificatif s'applique évidemment surtout à Spencer. L'auteur des quatre volumes des

---

15. É. DURKHEIM, *Les Règles de la méthode sociologique*, Presses Universitaires de France, Paris, 1947, p. 1.

16. É. DURKHEIM, « Cours de science sociale. Leçon d'ouverture », *Revue internationale de l'enseignement*, 1888, n° 15, p. 23-48.

17. Dans l'article italien de 1895, Durkheim débute par ces mots : « Quand, il y a environ dix ans, nous avons décidé de nous consacrer à l'étude des phénomènes sociaux, [...] dans le milieu universitaire, en particulier, la sociologie était l'objet d'un véritable discrédit : non seulement le mot semblait barbare aux puristes, mais la chose elle-même inspirait une espèce d'inquiétude et de répulsion à un grand nombre de personnes et il faut convenir que la faute en revenait un peu aux sociologues eux-mêmes. Car la sociologie, *née de la philosophie positive*, a pris parfois, à l'égard de certaines doctrines philosophiques, une attitude inutilement agressive » (É. DURKHEIM, « Lo stato attuale degli studi sociologici in Francia », art. cit., p. 73 ; nous soulignons). Il fait ici directement allusion à la lutte que les positivistes emmenés par Littré et sa revue, La philosophie positive, ont menée contre la philosophie spiritualiste dominant l'Université jusqu'en 1883 (date à laquelle, deux ans après la mort de Littré, *La Philosophie positive* cesse de paraître). L'un des épisodes de cette lutte fut, en 1877, à la Sorbonne, la soutenance de doctorat de philosophie d'Alfred Espinas (*Les Sociétés animales*), obligé par ses professeurs de retirer de sa thèse une longue introduction historique rendant notamment à Comte le mérite d'avoir fondé la sociologie, et à Spencer celui de l'avoir enrichie des « notions sociologiques les plus remarquables qui dérivent de la théorie de l'évolution » (A. ESPINAS, *Les Sociétés animales*, Baillière, Paris, 1878, p. 101 [1ère édition : 1877]).

Principes de sociologie, traduits en France de 1878 à 1887, constitue aux yeux de tous le principal artisan de cette science depuis Comte. De plus, on sait aujourd'hui que Spencer était la référence philosophique principale dans la philosophie française des années 1875-1895[18]. Sa prépondérance dans le système de références de Durkheim s'explique donc par cette image (plus française qu'anglaise d'ailleurs) de « deuxième père » de la sociologie, celui qui a su sortir cette nouvelle science du strict positivisme et l'a réhabilitée dans le champ philosophique universitaire.

Comte et Spencer ne sont pas les seuls auteurs que Durkheim utilise pour leurs vues sociologiques. Il mentionne d'abord à plusieurs reprises le nom de John Stuart Mill, surtout dans le chapitre VI. Mais la référence au *Système de logique* est surtout négative. Du reste, dès la première page, Mill est cité comme un simple commentateur de Comte[19]. D'autre part, dans l'important paragraphe IV du chapitre V, Durkheim discute à la fois Hobbes, Rousseau, et à nouveau Spencer sur la question de la nature de la vie sociale et du rapport individu/société. Là où Fouillée[20] avait longuement tenté de concilier l'idée de pacte social et l'idée d'organisme dans celle d'« organisme contractuel », Durkheim oppose à tous sa conception de la vie sociale comme produit *sui generis* de l'association entre les individus[21]. C'est donc toujours une sorte de préhistoire de la sociologie que Durkheim suggère pour définir la part qui revient à tous ces penseurs de la société. Un seul nom échappe au feu de sa critique, celui de Montesquieu :

> « À quelques exceptions près, dont Montesquieu est le plus illustre exemple, l'ancienne philosophie de l'histoire s'est uniquement attachée à découvrir le sens général dans lequel s'oriente l'humanité, sans chercher à relier les phases de cette évolution à aucune condition concomitante[22]. »

Et ceci ne doit pas nous surprendre puisque, trois ans auparavant, Durkheim a consacré sa thèse latine à cet auteur en qui il a vu le premier sociologue des temps modernes. Il aurait même pu s'en servir davantage dans les *Règles* puisqu'il avait écrit que « la science que l'on rencontre

---

18. D. BECQUEMONT, L. MUCCHIELLI, *Le Cas Spencer. Religion, science et politique*, Presses Universitaires de France, Paris, 1998, 2e partie.

19. Il est aussi critiqué par Durkheim à propos de la définition des faits économiques de l'économie (*cf.* les commentaires de Ph. STEINER, « Durkheim, les économistes et la critique de l'économie politique », *Économies et sociétés*, 1994, vol. 19, n° 4, p. 150-152). Sur l'analyse du chapitre VI, et de l'ensemble du rapport Durkheim à Mill, *cf.* A. PETIT, « Durkheim critique de Mill », *in* M. BORLANDI, L. MUCCHIELLI, dir., *La Sociologie et sa méthode. Les* Règles *de Durkheim un siècle après*, *op. cit.* , p. 71-100.

20. A. FOUILLÉE, *La Science sociale contemporaine*, Hachette, Paris, 1880.

21. *Cf.* p. 120-123. Il est difficile de ne pas remarquer que Durkheim se montre assez injuste envers Rousseau dont il a par ailleurs tant loué les mérites de sociologue et de pédagogue et chez qui il a trouvé aussi beaucoup d'arguments contraires à ceux qu'il critique ici (É. DURKHEIM, *Montesquieu et Rousseau précurseurs de la sociologie*, Marcel Rivière, Paris, 1953 ; S. LUKES, *Émile Durkheim*, *op. cit.*, p. 125-128 et 283-288).

22. É. DURKHEIM, *Les Règles de la méthode sociologique*, *op. cit.*, p. 117.

chez Montesquieu est réellement la science sociale : elle ne traite pas de la conscience de l'homme individuel ; ce sont les choses sociales qu'elle a pour objet[23]. » Mais point trop n'en fallait pour quiconque l'avait précédé sur le terrain sociologique.

La tradition scientifique de la philosophie

À côté des auteurs que Durkheim considère comme des précurseurs de la sociologie, on constate que huit des quatorze autres auteurs cités dans les *Règles* sont des philosophes européens classiques : Bacon, Condillac, Descartes, Galilée, Locke, Machiavel, Pascal et Socrate. Au premier abord, il pourrait sembler que Durkheim cite à peu près tous les grands noms de l'histoire de la philosophie. En réalité, il fait de ces références un usage qui semble avoir une raison d'être très précise.

Nous pouvons d'abord citer pour mémoire trois usages anecdotiques :

1°) Socrate – ou plutôt l'épisode célèbre de la mort de Socrate – est évoqué pour exemplifier la relativité historique de la définition du crime et la possible utilité de ce dernier[24] ;

2°) Pascal est cité à côté de Comte[25] dans la critique que Durkheim adresse aux philosophies de l'histoire « idéalistes et simplistes » qui conçoivent l'humanité comme un tout marchant d'un même pas ;

3°) Machiavel est cité aux côtés de Hobbes dans la discussion du fondement de la vie sociale mais c'est seulement ce dernier qui est véritablement discuté[26]. Par contre l'ensemble des autres références, quoique utilisées à des stades très divers de l'argumentation de Durkheim, ont en commun l'appartenance à ce qu'on pourrait appeler la grande tradition rationaliste et scientifique de la philosophie européenne. Durkheim ne cesse en effet d'invoquer à l'appui de son discours à intention normative les auteurs couramment considérés comme les symboles de l'avènement de la science moderne.

C'est tout d'abord le trio Bacon-Descartes-Galilée qui renvoie à la « révolution scientifique » du XVIIe siècle. En effet, en 1895, chacun sait que Galilée, l'auteur-martyr de l'*Histoire et démonstration des taches solaires* en 1613, fut le premier à défendre la théorie héliocentrique de Copernic qui ouvrit la voie à la physique et à l'astronomie modernes[27]. Ensuite François Bacon est cité avec précision et dans le texte latin de son

23. É. DURKHEIM, *Montesquieu et Rousseau*, *op. cit.*, p. 46 ; Sur la relation Durkheim-Montesquieu, *cf.* R.A. JONES, « Ambivalent Cartesians : Durkheim, Montesquieu and Method », *American Journal of Sociology*, 1994, vol. 100, n° 1, p. 1-39.

24. É. DURKHEIM, *Les Règles de la méthode sociologique*, *op. cit.*, p. 71.

25. *Ibid.* p. 78.

26. *Ibid.* p. 122.

27. Du reste, en 1901, sans modifier le reste du passage, Durkheim remplace Galilée par Copernic (É. DURKHEIM, *Les Règles de la méthode sociologique*, *op. cit.*, p. 16).

Novum organum (rédigé à la même époque) auquel Durkheim emprunte le concept de « praenotiones » (prénotions) pour appuyer l'idée de rupture d'avec le sens commun que toute avancée scientifique opère nécessairement[28]. C'est en lui que Durkheim voit le fondateur de « la vraie méthode expérimentale[29]. » Enfin, la référence à René Descartes est omniprésente ne serait-ce que par le titre même de *Règles de la méthode* qui rappelle étrangement à la fois les *Regulae ad directionem ingenii* (1627-1628) et le *Discours de la méthode* (1837)[30]. De fait, c'est bien un discours de la méthode que Durkheim tient à sa façon. Et, au delà de la lettre, c'est l'esprit de ce texte qu'il reprend à son compte. Quoique isolée à la page 31 des *Règles*, la mention du nom de Descartes est en effet accompagnée de cette forte phrase :

> « Si, au moment où il va fonder la science, Descartes se fait une loi de mettre en doute toutes les idées qu'il a reçues antérieurement, c'est qu'il ne veut employer que des concepts scientifiquement élaborés, c'est-à-dire construits d'après la méthode qu'il institue ; tous ceux qu'il tient d'une autre origine doivent donc être rejetés, au moins provisoirement[31]. »

De même que ses professeurs de philosophie lui ont enseigné que « Descartes est le vrai fondateur de la philosophie moderne[32] », Durkheim veut être le « vrai fondateur de la sociologie moderne. » Le panthéon mythique des pionniers du rationalisme moderne est donc convoqué par Durkheim pour l'aider à plaider la cause de sa propre ambition fondatrice[33]. Et c'est dans le même sens qu'on peut lire ensuite la référence à Condillac et Locke qui sont certes critiqués pour n'avoir pas « considéré les phénomènes psychiques objectivement », mais dont le nom n'apparaît que pour illustrer à nouveau l'idée de fondation scientifique, cette fois en comparaison de la psychologie :

> « En définitive, la réforme qu'il s'agit d'introduire en sociologie est de tous points identique à celle qui a transformé la psychologie dans ces trente dernières années. [...] La psychologie scientifique n'a vraiment pris nais-

---

28. É. DURKHEIM, *Les Règles de la méthode sociologique*, *op. cit.*, p. 16-17.

29. *Ibid.* p. 79. Il aurait pu même reprendre à son compte cette célèbre phrase du *Novum organum* : « La puissance de l'homme est en raison de sa science, parce que c'est l'ignorance de la cause qui fait manquer l'effet ; car on ne commande à la nature qu'en lui obéissant, et ce qui est cause dans la théorie devient moyen dans la pratique. »

30. *Cf.* M. BORLANDI, L. MUCCHIELLI (dir.), *La Sociologie et sa méthode. Les* Règles *de Durkheim un siècle après*, introduction.

31. É. DURKHEIM, *Les Règles de la méthode sociologique*, *op. cit.*, p. 31-32, nous soulignons.

32. *Cf.* P. JANET, G. SÉAILLES, *Histoire de la philosophie. Les problèmes et les écoles*, Delagrave, Paris, 1920, p. 1016 (1ère édition : 1886).

33. On s'étonne seulement de l'absence de Claude Bernard, réputé fondateur de la médecine expérimentale, que É. DURKHEIM (*Textes*, Minuit, Paris, 1975, p. 373) a du reste déjà célébré comme tel et à qui il fait sans doute, dans les *Règles*, plusieurs emprunts conceptuels (J. MICHEL, « Émile Dukheim et la naissance des sciences sociales dans le milieu bernardien », *in* J. MICHEL (dir.), *La Nécessité de Claude Bernard*, Klincksieck, Paris, 1991, p. 229-254).

sance que beaucoup plus tard, quand on fut enfin parvenu à cette conception que les états de conscience peuvent et doivent être considérés du dehors, et non du point de vue de la conscience qui les éprouve[34]. »

L'ambition fondatrice étant explicitée, cette dernière citation nous amène à envisager une deuxième signification de l'usage durkheimien de la tradition scientifique de la philosophie. En effet, tandis qu'il a cité tous les pères fondateurs du rationalisme, Durkheim n'a mentionné le nom d'aucun de leurs adversaires, en particulier d'aucun philosophe spiritualiste. Pour le comprendre, il faut revenir ici à l'avertissement lancé à la troisième page de la préface des *Règles* :

> « On jugera peut-être grossière une méthode qui fait dépendre l'évolution collective de conditions objectives, définies dans l'espace, et il n'est pas impossible qu'on nous traite de matérialiste. Cependant, nous pourrons plus justement revendiquer la qualification contraire. En effet, l'essence du spiritualisme ne tient-elle pas dans cette idée que les phénomènes psychiques ne peuvent pas être immédiatement dérivés des phénomènes organiques ? Or notre méthode n'est en partie qu'une application de ce principe aux faits sociaux. Comme les spiritualistes séparent le règne psychologique du règne biologique, nous séparons le premier du règne social ; comme eux, nous nous refusons à expliquer le plus complexe par le plus simple. À la vérité, pourtant, ni l'une ni l'autre appellation ne nous conviennent exactement ; la seule que nous acceptions est celle de rationaliste. Notre objectif principal, en effet, est d'étendre à la conduite humaine le rationalisme scientifique [...]. Ce qu'on a appelé notre positivisme n'est qu'une conséquence de ce rationalisme. » Note : « C'est dire qu'il ne doit pas être confondu avec la métaphysique positiviste de Comte et de M. Spencer[35]. »

Cette déclaration appelle un certain nombre de commentaires. Au premier degré de lecture, on doit remarquer un certain déséquilibre entre l'hommage implicite rendu de façon globale au spiritualisme dans sa lutte contre le matérialisme, et le rejet – un peu méprisant dans sa sécheresse – de la « métaphysique positiviste » des deux grands pionniers de la sociologie que Durkheim utilise pourtant tellement par ailleurs. Or, précisément, ce déséquilibre est moins évident qu'il y paraît à la lecture de l'ensemble des *Règles*. Il peut en effet être regardé, au second degré, comme une stratégie d'évitement face au courant spiritualiste qui demeure dominant dans l'université française et que Durkheim combat par ailleurs au nom de la science[36]. Pour nous en tenir ici seulement au texte des *Règles*, il faut

34. É. DURKHEIM, *Les Règles de la méthode sociologique*, *op. cit.*, p. 29-30.

35. *Ibid.* p. IX.

36. Il faut rappeler ici que, quelques semaines seulement après la parution des *Règles* chez Alcan, la *Revue philosophique* publiait un nouvel article substantiel de Durkheim (« L'enseignement philosophique et l'agrégation de philosophie », *Revue philosophique*, 1895, n° 39, p. 406-418). Dans ce texte éminemment polémique, Durkheim estime que la philosophie

bien voir que l'argument de l'autonomie des différents « règnes » se retourne habilement en pratique contre les spiritualistes de qui il est tenu par « principe. » En effet, toute l'entreprise sociologique de Durkheim consiste aussi, quelque part, à arracher définitivement à la métaphysique son dernier bastion : la conscience. En invoquant l'existence du « règne social » et en fondant toute sa méthode sur le postulat de la presque totale détermination sociale de la conscience individuelle, Dur-kheim sape les fondements mêmes de la psychologie introspective. Et du reste, tout en s'abstenant de citer le nom d'un seul des représentants de ce courant, l'ouvrage contient bien indirectement une attaque en règle de cette psychologie spiritualiste. C'est James Darmesteter (1849-1894), pro-fesseur d'histoire des religions au Collège de France, qui en fait les frais dans le chapitre II. Cet éminent membre de la communauté juive écrivait en effet en 1892 dans *Les Prophètes d'Israël* que l'on ne saurait aborder l'étude des religions sans partager au fond de soi-même la foi en l'existen-ce de Dieu. Or cette position spiritualiste classique déchaîne les foudres de Durkheim qui s'écrit avec une rare et d'autant plus significative violence :

> « On ne saurait s'élever avec trop de force contre cette doctrine mystique qui – comme tout mysticisme d'ailleurs – n'est, au fond, qu'un empirisme déguisé, négateur de toute science. [...] Accorder une pareille prépondérance [aux sentiments religieux], c'est donner aux facultés inférieures de l'intelligence la suprématie sur les plus élevées, c'est se condamner à une logomachie plus ou moins oratoire. Une science ainsi faite ne peut satisfaire que les esprits qui aiment mieux penser avec leur sensibilité qu'avec leur entendement, qui préfèrent les synthèses immédiates et confuses de la sensation aux analyses patientes et lumineuses de la raison. Le sentiment est [l'] objet de [la] science, non le critère de la vérité scientifique[37]. »

Au delà de l'auteur choisi parmi des dizaines d'autres possibles[38], c'est clairement la méthode introspective des spiritualistes que Durkheim

connaît actuellement « une crise très grave » dont il analyse précisément l'origine : Victor Cousin avait voulu éloigner la science et les querelles de parti d'un enseignement national à vocation consensuelle. Mais, ces querelles aujourd'hui apaisées, le consensualisme d'hier menace de virer à la rhétorique sans contenu des beaux parleurs et aux considérations de plus en plus éloignées à la fois des progrès de la connaissance scientifique et des réalités sociales. Il y a donc urgence à développer l'enseignement de la psychologie et de la sociologie, seul apte à donner aux futurs citoyens le sens des problèmes humains concrets que les professeurs de philosophie doivent leur trans-mettre (*ibid.*, p. 419-426). Au total, les philosophes, trop confortablement installés dans l'institution scolaire et universitaire, doivent d'urgence « faire d'eux-mêmes leur examen de conscience » et « s'interroger spontanément » sur « ce que peuvent avoir de juste » les « reproches » qui leur sont fréquemment adressés (*ibid.*, p. 403). On le voit, Durkheim ne mâchait pas ses mots et son texte donna d'ailleurs lieu à plusieurs réponses (notamment dans la *Revue de métaphysique et de morale*).

37. É. DURKHEIM, *Les Règles de la méthode sociologique*, *op. cit.*, p. 33.

38. En l'absence d'informations sur l'existence éventuelle de relations personnelles entre les deux hommes, il est vraisemblable que Durkheim a pu être d'autant plus exaspéré par ce

condamne ici avec emphase et qu'il combat de façon générale dans les *Règles* en écartant la possibilité de connaissance des faits sociaux par le biais de la conscience individuelle.

La rareté des sources scientifiques françaises et étrangères

De même qu'il ne mentionne le nom d'aucun philosophe français de son siècle – y compris ceux qui l'ont fortement influencé (Renouvier, Boutroux) ou dont il a médité la lecture (Janet, Fouillée, Guyau) – Durkheim se montre très avare de références scientifiques contemporaines.

En 1895, les deux sociologues français les plus connus sont certainement Alfred Espinas et Gabriel Tarde. Pourtant, ils ne sont cités qu'une seule fois et de façon expéditive. Durkheim consacre d'abord à Tarde une note en bas de page pour dire en substance que le phénomène de l'imitation est une conséquence et non une cause de la propagation des faits sociaux[39]. Durkheim se débarrasse ensuite d'Espinas dans un renvoi purement bibliographique pour la comparaison d'un phénomène avec ses éventuels équivalents dans les sociétés animales[40].

Quant aux autres sociologues français de l'époque, les organicistes comme René Worms, les positivistes comme Eugène de Roberty, les leplaysiens comme Henri de Tourville et Edmond Demolins, les statisticiens comme Paul Mougeolle et Alfred Coste, ils sont tout simplement absents[41]. Nous verrons tout à l'heure que l'absence de Worms et des leplaysiens constitue une véritable occultation volontaire. Mais ce que l'on remarque au premier abord, c'est le fait que Durkheim ne cite pas non plus des auteurs comme Coste, De Greef, Ferneuil, Fouillée et son ancien camarade normalien Gaston Richard, sur lesquels il a pourtant écrit de longs – et souvent favorables – comptes rendus[42]. En définitive, Durkheim ne

---

livre de Darmesteter que le sujet était la religion juive, religion dont Durkheim était lui-même originaire et dont il s'était douloureusement émancipé au cours de ses années d'École normale (*cf.* le chapitre 10 du présent ouvrage).

39. É. DURKHEIM, *Les Règles de la méthode sociologique*, *op. cit.*, p. 12, n° 1.

40. *Ibid.* p. 105.

41. Charles Gide (1847-1932) est un des rares noms de savants français contemporains cités mais c'est un économiste dont les *Principes d'économie politique* (1884) sont implicitement critiqués par Durkheim dans une note en bas de page (p. 25). Précisons que cette critique peut surprendre dans la mesure où Gide est connu pour être un théoricien du solidarisme. Mais en 1894, Gide n'avait pas encore exprimé les soucis qui feront de lui un auteur associé au concept d'« économie sociale » de « système économique coopératif » et à la critique du profit (M. PÉNIN, « Charles Gide. L'hétérodoxie bien tempérée », *in* Y. BRETON, M. LUTFALLA (dir.), *L'Économie politique en France au XIXe siècle*, Economica, Paris, 1991, p. 303-334).

42. É. DURKHEIM, « A. FOUILLÉE, “La propriété sociale et la démocratie” », *Revue philosophique*, 1885, p. 446-453, repris *in* É. DURKHEIM, *La Science sociale*, Presses Universitaires de France, Paris, 1970, p. 171-183 ; É. DURKHEIM, « Les études de sciences sociales », *Revue philosophique*, 1886, p. 61-80, repris *in* É. DURKHEIM, *La Science sociale*, *op. cit.*, p. 184-214 ; É DURKHEIM, « G. DE GREEF : “Introduction à la sociologie” », *Revue philosophique*, 1886, p.

cite que des auteurs incontournables (Espinas et Tarde) dont l'absence aurait peut-être semblé ridicule ou injurieuse. Il semble tout faire pour s'isoler de ses contemporains et se placer seul dans une lignée intellectuelle qui partirait de Comte, passerait par Spencer et aboutirait finalement à lui.

La même stratégie se retrouve vis-à-vis des sources scientifiques étrangères, Durkheim ne cite ni Wundt, ni les économistes dits « socialistes de la chaire », ni les juristes. On sait pourtant combien le voyage en Allemagne effectué en 1885-86 a été formateur pour sa pensée, qu'il s'y est familiarisé avec tous ces penseurs qu'il a ensuite longuement présentés au public français[43]. Même ses grandes lectures sociologiques qui ont fourni la matière de ses premiers articles, sont absentes : Schaffle[44], Gumplowicz[45] et dans une moindre mesure Tönnies[46]. Et le fait est d'autant plus étonnant que Durkheim ne s'était pas privé jusqu'ici de faire publiquement et positivement référence à nombre de ces auteurs, par exemple les socialistes de la chaire (Schaffle, Wagner, Schmoller) dans sa leçon d'ouverture de Bordeaux en 1887[47]. De même, Jones[48] a montré que *De la division du travail social* était « le produit d'une véritable immersion dans les sources germaniques », Durkheim tentant, notamment à la suite de Wundt, de fonder une nouvelle science de la vie sociale, c'est-à-dire de la vie morale. Il y a donc dans les *Règles* un silence général sur les sources allemandes qui est assez difficile à interpréter. Durkheim cherche-t-il à présenter la sociologie comme une science née dans la tradition philosophique française ? C'est peu probable : nous avons vu précédemment qu'il n'est pas davantage prolixe sur les sources françaises. Il est par conséquent plus vraisemblable de penser que, parvenu à maturité et désireux d'intervenir à

658-663, repris *in* É. DURKHEIM, *Textes*, Minuit, Paris, 1975, vol. I, p. 37-43 ; É. DURKHEIM, « Th. FERNEUIL : "Les principes de 1789 et la science sociale", *Revue internationale de l'enseignement*, 1890, p. 450-456, repris *in* É. DURKHEIM, *La Science sociale*, *op. cit.*., p. 215-225) ; É. DURKHEIM, « G. RICHARD : "Essai sur l'origine de l'idée de droit", *Revue philosophique*, 1893, p. 290-296, repris *in* É. DURKHEIM, *Textes*, *op. cit.*, vol. I, p. 233-240.

43. É. DURKHEIM, « La science positive de la morale en Allemagne », *Revue philosophique*, 1887, n° 24, p. 33-58 ; repris *in* É. DURKHEIM, *Textes*, Minuit, Paris, 1975, vol. I, p. 267-343.

44. É. DURKHEIM, Compte rendu de SCHAEFFLE, art. cit.

45. É. DURKHEIM, « GUMPLOWICZ : "Grundriss der soziologie", *Revue philosophique*, 1885, p. 446-453 ; repris *in* É. DURKHEIM, *Textes*, *op. cit.*, vol. I, p. 344-354.

46. É. DURKHEIM, « Compte rendu de F. TÖNNIES : "Gemeinschaft und Geselischaft", *Revue philosophique*, 1889, n° 27, p. 416-422 ; repris *in* É. DURKHEIM, *Textes*, Minuit, Paris, 1975, vol. I, p. 383-390. Précisons qu'à cette date Durkheim ne connaît pas Simmel qui commence alors tout juste à publier en tant que sociologue. Ses premières traductions pour la *Revue internationale de sociologie* et la *Revue de métaphysique et de morale* paraissent en 1894 (tout comme l'analyse très favorable de C. BOUGLÉ, « Les sciences sociales en Allemagne : G. Simmel », *Revue de métaphysique et de morale*, 1894, n° 2, p. 329-355), soit au moment même où Durkheim publie dans la *Revue philosophique* les quatre articles qui constituent les *Règles*.

47. É. DURKHEIM, « Cours de science sociale », art. cit., p. 97-99.

48. R.A. JONES, « La science positive de la morale en France : les sources allemandes De la division du travail *social* », *in* Ph. BESNARD, M. BORLANDI, P. VOGT (dir.), *Division du travail et lien social. La thèse de Durkheim un siècle après*, *op. cit.*, p. 36.

présent dans le champ sociologique comme un guide critique, Durkheim a choisi de ne plus parler qu'à la première personne en dissimulant ses plus fortes influences directes[49].

FONDATION OU DOMINATION DU CHAMP SOCIOLOGIQUE ?

En 1894-1895 dans les *Règles*, puis en 1895 dans l'article italien, Durkheim se positionne clairement à la fois en professionnel et en guide de la nouvelle discipline. Il rappelle que la sociologie a longtemps été mal vue à l'université française du fait des polémiques des positivistes contre les spiritualistes, « aujourd'hui les choses ont sensiblement changé[50]. » Et c'est sa propre charge universitaire que, dans les deux cas, il met immédiatement en avant. L'introduction des *Règles* est éloquente :

> « Un heureux concours de circonstances, au premier rang desquelles il est juste de mettre l'acte d'initiative qui a créé en notre faveur un cours régulier de sociologie à la Faculté des lettres de Bordeaux, nous ayant permis de nous consacrer de bonne heure à l'étude de la science sociale et d'en faire même la matière de nos occupations professionnelles, nous avons pu sortir de ces questions trop générales et aborder un certain nombre de problèmes particuliers. [...] Ce sont les résultats de notre pratique que nous voudrions exposer ici dans leur ensemble et soumettre à la discussion. Sans doute ils sont implicitement contenus dans le livre que nous avons récemment publié sur *De la division du travail social*. Mais il nous paraît qu'il y a quelque intérêt à les en dégager, à les formuler à part [...] On pourra mieux juger ainsi de *l'orientation que nous voudrions essayer de donner aux études de sociologie*[51]. »

Ainsi, dès la deuxième page de son livre, Durkheim explicite très clairement sa volonté de s'imposer comme champion d'une sociologie enfin scientifique et de définir les règles à suivre pour l'ensemble des prétendants à la « profession. » Il n'est par conséquent nul besoin de chercher à démasquer une stratégie cachée de domination dans le projet durkheimien : celle-ci s'affiche – et se réaffirmera logiquement dans l'*Année sociologique* – de façon tout à fait transparente à partir de 1895. Il est plus intéressant de s'interroger sur ses motivations (à la fois profondes et événementielles) et sur ses conséquences techniques.

---

49. Nous n'avons pas encore évoqué les deux uniques personnalités scientifiques étrangères connues présentes dans les *Règles*, à savoir le criminologue italien Raffaele Garofalo et l'anthropologue et préhistorien anglais John Lubbock. Nous verrons dans la troisième partie de ce travail que ces auteurs servent à identifier des domaines de recherches connexes ou concurrents de la sociologie et qu'ils permettent à Durkheim de développer une critique sévère qui s'adresse en réalité aussi à leurs homologues français.

50. É. DURKHEIM, « Lo stato attuale degli studi sociologici in Francia », art. cit., p. 73.

51. É. DURKHEIM, *Les règles de la méthode sociologique*, *op. cit.*, p. 2 ; nous soulignons.

Les *Règles* dans la trajectoire personnelle de Durkheim

S. Lukes[52] et J.C. Filloux[53] ont bien montré que la vocation de socio-lo-gue de Durkheim s'est fixée très tôt. En 1882, il obtient l'agrégation de philosophie. Mauss nous rapporte ensuite que, dès l'année suivante, il jette sur le papier le plan de sa thèse sur les rapports entre individualisme et socialisme[54]. En 1885, il commence à publier dans la *Revue philosophique* des comptes rendus qui concernent tous exclusivement « la science sociale » ou « sociologie », autant dans sa méthode que dans ses rapports aux problèmes sociopolitiques de l'époque. Dès cette époque Durkheim a donc décidé de se consacrer à la constitution d'une science sociale capable de répondre au malaise social et surtout moral des sociétés européennes de la fin du XIXe siècle. Il a fait ce choix de vie par nécessité morale et intellectuelle, c'est un engagement existentiel, une vocation.

D'autre part, ainsi que Ph. Besnard[55] l'a déjà remarqué, Durkheim eut très tôt conscience de la nécessité de travailler en équipe pour sortir la sociologie du stade de l'amateurisme préscientifique dans lequel elle stagnait. Dès 1886, dans un de ses premiers et substantiels comptes rendus pour la *Revue philosophique*, il écrivait en effet : « la sociologie, comme les autres sciences, et peut-être même plus que les autres, ne peut progresser que par un travail en commun et un effort collectif[56]. » Et en 1893, dans la *Division du travail*, il expliquait le retard et l'état anomique des sciences sociales par le fait que les savants, « suivant leurs goûts naturels » et individuels, « sont restés jusqu'à présent trop éloignés les uns des autres pour sentir tous les liens qui les unissent » ; l'« unité de la science » indispensable à la réalisation des véritables progrès scientifiques supposant au contraire une vive conscience de ce caractère collectif de toute entreprise scientifique et de la solidarité nécessaire pour la réaliser[57]. C'est dire si, dès 1893, il est très probable que Durkheim a commencé à réfléchir sur les moyens de créer cette dynamique collective nécessaire pour fonder véritablement une sociologie scientifique. Et ce d'autant plus que le succès de cette thèse lui donna d'emblée une autorité intellectuelle certaine et le désigna aux yeux des commentateurs comme le principal représentant de la sociologie en France[58]. Dès lors, le chemin

---

52. S. LUKES, *Émile Durkheim*, *op. cit*.
53. J.C. FILLOUX, *Durkheim et le socialisme*, Genève, Droz, 1977.
54. M. MAUSS, « Introduction », *in* É. DURKHEIM, *Le Socialisme*, Presses Universitaires de France, Paris, 1971, p. 27 (1ère édition : 1928).
55. Ph. BESNARD, « The "*Année sociologique*" Team », *in* Ph. BESNARD (dir.), *The Sociological Domaine. The Durkheimians and the Founding of French Sociology*, Cambridge University Press, Cambridge, 1983, p. 16.
56. É. DURKHEIM, « Les études de sciences sociales », art. cit., p. 214.
57. É. DURKHEIM, *De la division du travail social*, *op. cit.*, p. 362-363.
58. Ph. BESNARD, M. BORLANDI, P. VOGT, (dir.), *Division du travail et lien social*, p. 2.

qui mène à la fondation de l'*Année sociologique* était tracé avant même que Durkheim ne rencontre ses premiers futurs collaborateurs (notamment Célestin Bouglé). Dès 1895 en effet, dans l'article italien, il évoque pour la première fois son intention de former une véritable « École » de « morale scientifique », c'est-à-dire de sociologie :

> « L'École qui est sur le point de se former et dont nous nous occupons [...] est un effort pour ouvrir à la morale et à la philosophie du devoir une nouvelle vie et pour démontrer qu'il est possible de soumettre la morale à la science sans pour cela l'affaiblir[59]. »

On le voit bien, le projet sociologique de Durkheim est lié à une vocation, il est mu par la conscience de la nécessité impérieuse de trouver des réponses scientifiques au mal des sociétés européennes. De même la certitude que la véritable recherche scientifique est une œuvre collective qui nécessite un travail d'équipe, est une intelligence pour le moins rare à la fin du XIXe siècle. Et ce sont là deux intuitions profondes de cet homme qui motivent fondamentalement sa stratégie de conquête.

Ceci étant dit, il est tout à fait probable que la relative précipitation avec laquelle Durkheim publie les *Règles* (alors qu'il a mis neuf ans pour écrire sa thèse), est liée au moins en partie aux événements contemporains qui modifient l'état du champ sociologique. En effet, en 1893, au moment même où Durkheim publie sa thèse qui est encensée par la plupart des critiques, René Worms (1869-1926), juriste, économiste et philosophe de formation, lance sans crier gare et avec succès la *Revue internationale de sociologie*, suivie de l'Institut international de sociologie publiant également ses *Annales*[60]. Durkheim est pris de vitesse. Un concurrent nouveau se présente qui, à la différence d'Espinas et de Tarde, manifeste de grandes ambitions institutionnelles, se pose en rassembleur et en organisateur de la sociologie, et lui donne effectivement les premières institutions solides de son histoire. Cet événement a certainement constitué une surprise particulièrement désagréable pour Durkheim et l'a sans doute poussé à accélérer la concrétisation de ses propres projets. On peut alors imaginer non seulement que la rédaction des *Règles* a été un peu précipitée, mais encore que la nécessité du moment a déterminé sinon l'idée même d'écrire ce livre du moins certains aspects de son écriture marquée en effet par d'étranges silences.

59. É. DURKHEIM, « Lo stato attuale degli studi sociologi in Francia », art. cit., p. 91.

60. R. GEIGER, « René Worms, l'organicisme et l'organisation de la sociologie », *Revue française de sociologie*, 1981, n° 22, p. 348-349.

Silences et occultations

Nous l'avons dit, l'article italien que nous allons à présent beaucoup utiliser est rédigé peu de temps après les Règles. Plus précisément, ce texte paraît en mai 1895 dans *La riforma sociale*, le dernier article constituant les *Règles* ayant été publié en août 1894 dans la *Revue philosophique*. Entre temps, a eu lieu la rentrée universitaire 1894-1895, et la situation des études sociologiques a évolué extrêmement rapidement. Ainsi qu'il s'en félicite dès les premières pages, désormais Durkheim n'est plus isolé dans le paysage universitaire français :

> « À Lyon, la mairie accorde des subsides à un cours de sociologie que professe notre collègue Bertrand ; à Montpellier, Bernès, chargé de cours de philosophie, a commencé cette année un enseignement sur la même matière ; à Paris, enfin, la Faculté des Lettres a émis il y a quelques mois un voeu pour la création d'un cours de sociologie. » De plus, « parmi les auteurs que les candidats doivent étudier au programme de l'agrégation de philosophie figurent depuis quelques années des œuvres de sociologues (Comte, Mill, Spencer) et on a même appelé à la présidence du jury des spécialistes renommés de sociologie [...][61]. »

Notre sociologue fait donc mine de constater avec bonheur les bonnes dispositions de l'université envers la sociologie, l'entrée du mot « dans le langage commun » et celle de l'idée dans les préoccupations de « la jeu-

61. É. DURKHEIM, « Lo statuo attuale degli studi sociologici in Francia », art. cit., p. 74. Cette dernière affirmation de Durkheim est difficile à comprendre. Les membres nommés pour composer le jury d'agrégation en 1895 sont Paul Janet, Jules Lachelier, Victor Brochard, Alfonse Darlu et Lionel Dauriac (*Revue universitaire*, 1895, n° 1, p. 178). Le seul changement par rapport aux deux années précédentes est le remplacement de Lévy-Bruhl par Darlu. Mais le président du jury restait le même : Janet. Par ailleurs, Dauriac et Brochard sont des proches de Renouvier et sont favorables à la sociologie (Brochard était membre du jury de thèse de Durkheim), tandis que les trois autres sont des spiritualistes plus traditionnels. Mais où sont les « spécialistes renommés de sociologie » ? À cette date, seuls Espinas et Fouillée auraient pu prétendre à un tel titre. Durkheim semble donc exagérer volontairement l'importance des succès de la sociologie dans les Facultés des Lettres. Et sans doute faut-il relier ce choix à sa rivalité avec R. Worms qui, nous allons le voir, milite de son côté pour le développement de la sociologie dans les Facultés de Droit. Quant à Marcel Bernès, il donnait en effet depuis le début de l'année 1894, un cours libre de sociologie à la Faculté des Lettres de Montpellier. Le contenu de ce cours nous est connu puisqu'il fut publié l'année suivante dans la *Revue de métaphysique et de morale* et qu'il donna également lieu à un livre (M. BERNÈS, *Les Deux directions de la sociologie contemporaine*, Larose, Paris, 1894). Bernès était alors le seul auteur français à prôner en sociologie une « méthode subjective » interrogeant avant tout « la volonté réfléchie des membres de la société » (M. BERNÈS, « La sociologie : ses conditions d'existence, son importance scientifique et philosophique », *Revue de métaphysique et de morale*, 1895, n° 3, p. 152). À côté d'une commune volonté de donner à la sociologie « une méthode plus sûre pour découvrir ensuite des vérités nouvelles et pour rectifier graduellement les premiers résultats acquis » (*ibid.*, p. 149), à côté d'une commune critique du simplisme des théories organicistes et évolutionnistes, il prenait donc le parti opposé à celui de Durkheim, demandant à la méthode sociologique non pas davantage d'objectivation, mais plus d'objectivation du tout (*ibid.*, p. 166). Cependant, isolé et ne produisant pas d'étude empirique, Bernès abandonnera vite la sociologie.

nesse de nos écoles. » Le ton change toutefois quelque peu lorsque, sans jamais mentionner son nom, Durkheim fait allusion aux initiatives de son grand rival institutionnel, René Worms :

> « Certains esprits particulièrement impatients commencent à trouver que l'on ne va pas assez vite. On a même proposé la création pour la sociologie d'une chaire spéciale dans toutes les universités, oubliant qu'il fallait pour cela une armée de sociologues que l'on ne peut pas improviser [...]. C'est sous l'emprise de ces idées qu'a été fondée une revue de sociologie qui vit depuis plus d'un an, et, bien que son apparition nous ait semblé prématurée – la littérature véritablement sociologique n'est pas en effet suffisamment abondante en Europe pour alimenter une revue périodique –, cette publication n'en constitue pas moins un fait intéressant symptomatique de l'état d'esprit actuel[62]. »

Durkheim désigne donc en réalité Worms et la *Revue internationale de sociologie*, mais il occulte complètement et son nom et le titre de sa revue. Il fait aussi allusion au fait que, quelques semaines après la parution des *Règles*, Worms avait appelé au développement systématique de la sociologie dans les universités et même à la transformation du Collège de France en Faculté des sciences sociales[63]. À la fin de l'année 1895, ce dernier créera même la Société de sociologie de Paris[64] et en confiera symboliquement la première présidence à Gabriel Tarde, les deux grands adversaires de Durkheim se trouvant ainsi réunis à la tête des premières tentatives d'institutionnalisation de la nouvelle discipline. Le combat promettait donc d'être rude même si Worms, de son côté, donnait à Durkheim des signes de bonne volonté[65]. Pourtant, ni dans les *Règles* ni dans l'article italien, Durkheim ne discute directement la théorie organiciste défendue par Worms (qui consiste à analyser de façon réaliste le fonctionnement d'une société et de ses institutions comme on décrit en biologie un être vivant composé d'organes occupant une fonction strictement finalisée dans l'ensemble). Toutefois, il en fait sans doute implicitement la critique – à

62. *Ibid.*, p. 74-75.

63. R. WORMS, « Une faculté des sciences sociales », *Revue internationale de sociologie*, 1895,p. 936-953 ; et les remarques de G. WEISZ, « L'idéologie républicaine et les sciences sociales », art. cit., p. 97.

64. Cette société a échappé à l'enquête de R. FOX (« The Savant Confronts his Peers : Scientific Societies in France », *in* R. FOX, G. WEISZ, *The Organisation of Science and Technology in France. 1808-1914*, Cambridge University Press, Cambridge, 1980, p. 241-282) mais elle est analysée par R. GEIGER (*The Development of French Sociology*, *op. cit.*).

65. En signant notamment dans le premier numéro de sa revue un compte rendu globalement très élogieux de *La division du travail social*, rappelant le succès de la soutenance de thèse (à laquelle il semble avoir assisté) de « l'un des représentants les plus autorisés de la sociologie », louant « une aisance, une vigueur et une autorité peu communes » ainsi que « beaucoup de fermeté et de talent » dans l'exposition de ce « long et consciencieux travail » portant sur « une des questions capitales de la sociologie » (R. WORMS, *Revue internationale de sociologie*, 1893, n° 1, p. 359).

travers Comte et Spencer, ses modèles-repoussoirs habituels – lorsqu'il écrit ce passage bien connu mais insuffisamment contextualisé du chapitre V des *Règles* :

> « La plupart des sociologues croient avoir rendu compte des phénomènes une fois qu'ils ont fait voir à quoi ils servent, quel rôle ils jouent. [...] Mais cette méthode confond deux questions très différentes. Faire voir à quoi un fait est utile n'est pas expliquer comment il est né ni comment il est ce qu'il est. [...] un fait peut exister sans servir à rien, soit qu'il n'ait jamais été ajusté à aucune fin vitale, soit que, après avoir été utile, il ait perdu toute utilité en continuant à exister par seule force de l'habitude. Il y a, en effet, encore plus de survivances dans la société que dans l'organisme [...]. C'est, du reste, une proposition vraie en sociologie comme en biologie que l'organe est indépendant de la fonction, c'est-à-dire que, tout en restant le même, il peut servir à des fins différentes. C'est donc que les causes qui le font être sont indépendantes des fins auxquelles il sert[66]. »

Quant à Tarde, l'article italien développe beaucoup plus la critique que ne le font les *Règles*, mais cette critique se trouve stratégiquement placée non pas dans une partie traitant de sociologie générale, mais dans celle consacrée à la criminologie. C'est cette nouvelle classification des doctrines sociologiques qu'il faut à présent examiner tant elle révèle un état du champ français que les *Règles* dissimulaient presque complètement[67].

---

66. *Cf.* p. 89-91. Le caractère implicite de cette critique peut s'expliquer en partie autrement que par une simple volonté d'occultation. En effet, Durkheim n'est peut-être pas tout à fait à son aise face à l'organicisme. Sans doute il en a condamné les excès hyper-réalistes depuis bien longtemps en défendant Schaeffle (É. DURKHEIM, « Compte rendu de SCHAEFFLE », art. cit., p. 373) et en critiquant Spencer et Lilienfeld (É. DURKHEIM, « Cours de science sociale », art. cit., p. 91-92). Cette position soutenue à nouveau par Worms – et bientôt pleinement reprise à son compte (R. WORMS, *Organisme et société*, Alcan, Paris, 1896) – peut donc être critiquée de la même manière. Toutefois, ainsi que l'avait bien vu J. SCHLANGER (*Les Métaphores de l'organisme*, Vrin, Paris, 1971, p. 172-173), Durkheim ne cesse par ailleurs de faire un usage analogique de l'organicisme. De plus, cette distinction entre usage réaliste et usage métaphorique n'est peut-être pas aussi évidente en pratique qu'en théorie. La preuve en est qu'à peine quelques mois avant la publication des *Règles* dans la *Revue philosophique*, Durkheim a été durement attaqué sur ce point par son futur collaborateur P. LAPIE (« La définition du socialisme », *Revue de métaphysique et de morale*, 1894, n° 2, p. 202-204). Durkheim aurait donc pu profiter de l'occasion des *Règles* pour clarifier une fois pour toutes ce problème de méthode. Mais, nous allons y revenir dans un instant, il voulait apparemment éviter de rentrer dans certains débats critiques internes au champ sociologique.

67. Après Worms, il existe une deuxième occultation volontaire que nous n'avons pas évoquée : celle de Frédéric Le Play. Sans doute celui-ci était-il mort, mais ses disciples poursuivaient son œuvre. Ils étaient cependant divisés depuis 1886 en deux groupes, le plus proche de la sociologie étant le groupe emmené par Henri de Tourville et Edmond Demolins autour de la revue *La science sociale*. Toutefois ces groupes ne font pas partie du champ universitaire de concurrence au sein duquel débattent tous les acteurs que nous avons cités. C'est pourquoi, à partir du tournant du siècle, ils seront de plus en plus marginaux dans le champ intellectuel français (A. SAVOYE, « Les continuateurs de Le Play au tournant du siècle », *Revue française de sociologie*, 1981, n° 22, p. 315-344). Quoi qu'il en soit, Durkheim les occultera jusqu'en 1915, date à laquelle ils apparaîtront à l'occasion d'un dernier panorama de la sociologie fran-

L'ÉTAT DES ÉTUDES SOCIOLOGIQUES FRANÇAISES EN 1894-1895

La volonté de se poser en guide critique dans un champ intellectuel en pleine effervescence est un premier élément permettant de mieux comprendre la stratégie d'écriture des *Règles* et d'éclairer un certain nombre d'occultations. Mais cela ne suffit pas encore à rendre compte de l'ensemble des positionnements critiques de Durkheim. En effet, lorsque, quelques mois plus tard, il présente au public italien « un tableau général des différentes orientations prises par les recherches [sociologiques] qui sont menées en France, du degré de progrès auquel elles sont parvenues et de l'état de chaque système[68] », les choses prennent une toute autre allure que dans les *Règles*. Et du coup, ces dernières peuvent être relues à la lumière de ce champ élargi au sein duquel Durkheim distingue en réalité trois groupes d'auteurs et de genres d'approches qui sont autant de cibles pour sa critique.

« Le groupe anthropologique et ethnographique » et la question du facteur individuel dans la vie sociale

Ce groupe « comprend tous les travaux de sociologie qui se rattachent à la Société d'anthropologie de Paris. Cette société a été fondée par Broca en 1859. Si, à l'origine, on a pu croire qu elle se limiterait aux études d'anatomie, elle ne tarda pas cependant à élargir son champ de recherche. Les limites mal définies de ce qu'on appelle anthropologie se prêtaient à cette extension. C'est ainsi que la sociologie, ou du moins une section de la sociologie, put y être admise ; ce fût la sociologie ethnographique [...]. Dès le début elle fut occupée par Letourneau [...][69]. »

Durkheim se montre ici bien informé. En effet, l'anthropologie française développée à partir de 1859 par Broca autour de la Société d'anthropologie de Paris relayée par la *Revue d'anthropologie* (1872) et surtout l'École d'anthropologie de Paris (1875), constitue bel et bien une communauté intellectuelle à prétention hégémonique dans les sciences humaines[70]. Intellectuellement, le paradigme dominant (mais non exclusif[71]) de ce groupe est la complète détermination du social par

---

çaise où la revue et l'Institut de Worms seront d'ailleurs également présents (É. DURKHEIM, « La sociologie », *in La Science française*, Larousse, Paris, 1915, vol. I, p. 5-15 ; repris *in* É. DURKHEIM, *Textes*, Minuit, Paris, 1975, vol. I, p. 109-118).

68. É. DURKHEIM, « Lo stato attuale degli studi sociologici in Francia », art. cit., p. 75.

69. *Ibid.*, p. 76.

70. L. MUCCHIELLI, *La Découverte du social*, *op. cit.*, p. 42 *sq.*

71. Dès la fondation de la Société d'anthropologie de Paris un groupe spiritualiste existe (C. BLANCKAERT, « La question du singe et l'Ordre des primates à la Société d'anthropologie de Paris (1865-1870) », *in* R. CORBEY, B. THEUNISSEN (dir.), *Ape, Man, Apeman. Changing Views since 1600*, Leiden University Press, Leiden, 1995, p. 117-137). Dans les années 1870-

le biologique, appuyée par un polygénisme et une théorie raciale inégalitaristes en vertu desquels chaque race physique correspond à un degré d'évolution humaine, de développement mental et donc d'organisation sociale. Le livre de Charles Letourneau (1831-1902), *La Sociologie d'après l'ethnographie*[72], en est un bel exemple en même temps que l'annonce du programme de recherche de ce titulaire de la chaire d'« Histoire des civilisations » à l'École d'anthropologie de Paris depuis 1885[73].

Tout en reconnaissant le « travail considérable » que représente la dizaine de livres publiés par Letourneau entre 1887 et 1895, Durkheim se montre très critique envers sa méthodologie :

> « Malheureusement, les matériaux ainsi réunis sont plus remarquables par leur abondance que par leur valeur, l'auteur n'ayant pas toujours soumis à une critique approfondie la façon dont il les a choisis. Il les prend un peu partout et les situe sur le même plan [...]. Les sources auxquelles il recourt le plus fréquemment sont constituées par les descriptions de voyage ; or l'on sait que, par leur nature même, elles sont suspectes et qu'elles ne devraient être utilisées qu'avec circonspection. Les coutumes, les croyances, les institutions des peuples sont des choses trop profondes pour qu'on puisse les juger ainsi, à la légère [...]. La prépondérance accordée aux sociétés sur lesquelles nous n'avons pas de renseignements très précis s'explique par une espèce de simplisme révolutionnaire qui est à la base de la doctrine. [...] Letourneau affronte l'étude des phénomènes sociaux avec des préjugés pratiques qui, d'avance, déterminent les conclusions. Souffrant intensément des maux qui affligent la société actuelle, il la croit pour cette raison mauvaise et, pour ainsi dire, manquée et il étend naturellement ce jugement à toutes les sociétés qui l'ont précédée dans l'histoire, et qui peuvent en être considérées comme l'ébauche[74]. »

1890, très largement dominé par les partisans du paradigme évolutionniste et matérialiste, il n'a toutefois pas disparu. Son plus célèbre représentant est Armand de Quatrefages, professeur au Muséum national d'histoire naturelle, qui défend l'idée que les primitifs ne sont pas des intermédiaires entre l'homme et le singe qu'ils sont déjà des hommes qui possèdent d'authentiques qualités morales et religieuses Et nous allons voir que Durkheim connaît bien la position de Quatrefages.

72. Ch. LETOURNEAU, *La Sociologie d'après l'ethnographie*, Reinwald, Paris, 1880 (nous utilisons l'édition de 1892).

73. Il écrivait par exemple : « Jamais une race anatomiquement inférieure n'a créé une civilisation supérieure. Sur une telle race pèse une malédiction organique dont le poids ne se peut alléger que par des efforts bien plus que millénaires, par une lutte pour le mieux soutenue pendant des cycles géologiques. Or, sous le rapport de la noblesse organique, les races humaines sont fort dissemblables ; les unes sont élues, les autres sont réprouvées. Cette variété est telle qu'elle exclut toute idée de série rigoureusement graduée. Pourtant, en ne tenant compte que des très gros caractères, on peut grouper, anatomiquement et sociologiquement, les types de l'humanité actuelle en trois divisions maîtresses » : l'homme nègre, l'homme jaune et l'homme blanc (Ch. LETOURNEAU, *La Sociologie d'après l'ethnographie*, *op. cit.*, p. 3).

74. É. DURKHEIM, « Lo stato attuale degli studi sociologici in Francia », art. cit., p. 77-80.

On voit que Durkheim s'en prend à la méthode ethnographique de Letourneau et à ses *a priori* idéologiques[75], mais qu'il n'attaque pas le cœur du paradigme naturaliste et racial. C'est que sa position n'est pas encore assez forte pour s'en prendre de front à un groupe scientifique ancien, très étendu et institutionnalisé. Prendre le risque de réfuter de front les postulats essentiels d'une discipline aussi légitimée dans le champ scientifique aurait peut-être davantage discrédité que renforcé Durkheim. Aussi attendra-t-il la toute fin du siècle et les fissures apparues au sein de la communauté des anthropologues, notamment pendant l'affaire Dreyfus, pour mener au grand jour ce combat théorique de fond[76]. Toutefois, sans nommer ces adversaires, Durkheim a bel et bien exprimé des critiques envers leurs théories raciales et héréditaristes. Déjà, dans *De la division du travail*, il a consacré un chapitre à ces questions et conclu que, le poids des instincts diminuant à mesure que les organismes se complexifient, chez les humains, y compris chez les peuples les plus primitifs, l'hérédité n'a pas d'influence directe sur l'organisation de la vie sociale[77]. Et plus loin, s'appuyant nommément sur Quatrefages, Durkheim rappelle qu'il y a bien longtemps que les races ne peuvent plus se définir par des caractères physiques immuables, ce qui signifie que « la culture humaine, à mesure qu'elle se développe, est de plus en plus réfractaire à ce genre de transmission. Ce que les hommes ont ajouté et ajoutent tous les jours à ce fonds primitif qui s'est fixé depuis des siècles dans la structure des races initiales échappe donc de plus en plus à l'action de l'hérédité[78]. » Et si elles ont perdu l'appareil critique *De la division du travail*, les *Règles* conservent la

75. En 1888, dans son « Introduction à la sociologie de la famille », Durkheim avait déjà longuement critiqué la méthode ethnographique de Letourneau (É. DURKHEIM, « Introduction à la sociologie de la famille », *Annales de la Faculté de lettres de Bordeaux*, 1888, n° 10, p. 257-281 ; repris *in* É. DURKHEIM, *Textes*, Minuit, Paris, 1975, p. 16-18). Ce genre d'utilisations anecdotiques des observations des voyageurs, destinées à illustrer une théorie raciale par ailleurs déjà constituée, était très courant à l'époque (une illustration parmi d'autres : L. MUCCHIELLI, « Autour des 'Instructions sur les Boschimans' d'Henri Thulié. Méthodes, enjeux et conflits de l'anthropologie française à la fin du XIXe siècle », *in* C. BLANCKAERT, dir., *Le Terrain des sciences humaines. Instructions et enquêtes (XVIIIe-XXe siècle)*, L'Harmattan, Paris, 1996, p. 201-242). Cela explique aisément les réticences que Durkheim manifeste alors envers les sources ethnographiques. Cela permet également de comprendre pourquoi, dès 1888, il se donne pour règle méthodologique d'éviter les observations individuelles subjectives pour ne retenir que « ces manières d'agir consolidées par l'usage qu'on appelle les coutumes, le droit, les mœurs » (*ibid.*, p. 18). Et c'est encore pour cette raison qu'il est amené dès 1888 à définir la coutume dans les termes même du premier chapitre des *Règles* : « comment reconnaître une coutume ? À ce fait qu'elle est une manière d'agir non seulement habituelle mais obligatoire pour tous les membres d'une société. Ce qui la distingue, ce n'est pas sa fréquence plus ou moins grande ; c'est sa vertu impérative [...]. C'est une règle à laquelle chacun est tenu d'obéir et qui est placée sous l'autorité de quelque sanction. L'existence d'une sanction, tel est le critérium qui empêche de confondre la coutume avec de simples habitudes » (*ibid.*, p. 19).

76. Voir le chapitre 6 du présent ouvrage.

77. É. DURKHEIM, *De la division du travail social*, Alcan, Paris, 1902, p. 291-310.

78. *Ibid.*, p. 297.

substance de cette discussion qui intervient dans un chapitre essentiel puisqu'il s'agit de celui où Durkheim explique pourquoi il faut selon lui rejeter toute explication fondée sur la psychologie individuelle :

> « Il y a d'ailleurs un moyen d'isoler à peu près complètement le facteur psychologique de manière à pouvoir préciser l'étendue de son action, c'est de chercher de quelle façon la race affecte l'évolution sociale. En effet, les caractères ethniques sont d'ordre organico-psychiques. La vie sociale doit donc varier quand ils varient, si les phénomènes psychologiques ont sur la société l'efficacité causale qu'on leur attribue. Or nous ne connaissons aucun phénomène social qui soit placé sous la dépendance incontestée de la race [...]. Les formes d'organisation les plus diverses se rencontrent dans des sociétés de même race, tandis que des similitudes frappantes s'observent entre des sociétés de races différentes [...]. S'il en est ainsi, c'est que l'apport psychique est trop général pour déterminer le cours des phénomènes sociaux [...]. Il y a, il est vrai, un certain nombre de faits qu'il est d'usage d'attribuer à l'influence de la race. C'est ainsi, notamment, qu'on explique comment le développement des lettres et des arts a été si rapide et si intense à Athènes, si lent et si médiocre à Rome. Mais cette interprétation des faits, pour être classique, n'a jamais été méthodiquement démontrée [...]. En somme, quand on rapporte avec cette rapidité à des facultés esthétiques congénitales le caractère artistique de la civilisation athénienne, on procède à peu près comme faisait le moyen âge quand il expliquait le feu par le phlogistique et les effets de l'opium par sa vertu dormitive[79]. »

On comprend ici que le contexte s'avère important pour la compréhension de ce chapitre si discuté des *Règles* : Durkheim rejette en réalité la psychologie individuelle de son époque c'est-à-dire d'une part la psychologie introspective des philosophes spiritualistes, d'autre part et surtout la psychologie héréditariste des anthropologues et des psychophysiologues[80]. Bien entendu, la position théorique de Durkheim quant au rapport individu/société est trop profonde pour être réduite à ce positionnement critique, mais il n'en reste pas moins que c'est aussi contre cette « psychologie ethnique » très en vogue à la fin du XIXe siècle que Durkheim veut établir

---

79. É. DURKHEIM, *Les règles de la méthode sociologique*, *op. cit.*, p. 107-108.

80. Le chef alors incontesté de la psychologie française, Théodule Ribot, avait lui-même lancé la psychologie sur cette voie. En 1873, dans sa thèse sur *L'Hérédité psychologique*, il s'efforçait en effet de montrer que l'ensemble des facultés mentales humaines, y compris toutes les qualités professionnelles, artistiques et intellectuelles, ainsi que les caractères nationaux, la disposition au crime et à la folie, etc., étaient héréditaires. Vingt ans plus tard, Gustave Le Bon publiait ses *Lois psychologiques de l'évolution des peuples* dans lesquelles il écrivait : « chaque peuple possède une constitution mentale aussi fixe que ses caractères anatomiques, et d'où ses sentiments, ses pensées, ses institutions ses croyances et ses arts dérivent » (G. LE BON, *Les Lois psychologiques de l'évolution des peuples*, Alcan, Paris, 1893-1894, p. 6). L'hérédité fixe tout à l'avance, de sorte que « quoi qu'il fasse, l'homme est toujours et avant tout le représentant de sa race » (*ibid.*, p. 14). Sur les débuts biologisants de la psychologie puis son évolution sous l'influence durkheimienne, *cf.* les chapitres 5 et 7 du présent ouvrage.

l'autonomie des faits sociaux et qu'il est amené à poser la règle bien connue : « *La cause déterminante d'un fait social doit être cherchée parmi les faits sociaux antécédents, et non parmi les états de la conscience individuelle*[81]. »

« Le groupe criminologiste » et la définition du fait social

Ce groupe « est composé de savants que la criminologie a menés à la sociologie. Il a pour organe les *Archives d'anthropologie criminelle*, qui sont publiées à Lyon par l'éditeur Storck, et pour principaux inspirateurs les deux directeurs de cette revue : Lacassagne et Tarde[82]. »

Ce deuxième groupe de recherche identifié par Durkheim constitue effectivement une importante communauté à la fin du XIXe siècle. Le médecin-anthropologue Alexandre Lacassagne a fondé à Lyon les *Archives d'anthropologie criminelle* en 1885 sur le modèle de l'*Archivio di psichiatria e d'antropologia criminale* lancé par Lombroso cinq ans auparavant. Comme son homologue italien, Lacassagne explique la criminalité par des anomalies cérébrales et s'il invoque le rôle du « milieu social », c'est pour dire que celui-ci n'est que l'occasion de révéler le criminel, le bouillon de culture dans lequel le microbe se développe selon la métaphore signifiante alors en vogue[83]. Dès lors les critiques de Durkheim sont fondées :

> « Ce qui caractérise l'esprit commun de ces travaux, c'est une sorte d'éclectisme qui se situe entre la conception anthropologique et biologique du crime et la conception proprement sociologique [...]. On ne peut certainement pas affirmer que les phénomènes criminels dépendent d'un seul et même ordre de causes. Mais on voudrait que le rôle attribué aux différentes conditions qui concourent à produire un crime soit mieux défini, que celles-ci ne soient pas toutes considérées de la même manière, car il semble difficile d'admettre que le même fait soit à la fois essentiellement biologique et de caractère essentiellement social [...]. Il en résulte certaines ambiguïtés dans les notions fondamentales de la doctrine, ambiguïtés qui, comme on peut l'imaginer, sont liées à la méthode [...]. Il y a quelque chose d'incertain et d'indécis qui est lié non seulement à la complexité des problèmes mais aussi au caractère hésitant de l'idée principale qui est à la base de cette construction[84]. »

---

81. É. DURKHEIM, *Les Règles de la méthode sociologique*, *op. cit.*, p. 109.

82. É. DURKHEIM, « Lo stato attuale degli studi sociologici in Francia », art. cit., p. 81.

83. L. MUCCHIELLI, « Hérédité et milieu social : le faux antagonisme franco-italien. La place de l'École de Lacassagne dans l'histoire de la criminologie », *in* L. MUCCHIELLI, *Histoire de la criminologie française*, L'Harmattan, Paris, 1994, p. 189-214 ; M. RENNEVILLE, « La réception de Lombroso en France (1880-1900) », *in* L. MUCCHIELLI, *Histoire de la criminologie française*, *op. cit.*, p. 107-135 ; M. RENNEVILLE, « Un médecin-anthropologue à la Belle Époque : Alexandre Lacassagne », *Gradhiva*, 1995, n° 17, p. 127-140.

84. É. DURKHEIM, « Lo stato attuale degli studi sociologici in Francia », art. cit., p. 81-82.

Ce deuxième adversaire étant identifié, on comprend mieux pourquoi l'exemple concret le plus développé dans les *Règles* est précisément le crime. Durkheim ne se réfère alors qu'au seul Garofalo, mais derrière ce nom c'est l'ensemble de la criminologie qui est visé.

Dans le chapitre II – celui-là même qui s'ouvre sur la fameuse injonction : « la première règle et la plus fondamentale est de *considérer les faits sociaux comme des choses* » – Durkheim s'en prend en effet directement à Garofalo pour illustrer l'erreur consistant à définir un phénomène à partir d'une « notion subjective et tronquée » des choses sociales. Comment doit-on en effet définir le crime ? Tous les criminologues de l'époque répondent en substance que le crime est l'agression physique perpétrée par un individu biologiquement inférieur, à l'image du sauvage dont la société, fréquemment, ne punit pas le crime[85]. Or, c'est là un préjugé, une « prénotion » comme dit Durkheim. Nos savants médecins réfléchissent sur la base d'une « représentation du criminel » propre à notre société : c'est celle du tueur ou du voleur, bref celui qui attente à la vie ou à la propriété d'autrui. Mais ce qui est un crime pour nous ne l'est pas forcément dans une société dont la logique sociale est totalement différente. En réalité, dans les sociétés primitives, l'individu n'est pas une valeur comme dans la nôtre. Ce qui est sacré, ce n'est pas la personne humaine, c'est le groupe et ce qui le représente. Dès lors, il est en effet bien plus grave d'enfreindre un précepte religieux que de tuer son voisin au cours d'une rixe. Mais l'acte commis n'en est pas moins un crime c'est-à-dire une atteinte aux valeurs du groupe. Par conséquent c'est ce dernier élément qui peut seul permettre de définir le crime pour toute société, indépendamment de tout contenu prédéfini. Il nous faut, pour le comprendre, réaliser une petite révolution mentale (qu'on appellera dans les années 1930 le « relativisme culturel ») :

> « Certains observateurs refusent aux sauvages toute espèce de moralité. Ils partent de cette idée que notre morale est la morale ; or il est évident qu'elle est inconnue des peuples primitifs ou qu'elle n'y existe qu'à l'état rudimentaire. Mais cette définition est arbitraire. Appliquons notre règle et tout change. Pour décider si un précepte est moral ou non, nous devons examiner s'il présente ou non le signe extérieur de la moralité ; ce signe consiste dans une sanction répressive diffuse, c'est-à-dire dans un blâme de l'opinion publique qui venge toute violation du précepte. Toutes les fois que nous sommes en présence d'un fait qui présente ce caractère, nous n'avons pas le droit de lui dénier la qualification de moral ; car c'est la preuve qu'il est de même nature que les autres faits moraux. Or, non seu-

85. En effet, pour l'Italien Lombroso comme pour l'Anglais Lubbock et tant d'autres encore, il est évident que « le crime, chez le sauvage, n'est pas une exception, mais la règle générale » (C. LOMBROSO, *L'Homme criminel*, Alcan, Paris, 1887, p. 36; J. LUBBOCK, *Les Origines de la civilisation*, Reinwald, Paris, 1867, p. 477).

lement des règles de ce genre se rencontrent dans les sociétés inférieures, mais elles y sont plus nombreuses que chez les civilisés[86]. »

Ne pas préjuger de la nature d'un phénomène, être capable d'objectiver dans un même mouvement de prise de conscience, à la fois les représentations propres à sa culture et celles que cette culture projette sur les autres, pour saisir la signification d'une pratique dans son contexte quel qu'il soit : telle est ici la grande leçon durkheimienne qui donne tout son sens à la règle :

> « Ne jamais prendre pour objet de recherches qu'un groupe de phénomènes préalablement définis par certains caractères extérieurs qui leur sont communs et comprendre dans la même recherche tous ceux qui répondent à cette définition[87]. »

Le « groupe universitaire » ou la confirmation de l'enjeu stratégique des *Règles*

Le troisième groupe distingué par Durkheim dans son panorama des études sociologiques en France « comprend les sociologues qui appartiennent à l'Université » à savoir « des professeurs de philosophie » dans les travaux desquels il y aurait « quelque chose de commun[88]. » En réalité, il s'agit d'un ensemble sans unité dans lequel Durkheim a regroupé et très sommairement résumé certains aspects du travail de certains de ses prédécesseurs, avant de présenter beaucoup plus longuement (et plus fidèlement !) son œuvre personnelle.

Quant aux prédécesseurs, il y a peu à dire du fait que Durkheim en a habilement exclu Tarde en l'assimilant au « groupe criminologiste. » Sans doute, ce classement peut paraître légitime puisque le philosophe s'est

86. É. DURKHEIM, *Les Règles de la méthode sociologique*, *op. cit.*, p. 41. Dans *De la division du travail* (*op. cit.*, p. 139-140) Durkheim avait déjà reproché à ces auteurs leur incompréhension totale de la signification sociale du crime en des termes proches : « Quant aux homicides dont parle M. Lombroso, ils sont toujours accomplis dans des circonstances exceptionnelles. Ce sont tantôt des faits de guerre, tantôt des sacrifices religieux ou le résultat du pouvoir absolu qu'exerce soit un despote barbare sur ses sujets, soit un père sur ses enfants. Or, ce qu'il faudrait démontrer, c'est l'absence de toute règle qui, en principe, proscrive le meurtre ; parmi ces exemples particulièrement extraordinaires, il n'en est pas un qui comporte une telle conclusion. Le fait que, dans des conditions spéciales, il est dérogé à cette règle, ne prouve pas qu'il n'existe pas. Est-ce que, d'ailleurs, de pareilles exceptions ne se rencontrent pas même dans nos sociétés contemporaines ? Est-ce que le général qui envoie un régiment à une mort certaine pour sauver le reste de l'armée agit autrement que le prêtre qui immole une victime pour apaiser le dieu national ? Est-ce que le mari qui met à mort une femme adultère ne jouit pas, dans certains cas, d'une impunité relative, quand elle n'est pas absolue ? ».

87. É. DURKHEIM, *Les Règles de la méthode sociologique*, *op. cit.*, p. 35.

88. É. DURKHEIM, « Lo stato attuale degli studi sociologici in Francia », art. cit., p. 89.

d'abord fait connaître par deux ouvrages de criminologie[89], qu'en 1893 il est devenu co-directeur des *Archives d'anthropologie criminelle*, et qu'il a ensuite été nommé en 1894 à la direction de la Statistique judiciaire au ministère de la Justice. Mais Durkheim sait très bien que Tarde est surtout connu en tant qu'auteur des *Lois de l'imitation*[90]. Cette classification a donc surtout le mérite d'écarter son principal adversaire du champ dans lequel Durkheim se situe lui-même. Durkheim passe ensuite rapidement sur Espinas qui, certes, « a été le premier à être attiré par la sociologie », mais dont « le caractère sociologique de l'œuvre est encore très restreint, elle intéresse davantage la psychologie comparée que la sociologie proprement dite[91]. » Tout en attirant l'attention sur l'introduction historique et la conclusion théorique, en soulignant l'heureux retour à la tradition inaugurée par Comte et en insistant sur l'inspiration spencérienne donc évolutionniste, Durkheim s'abstient une nouvelle fois de tout commentaire sur ce livre qui contient pourtant des problématiques qui sont aussi les siennes (par exemple la nature du psychisme collectif) et sur lesquelles il aurait pu s'expliquer.

De la même manière, Durkheim résume mais ne discute pas Alfred Fouillée (dont le nom n'apparaît pas dans les *Règles*). Il considère que son livre, *La Science sociale contemporaine*[92], est « une œuvre de vulgarisation scientifique » et que son auteur a rendu des services à la sociologie « surtout parce qu'il a prêté à cette science encore suspecte et discréditée l'appui de son autorité[93]. »

Ainsi Durkheim se débarrasse rapidement de ses prestigieux prédécesseurs occupés « aux problèmes les plus généraux » de la sociologie. Et il annonce que la nouvelle génération d'universitaires se soucie moins de généralité et veut s'attaquer au vrai problème de son temps : « le mal dont souffrent les sociétés européennes », le désordre moral. De ce point de vue, la thèse de son ancien camarade normalien Gaston Richard[94] lui apparaît comme un modèle du genre puisqu'elle démontre qu'« une doctrine individuelle ne saurait fonder le droit [...]. Le dogme de l'égoïsme, quelle que soit sa forme, enlève au devoir son but, car le devoir consiste surtout à se donner, à se sacrifier, à se résigner », et que donc « l'idée de droit est fille de la solidarité sociale[95]. » Et c'est ici que Durkheim annonce qu'une école de « morale scientifique » « est sur le point de se former » et qu'il

89. G. TARDE, *La Criminalité comparée*, Alcan, Paris, 1886 ; G. TARDE, *La Philosophie pénale*, Storck et Masson, Lyon et Paris, 1890.

90. G. TARDE, *Les Lois de l'imitation*, Alcan, Paris, 1890.

91. É. DURKHEIM, « Lo stato attuale degli studi sociologici in Francia », art. cit., p. 90.

92. A. FOUILLÉE, *La Science sociale contemporaine*, *op. cit.*

93. *Ibid.*, p. 90.

94. G. RICHARD, *Essai sur l'origine de l'idée de droit*, Thorin, Paris, 1892.

95. É. DURKHEIM, « Lo stato attuale degli studi sociologici in Francia », art. cit., p. 92.

« s'en occupe », le reste de l'article étant dès lors logiquement consacré à la présentation de ses propres vues théoriques et méthodologiques.

CONCLUSION

Les Règles de la méthode sociologique est un livre dense et parfois retors, sensé condenser les principes à l'œuvre dans *De la division du travail* et dans « des travaux encore inédits » – à savoir, notamment, ses recherches sur le suicide[96]. En même temps, il semble écrit dans l'ardeur et la précipitation qu'encourageait cette situation sociale inédite que constitue le moment d'effervescence qui précède et accompagne la création d'un nouveau champ intellectuel. En effet, au début de l'année 1893, le nouveau et brillant docteur de l'Université de Paris, de surcroît seul titulaire d'un enseignement de science sociale, pouvait se sentir relativement libre de ses mouvements dans un champ seulement occupé par Tarde, une école de médecins-criminologues et quelques philosophes en rupture de ban. Mais la situation de la sociologie évolue rapidement. Tandis que quelques jeunes philosophes lancent la *Revue de métaphysique et de morale* et manifestent leur intérêt pour les « questions sociales », voici qu'un juriste fonde une *Revue internationale de sociologie*, puis un Institut du même nom et bientôt une Société, groupant en un même lieu anciens et nouveaux prétendants au titre de « sociologues. » Durkheim – qui a déjà trente-sept ans – se trouve donc subitement dépassé par les événements, sans doute vexé de ne point se trouver à leur tête, lui qui prône depuis des années la rigueur et le travail en équipe et qui comptait bien, d'ici peu, former sa propre école. Dès lors son seul recours est l'écriture, la prise de distance intellectuelle, le regard critique. Invoquant l'autorité de Descartes, de Bacon, de Galilée et de toute la tradition du rationalisme scientifique, il veut se placer au-dessus de la mêlée et montrer la difficulté d'une science qui mérite plus qu'une simple mode :

> « Cet ensemble de règles paraîtra peut-être inutilement compliqué, si on le compare aux procédés qui sont couramment mis en usage. Tout cet appareil de précautions peut sembler bien laborieux pour une science qui, jusqu'ici, ne réclamait guère, de ceux qui s'y consacraient, qu'une culture générale et philosophique [...]. Nous croyons que le moment est venu pour la sociologie de renoncer aux succès mondains, pour ainsi parler, et de prendre le caractère ésotérique qui convient à toute science. Elle gagnera ainsi en dignité et en autorité ce qu'elle perdra peut-être en popularité[97]. »

À l'arrivée, les *Règles* sont un sommet d'abstraction ct de complexité dans l'œuvre durkheimienne. De surcroît, l'ouvrage procède souvent par allusion car si Durkheim n'a pas encore élaboré l'ensemble de son système

96. É. DURKHEIM, *Les Règles de la méthode sociologique*, *op. cit.*, p. 2.
97. *Ibid.*, p. 144.

théorique, il sait déjà que ses intuitions novatrices les plus fondamentales sur la « nature humaine » s'adressent à tout ce champ intellectuel que constituent non seulement la sociologie, mais encore la philosophie où se recrutent la plupart des nouveaux sociologues, et enfin toutes les autres disciplines que la sociologie a, selon lui, vocation à renouveler en profondeur la criminologie, l'ethnologie, la psychologie, l'histoire, la géographie et l'économie politique. Plus que tout autre, cet ouvrage de Durkheim devait donc être situé dans ce contexte à la fois objectif (l'état du champ intellectuel), et subjectif (la manière dont Durkheim y concevait son rôle).

Enfin, au delà de toutes les visées polémiques impliquées dans l'écriture des *Règles*, on sent derrière chaque page cette volonté de comprendre les problèmes humains pour mieux les soulager, ce puissant souffle qui anime toute l'œuvre de cet apôtre du rationalisme appliqué et qui trouve dans la recherche de l'*objectivité par la méthode* une exigence intellectuelle première :

> « Nous ne nous leurrons pas de l'espoir que, dans un avenir prochain, les différentes sciences de l'homme puissent parvenir à des propositions aussi certaines et incontestées que celles des mathématiques et des sciences physico-chimiques. Il n'en est pas moins vrai que l'étude scientifique des faits humains, en nous apprenant à dominer notre sens propre dans l'examen de ces questions qui soulèvent si aisément les passions, rapproche les intelligences et prépare les voies à leur réconciliation. Le seul terrain commun où des raisons individuelles puissent se rencontrer et s'unir sans abdiquer, ce sont les choses. Or le principal objet de la science est justement de nous tirer hors de nous-mêmes pour nous approcher de plus en plus des choses[98]. »

98. É. DURKHEIM, « L'enseignement philosophique et l'agrégation de philosophie », art. cit., p. 433.

10

La « révélation » d'Émile Durkheim*

La religion est le phénomène social qu'Émile Durkheim (1858-1917) considérait comme le plus important de tous, et la sociologie religieuse est sans doute le domaine de recherches qui valut à l'équipe de la revue l'*Année sociologique* et à son directeur le plus de renommée internationale. Peut-on dater avec précision le début de cet aspect de leur aventure intellectuelle ? La plupart des commentateurs le pensent car ils prennent au pied de la lettre un récit de découverte que fit Durkheim en 1907, dans le cadre d'une polémique publique où il était accusé de germanophilie excessive par un auteur (Simon Deploige) qui attribuait notamment sa théorie de la religion à la lecture de Wilhem Wundt. Le récit de Durkheim, court mais dense, se trouve dans la réponse suivante :

> « Il est dit que j'aurais trouvé chez Wundt l'idée que la religion est la matrice des idées morales, juridiques, etc. C'est en 1887 que je lus Wundt : or c'est seulement en 1895 que j'eus le sentiment net du rôle capital joué par la religion dans la vie sociale. C'est en cette même année que, pour la première fois, je trouvais le moyen d'aborder sociologiquement l'étude de la religion. *Ce fut pour moi une révélation.* Ce cours de 1895 marque une ligne de démarcation dans le développement de ma pensée, si bien que toutes mes recherches antérieures durent être reprises à nouveaux frais pour être mises en harmonie avec ces vues nouvelles. L'*Ethik* de Wundt, lue huit ans auparavant, n'était pour rien dans ce changement d'orientation. Il était dû tout entier aux études d'histoire religieuse que je venais d'entreprendre et notamment à la lecture des travaux de Robertson Smith et de son école[1]. »

Le fait que cette déclaration continue à être considérée comme intégralement fiable dans les manuels d'histoire de la sociologie traduit le décalage qui existe aujourd'hui entre la recherche historique et l'enseignement

* Article paru initialement dans J. Carroy, N. Richard, dir., *La découverte et ses récits en sciences humaines. Champollion, Freud et les autres*, Paris, L'Harmattan, 1998, p 57-96, sous le titre « Autour de la 'révélation' d'Emile Durkheim. De l'inscription biographique des découvertes savantes à la notion de 'névrose créatrice' ».

1. É. DURKHEIM, « Deux lettres sur l'influence allemande dans la sociologie française. Réponse à Simon Deploige », 1907 ; repris *in* É. DURKHEIM, *Textes*, Minuit, Paris, 1975, vol. 1, p. 404 ; je souligne.

de l'histoire de la sociologie. En effet, le simple fait que cette déclaration ait été produite dans le contexte d'une polémique a depuis longtemps alerté les spécialistes de la pensée durkheimienne[2]. De plus, il est bien établi[3] que la conviction de Durkheim sur l'omniprésence de la religion dans la vie sociale est certainement la plus vieille et la plus profonde certitude du sociologue, liée à l'enseignement de Fustel de Coulanges à l'École normale supérieure, puis à la lecture de Guyau et – ainsi que Deploige l'avait bien vu – à celle de Wundt. Par conséquent, il s'en faut que les lectures anglaises de Durkheim aient opéré une rupture aussi radicale dans le cours de sa pensée, ainsi qu'il le prétend pourtant lui-même. Il est plus juste de penser que c'est seulement dans « le moyen d'aborder sociologiquement » la religion que réside sa dette envers William Robertson Smith[4] et – plus encore selon Jones – envers son élève James Frazer[5]. Mais dès lors, considérant à juste titre d'une part qu'il n'était pas dans les habitudes de Durkheim de dissimuler le fond de sa pensée, d'autre part que les enjeux de la polémique avec Deploige étaient somme toute assez faibles et ne l'obligeaient nullement à tenir ce langage, on doit reconnaître que ces lignes autobiographiques de Durkheim « demeurent une énigme »[6]. L'analyse des textes et du contexte ayant épuisé toutes les hypothèses envisageables, il reste donc à expliquer pourquoi Durkheim eut sincèrement le sentiment d'avoir fait une découverte alors que tout montre qu'il en possédait déjà la certitude et même les éléments de preuve, exceptée l'explication totémique.

L'hypothèse que je vais – après d'autres[7] – explorer est la suivante : en m'informant sur la vie privée et la personnalité de Durkheim, je

2. S. LUKES, *Émile Durkheim. His Life an his Work*, Allan Lane, Londres, 1973, p. 92-93 et 237 *sq.* ; R.A. JONES, « La science positive de la morale : les sources allemandes *De la division du travail* », *in* Ph. BESNARD, M. BORLANDI, P. VOGT (dir.), *Division du travail et lien social. La thèse de Durkheim un siècle après*, L'Harmattan, Paris, 1993, p. 11-41.

3. R.A. JONES, « Robertson Smith, Durkheim and Sacrifice : an Historical Text for the Elementary Forms of the Religious Life », *Journal of the History of the Behavioural Sciences*, 1981, n° 17, p. 184-205 ; R.A. JONES, « Durkheim, Frazer and Smith : the Role of Analogies and Exemplars in the Development of Durkheim's Sociology of Religion », *American Journal of Sociology*, 1986, vol. 92, n° 3, p. 596-627 ; R.A. JONES, « Durkheim and *La Cité Antique* : an Essay on the Origins of Durkheim's Sociology of Religion », *in* S. TURNER (dir.), *Émile Durkheim. Sociologist and Moralist*, Routledge, Londres-New York, 1993, p. 25-51 ; W.S.F. PICKERING, *Durkheim's Sociology of Religion : Themes and Theories*, Routledge, Londres, 1984.

4. *Cf. Lectures on the Religion of the Semites*, 1889.

5. *Cf. Totemism*, 1887 ; *The Golden Bough. A Study in Comparative Religion*, 1890. Concrètement, ce serait la reconnaissance du totem (« l'institution totémique ») comme forme première de la religion (« forme élémentaire de la vie religieuse ») qui aurait permis à Durkheim de se lancer véritablement dans la sociologie religieuse.

6. W.S.F. PICKERING, *Durkheim's Sociology of Religion*, *op. cit.*, p. 70.

7. En particulier, J.C. FILLOUX, *Durkheim et le socialisme*, Droz, Genève, 1977 ; B. LACROIX, *Durkheim et le politique*, Presses de la Fondation nationale des sciences politiques, Paris, 1981.

m'interrogerai sur le poids existentiel du problème religieux dans la vie de cet homme élevé dans une famille juive traditionnelle et dont le propre père était rabbin. J'essaierai de montrer que les lectures de 1895 – plus précisément les lectures qui ont alimenté le cours que Durkheim consacre à la religion durant l'année universitaire 1894-1895, qui remontent donc au moins à 1894 – sont alors moins une découverte qu'une confirmation de ce que Durkheim avait vécu et cherchait depuis toujours à mettre intellectuellement à distance, la « révélation » dont il parle constituant bien plutôt une « libération. » Pour réaliser cette démonstration – et pour donner à ce travail un peu plus d'originalité –, je ne me contenterai pas de rappeler le poids de l'éducation puis de l'émancipation religieuse de Durkheim dans la production de sa théorie sociologique de la religion. Plus profondément, je tenterai de montrer que cette histoire personnelle, qui fut vécue dans une souffrance peu connue et pourtant signifiante, conditionne en réalité l'ensemble de l'œuvre. Elle permet de comprendre non seulement la théorie du lien social, mais encore celle du comportement humain. En effet les lectures de 1895 sont aussi celles qui précèdent immédiatement l'écriture du *Suicide*, livre décisif dans lequel Durkheim met en œuvre un déterminisme collectif absolu et fait disparaître toute autonomie volontaire de l'individu au profit de la construction d'une théorie de l'inconscient social[8]. La révélation de 1895 apparaîtra alors comme le moyen non pas simplement d'aborder la religion, mais de donner à cet inconscient social une origine et une histoire telles qu'elles seront définitivement exposées en 1912 dans *Les Formes élémentaires de la vie religieuse*. Et c'est précisément à travers cette dissolution de l'individuel dans le collectif par le biais d'une théorie de l'influence et de l'inconscient que nous verrons émerger le sens le plus profond des intuitions du fondateur de l'« école française de sociologie. » *In fine*, l'analyse du récit de découverte de 1895 me permettra donc de reconsidérer la dynamique d'ensemble de la sociologie de Durkheim et de l'inscrire dans celle de la personnalité même du savant.

DE L'ÉMANCIPATION RELIGIEUSE À UNE THÉORIE DE L'INFLUENCE ET DE L'INCONSCIENT SOCIAL

On le sait, le père de notre sociologue. Moïse Durkheim (1805-1896), était le rabbin d'Épinal, rabbin en chef des Vosges et de la Haute-Marne. Chef et guide spirituel, gardien de la tradition et des obligations rituelles, inculquant le sens de l'effort, du partage et du sacrifice, le saint homme trônait au sommet de cette communauté où Durkheim a vécu jusqu'à son adolescence. Nous ne savons rien avec précision des rapports d'Émile

8. L. MUCCHIELLI, *La Découverte du social. Naissance de la sociologie en France (1870-1914)*, La Découverte, Paris, 1998, chapitre 5.

avec son père. Toujours est-il qu'il ne s'y identifiera pas suffisamment pour accepter la carrière rabbinique à laquelle on l'avait destiné. Il quitta en effet très tôt l'école rabbinique pour faire des études laïques. En 1874 et 1875, il obtint ses baccalauréats de Lettres et de Sciences et se décida à préparer l'École Normale Supérieure de Paris. Il semblait attiré par la science et bien décidé à laisser là ses traditions familiales pour s'intégrer à la vie intellectuelle parisienne. De fait, c'est à Paris, au cours de ses années d'École Normale, qu'il acheva « douloureusement » son émancipation[9].

De la pratique religieuse à la sociologie des religions

Nous sommes en 1879 : la Troisième République naît. Les héros des jeunes normaliens se nomment Ferry et Gambetta. Et les références intellectuelles de ces hommes sont le positivisme, la libre-pensée, la science, en un mot tout ce qui permet de combattre l'ennemi : le « parti clérical. » Durkheim abandonne la religion volontairement, rationnellement. Il prend définitivement ses distances d'avec les rituels religieux et les traditions familiales qu'il trouve étouffantes. Dans une lettre à son neveu Marcel Mauss, en 1894, il évoque le « communisme familial » dont Mauss critique les constantes exigences[10]. Du reste, le chapitre consacré au « suicide égoïste » dans le maître livre de 1897 est éloquent. Durkheim y teste directement le rôle de la religion sur l'état psychique des individus. Il compare les effets des différentes religions, constate que les protestants se tuent davantage que les catholiques et que les juifs. En effet le protestantisme reconnaît le libre arbitre de l'individu et s'adresse à sa conscience en termes rationnels, tandis que le catholicisme est une religion autoritaire qui veut « régner » sur les consciences et imposer des traditions aussi contraignantes qu'immuables. Le protestant est ainsi « l'auteur de sa croyance », tandis que le catholique « reçoit sa foi toute faite[11]. » Cette « autorité » qu'exerce la religion instituée et ritualisée contraint donc la raison et la liberté individuelles mais protège en même temps l'individu contre l'isolement, le doute et le désespoir qui conduisent au suicide. Il caractérise de même le judaïsme :

> « Le judaïsme, comme toutes les religions inférieures, consiste essentiellement en un corps de pratiques qui réglementent minutieusement tous les détails de l'existence et ne laissent que peu de place au jugement individuel[12]. »

9. S. LUKES, *Émile Durkheim*, *op. cit.*, p. 44.
10. Cité par M. FOURNIER, *Marcel Mauss*, Fayard, Paris, 1994, p. 62.
11. É. DURKHEIM, *Le Suicide. Étude de sociologie*, Alcan, Paris, 1897, p. 156-157.
12. *Ibid.*, p. 160.

Et ce jugement ne fléchira pas au fil des ans, causant d'incessantes tracasseries à la famille. Ainsi Rosine Mauss, la sœur de Durkheim, écrit à son fils Marcel en 1904 :

> « Je dois t'avouer que je tiens absolument à faire Pâques comme je l'ai toujours fait. Ce qui m'ennuie, c'est que j'aimerais qu'Émile [Durkheim] vienne et que je ne sais comment concilier les exigences de son estomac avec les obligations rituelles de Pâques. S'il veut du pain autrement que dans sa chambre, je ne pourrai jamais m'asseoir à une table à côté du pain[13]. »

Ainsi leur famille ne semble guère apprécier la désinvolture de nos deux sociologues. Madame Mauss écrivait encore à son fils (3 mars 1899) :

> « Je préfère t'avouer que je ne vous aime pas ici pendant les grandes fêtes. Je ne veux pas être choquée ni gênée pour suivre nos vieilles traditions [...]. Je m'y cramponne d'abord parce que je suis trop vieille pour changer et ensuite parce que vous n'avez rien à me mettre à la place[14]. »

Cette dernière phrase résonne tout particulièrement à nos oreilles. En effet, nul doute que si madame Mauss avait connu et compris l'œuvre sociologique de ses renégats de parents, elle aurait aperçu ce que ceux-ci tentaient précisément de « mettre à la place » de ses « vieilles traditions. »

Émancipation religieuse et dissolution de l'individu

Comment l'émancipé volontaire est-il devenu le théoricien de l'origine religieuse de la vie sociale ? Tel est l'apparent paradoxe qu'il faut résoudre. La question pourrait d'abord être reformulée de la façon suivante : comment le fils de rabbin ayant rejeté la vocation est-il devenu un apôtre de la République[15] ? Le fait que Durkheim se soit toute sa vie comporté

13. Cité par M. FOURNIER, *Marcel Mauss*, *op. cit.*, p. 39.

14. *Ibid.*

15. Tous les témoignages établissent en effet que Durkheim fut un enseignant particulièrement inspiré. André Lalande, qui avait suivi l'enseignement de Durkheim à ses débuts, parlera de son « autorité naturelle » et de « l'attachement à sa personne » qu'avaient ses élèves – dont plusieurs changèrent même de lycée pour suivre leur professeur lorsqu'il sera déplacé en 1884 de Sens à Saint-Quentin (A. LALANDE, « Allocution pour la commémoration du centenaire de la naissance d'Émile Durkheim », *Annales de l'université de Paris*, 1960, n° 1, p. 25). Plus précisément encore, Hubert Bourgin, qui rencontra Durkheim en 1899, l'évoquera ainsi : « la figure pâle émergeait, ascétique, haut front dénudé, barbe courte, moustache forte, nez fort de rabbin, mais toute cette face sèche et dure magnifiquement éclairée par deux yeux profonds, d'une puissance intense et douce, qui imposait le respect, l'attention, la soumission même, et en même temps, obligeant à la simplicité sérieuse et à la sincérité toute nue, telles qu'on les voyait devant soi, souveraines, impérieuses, donnait confiance. On se sentait sous le jugement et déjà sous l'autorité d'un homme qui s'était voué à sa tâche, à sa mission, et qui, en vous admettant auprès de lui, parmi les siens, vous déléguait une part des responsabilités qu'il avait assumées. [...] Tout son être physique, toute sa personne morale l'attestaient : il était prêtre plus encore

comme un rabbin laïc est en effet un premier indice permettant de faire l'hypothèse qu'il n'a jamais pu véritablement s'émanciper de son éducation religieuse. Mais ce n'est pas le seul, ni même le plus impressionnant. En réalité, Durkheim a largement transposé et transporté l'expérience qu'il a vécue au cœur même de sa sociologie, non seulement – on le sait et nous y reviendrons – en faisant de l'expérience religieuse le fondement du lien social, mais bien plus profondément encore : en vidant l'individu de toute substance propre, indépendante de celle que lui confère son appartenance au groupe au sein duquel il vit. Autrement dit, Durkheim rejette à titre personnel la religion comme une oppression de la conscience et prône en retour une éthique de la personne ; pourtant, loin de souligner dans son œuvre l'autonomie des individus, il ne cesse de leur dénier toute volonté propre, allant progressivement jusqu'à les réduire à de simples automates mus par une sorte d'inconscient social. C'est ce qu'il nous faut rapidement commenter.

Ainsi qu'Isambert[16] et surtout Besnard[17] le rappelaient récemment, dans la *Division du travail social* Durkheim est encore partagé entre la libération – ou plutôt la construction – progressive de l'individu qu'atteste l'histoire des sociétés occidentales, et le risque de dissolution de l'individu dans l'« anomie » et de développement des « phénomènes pathologiques » qui caractérisent la société industrielle du XIXe siècle. En d'autres termes, sans véritablement le résoudre ni même le formuler très clairement, il pose rien moins que le problème de la viabilité même de ce nouvel individu autonome parce que de plus en plus libéré des contraintes collectives. D'où cette remarque apparemment anodine et pourtant très profonde de Bouglé : « il se dégage de l'apologie présentée par M. Durkheim une impression presque aussi pessimiste que celle que cherchaient à donner les critiques socialistes De la division du travail[18]. » Or dans le *Suicide* en 1897, puis dans la nouvelle préface à la seconde édition De la division du travail *social* en 1902, Durkheim accentue de façon délibérée et décisive

---

que savant. C'était une figure hiératique. Sa mission était religieuse » (H. BOURGIN, *De Jaurès à Léon Blum. L'École normale et la politique*, Fayard, Paris, 1938, p. 216-218). Ainsi, on peut soutenir qu'en s'identifiant à l'idéal du professeur-apôtre du relèvement moral de la République, à Ferry et à Gambetta, en cherchant en permanence à convaincre et à faire partager ses convictions, Durkheim résout en les sublimant ses propres besoins de communion. En définitive, il « investit dans la représentation d'une vocation éducatrice quelque chose de la représentation du rabbinat : s'il ne sera pas rabbin, il sera du moins éducateur, c'est-à-dire ce qu'il nommera plus tard "prêtre laïque" » (J.C. FILLOUX, *Durkheim et le socialisme*, *op. cit.*, p. 9).

16. F.A. ISAMBERT, « La naissance de l'individu », *in* Ph. BESNARD, M. BORLANDI, P. VOGT (dir.), *Division du travail et lien social. La thèse de Durkheim un siècle après*, Presses Universitaires de France, Paris, 1993, p. 131.

17. Ph. BESNARD, « Les pathologies des sociétés modernes », *in* Ph. BESNARD, M. BORLANDI, P. VOGT (dir.), *Division du travail et lien social*, *op. cit.*, p. 197-198.

18. C. BOUGLÉ, « Revue générale des théories récentes sur la division du travail », *Année sociologique*, 1903, n° 6, p. 107.

ce versant « pessimiste » du mouvement historique, en même temps qu'il fait de l'individu un malheureux jouet des forces destructrices de la nouvelle société[19].

La « révélation » de 1895 est donc loin de concerner simplement la méthode de la sociologie religieuse de Durkheim. Ce que le sociologue découvre à travers le totémisme et les cérémonies sacrificielles dont parlent Frazer et Robertson Smith, c'est beaucoup plus que « le moyen d'aborder sociologiquement la religion » : c'est en réalité une explication technique et rationnelle de la manière dont le social crée le religieux, c'est-à-dire – dans les termes de la problématique de Durkheim – de la manière dont la société fabrique les représentations qu'elle impose aux consciences individuelles. C'est en effet à partir de là que Durkheim rédige le *Suicide* ou du moins ce fameux chapitre du Livre III sur « L'élément social du suicide. » Et c'est encore dans ce prolongement qu'il élabore la théorie des représentations collectives exposée dans l'article *princeps* de 1898.

La scène primitive et l'inconscient social

Inutile de revenir ici sur les démonstrations de Jones[20] relatives à la théorie totémique chez Robertson Smith, Frazer et Durkheim. Ce qui importe, c'est de montrer qu'au-delà de la religion, Durkheim va y trouver une théorie des origines et y ancrer définitivement une théorie de l'inconscient social selon un schéma logique que l'on retrouve chez de nombreux psychologues de l'époque (à commencer par Freud).

Résumons-nous : depuis toujours, parce qu'il l'a vécu lui-même, Durkheim a le pressentiment que l'individu est totalement sous l'emprise psychologique de la religion du groupe dans lequel il vit et que cette emprise tient notamment au fait que la religion est aussi un code moral qui affirme les valeurs du groupe et les impose aux individus sous peine d'exclusion. Dans sa thèse, il a de plus montré que, pour cette raison, dans les sociétés primitives l'individu n'existe pas ; sauf quelques différences secondaires d'ordre physiologique, tous les individus se définissent avant tout par leur appartenance à la communauté ; leur psychologie est celle du groupe,

---

19. Rappelons simplement ici que cette accentuation est à la fois théorique et pratique. Au plan théorique, Durkheim atteint dans le *Suicide* le sommet intellectuel de ce que ses contemporains appelaient son « réalisme. » Dans le premier chapitre du Livre III intitulé « L'élément social du suicide », il présente en effet le suicide des individus comme la traduction directe et contraignante de « courants suicidogènes » qui animent la société. L'individu devient une sorte d'automate mu seulement par les « forces qui traversent la société », qui le « pénètrent » sans qu'il s'en aperçoive et l'amènent à se tuer presque maigre lui (É. DURKHEIM, *Le Suicide*, *op. cit.*, p. 345 *sq.*). Au plan pratique, dans les conclusions du *Suicide* puis dans la nouvelle préface de sa thèse, Durkheim accentue la menace de dissolution des liens sociaux et prône en retour la formation de nouvelles corporations pour encadrer et protéger les individus.

20. R.A. JONES, « Robertson Smith », art. cit. ; R.A. JONES, « Durkheim, Frazer and Smith », art. cit.

seule fait sens la conscience collective. Aux origines était le groupe, non l'individu : c'est ce que Durkheim ne cesse d'argumenter notamment contre Spencer[21]. Et en 1893, il va jusqu'à imaginer ce que furent ces origines. Tout en reconnaissant qu'il s'aventure ici « dans le domaine de la préhistoire et des conjectures », il n'en fait pas moins l'hypothèse de l'existence d'une « horde primitive » qui serait un véritable être encore non morcelé :

> « On devra la concevoir comme une masse absolument homogène dont les parties ne se distingueraient pas les unes des autres, et par conséquent ne seraient pas arrangées entre elles, qui, en un mot, serait dépourvue de toute forme définie et de toute organisation. Ce serait le vrai protoplasme social, le germe d'où sont sortis tous les types sociaux. Nous proposons d'appeler *horde* l'agrégat ainsi formé[22]. »

Durkheim signifie clairement la coupure radicale d'avec tout legs naturel puisqu'il refuse même explicitement d'appeler « parenté » « la distribution de la masse par couches de générations[23]. » Ni rôle parental, ni différenciation des sexes et des âges, ni rapport quelconque de subordination, ni division du travail, la horde primitive de Durkheim est constituée d'individus totalement indifférenciés qui sont tous parents les uns des autres. Une telle société n'a évidemment jamais été observée, mais Durkheim pense qu'elle a certainement existé. Ce qui s'en rapprocherait le plus serait le clan défini comme le groupe de parents (pas forcément consanguins du reste) unis autour d'un même nom et d'un même chef[24], partageant les mêmes croyances religieuses ainsi que la propriété des choses. C'est le véritable « communisme » primitif[25].

Nous voici donc revenus à l'origine même de ce fameux communisme primitif qui hante Durkheim. Et nous voyons plus nettement à présent que cette question qui paraîtrait aujourd'hui sans intérêt à la plupart des sociologues est en fait absolument centrale dans la pensée de leur ancêtre : il s'agit du véritable mythe fondateur de Durkheim d'où dérive à ses yeux la légitimité même de la sociologie[26]. Seulement, jusqu'en 1894-1895,

---

21. Loin de se réduire à une simple juxtaposition d'individus proches de la vie animale, les sociétés primitives ont déjà « une vie collective très forte, quoique *sui generis*, qui se manifeste [...] par une grande abondance de croyances et de pratiques communes. » À tel point que, « non seulement la communauté n'y est pas trop faible, mais on peut dire qu'elle existe seule» (É. DURKHEIM, *Les Formes élémentaires de la vie religieuse*, Alcan, Paris, 1912, p. 155, note 1). *A contrario*, « la personnalité individuelle n'existait tout simplement pas à ce moment de l'histoire » (*ibid.*, p. 171).

22. É. DURKHEIM, *De la division du travail social*, Alcan, Paris, 1902, p. 149.

23. *Ibid.*, p. 150.

24. *Ibid.*, p. 151.

25. *Ibid.*, p. 154-155 ; *cf.* aussi É. DURKHEIM, « La famille conjugale », 1892 ; repris *in* É. DURKHEIM, *Textes*, *op. cit.*, p. 37 et 41.

26. La sociologie existe, dit Durkheim dans *Les Règles de la méthode sociologique*, parce qu'en s'associant, en se regroupant, les individus fabriquent quelque chose qui est plus que leur

Durkheim ne pouvait que postuler cet état social primitif et cet état mental des hommes primitifs. À partir de ce moment, il dispose enfin d'une explication des mécanismes par lesquels cette société primitive a pu créer en chacun de ses membres une conscience d'homme social. Le récit de ces moments originels et l'explication de leur mécanisme commun se trouvent surtout dans le chapitre VII du Livre II des *Formes élémentaires de la vie religieuse*[27]. Et quiconque connaît un peu la psychologie de l'époque reconnaîtra aisément dans « l'état d'exaltation et de surexcitation » sur lequel Durkheim insiste sans cesse, le modèle de suggestion collective de la psychologie des foules[28]. L'aboutissement est bien entendu la production du sacré, par là de la religion. Ce qu'il me fallait ajouter à ce constat bien connu, c'est que le mécanisme implique une théorie du comportement humain, une théorie de la nature humaine.

Finalement, on s'aperçoit qu'à travers la religion c'est en réalité l'ensemble du système de pensée de Durkheim qui est en jeu dans la « révélation » de 1895. C'est le premier point que nous souhaitions établir. Mais il y a plus encore à tirer de ce récit. En effet il existe une étrange analogie entre l'intensité avec laquelle Durkheim évoque ce moment capital de son histoire intellectuelle et l'intensité des scènes qu'il décrit. Sans doute, nous l'avons vu, il cherche là des explications sur l'origine d'un phénomène qu'il a lui-même vécu. Mais ce constat ne saurait suffire à expliquer pourquoi nous le voyons dans *Les Formes élémentaires* désespérer de la viabilité de l'individu libéré des contraintes religieuses et décrire ces moments d'exaltation religieuse comme des bienfaits et des nourritures indispensables pour l'individu. Au soir de sa vie, Durkheim continue donc à travailler sur et à faire l'éloge de ce qu'il a rejeté depuis quarante ans comme une oppression mentale. Il y a là une apparente contradiction de fond qui est toute l'histoire de cet homme et que nous pouvons à présent essayer de comprendre au regard de sa personnalité.

---

simple réunion. Ils créent un être nouveau qui aura ensuite sa vie propre : la société. La centralité de cette idée (et de sa formule favorite : « le tout est plus que la somme des parties ») dans la sociologie durkheimienne est déjà bien établie (M. BORLANDI, « Les faits sociaux comme produits de l'association entre les individus. Le fil conducteur des *Règles* », *in* M. BORLANDI, L. MUCCHIELLI (dir.), *La Sociologie et sa méthode. Les* Règles *de Durkheim un siècle après*, L'Harmattan, Paris, 1995). Nous ne faisons qu'en souligner davantage encore l'étendue et l'intensité.

27. É. DURKHEIM, *Les Formes élémentaires de la vie religieuse*, *op. cit.*, p. 295-314.

28. C'est bien à un théoricien allemand de la suggestion des foules que Durkheim se réfère alors et emprunte ses exemples historiques au détriment des auteurs français (Le Bon) et italiens (Sighele) pourtant plus connus [V. STOLL, *Suggestion und Hypnotismus in der Vœlkerpsychotogie*, Leipzig, 1904 (2e édition)] ; *cf.* aussi le compte rendu initial de M. MAUSS, *Année sociologique*, 1905, n° 8, p. 233-234).

La personnalité de Durkheim

Les biographes de Durkheim (Davy, Lukes et Filloux) font tous remarquer que son austère apparence dissimulait une hypersensibilité et un besoin de s'entourer d'un milieu affectif protecteur. Son disciple et ami Georges Davy donnait cette description du personnage à la veille de sa disparition :

> « Son ascétique maigreur encore accentuée, ses yeux plus creux et plus étincelants, son geste plus fébrile et en même temps sa démarche moins assurée disaient depuis quelques mois à nos regards tendrement anxieux qu'un corps trop faible était en train de se refuser à une âme trop forte et trop tendue. Il connaissait lui-même sa faiblesse et surveillait avec l'inquiétude d'un nerveux l'état alarmant de son cœur : il savait la menace et il était plus naturellement enclin à l'exagérer qu'à la méconnaître. [...] Il fit taire la voix de la tendresse qui grondait cependant dans un cœur dont l'extrême sensibilité ne se cachait qu'avec peine sous des dehors austères[29]. »

Maigreur, austérité, ascétisme, « nature émotive et scrupuleuse », Durkheim n'était donc pas un homme robuste. En février 1916, la confirmation définitive de la mort de son fils André (tué sur le front de Salonique) le plonge dans une dépression dont il ne se remettra pas. Il se laisse doucement mourir et, de fait, s'éteint sans autre raison un an et demi plus tard, en novembre 1917, à l'âge de cinquante-neuf ans. Aussi, quoique marqué par les derniers instants de Durkheim, le portrait psychologique dressé par Davy semble bien rendre compte de la personnalité de son maître. Et lorsque l'on regarde de plus près encore le détail de la vie quotidienne de ce dernier, telle qu'elle apparaît à travers sa correspondance, on s'aperçoit que sa fragilité était profonde.

Des dépressions régulières

Pris isolément, chacun des faits que nous avons relevés semblerait presque anodin si l'on ne prenait pas les mots au pied de leurs lettres. De

29. G. DAVY, « Émile Durkheim. L'homme », *Revue de métaphysique et de morale*, 1919, p. 181 ; je souligne. Quarante et un ans après, son ancien élève et dernier héritier vivant se montrait encore très précis et impressionné dans ses propres souvenirs : « Son profil d'ascète, son visage émacié, son geste tranchant, son éloquence et son regard imposaient : provoquant aussi bien l'enthousiasme d'auditoires fascinés que la terreur de candidats aux abois. Comment deviner le cœur tendre et l'âme inquiète que cachait ce prophète inspiré ? Après sa mort, l'un de ses camarades de promotion, l'helléniste Holleaux qui devait devenir son collègue en Sorbonne, m'a communiqué de précieux souvenirs : “Peu l'ont vraiment connu, écrivait-il, peu ont su ce que sa sévérité recouvrait de sensibilité presque féminine, et quels trésors de tendre bonté renfermait ce cœur ennemi des épanchements faciles” » (G. DAVY, « Allocution pour la commémoration du centenaire de la naissance d'Émile Durkheim », *Annales de l'université de Paris*, 1960, n° 1, p. 16).

plus, l'accumulation des situations similaires permet de mettre clairement en évidence le tempérament dépressif de Durkheim et l'existence de crises à répétition survenant à chaque fois que sa vie quotidienne et son emploi du temps sont perturbés par des événements non pas dommageables mais simplement nouveaux et imposant quelques changements. Voyons de quoi il retourne.

En 1898, Durkheim travaille énormément pour ses livres, ses cours et la revue l'*Année sociologique* qu'il vient de lancer. Éclate l'affaire Dreyfus. Il s'y engage publiquement et sa judéité lui vaut d'être pris à parti à Bordeaux. Malgré le soutien unanime que lui témoignent ses étudiants dans une lettre de protestation[30], Durkheim semble profondément affecté. Il écrit à Bouglé le 22 mars 1898 :

> « Tout cela a déterminé chez moi un peu de fatigue, plus mentale que physique, d'ailleurs. Mais las surtout *moralement*. Je viens de passer le plus triste hiver ; tous ces lamentables événements, l'impression qu'ils nous donnent de *notre isolement moral*, le spectacle écœurant de tant de lâchetés avait fini par avoir raison de mon courage [...]. Mais au fond [...] je ne demande qu'à reprendre pied. Du moment où je n'ai plus *cette insupportable sensation de solitude*, je trouverai bien le temps et la force [...][31]. »

Durkheim n'est pas du genre à écrire quoi que ce soit à la légère et les mots soulignés sont forts. Pourquoi invoquer un « insupportable sentiment de solitude » lors même que Durkheim est très entouré ? Au fil des années, il a constitué un petit cercle d'intellectuels et d'amis très soudés : « Durkheim, Hamelin, Rodier forment une équipe dont la réputation dépasse les limites de l'Académie [...]. Jamais cette amitié ne s'est démentie[32]. » De plus Durkheim semble heureux dans son mariage qui s'écoule paisiblement depuis 1887 et lui a donné deux enfants en parfaite santé. Alors quoi ? Certes, si l'on s'en tenait à ce premier cas, on pourrait invoquer le caractère particulièrement dramatique de l'événement pour expliquer les sentiments de Durkheim. Toutefois, la fréquence des dépressions nous conduit peu à peu vers une fragilité plus structurelle.

Le 3 août 1900, Durkheim écrit en effet à Mauss cette lettre non moins étonnante :

> « Mon cher Marcel, je me suis trouvé, en effet, assez mal en point pendant les derniers temps de mon séjour à Bordeaux ; j'ai été pris d'*une crise de neurasthénie assez violente*, mais beaucoup plus aiguë que profonde. Il y avait simplement un peu d'épuisement et le remède consistait à relever mon alimentation ; comme l'estomac, de lui-même, appelait ce remède et

---

30. R. LACROZE, « Émile Durkheim à Bordeaux (1887-1902) », *Annales de l'université de Paris*, 1960, n° 1, p. 29.

31. É. DURKHEIM, *Textes*, *op. cit.*, p. 423 ; je souligne.

32. R. LACROZE, « Émile Durkheim à Bordeaux », art. cit., p. 27.

le tolère, la guérison sera très rapide. Dès à présent la *sensation de vide cérébral* a disparu ; il ne reste plus guère que la mollesse des jambes et une débilité musculaire générale. Quand j'arriverai à Épinal, personne ne se doutera que je viens d'être souffrant. Dès à présent, la transformation est surprenante[33]. »

Durkheim ajoute cinq jours plus tard qu'il « reprend des forces de jour en jour », qu'il peut désormais à nouveau marcher, monter un escalier et surtout se nourrir : « ce que je mange est invraisemblable, étant donné ma sobriété ordinaire. Je fais cinq repas tous sérieux et je reste au lit douze heures. »

Examinons à présent une lettre de Durkheim à son grand ami Octave Hamelin, écrite deux ans plus tard, le 21 octobre 1902 :

« Mon cher ami. Vous devez vous étonnez de mon silence et à bon droit. Il n'est pourtant pas dû à une simple négligence. Revenu ici le 16 septembre pour emménager, j'ai été pris presque aussitôt d'*un mauvais état moral qui m'a fait passer de tristes moments*, et à tout le monde autour de moi. J'ai eu bien souvent envie de vous écrire dans cette mauvaise période, mais j'eus néanmoins, au milieu de *mon lamentable affaissement*, le courage de m'abstenir et de ne pas vous causer une peine inutile. Et j'ai bien fait car aujourd'hui je suis sorti de cette *crise* et me trouve assez vaillant pour causer de tout cela objectivement[34]. »

De quelle « crise » et de quel « lamentable affaissement » s'agit-il ? Quelles sont les causes de ce « mauvais état moral » ? Durkheim livre lui-même une explication psychologique :

« La cause de ce malaise a dû être à la fois physique et morale. Il n'est pas impossible que la mer et l'absence de repos m'aient surexcité et c'est la raison que je me sentais les nerfs à fleur de peau. Mon nez me faisait souffrir. Mais ce qui était pour la plus grande part dans mon état c'était, vous le devinez, *le sentiment d'une certaine diminution morale, par le fait que j'avais renoncé, sans raison absolument impérieuse, à la vie sévère que je menais avec vous*. Si terne qu'ait été par certains côtés mon existence, j'y tenais et elle me tenait. Il n'est donc pas extraordinaire que la mutation ait été douloureuse. Maintenant que je me suis refait un plan d'existence – au moins pour quatre ans – j'ai retrouvé mon équilibre. Je me fais d'autant moins de scrupules à vous écrire tout cela que vous passerez peut-être par des impressions analogues, le jour qu'à votre tour, vous *changerez d'existence*[35]. »

Quel « changement d'existence » a pu provoquer une telle crise ? La chose paraît pourtant simple : en 1902 Durkheim est nommé à la chaire de

33. É. DURKHEIM, *Lettres à Marcel Mauss*, Presses Universitaires de France, Paris, 1998, p. 267-268.

34. É. DURKHEIM, *Textes*, *op. cit.*, p. 455 ; je souligne.

35. *Ibid.*, p. 455-456 ; je souligne.

Sciences de l'éducation de la Sorbonne, comme suppléant de Buisson. Cette nomination implique donc le déménagement de Bordeaux pour Paris. Mais, à nouveau, à Paris Durkheim est loin d'être isolé, il est même plus entouré que jamais par ses anciens camarades normaliens et ses élèves. Quoi qu'il en soit, un simple déménagement, qui certes implique la séparation matérielle d'avec un réseau d'amis, doit-il nécessairement engendrer une telle dépression ? C'est d'autant moins probable que la crise, en réalité, ne s'est pas terminée avec la rentrée universitaire mais s'est prolongée tout l'hiver. Durkheim écrit en effet à nouveau à Hamelin le 13 mai 1903 :

> « Je suis en meilleur état. J'ai pu depuis huit jours cesser la valériane sans troubles appréciables. Je vais en reprendre ce soir, par précaution, en moindre quantité, et tâcher de me déshabituer peu à peu. Je me sens beaucoup moins impressionnable et instable, mais quel hiver j'ai eu là. Le pis est que ma *neurasthénie* ne s'est jamais traduite sous cette forme, ce qui me faisait croire que tout était moral, par suite difficilement curable[36]. »

À nouveau, Durkheim nous confirme qu'il se soigne bien pour une maladie : la neurasthénie. J'y reviendrai dans un instant. Mais auparavant, il faut achever le repérage des symptômes. Nous venons de voir que Durkheim a vécu difficilement toutes les périodes de congé et de déménagement, tous les moments où il était obligé de sortir de l'univers austère qu'il s'était construit, de la vie de travail acharnée qui l'occupait jours et nuits[37]. Et ce que nous avons à présent identifié comme des dépressions donne du sens à des faits plus anciens encore. En effet, il semble bien que les crises de Durkheim se manifestent depuis qu'il est arrivé à Paris et que, à la pension Jauffret, en 1878, il prépare le concours de l'École normale. Davy laisse penser qu'elles réapparaissent à nouveau au cours de la première (1879) et de la troisième (1881) années passées à l'École[38]. C'est ensuite lors de son voyage d'étude en Allemagne, en 1885, que la dépression a dû rattraper Durkheim[39]. Enfin, à l'occasion de la rédaction d'une brochure dédiée à son ami Victor Hommay décédé en 1887, Durkheim évoque ce souvenir :

---

36. Inédit cité par B. LACROIX, *Durkheim et le politique*, *op. cit.*, p. 138.

37. S. LUKES, *Émile Durkheim. His Life and his Work*, *op. cit.*, p. 99-100.

38. G. DAVY, « Allocution pour la commémoration », art. cit., p. 18-19.

39. G. Davy raconte que Durkheim faillit renoncer et rentrer précipitamment en France : « dans une lettre où, bien des années plus tard, il me parle de son séjour auprès de Wundt il me confie avoir failli revenir en France tant il craignait de ne pas tirer de ce séjour le profit escompté » (G. DAVY, « Allocution pour la commémoration », art. cit., p. 19). Compte tenu de ce que nous avons vu précédemment, nous pouvons en inférer que la justification intellectuelle masque sans doute la dépression due encore une fois à l'éloignement. Une lettre inédite de Durkheim à Mauss, datée du 4 mai 1898, en fournit à mon sens un commencement de preuve : « Pendant tout le temps de mon séjour en Allemagne, j'ai eu l'estomac en compote, et, quoique très entouré, quoique très bien reçu et très porté à ce genre de vie, je souffrais de l'éloignement. »

> « Il y a un an, j'étais à Paris, en congé. Malade et fatigué, j'écrivis à Hommay une lettre où je laissais trop percer mes inquiétudes. Vingt-quatre heures après on frappait à ma porte. C'était Hommay qui, alarmé par ma lettre, s'était aussitôt ménagé quelques jours de liberté et accourait d'Angers, me sachant seul[40]. »

Une simple maladie (d'estomac sans doute, comme toujours) engendre-t-elle des « inquiétudes » telles qu'elles provoquent, malgré la distance et les obligations professionnelles, l'arrivée précipitée de son meilleur ami « alarmé » et « le sachant seul » ? Durkheim avait apparemment lancé un appel au secours bien compris comme tel par Hommay. En fin de compte, il nous semble clair que Durkheim était sujet à de graves et régulières dépressions dominées par un vif sentiment de solitude et d'isolement, caractérisées aussi par de profonds troubles psychosomatiques[41]. Il recherchait en permanence dans l'amitié et la reconnaissance une sécurité affective[42]. Il avait besoin de cette vie de groupe, de ses élèves, disciples et amis. Il cherchait constamment à constituer une famille dont il occuperait le centre, non pour la contrôler mais pour s'y sentir lui-même protégé.

40. É. DURKHEIM, « Victor Hommay : hommage à une chère mémoire », 1887 ; repris *in* É. DURKHEIM, *Textes*, *op. cit.*, p. 424.

41. Une autre lettre écrite à Hamelin de retour d'une de ces innombrables cures de repos laisse imaginer quelle a pu être la gravité des troubles : « je reviens, je crois, en bon état ; je me sens assez fort, je marche bien ; il n'y a qu'un point où je n'ai pas fait de progrès et cela n'est pas sans m'ennuyer. Ma mémoire verbale, que je sentais très fatiguée, en juillet, ne s'est pas rétablie » (É. DURKHEIM, *Textes*, *op. cit.*, vol. 2, p. 461). Il faut en déduire que Durkheim était à ce point malade qu'il ne pouvait plus se déplacer correctement et qu'il avait également des troubles du langage. Par ailleurs, puisqu'il soigne ses insomnies avec du repos et de la valériane, nous tenons une preuve supplémentaire du diagnostic de dépression ; on sait en effet que « de toutes les plaintes nerveuses, la plus importante tient aux *troubles du sommeil* présents dans la quasi-totalité des cas de dépression » (C. DUMAS, « Les maladies de l'affectivité », *in* R. DUGUAY, E. ELLENBERGER (dir.), *Précis pratique de psychiatrie*, Maloine, Paris, 1981, p. 280). Enfin, on sait que « le suicide est de tous les comportements le plus important de la symptomatologie dépressive » (*ibid.*, p. 281). On pense alors à la lettre à Hommay citée plus haut et on met peut-être à jour une des raisons pour lesquelles Durkheim a choisi de s'intéresser au suicide lorsqu'il s'est agi d'écrire un livre sur les pathologies engendrées par les sociétés modernes...

42. Toute sa vie, de Bordeaux à Paris, en plus de son métier d'enseignant qui était pour lui une vocation, Durkheim constitua des groupes où il fut admiré, aimé, entouré. Davy nous illustre encore l'importance psychologique de cette vie de groupe : « Je veux témoigner de ce qu'il su être pour quelques-uns de ces élèves. Il y en avait, en effet, autour de lui, quelques-uns qui formaient comme une famille spirituelle unie par le lien d'une commune méthode et d'une commune admiration de leur maître. Ils constituaient [...] le clan de l'*Année sociologique* [...] Chacun aimait à aller le voir et en même temps qu'à recevoir ses conseils, à éprouver l'affectueux intérêt qu'il avait pour tous » (G. DAVY, « Émile Durkheim. L'homme », art. cit., p. 194-195).

Acquis et limites des interprétations traditionnelles

Après le repérage des symptômes, peut-on tenter un diagnostic des souffrances de Durkheim[43] ? Deux voies ont déjà été proposées.

D'un côté, le principal biographe de Durkheim attribue ces crises au simple surmenage intellectuel[44]. Or il nous paraît clair que cette explication est trop rapide, ne prend pas véritablement au sérieux les dépressions de Durkheim dont la gravité et la survenance régulière dans des contextes bien précis indiquent un état psychologique que la fatigue ne peut seule expliquer. À l'opposé, une interprétation psychanalytique a été tentée en 1981 par B. Lacroix. Fidèle aux tendances dominantes du champ français de la psychopathologie des années 1960 et 1970, l'auteur combine le modèle freudien traditionnel de l'Œdipe et l'idée de carence affective de base pour livrer l'interprétation suivante : Durkheim était le quatrième enfant d'une famille aux revenus modestes, où la mère travaillait beaucoup (avec ses deux filles) dans un atelier de broderie qu'elle avait monté à domicile, en plus de ses autres activités domestiques dans une famille juive traditionaliste : « Prisonnières de ce cadre rigide, tout porte à croire qu'elles n'ont guère le loisir de consacrer au petit David-Émile toute l'attention qu'appelait sa complexité nerveuse et délicate[45]. » Alors que ses frères et sœurs avaient vu le jour à un ou deux ans d'intervalle (Rosine née en 1848, Félix en 1850 et Céline en 1851), Émile était né sept ans après sa plus jeune sœur (en 1858), peut-être par accident. Il aurait donc souffert à la fois de l'absence trop fréquente de sa mère et de la distance qui le séparait de ses frères et sœurs. Lacroix interprète aussi en ce sens la « crise mystique » que, selon Davy, Durkheim aurait subi au début de l'adolescence sous l'influence d'une institutrice catholique :

> « Il n'est pas interdit de penser que [cet épisode] n'eut pas d'autre origine qu'une intense demande d'affection à l'endroit d'une femme dont, soudain, les circonstances le rapprochent. Voilà qu'il demande tout à coup à une autre ce que sa mère lui refuse[46]. »

---

43. Mais tout d'abord, l'opération est-elle en soi légitime ? Nous comprenons très bien le reproche que deux collègues nous avaient adressé lors d'une présentation orale de ce travail. Il est effectivement bien difficile et bien risqué de tenter de diagnostiquer quoi que ce soit sur un sujet décédé dont on ne connaît que quelques bribes de vie par le biais indirect des correspondances. À quoi nous ajouterions même volontiers que le savoir psychiatrique à l'aide duquel on diagnostique n'est ni nécessairement fiable ni toujours utilisable dans ce type d'exercice clinique *a posteriori*. Néanmoins, pour difficile, partiel et parfois peu informatif que soit ce dernier, il ne nous paraît pas en soi illégitime de le tenter. En outre, la dépression compte parmi les troubles psychologiques les mieux connus au plan sémiologique, ce qui permet à notre sens de lever tout doute dans le cas de Durkheim.

44. S. LUKES, *Émile Durkheim*, *op. cit.*, p. 100, note 7.

45. B. LACROIX, *Durkheim et le politique*, *op. cit.*, p. 135.

46. *Ibid.*

Enfin l'auteur évoquait comme un argument décisif l'attitude de Durkheim à la mort de sa mère, en 1901. La correspondance avec Hamelin indique que les rapports affectifs entre la mère et le fils étaient étonnamment distants. En effet, tandis que sa mère s'éteint lentement, Durkheim écrit qu'il est simplement désolé de « cette navrante situation » pour sa « pauvre mère. » Et lorsque celle-ci meurt, Durkheim se sont obligé de ne pas partir immédiatement. Le 2 juillet 1901, il écrit à Hamelin :

> « Ce qui me retenait ici, c'était d'abord le respect des vieux usages qu'avait toujours respectés ma mère et la crainte de causer un scandale autour de moi. C'était aussi et surtout le sentiment que j'étais nécessaire à mes sœurs[47]. »

Ces phrases manifestent un étonnant détachement, voire de l'insensibilité de la part d'un fils, et Lacroix conclut à juste titre : « dans tout ceci, nul mystère : pitié sûrement, mais d'amour point[48] ! »

Cette première démonstration acquise, l'auteur passe à une interprétation freudienne classique. Faisant jouer le triangle œdipien, il va inévitablement de la mère vers le père, rabbin vénérable, figure imposante que Durkheim aurait tenté de dépasser toute sa vie. En fin de compte, B. Lacroix voit en Durkheim un névrosé obsessionnel dominé par un complexe d'Œdipe irrésolu du fait de la faiblesse initiale de la mère. Quant au thème religieux dans l'œuvre de Durkheim et à la fameuse « révélation » de 1895, survenant peu de temps avant la mort du père, elle s'analyserait donc comme un « retour du refoulé[49]. »

De cette interprétation en termes de carence maternelle et de conflit œdipien ayant généré une névrose obsessionnelle, seul le premier temps est fondé dans des actes ou des paroles vérifiables. Le second (l'explication œdipienne et obsessionnelle du « retour du refoulé religieux ») est réfutable pour trois raisons. Premièrement, Lacroix prend des libertés fatales avec la chronologie. Ph. Besnard[50] a déjà rappelé que la révélation de 1895 ne peut pas être liée à la mort du père puisque celui-ci est en réalité décédé quinze mois après le début du nouveau cours sur la religion de 1895. Deuxièmement, Durkheim n'ayant cessé d'écrire que la religion était un phénomène fondamental et d'en chercher l'explication, si les mots ont un sens, alors il faut admettre que le religieux n'a à proprement parler rien de *refoulé* dans sa pensée. Troisièmement, la présentation de Durkheim comme un obsessionnel ne respecte ni les symptômes observés ni les catégories les mieux établies de la psychopathologie. Ce que

47. É. DURKHEIM, *Textes*, *op. cit.*, p. 453.
48. B. LACROIX, *Durkheim et le politique*, *op. cit.*, p. 136.
49. *Ibid.*, p. 163-164.
50. Ph. BESNARD, « Une étude sur Durkheim et le politique », *Études durkheimiennes*, 1981, n° 6, p. 3-4 ; Ph. BESNARD, *L'anomie, ses usages et ses fonctions dans la discipline sociologique depuis Durkheim*, Presses Universitaires de France, Paris, 1987, p. 134-135.

l'on nomme en effet une obsession se caractérise par sa survenue brutale et involontaire chez un sujet conscient qui ne peut la maîtriser, en souffre fortement et développe en retour des rituels ou des comportements compulsifs[51]. De même, le modèle psychanalytique de la névrose d'angoisse sous-tendant l'obsession ne rend nullement compte des dépressions constatées dans la vie de Durkheim. Rien dans ces dernières ne ressemble aux crises d'angoisse que décrit Freud dans un passage de *Introduction à la psychanalyse*, survenant :

> « Sans rapport avec des conditions quelconques, d'une façon aussi incompréhensible pour nous que pour le malade, comme un accès spontané et libre, sans qu'il puisse être question d'un danger ou d'un prétexte dont l'exagération aurait eu pour effet cet accès. [...] L'ensemble de l'accès peut être remplacé par un symptôme unique, d'une grande intensité, tel que tremblement, vertige, palpitations, oppression, le sentiment général d'après lequel nous reconnaissons l'angoisse faisant défaut ou étant à peine marqué[52]. »

Tandis que les crises d'angoisse dont parle Freud sont presque toujours violentes et brèves, celles de Durkheim sont au contraire très longues et peu violentes. C'est qu'il s'agit en réalité non d'obsession mais de dépression.

De la neurasthénie à la dépression chronique : l'évolution d'un concept

> « Chacun sait aujourd'hui ce que veut dire le mot neurasthénie – c'est, avec le mot bicyclette, un des termes les plus usuels de notre temps[53]. »

Nous l'avons vu, Durkheim livre lui-même une explication médicale de ses troubles : il se dit « neurasthénique. » Ce diagnostic n'a jamais été pris véritablement au sérieux par les observateurs ; or Durkheim savait de quoi il parlait.

La neurasthénie est une catégorie de névrose qui a aujourd'hui pratiquement disparu des classifications psychiatriques. On la considère comme une entité qui recouvrait des états dépressifs ou anxieux d'origines

---

51. J. GUELFI, *Psychiatrie*, Presses Universitaires de France, Paris, 1987, p. 490-505. Ces symptômes obsessionnels ne sauraient être confondus avec les idées délirantes, les phobies, les automatismes mentaux et les idées fixes. Et si des obsessions peuvent même *accompagner* des troubles dépressifs ou des schizophrénies, tous les ouvrages de psychiatrie que nous avons consultés insistent sur le fait qu'il ne s'agit pas des obsessions compulsives et ritualisées du névrosé obsessionnel.

52. S. FREUD, *Introduction à la psychanalyse*, trad. Payot, Paris, 1949, p. 428-429.

53. M. DE FLEURY, *Introduction à la médecine de l'esprit*, Alcan, Paris, 1897, p. 316.

diverses[54]. La neurasthénie s'inscrit en effet dans l'histoire longue des névroses liées au stress de la vie moderne. Au XVIIIe siècle, on parlait plus volontiers d'hypocondrie. En 1831, le médecin anglais James Johnson parla du « syndrome d'usure » pour qualifier les conséquences du surmenage lié à la vie industrielle, à l'absence d'exercice physique, au mauvais air des villes[55]. Enfin, en 1869[56], le médecin américain Georges Beard (1839-1883) forgea l'expression de « neurasthénie », qui signifie étymologiquement faiblesse ou fatigue nerveuse pour désigner « l'épuisement physique et mental qui se traduit par l'incapacité de mener à bien un travail[57] », ou encore « un état de fatigue physique ou psychologique permanent accompagné de malaises fonctionnels divers et variables[58]. » On voit que le concept est pour le moins imprécis. Beard conçoit dans ce désordre nerveux une sorte de stress de l'homme moderne, l'homme de la ville dont le rythme de vie est toujours plus rapide. Par la suite, il concevra aussi une origine liée aux désordres sexuels et à la masturbation. Ces idées eurent rapidement un grand succès en Europe. En France, Albert Pitres, professeur de clinique médicale à la Faculté de Médecine de Bordeaux (précisément) les enseigne dès les années 1880. À Paris, c'est surtout Charcot qui les introduisit dans ses célèbres Leçons du mardi à la Salpêtrière[59]. Par la suite, Janet reprendra l'idée de désordre nerveux, tandis que Freud reprendra – sans citer ses inspirateurs – l'idée de l'étiologie sexuelle[60]. Enfin, la neurasthénie connaît à la fin de XIXe siècle un grand succès littéraire : on la retrouve sous la plume d'Octave Mirabeau, de Jules Renard, de Valéry et de nombreux autres[61].

---

54. Au plan international, la neurasthénie est progressivement sortie des classifications psychiatriques après la Seconde Guerre mondiale, remplacée par la dépression (P. PICHOT, « La neurasthénie, hier et aujourd'hui », *L'Encéphale*, 1994, n° 20, p. 545-549).

55. H. ELLENBERGER, *À la découverte de l'inconscient. Une histoire de la psychiatrie dynamique*, Simep Éditions, Villeurbanne, 1974, p. 207.

56. G. BÉARD, *Neurasthenia, or Nervous Exhaustion. Its Symptoms, Nature, Consequences, Treatment*, Wood & Compagny, New York, 1869.

57. H. ELLENBERGER, *À la découverte de l'inconscient*, *op. cit.*, p. 207.

58. J. POSTEL, C. QUÉTEL, *Nouvelle histoire de la psychiatrie*, Privat, Toulouse, 1983, p. 578.

59. Pour plus de détails, *cf.* L. MUCCHIELLI, M. RENNEVILLE, « Les causes du suicide : pathologie individuelle ou sociale ? Durkheim, Halbwachs et les psychiatries de leur temps (1830-1930) », *Déviance et société*, 1998, vol. 11, n° 1, p. 3-36.

60. Freud, on le sait, en simplifie le mécanisme jusqu'à la caricature : « La neurasthénie se laisse chaque fois ramener à un état du système nerveux, tel qu'il est acquis par masturbation excessive, ou qu'il apparaît spontanément du fait de pollutions accumulées » (S. FREUD, « La sexualité dans l'étiologie des névroses », 1898 ; repris *in La Première théorie des névroses*, Presses Universitaires de France, Paris, 1995, p. 163). Dans sa correspondance avec Fliess, Freud – qui se qualifiera lui-même un jour de neurasthénique – affirme cette idée basique depuis la fin de l'année 1892 (S. FREUD, *La Naissance de la psychanalyse*, Presses Universitaires de France, Paris, 1956, p. 59 *sq.*).

61. M. BABLON-DUBREUIL, « Une fin de siècle neurasthénique : le cas Mirbeau », *Romantisme*, 1996, n° 94, p. 7-47.

De fait, lorsque Durkheim emploie le terme de neurasthénie dans sa correspondance, en 1903, ce n'est pas pour lui une nouveauté. Dès 1896, alors qu'il rédige le *Suicide*, il consacre à cette maladie de nombreuses pages de son chapitre sur les facteurs extra-sociaux du suicide. Il sait qu'on désigne sous ce nom « des anomalies diverses » « intermédiaires entre l'aliénation mentale proprement dite et le parfait équilibre de l'intelligence », « une sorte de folie rudimentaire », « un état beaucoup plus répandu » que la folie et qui « va même de plus en plus en se généralisant[62]. » Dans trois pages étonnantes, dépourvues – contrairement aux précédentes – de notes en bas de page, particulièrement denses, Durkheim pose clairement le problème de la liaison éventuelle de la neurasthénie avec le suicide. Il le fait en des termes psychologiques inhabituellement concrets et qu'il tient tels quels pour des preuves valides, ce qui, à mon sens, trahit sa très forte implication personnelle dans les situations qu'il décrit :

> « On comprend, d'ailleurs, que la neurasthénie puisse prédisposer au suicide ; car les neurasthéniques sont, par leur tempérament, comme prédestinés à la souffrance. [...] la pénétrabilité excessive d'un système nerveux affaibli le rend accessible à des excitations qui ne parviendraient pas à ébranler un organisme normal. C'est ainsi que les événements insignifiants peuvent être pour un pareil sujet l'occasion de plaisirs [ou de douleurs] démesurés. [...] Pour lui, par conséquent, la vie risque de n'être pas assez tempérée. Sans doute, quand il peut s'en retirer, se créer un milieu spécial où le bruit du dehors ne lui arrive qu'assourdi, il parvient à vivre sans trop souffrir [...]. Mais s'il est obligé de descendre dans la mêlée, s'il ne peut pas abriter soigneusement contre les chocs extérieurs sa délicatesse maladive, il a bien des chances d'éprouver plus de douleurs que de plaisirs. [...] Par suite de cette extrême sensibilité de son système nerveux, ses idées et ses sentiments sont toujours en équilibre instable. [...] L'état d'ébranlement où il se trouve fait que les circonstances le prennent sans cesse à l'improviste. [...] Il est donc très vraisemblable que ce type psychologique est celui qui se rencontre le plus généralement chez les suicidés[63]. »

Sans doute, Durkheim ne fait aucune allusion aux crises de dépression fréquentes des neurasthéniques. Mais il en avait certainement connaissance. En effet, pour ne citer ici que le psychologue le plus connu de sa génération, Pierre Janet parlait de « psychasthénie » pour désigner – entre autres – la névrose en question[64]. Il parlera également de « psycholepsie » pour qualifier les crises de dépression ou « chute de l'énergie mentale » qui se produisent parfois périodiquement ; mais il hésitait nettement sur le

62. É. DURKHEIM, *Le Suicide*, *op. cit.*, p. 33.
63. *Ibid.*, p. 34-35.
64. P. JANET, *Les Obsessions et la psychiatrie*, Alcan, Paris, 1903, vol. I, p. 497 *sq.*

diagnostic autant que sur l'étiologie de ces dépressions[65]. Quoiqu'il en soit, il est clair que la psychopathologie française de l'époque reconnaissait l'épuisement comme une source de névrose pouvant engendrer notamment un état dépressif permanent se traduisant dans des crises déclenchées soit par l'accumulation de fatigue, soit par des émotions subites mal gérées par l'individu. On connaissait même très bien les circonstances susceptibles de provoquer le stress de ces malades et de déclencher leurs crises : « les changements de vie, les voyages, l'organisation même des vacances sont souvent des causes d'épuisement », « un autre fait joue un rôle important c'est la rapidité de l'action : les déménagements, les pertes d'argent, les changements de situation sont d'autant plus dangereux qu'ils sont rapides[66]. » Et de fait, de nos jours, certains psychiatres décrivent toujours dans les mêmes termes ces déclenchements de crise dépressive[67].

Enfin, tandis que Freud et Janet théorisaient chacun de leur côté la neurasthénie dans le cadre des psycho-névroses et des psychothérapies, le vieil Hippolyte Bernheim que l'on n'écoutait hélas déjà plus martelait en vain que la neurasthénie était certainement une maladie bien plus profonde que le simple stress urbain ou surmenage intellectuel :

> « Après avoir partagé cette idée au début de mes études sur la suggestion, j'ai constaté invariablement depuis vingt-cinq ans, que la psychothérapie était aussi inefficace contre les neurasthéniques que les autres médications, et je suis arrivé à cette conclusion que la neurasthénie n'est pas assimilable aux psychonévroses ; que ce n'est pas un simple dynamisme nerveux ; c'est une maladie réelle, [...] aussi fréquente chez les paysans et les ouvriers que dans les classes raffinées ; c'est une dyscrasie toxique [...] dont certains sujets ont le germe ou la prédisposition et qui se développe fatalement chez eux sous certaines influences. [...] [C']est une maladie générale auto-toxique. Elle est souvent périodique, avec une évolution cyclique qui dure de plusieurs mois à un an ; elle revient à des échéances plus ou moins lointaines, chez les uns tous les ans, chez d'autres seulement deux ou trois fois dans l'existence, avec des intervalles qui peuvent être parfaitement indemnes ; chez d'autres la maladie est chronique, avec des alternatives de rémission et d'exacerbation plus ou moins inten-

65. P. JANET, *Les Névroses*, Flammarion, Paris, 1909, p. 288-291.

66. P. JANET, *La Médecine psychologique*, Flammarion, Paris, 1924, p. 147 et 149.

67. Citons par exemple cette évocation récente de la dépression anaclitique : « Cette rupture [initiale avec la mère] crée un facteur de vulnérabilité qui s'exprimera peut-être vingt ou trente ans plus tard, provoqué par un événement banal de l'existence. Les témoins disent alors "tu as tout pour être heureux, tu n'as aucune raison d'être déprimé". Ce raisonnement n'a pas de sens, car ce qui s'est mis en place dès les premières années de la vie, c'est un trait constitutif de la personnalité, un facteur constitutif de vulnérabilité qui explique la réponse de l'organisme à un événement banal mais signifiant » (B. CYRULNIK, *Sous le signe du lien. Une histoire naturelle de l'attachement*, Hachette, Paris, 1989, p. 87).

ses ; et cet ensemble symptomatique évolue fatalement [?] son temps, en dépit de toutes les médications[68]. »

Le diagnostic de la dépression

Après ce rapide survol historique de la reconnaissance de la dépression, il est possible, au vu des connaissances psychiatriques modernes, d'évaluer celle de Durkheim. En effet, même si la psychiatrie ne me semble pas fournir un système d'explication suffisamment complexe de l'origine profonde (l'étiologie) de la plupart des troubles psychologiques[69], elle n'en demeure pas moins une source incontournable de savoirs sémiologiques que la psychanalyse (ou ceux qui s'en réclament) a semble-t-il encore trop souvent le tort de dédaigner. En l'occurrence, même si certains symptômes ne cessent de se déplacer au gré des éditions successives des systèmes internationaux de classification des troubles mentaux, et même si une certaine tendance des manuels de psychiatrie à multiplier à l'infini des distinctions logiques ou casuistiques finit à mon sens par compliquer la compréhension du trouble plus qu'elle ne la facilite, l'état dépressif n'en est pas moins quelque chose de clairement établi et défini en psychiatrie[70].

Et sa caractérisation chez Durkheim ne fait aucun doute. Ce dernier exprime en effet lui-même la présence, lors de ses crises, des deux séries de critères habituellement retenus du point de vue sémiologique :

– au plan moral, il a bien une « humeur dépressive » : il se dit lui-même « fatigué mentalement », « las moralement », il éprouve un « sentiment d'isolement », un « insupportable sentiment de solitude », il est « découragé », il a « perdu ses forces », il est incapable de travailler, de se concentrer, de se motiver, etc.

– au plan physique il est bien diminué lors de ses crises dans son activité à la fois intellectuelle et motrice : il a une « sensation de vide cérébral », d'« épuisement général » et même de « débilité musculaire générale », il ne peut plus se lever et marcher, il ne dort plus, ne mange

68. H. BERNHEIM, *De la Suggestion*, Retz, Paris, 1916 (réédition : 1975), p. 190-191. Bernheim donnait également une bonne description des symptômes et des caractéristiques vécus par les neurasthéniques, et ce sont bien ceux des dépressifs : « sensations diverses, telles que vide, vague ou lourdeur dans la tête, douleurs variées dans diverses régions du corps, lassitude, quelquefois vertiges et bourdonnements d'oreille, atonie physique et morale, aboulie, anxiété terrible, idées noires, cauchemars, impuissance cérébrale, fourmillements et engourdissements dans les membres, troubles digestifs, etc. »

69. À moins naturellement de faire naïvement confiance aux mythologies génétiques qui affirment et annoncent beaucoup, mais prouvent et expliquent peu dès lors qu'elles prétendent à autre chose qu'à la mise en évidence de prédispositions très générales dont – à la différence d'un véritable déterminisme – chaque individu peut faire des usages très différents selon les conditions de vie mentales et matérielles que l'existence lui offre.

70. *Cf.* par exemple, C. DUMAS, « Les maladies de l'affectivité », art. cit. ; J. GUEIFI, *Psychiatrie*, *op. cit.*, p. 112-143 ; D. WIDLÖCHER, *Les Logiques de la dépression*, Fayard, Paris, 1983.

plus et connaît même parfois des troubles de la mémoire et du langage (ces derniers constituant des indices de gravité supplémentaires).

Tous les éléments de ce que l'on appelle en psychiatrie le « ralentissement moteur et psychique », caractéristique de l'état dépressif, sont donc présents. Tous les symptômes somatiques sont avérés, en particulier les troubles digestifs (anorexie) et les troubles du sommeil (insomnie). Reste à résoudre la question de la durée (donc de la chronicité) de cette dépression. Nous avons vu que la survenance régulière de graves et longues crises dépressives est attestée sans conteste possible entre 1900 et 1903, et que, au moins sous des formes atténuées, nous avons quelques raisons de supposer qu'elles se sont manifestées à de nombreuses reprises dans les années 1880. On peut donc en induire que l'état dépressif de Durkheim était à la fois chronique et cyclothymique – on porte en général ce diagnostic lorsque l'état dépressif est avéré pendant une période d'au moins deux ans. En l'occurrence, Durkheim a été dépressif toute sa vie, la survenance de crises graves s'étant – d'après les informations très lacunaires dont nous disposons – apparemment concentrée surtout dans deux périodes de sa vie.

Enfin, en termes étiologiques ou psychogénétiques, la grande innovation des années 1950 aujourd'hui acceptée de façon assez générale est l'explication de la dépression en terme de carences affectives. Dans sa formulation moderne, cette explication est due notamment au psychologue et psychanalyste René Spitz (1887-1974)[71], créateur au milieu du siècle de la notion de « dépression anaclitique » pour qualifier les formes les plus graves de réaction des nourrissons aux séparations d'avec leur mère. Étendue à tous les degrés de carences affectives, cette explication peut fonctionner – nous l'avons vu avec B. Lacroix – dans le cas de Durkheim. De même, c'est bien une insuffisance de soutiens affectifs qui semble jouer un rôle central dans l'évolution de sa dépression, du moins dans sa première phase. Nous avons vu en effet que le jeune Durkheim semble avoir connu une première série de crises entre 1878 et 1887, période caractérisée par le célibat et l'instabilité géographique (donc sociale et conviviale). Elle se termine en 1887, année où d'une part il se marie, d'autre part il est nommé à l'Université de Bordeaux où il va construire la première période de sa vie d'homme mûr. Par contre, dans le cas de la deuxième période de crises, de 1900 (ou 1898) à 1903, il est plus difficile de comprendre les facteurs déclenchants. En 1902, nous avons identifié le rôle du déménagement à Paris qui constitue une perturbation importante dans la vie quotidienne. Mais la période de crises a commencé de façon violente

71. *Cf.* R.A. SPITZ, *La Première année de la vie. De la naissance à la parole*, Presses Universitaires de France, Paris, 1968.

au moins deux ans plus tôt (fin juillet 1900), sans que l'on puisse en comprendre la raison dans le contexte. Par contre, si l'on tient la crise de 1898 comme une authentique dépression, alors l'explication apparaît peut-être plus aisément. Cette fois-ci il ne s'agirait plus d'un manque de soutiens affectifs dans son entourage, mais d'une autre sorte de perturbation affective (donc identitaire) introduite par des facteurs contextuels pathogènes. En effet, Durkheim éprouve à l'évidence les débuts de l'affaire Dreyfus de façon extrêmement douloureuse. La lettre à Bouglé que j'ai utilisée date du 22 mars 1898. Or, si nous cernons la chronologie de près, nous comprenons que l'Affaire paraît alors perdue. Le 23 février 1898, Zola a été condamné à un an de prison. Le célèbre « J'accuse » n'a pas produit l'effet escompté. Au palais de justice et dehors, dans la foule, « on entendait les cris cent fois poussés durant le procès : "Vive l'Armée", "À mort Zola", "Mort aux juifs"[72]. » L'antisémitisme atteint son apogée. Dans le *Figaro* du lendemain, Barrés exprime sa joie devant ces scènes de « fraternité » ! Parmi les universitaires (les propres collègues de Durkheim), les dreyfusards sont très minoritaires. Quant à la presse, on estime qu'elle est antidreyfusarde à plus de 90 %[73]. Le 15 mars, dans la *Revue des deux mondes*, Ferdinand Brunetière[74] a publié un article intitulé « Après le procès » (de Zola), dans lequel il oppose les « intellectuels », « ces gens qui vivent dans les laboratoires et les bibliothèques » au « peuple de France. » Durkheim, on le sait, lui répondra finalement en juillet[75]. Mais pour l'heure, il est véritablement *désespéré* et, de fait, il est assez facile de comprendre que ces événements l'ébranlent à la fois dans son identité juive et, sans doute davantage encore, dans ses convictions les plus profondes de républicain et d'intellectuel cherchant à comprendre, pour la résoudre, la crise sociale de son temps. C'est toute sa vision du monde et tout son projet inséparablement existentiel et intellectuel qui se trouvent ici niés et ridiculisés de la pire des manières. Ainsi, si la lettre qu'il écrit à Bouglé le 22 mars 1898 ne témoigne pas de l'existence à ce moment d'une véritable crise dépressive, on peut toutefois faire l'hypothèse qu'elle réactive la dépression de Durkheim en lui faisant de nouveau éprouver ce qu'il nomme alors – et les mots sont importants – « cette insupportable sensation de solitude. » Dès lors, sur un terrain préparé aussi par le surmenage, la fatigue et l'anxiété que représentent objectivement dans ces mêmes années 1898-1902 le lancement, la direction et une part essentielle de la rédaction du contenu de l'*Année sociologique*[76], il est plus que compréhensible qu'il sente à nou-

72. J.D. BREDIN, *L'Affaire*, Julliard, Paris, 1983, p. 252.

73. *Ibid.*, p. 262.

74. F. BRUNETIÈRE, « Après le procès », *Revue des deux mondes*, 1898, n° 156, p. 428-446.

75. É. DURKHEIM, « L'individualisme et les intellectuels », *Revue bleue*, 1898, p. 7-13.

76. À quoi il faut encore ajouter le fait que, jusqu'à cette date, Durkheim a quelques raisons d'estimer que ses efforts et son travail acharné sont vains car son œuvre est mal comprise et mal reçue. La parution des *Règles de la méthode sociologique* en 1895 a été en effet un vérita-

veau un gouffre s'ouvrir sous ses pieds. Débuterait ainsi une seconde phase aiguë où sa maladie se réactualise et l'emporte malgré lui dans des chutes intenses de plusieurs mois, la dernière suivant le déménagement à Paris de 1902.

Par la suite, Durkheim semble s'être une seconde fois remis de ses souffrances. L'année 1903 est du reste l'année de la reconnaissance pour celui qui est définitivement consacré comme « le chef de l'école française de sociologie[77]. » Durkheim réémerge alors et ce, semble-t-il, jusqu'à ce que s'ouvre la troisième et dernière période critique de sa vie affective, celle qui devait lui être fatale. Car André, l'unique fils de Durkheim est engagé en 1914 dans ce « cataclysme moral où sombrent toutes les doctrines et toutes les religions » (Mauss). Et lorsque la nouvelle parvient en février 1916 de la mort d'André, Mauss, qui connaît si bien Durkheim, a raison d'écrire immédiatement « je crains tout d'un abandon chez lui[78]. » Durkheim a beau fuir en avant, en s'engageant dans la propagande patriotique, il est à bout de force. Déjà il ne peut plus écrire et dicte à sa femme sa correspondance. À Davy qui vient le visiter, il dit lui « parler des hommes et des choses avec le détachement de quelqu'un qui aurait déjà quitté le monde. » À nouveau insomniaque et sous-alimenté, il fait de plus en plus fréquemment des « malaises » et subit des « spasmes nerveux » qui surviennent sans crier gare[79]. Alors qu'il devait partir incessamment se reposer quelques mois à la campagne, il lâche prise soudainement cinq jours plus tard, à l'âge de cinquante-neuf ans, mettant enfin un terme à ses souffrances.

L'UNITÉ FUSIONNELLE PERDUE DU CLAN RELIGIEUX, LA NÉVROSE CRÉATRICE DE DURKHEIM ET LE SENS DE SON RÉCIT DE DÉCOUVERTE

Désormais nous pouvons revenir à la problématique initiale de ce travail pour expliquer que si Durkheim a le sentiment d'une découverte et même d'une « révélation » en 1895, là où il ne s'agit pour son lecteur que de l'étape finale d'un développement intellectuel déjà bien tracé, c'est que l'intensité psychique que recouvrent ces mots tient moins au contenu de l'idée qu'au fait qu'elle va enfin pouvoir éclater au grand jour. C'est dans l'intensité de l'attente de ce qui n'est en fait qu'une confirmation que réside la puissance du choc émotionnel que produit le fait nouveau sur le système d'affects du chercheur. Le « Eurêka ! » est un « Enfin !

ble désastre (G. PAOLETTI, « La réception des *Règles* du vivant de Durkheim (1894-1917) », *in* M. BORLANDI, L. MUCCHIELLI (dir.), *La Sociologie et sa méthode*, *op. cit.*, 1995, p. 247-283) que le *Suicide* n'a qu'en partie sauvé.

77. L. MUCCHIELLI, *La Découverte du social*, *op. cit.*, chapitre 6.

78. Cité par M. FOURNIER, *Marcel Mauss*, *op. cit.*, p. 383.

79. Lettre à M. Mauss du 10 novembre 1917, citée par M. FOURNIER, *Marcel Mauss*, *op. cit.*, p. 388.

J'attendais ce moment depuis toujours ! » qui signifie « Je le savais ! J'en étais sûr, même si je ne parvenais pas encore totalement à le formuler. » C'est donc un genre très particulier d'*insight* – comme disaient les psychologues de la forme – qui relève moins d'une compréhension nouvelle que d'une véritable *libération*. Et les preuves ultimes de cette analyse résident dans la recherche des effets de cette libération dans la sociologie durkheimienne après cette date.

Les nourritures sociales ou l'individu sans substance

Nous l'avons dit, le problème central de la sociologie de Durkheim est la recherche des mécanismes par lesquels la société influence les consciences individuelles, détermine chez elles « des manières d'agir, de sentir et de penser » selon la formule célèbre des *Règles*[80]. Et cette recherche se double d'un postulat implicite qui précise que, sans cette influence, les consciences individuelles seraient comme vides, sans substance. Or c'est précisément à partir de la libération de 1895 que ce postulat caché s'écrit de façon totalement explicite et vient s'ajouter immédiatement à la problématique sociologique. Ainsi lit-on dans *Les Formes élémentaires de la vie religieuse* :

> « L'action sociale ne se borne pas à réclamer de nous des sacrifices, des privations et des efforts. Car la force collective ne nous est pas tout entière extérieure ; elle ne nous meut pas toute du dehors ; mais, puisque la société ne peut exister que dans les consciences individuelles et par elles, il faut bien qu'elle pénètre et s'organise en nous ; elle devient ainsi partie intégrante de notre être et, par cela même, elle l'élève et le grandit[81]. »

Désormais Durkheim présente bien en même temps et sans risque de contradiction à la fois le caractère oppressif de l'influence du groupe et le fait qu'il est nécessaire et même bienfaisant. Le sociologue parle alors de l'« action réconfortante et vivifiante de la société[82]. » Pour qualifier le vécu psychologique des hommes durant ces moments d'effervescence sociale que sont les cérémonies religieuses traditionnelles, il écrit alors des pages de pure psychologie où il est à mes yeux manifeste que Durkheim est à nouveau influencé par son propre vécu :

> « Ce n'est pas seulement dans ces circonstances exceptionnelles que cette action stimulante de la société se fait sentir ; il n'est, pour ainsi dire, pas un instant de notre vie où quelque afflux d'énergie ne nous vienne du dehors. L'homme qui fait son devoir trouve, par les manifestations de toute sorte par lesquelles s'expriment la sympathie, l'estime, l'affection que ses semblables ont pour lui, une impression de réconfort, dont il ne se rend pas

80. É. DURKHEIM, *Les Règles de la méthode sociologique*, *op. cit.*, p. 4.
81. É. DURKHEIM, *Les Formes élémentaires*, *op. cit.*, p. 299.
82. *Ibid.*

compte le plus souvent, mais qui le soutient. Le sentiment que la société a de lui rehausse le sentiment qu'il a de lui-même. Parce qu'il est en harmonie morale avec ses contemporains, il a plus de confiance, de courage, de hardiesse dans l'action [...]. Il se produit ainsi une sustentation perpétuelle de notre être moral. Comme elle varie suivant une multitude de circonstances extérieures, suivant que nos rapports avec les groupes sociaux qui nous entourent sont plus ou moins actifs, suivant ce que sont ces groupes, nous ne pouvons pas ne pas sentir que ce *tonus* moral dépend d'une cause externe ; mais nous n'apercevons pas où est cette cause ni ce qu'elle est[83]. »

Autrement dit, aussi bien dans ses cours sur l'éducation que dans ses diverses interventions à caractère philosophique, c'est à partir du moment où il libère sa subjectivité que Durkheim discourt au grand jour sur ses intuitions les plus profondes : la transcendance du social, la dualité de la nature humaine, l'insignifiance causale de la notion d'individu. Désormais il est clair pour lui que l'individu n'est rien sinon une enveloppe biologique ; c'est la société qui lui donne une substance, une identité, qui en fait véritablement un homme :

« En même temps qu'elle est transcendante par rapport à nous, la société nous est immanente et nous la sentons comme telle. En même temps qu'elle nous dépasse, elle nous est intérieure, puisqu'elle ne peut vivre qu'en nous et par nous. Ou plutôt elle est nous-même, en un sens, et la meilleure partie de nous-même, puisque l'homme n'est un homme que dans le mesure où il est civilisé. [...] Ainsi, vouloir la société, c'est, d'une part, vouloir quelque chose qui nous dépasse ; mais c'est en même temps nous vouloir nous-même[84]. »

83. *Ibid.*, p. 302. Le passage mérite d'être relu une fois remis à la première personne : « Ce n'est pas seulement dans ces circonstances exceptionnelles que cette action stimulante de la société se fait sentir ; il n'est, pour ainsi dire, pas un instant de ma vie où quelque afflux d'énergie ne me vienne du dehors. Lorsque je fais mon devoir je trouve, par les manifestations de toute sorte par lesquelles s'expriment la sympathie, l'estime, l'affection que mes semblables ont pour moi, une impression de réconfort, dont je ne me rends pas compte le plus souvent, mais qui me soutient. Le sentiment que la société a de moi rehausse le sentiment que j'ai de moi-même. Parce que je suis en harmonie morale avec mes contemporains, j'ai plus de confiance, de courage, de hardiesse dans l'action [...]. Il se produit ainsi une sustentation perpétuelle de mon être moral. Comme elle varie suivant une multitude de circonstances extérieures, suivant que mes rapports avec les groupes sociaux qui m'entourent sont plus ou moins actifs, suivant ce que sont ces groupes, je ne peux pas ne pas sentir que ce tonus moral dépend d'une cause externe ; mais je n'aperçois pas où est cette cause ni ce qu'elle est. »

84. É. DURKHEIM, « Détermination du fait moral », *Bulletin de la Société française de philosophie*, 1906, n° 6, p. 74-75 ; repris *in* É. DURKHEIM, *Sociologie et philosophie*, Presses Universitaires de France, Paris, 1951. *Cf.* dans le même sens « Éducation », *in* F. BUISSON (dir.), *Nouveau dictionnaire de pédagogie et d'instruction primaire*, Hachette, Paris, 1911, p. 47-48 ; repris *in* É. DURKHEIM, *Éducation et sociologie*, Presses Universitaires de France, Paris, 1966, p. 31-68 ; ainsi que *L'Éducation morale*, Alcan, Paris, 1925, p. 80-81 (cours de 1899).

L'Unité fusionnelle perdue du clan religieux

In fine, l'analyse biographique permet donc de comprendre pourquoi c'est cet individu nommé Émile Durkheim qui s'est trouvé être l'intellectuel exprimant le plus fortement le projet sociologique pressenti par tous ses contemporains. Nul autre davantage que lui n'était en effet disposé de par son histoire personnelle à ressentir au plus profond de lui-même la nature de l'influence de la vie communautaire sur la conscience individuelle. Son élève Georges Davy avait déjà repéré la source de l'« inspiration » du maître :

> « Le foyer où régnait l'austérité plus que l'opulence, où l'observation de la loi était précepte et exemple, rien n'y venant divertir du devoir, marqua le jeune Vosgien de quelques traits ineffaçables : [...] la vie de l'individu par l'encadrement du groupe, les faits par leur enchaînement raisonné, la conduite par sa régulation morale. Premiers signes sans doute de l'inspiration d'où naîtront la sociologie objective, sœur de la morale, et cette philosophie du concept qui sera, je crois, celle de Durkheim et offrira une assise intellectuelle à sa sociologie[85]. »

Ajoutons à cela tout ce que nous avons rappelé sur le rôle de l'émancipation religieuse jamais achevée qui, en tant que symbole de séparation et de solitude, renvoyait sans doute elle-même à une carence affective infantile jamais guérie.

Par des chemins bien différents, nous rejoignons donc finalement la lecture psychologique compréhensive remarquablement pressentie il y a vingt-cinq ans par J.-C. Filloux et consistant à

> « relier la volonté durkheimienne d'édifier une sociologie et la théorie du groupe qui en est le produit à un imaginaire en rapport avec l'inquiétude de la séparation et du morcellement, l'anxiété du conflit et du risque de mort, qui inspirent la représentation d'un Groupe uni et salvateur, à la fois nourricier et protecteur, en lequel les hommes parviennent à trouver le bien par excellence – la communion avec autrui. [...] À la misère de l'homme séparé, Durkheim oppose sans trêve la plénitude de l'homme qui dépasse l'anxiété de la coupure en s'identifiant à un groupe communiel et chaud [...]. *Il faut que l'individu sente cette masse sociale qui l'enveloppe et le pénètre, qu'il la sente toujours présente et agissante, et que ce sentiment règle toujours sa conduite* : leitmotiv du discours durkheimien[86]. »

Il est clair que c'est en relation étroite avec les difficultés de son enfance que Durkheim a édifié une théorie du groupe basée sur

> « le modèle d'un individu désirant, avide de communication, cherchant dans la dépendance au groupe et à sa Loi les conditions de son propre équilibre ; [...] la création collective d'un univers de règles et de valeurs en

---

85. G. DAVY, « Allocution pour la commémoration », art. cit., p. 17.
86. J.C. FILLOUX, *Durkheim et le socialisme*, *op. cit.*, p. 1.

lequel les individus vivent consensuellement leur lien au groupe ; un schéma d'approche du groupe enfin qui réfère au vécu de l'acteur social, à la manière dont il ressent, douloureusement ou joyeusement, une dépendance salvatrice[87]. »

Le fait est que, toute sa vie, Durkheim a compensé, surcompensé, sublimé sa dépression par un besoin de communion, de chaleur sociale et de force morale, tant dans sa vie privée que dans son œuvre scientifique[88].

Le retour de l'introspection

Au vu d'un tel investissement personnel, d'une imbrication aussi totale du vécu de l'observateur et de la réalité qu'il se donne pour objet d'enquête, faut-il s'étonner que Durkheim ait été le premier sinon à démentir du moins à relativiser les appels à la neutralité méthodologique qu'il avait lui-même énoncés ? Durkheim, on le sait, est en effet l'un des théoriciens les plus scrupuleux et les plus radicaux de l'objectivité scientifique à cette époque. Quelques mois avant sa prétendue « révélation », dans les *Règles de la méthode sociologique* il se fait le théoricien de la coupure méthodologique avec le sens commun, du nécessaire rejet des « prénotions » (préjugés), de la subjectivité et de toutes ces « fausses évidences qui dominent l'esprit du vulgaire[89]. » Prenant (comme par hasard) en exemple l'analyse des faits religieux, et s'en prenant (comme par hasard) à un membre de la communauté juive (Joseph Darmesteter) qui écrivait qu'on ne peut étudier la religion sans partager la foi, il se montre particulièrement irrité :

> « On ne saurait s'élever avec trop de force contre cette doctrine mystique qui – comme tout mysticisme, d'ailleurs – n'est, au fond, qu'un empirisme déguisé, négateur de toute science. Les sentiments qui ont pour

---

87. *Ibid.*, p. 1-2.

88. La religion n'est pas le seul thème qui trahit la subjectivité de Durkheim. Sa façon de concevoir la famille est tout aussi significative. Ainsi, dans le *Suicide*, Durkheim décrit l'influence de la « société domestique » sur les individus avec le même outillage conceptuel que dans le cas des cérémonies religieuses : « D'où vient, en effet, que la densité de la famille ait sur le suicide cette influence ? [...] Si les sentiments collectifs ont une énergie particulière, c'est que la force avec laquelle chaque conscience individuelle les éprouve retentit dans toutes les autres et réciproquement. L'intensité à laquelle ils atteignent dépend donc du nombre des consciences qui les ressentent en commun. Voilà pourquoi plus une foule est grande, plus les passions qui s'y déchaînent sont susceptibles d'êtres violentes. [...] de même que la famille est un puissant préservatif du suicide, elle en préserve d'autant mieux qu'elle est plus fortement constituée » (É. DURKHEIM, *Le Suicide*, *op. cit.*, p. 213-214). Le poids de cette croyance dans le rôle indispensable et l'influence nécessairement bénéfique de la famille amènera même Durkheim à s'opposer farouchement au divorce par consentement mutuel, au risque de « passer pour un esprit réactionnaire » (É. DURKHEIM, « Le divorce par consentement mutuel », *Revue bleue*, 1906, n° 5, p. 549 ; et les analyses de Ph. BESNARD, « Durkheim et les femmes ou le *Suicide* inachevé », *Revue française de sociologie*, 1973, vol. 14, n° 1, p. 57-60).

89. É. DURKHEIM, *Les règles de la méthode sociologique*, *op. cit.*, p. 32.

objets les choses sociales n'ont pas de privilège sur les autres, car ils n'ont pas une autre origine. Ils se sont, eux aussi, formés historiquement ; ils sont un produit de l'expérience humaine mais d'une expérience confuse et inorganisée. [...] Bien loin qu'ils nous apportent des clartés supérieures aux clartés rationnelles, ils sont faits exclusivement d'états forts, il est vrai, mais troubles. Leur accorder une pareille prépondérance, c'est donner aux facultés inférieures de l'intelligence la suprématie sur les plus élevées, c'est se condamner à une logomachie plus ou moins oratoire. Une science ainsi faite ne peut satisfaire que les esprits qui aiment mieux penser avec leur sensibilité qu'avec leur entendement, qui préfèrent les synthèses immédiates aux analyses patientes et lumineuses de la raison. Le sentiment est objet de science, non le critère de la vérité scientifique[90]. »

Ces phrases d'une rare dureté et d'un rare mépris trahissent à mon sens le fait que, sur ces questions religieuses, le plus impliqué des deux auteurs n'est pas forcément celui qu'on croit. Et la preuve ultime de cette hypothèse me semble résider dans l'étonnante évolution de la posture méthodologique adoptée par Durkheim en cette matière à partir du tournant du siècle et qui s'exprime de façon flagrante dans les textes sur la religion de la fin de sa vie. Ne revenons pas ici sur cette évolution qui passe aussi par des emprunts au travail de Marcel Mauss et Henri Hubert et par l'usage central de la notion de « mana. » Il suffit de donner quelques textes éloquents. Ainsi que W. Pickering[91] l'avait déjà souligné et que F. Héran[92] l'a encore récemment remarqué, les pages rédigées par Durkheim pour sa communication du 18 janvier 1914 à l'Union de libres penseurs et de libres croyants pour la culture morale sont pour le moins surprenantes. S'adressant aux libres penseurs, il leur demandait en effet « de se placer en face de la religion dans l'état d'esprit du croyant » car

> « c'est à cette condition seulement qu'il [le libre penseur] peut espérer la comprendre. Qu'il la sente, telle que le croyant la sent, car elle n'est véritablement que ce qu'elle est pour ce dernier. Aussi quiconque n'apporte pas à l'étude de la religion cette sorte de sentiment religieux ne peut en parler ! Il ressemblerait à un aveugle qui parlerait de couleurs[93]. »

Plus loin, s'adressant aux croyants, il les assure même qu'« il ne peut pas y avoir une interprétation rationnelle de la religion qui soit foncièrement irréligieuse ; une interprétation irréligieuse de la religion

90. *Ibid.*, p. 33-34.

91. W.S.F. PICKERING, *Durkheim's Sociology of Religion*, *op. cit.*

92. F. HÉRAN, « Un dérèglement de la méthode sociologique ? La rupture à moindres frais », *in* M. BORLANDI, L. MUCCHIELLI (dir.), *La Sociologie et sa méthode*, *op. cit.*, p. 208.

93. É. DURKHEIM, « L'avenir de la religion », 1914 ; repris *in* É. DURKHEIM, *La Science sociale et l'action*, *op. cit.*, p. 309.

serait une interprétation qui nierait le fait dont il s'agit de rendre compte. Rien n'est plus contraire à la méthode scientifique[94]. » Parti dans les *Règles* d'une pure sociologie des institutions étudiées du dehors par des procédures d'objectivation historiques et statistiques, Durkheim en est donc venu, par l'étude de la religion, à ajouter une sorte de psycho-sociologie des croyances et des sentiments qui réintroduit au cœur de l'analyse la subjectivité et le vécu des individus, y compris ceux du chercheur. Certes, il ne s'agit pas d'un véritable retournement d'attitude puisque l'étude des institutions (les églises et les rites en matière de religion) demeure le passage obligé du travail d'explication ; c'est plutôt une *évolution* qui complète la position précédente en réintroduisant la subjectivité dans l'étude du rapport des individus à l'institution. Mais quelle évolution !

CONCLUSION : AUX ORIGINES DE L'« ÉCOLE FRANÇAISE DE SOCIOLOGIE », LA PART DE L'HOMME

L'histoire culturelle des sciences explique pourquoi, en 1890, la reconnaissance de la sociologie comme une science à part entière, dotée d'un objet particulier (le social, la part sociale de l'homme) était « dans l'air. » Elle permet d'expliquer pourquoi il s'agissait d'un projet susceptible d'attirer les jeunes intellectuels républicains et avec quels outils intellectuels ils le réaliseraient. La sociologie des sciences permet ensuite de comprendre comment Durkheim et son équipe sont parvenus à imposer rapidement cette nouvelle discipline dans le champ universitaire, au détriment des autres individus ou groupes qui prétendaient également jouer ce rôle. En somme, la place était à prendre et les moyens étaient donnés, mais pourquoi est-ce cet homme qui s'est manifesté plutôt que tel autre et pourquoi a-t-il utilisé ces moyens de telle façon plutôt que de telle autre ? Il y a là deux questions que ni l'analyse des contenus intellectuels et des significations d'époque, ni l'analyse sociologique, ne peuvent résoudre.

---

94. *Ibid.*, p. 310. F.A. ISAMBERT (« Une religion de l'Homme ? Sur trois interprétations de la religion dans la pensée de Durkheim », *Revue française de sociologie*, 1992, n° 3, p. 453) écrivait récemment que « le Durkheim qui parle ici n'est pas le méthodologue, mais l'homme qui demande une attitude de sympathie compréhensive avant d'en venir à une procédure d'explication [...]». Or la dernière phrase de Durkheim ne laisse guère de doute sur le fait qu'il s'agit bien d'une position méthodologique. Isambert a par contre raison de refuser d'y voir une évolution « weberienne » de Durkheim (F.A. ISAMBERT, « Durkheim : une science de la morale pour une morale laïque », *Archives de sciences sociales des religions*, 1990, n° 69, p. 129-146). Ces rapprochements purement présentistes n'ont pas de sens dans la mesure où les deux hommes ne se sont même pas lus. Par ailleurs, les positions méthodologiques de Weber sont un peu plus complexes qu'on ne le croit souvent en opposant son « individualisme » au « holisme » de Durkheim.

Tout d'abord, pourquoi, avant tout succès, avant toute stratégie, avant toute situation universitaire, est-ce cet homme qui a donné toute son énergie pour parvenir à jouer ce rôle qui était à investir ? Nul hasard dans ce parcours : dès sa sortie de l'École normale ou presque, Durkheim sait où il veut aller. Alors quoi ? Les sociologues contemporains – sans doute trop influencés par notre propre époque où la générosité des valeurs collectives se fait rare tandis que les stratégies de carrières individualistes et les querelles d'ego sont plus fréquentes – parleraient simplement d'ambition. Or tous ceux qui l'ont connu décrivent Durkheim comme un être qui s'identifiait complètement avec la sociologie, pour qui il s'agissait d'une vocation devenue un véritable sacerdoce.

Ensuite, pourquoi, sur la base d'une idée qui faisait alors consensus (la société est un objet qui produit des effets spécifiques et qui a ses lois de fonctionnement propres), cet homme a-t-il exprimé avec tant de force des conceptions aussi radicales ?

Pour répondre à ces questions on ne saurait être durkheimien jusqu'au bout et rejeter comme accessoire la question de l'individuel, du biographique, de l'acteur. Sans doute, c'est à juste titre que l'histoire moderne et la sociologie ont maintes fois combattu le genre biographique, l'histoire héroïsante voire hagiographique des fondateurs. C'est à mes yeux un acquis que l'on doit simplement prolonger dans le même esprit à l'aide de la psychologie. Il ne s'agit donc pas de réclamer une place pour l'analyse biographique telle qu'on l'entend traditionnellement, mais de montrer que l'explication scientifique ne doit pas *a priori* s'arrêter devant l'individu. Tant qu'il est possible d'analyser des données et de montrer leurs relations de dépendance, le travail d'explication n'est pas achevé. Et, dans bien des cas, on pourrait – ainsi qu'on l'a tenté ici – faire de la biographie une véritable analyse psychologique de la création intellectuelle.

Psychologie de la découverte et notion de « névrose créatrice »

En 1973, Robert Bellah concluait l'introduction de son étude sur Durkheim en suggérant un « parallèle intéressant à tenter avec Freud » :

> « Durkheim tentait de comprendre les sources inconscientes de la vie sociale, comme Freud essayait de trouver les sources inconscientes de la vie personnelle. Le long séjour imaginaire de Durkheim parmi les primitifs australiens est peut-être l'équivalent du travail sur les rêves de Freud[95]. »

La remarque était pertinente et je souhaiterais, pour conclure ce travail, suggérer l'étendue du champ de recherche qu'il conviendrait de donner à ce genre d'analyses. En effet, nous venons de voir que toute l'œuvre de

95. R.N. Bellah, « Morale, religion et société dans l'œuvre durkheimienne », *Archives de sciences sociales des religions*, 1973, n° 69, p. 21.

Durkheim est une longue quête où le sens de sa propre vie et l'objet de ses recherches se mêlent inextricablement. De la même manière, toute l'œuvre de Sigmund Freud est enracinée dans une auto-analyse qui fut pour lui « le moyen de vivre et de résoudre sa crise du milieu de la vie[96]. » C'est pourquoi, pour qui est capable de la lire sans perdre son esprit critique, cette œuvre prend en permanence les allures d'une extension à l'universel des souffrances et des obsessions personnelles de son auteur. De plus, ces cas ne sont pas isolés. Au fur et à mesure que l'historien étend ses lectures, la liste ne fait que s'allonger pratiquement dans les mêmes proportions. Ainsi, le psychanalyste dissident Alfred Adler plaçait au centre de la construction de la personnalité de l'humain une volonté de puissance conçue comme le dépassement nécessaire d'un complexe d'infériorité fatalement vécu dans l'enfance. Or il suffit d'ouvrir une biographie de cet auteur pour apprendre qu'il fut atteint de rachitisme dans son enfance et qu'il du se battre davantage que ses propres frères et que ses camarades d'école pour compenser son infériorité physique. Dès lors, de qui sa théorie parle-t-elle fondamentalement : de l'humain en général ou de cet humain très particulier ? De même encore, on peut soutenir que qui a lu Nietzsche sans connaissance de sa vie privée ne peut prétendre avoir saisi la substance de sa pensée. Quelle surprise attend en effet celui qui découvre que le pourfendeur du christianisme qui protège trop des faibles, le théoricien du viril surhomme et l'apologiste de l'état de guerre était lui-même un profond chrétien, très puritain, qui, à une exception près, resta chaste toute sa vie et que l'armée renvoya dans ses foyers lors de son service militaire parce qu'il s'évanouissait à la vue du sang !

Cette énumération – qui pourrait aisément se poursuivre – laisse penser qu'il est non seulement légitime mais encore indispensable que l'épistémologie considère comme un territoire à part entière ce que l'on pourrait appeler *la psychologie de la création scientifique*, au même titre qu'existe déjà la psychologie de la création littéraire et de la création artistique. Il suffit de considérer *a priori* les « découvertes » individuelles en sciences humaines comme des productions liées intrinsèquement à la personnalité de leur auteur. Rien de plus, rien de moins. Et comme, dans de nombreux cas, ce processus créatif est vécu douloureusement par les auteurs, on peut proposer ici la notion de « névrose créatrice » comme un des cadres conceptuels d'analyse (non le seul) susceptibles d'aider à la définition de ce domaine.

En 1964, Henri Ellenberger, l'auteur de la remarquable *Histoire de la psychiatrie dynamique*, parlait de « maladie créatrice » pour désigner le temps relativement bref qui précède immédiatement la phase prépa-

96. D. ANZIEU, *L'Auto-analyse de Freud et la découverte de la psychanalyse*, Presses Universitaires de France, Paris, 1988, p. 498.

ratoire de la conceptualisation finale dans le processus de création scientifique. Il la définissait ainsi :

> « Un état polymorphe qui peut prendre la forme d'une dépression, d'une névrose, d'une affection psychosomatique, voire d'une psychose. Tout au long de sa maladie, le sujet est obsédé par une préoccupation dominante et par la recherche d'une chose ou d'une idée qui lui importe par dessus tout et qu'il ne perd jamais de vue[97] ».

Quelques années plus tard, il ajoutait :

> « La maladie créatrice est souvent compatible avec une activité professionnelle et une vie familiale normales. Mais même si le sujet continue ses activités sociales, il est presque entièrement absorbé en lui-même. Il souffre d'un sentiment d'isolement extrême, même s'il a un mentor qui lui sert de guide pour traverser cette épreuve. La terminaison est souvent rapide, marquée par une phase d'exaltation. Le sujet a la conviction d'avoir fait une découverte intellectuelle ou spirituelle, d'avoir découvert un monde nouveau que le reste de sa vie suffira à peine à explorer[98]. »

Et l'auteur montrait le caractère heuristique de cette interprétation sur les exemples d'Adler, Freud et Jung. Il me semble pourtant que la notion de « névrose créatrice » est préférable car plus dynamique et plus profonde. J'entends par là non le bref moment de la vie du chercheur qui précède immédiatement ses conceptualisations, mais la dynamique d'ensemble de sa démarche intellectuelle conçue comme une quête (ou une fuite) de soi à travers l'objet d'étude choisi[99]. Ceci permettrait de questionner non seulement l'état psychologique dans lequel se trouve le savant qui va découvrir, mais le contenu même de sa découverte. La notion de névrose créatrice se rapprocherait alors au plan formel de ce que Freud entendait par « sublimation », son obsessionnelle croyance en l'étiologie sexuelle en moins. Je me risquerais à redéfinir la sublimation : *le processus psychologique général par lequel un individu tente de résoudre sa souffrance existentielle en la transformant en un projet de vie intellectuelle susceptible de lui apporter l'apaisement.* Au demeurant, nos mots et nos personnes importent peu. L'essentiel est de considérer que, à côté de l'analyse de contenu et de celle des contextes socio-culturels, cette démarche psychologique libérée de tout dogmatisme théorique apporte des informations importantes pour la compréhension d'un certain nombre de cas, tout particulièrement celui des auteurs réputés « fondateurs. »

---

97. H. ELLENBERGER, « La maladie créatrice », *Dialogue, Canadian Philosophical Review*, 1964, n°3, p. 25-41.
98. H. ELLENBERGER, *À la découverte de l'inconscient*, *op. cit.*, p. 373.
99. La maladie créatrice d'Ellenberger serait alors une des étapes de ce processus.

Index nominum

E

F

G

H

Table

II/ LA SCIENCE DANS SON CONTEXTE : CONFLITS, CONTROVERSES, CONCURRENCES

DANS LA MÊME COLLECTION

Norbert ALTER, *Les logiques de l'innovation. Approche pluridisciplinaire*, 2002.

Wladimir ANDREFF (dir.), *Analyses économiques de la transition postsocialiste*, 2002.

Dominique ANDOLFATTO et Dominique LABBÉ, *La CGT. Organisation et audience depuis 1945*, 1997.

L'Année de la régulation. Économie, institutions, pouvoirs, vol. 1, 1997.

L'Année de la régulation. Économie, institutions, pouvoirs, vol. 2, 1998.

L'Année de la régulation. Économie, institutions, pouvoirs, vol. 3, 1999.

L'Année de la régulation. Fonds de pension et nouveau capitalisme, 2000.

Arnaldo BAGNASCO et Charles F. SABEL (dir.), *PME et développement économique en Europe*, 1994.

Bernard BARRAQUÉ (dir.), *Les politiques de l'eau en Europe*, 1995.

Guylaine BEAUDRY et Gérard BOISMENU, *Le nouveau monde numérique. Le cas des revues universitaires*, 2002.

Vincent BERDOULAY et Olivier SOUBEYRAN, *L'écologie urbaine et l'urbanisme. Aux fondements des enjeux actuels*, 2002.

Bernard BOËNE et Christopher DANDEKER (dir.), *Les armées en Europe*, 1998.

Gérard BOUCHARD et Martine SEGALEN (dir.), *Une langue, deux cultures. Rites symboles en France et au Québec*, 1997.

Paul BOUFFARTIGUE (dir.), *Cadres : la grande rupture*, 2001.

Robert BOYER et Ronald DORE (dir.), *Les politiques des revenus en Europe*, 1994.

Robert BOYER et Yves SAILLARD (dir.), *La théorie de la régulation, l'état des savoirs*, 2002.

Sabino CASSESE et Vincent WRIGHT (dir.), *La recomposition de l'État en Europe*, 1996.

Juan José CASTILLO et Paul STEWART (dir.), *L'avenir du travail à la chaîne. Une comparaison internationale dans l'industrie automobile*, 1998.

Bernard CHAVANCE, Éric MAGNIN, Ramine MATAMED-NEJAD, Jacques SAPIR (dir.), *Capitalisme et socialisme en perspective. Évolution et transformation des systèmes économiques*, 1999.

Gégory CINGAL et Sonia COMBE (dir.), *Retour de Moscou. Les archives de la Ligue des droits de l'homme, 1898-1940*, 2003.

Colin CROUCH et Wolfgang STREECK, *Les capitalismes en Europe*, 1996.

Grace DAVIE et Danièle HERVIEU-LÉGER (dir.), *Identités religieuses en Europe*, 1996.

Michel DE DORNEL, Albert OGIEN, Louis QUÉRÉ (dir.), *L'ethnométhodologie. Une sociologie radicale*, 2001.

Jean-Pierre DUPUY et Pierre LIVET (dir.), *Les limites de la rationalité. Tome 1 : Rationalité, éthique et cognition*, 1997.

EPHESIA, *La place des femmes. Les enjeux de l'identité et de l'égalité au regard des sciences sociales*, 1995.

Didier FASSIN (dir.), *Les figures urbaines de la santé publique. Enquêtes sur des expériences locales*, 1998.

Didier FASSIN, Hélène GRANDJEAN, Monique KAMINSKI, Thierry LANG, Annette LECLERC (dir.), *Les inégalités sociales de santé*, 2000.

Michel FREYSSENET et Andrew MAIR (dir.), *Quel modèle productif ? Trajectoires et modèles industriels des constructeurs automobiles mondiaux*, 2000.

Marianne GULLESTAD et Martine SEGALEN (dir.), *La famille en Europe. Parenté et perpétuation familiale*, 1995.

Randall HANSEN et Patrick WEIL (dir.), *Nationalité et citoyenneté en Europe*, 1999.

Serge HEFEZ et Jonathan MANN (dir.), *Sida et vie psychique. Approche clinique et prise en charge*, 1996.

Olivier IHL, Janine CHÊNE, Éric VIAL, Ghislain WATERLOT, *La tentation populista au cœur de l'Europe*, 2003.

Bernard JOUVE, Vincent SPENLEHAUER, Philippe WARIN (dir.), *La région, laboratoire politique. Une radioscopie de Rhône-Alpes*, 2001.

Geneviève KOUBI et Gilles J. GUGLIELMI (dir.), *L'égalité des chances. Analyses, évolutions, perspectives*, 2000.

Hugues LAGRANGE et Brigitte LHOMOND, *L'entrée dans la sexualité. Le comportement des jeunes dans le contexte du sida*, 1997.

Bruno LATOUR et Pierre LEMONIER (dir.), *De la préhistoire aux missiles balistiques. L'intelligence sociale des techniques*, 1994.

Patrick LE GALÈS et Christian LEQUESNE (dir.), *Les paradoxes des régions en Europe*, 1997.

Margaret MARUANI (dir.), *Les nouvelles frontières de l'inégalité. Hommes et femmes sur le marché du travail*, 1998.

Margaret MARUANI, Jacqueline LAUFER, Catherine MARRY (dir.), *Le travail du genre. Les sciences sociales à l'épreuve des différences de sexe*, 2003.

Henri MENDRAS et Ezra SULEIMAN (dir.), *Le recrutement des élites en Europe*, 1995.

Pascal PETIT (dir.), *L'économie de l'information. Les enseignements des théories économiques*, 1998.

Emmanuel RENAULT et Yves SINTOMER (dir.), *Où en est la théorie critique aujourd'hui ?*, 2003.

Benedicte REYNAUD (dir.), *Les limites de la rationalité*, tome 2 : *Les figures du collectif*, 1997.

Gilbert de TERSSAC (dir.), *La théorie de la régulation sociale de Jean-Daniel Reynaud. Débats et prolongements*, 2003.

Pierre-Eric TIXIER et Nelly MAUCHAMP (dir.), *EDF-GDF : une entreprise publique en mutation*, 2000.

Jacques VALLIN (dir.), *Populations africaines et sida*, 1994.

Pierre VERMEREN, *La formation des élites marocaines et tunisiennes. Des nationalistes aux islamistes, 1920-2000*, 2002.

Philippe WARIN (dir.), *Quelle modernisation des services publics ? Les usages au cœur des réformes*, 1997.

Achevé d'imprimer sur les presses de France-Quercy à Cahors
en décembre 2003
Dépôt légal : janvier 2004
Imprimé en France